Causal Inference
in Python

실무로 통하는
인과추론 with 파이썬

실무로 통하는 인과추론 with 파이썬

데이터 분석에서 정책 수립까지, 이론과 사례 연구를 통한 실용적인 학습법

초판 1쇄 발행 2024년 3월 5일
초판 2쇄 발행 2024년 5월 3일

지은이 마테우스 파쿠레 / **옮긴이** 신진수, 가짜연구소 인과추론팀 / **감수** 박지용 / **펴낸이** 전태호
펴낸곳 한빛미디어(주) / **주소** 서울시 서대문구 연희로2길 62 한빛미디어(주) IT출판2부
전화 02-325-5544 / **팩스** 02-336-7124
등록 1999년 6월 24일 제25100-2017-000058호 / **ISBN** 979-11-6921-211-3 93000

총괄 송경석 / **책임편집** 서현 / **기획** 서현 / **편집** 박지영 / **교정** 김가영
디자인 표지 · 내지 박정화 / **전산편집** 백지선
영업 김형진, 장경환, 조유미 / **마케팅** 박상용, 한종진, 이행은, 김선아, 고광일, 성화정, 김한솔 / **제작** 박성우, 김정우

이 책에 대한 의견이나 오탈자 및 잘못된 내용은 출판사 홈페이지나 아래 이메일로 알려주십시오.
파본은 구매처에서 교환하실 수 있습니다. 책값은 뒤표지에 표시되어 있습니다.
한빛미디어 홈페이지 www.hanbit.co.kr / **이메일** ask@hanbit.co.kr

지금 하지 않으면 할 수 없는 일이 있습니다.
책으로 펴내고 싶은 아이디어나 원고를 메일(writer@hanbit.co.kr)로 보내주세요.
한빛미디어(주)는 여러분의 소중한 경험과 지식을 기다리고 있습니다.

Causal Inference in Python

실무로 통하는
인과추론 with 파이썬

O'REILLY® 한빛미디어
Hanbit Media, Inc.

●● 지은이 · 옮긴이 소개

지은이 **마테우스 파쿠레**|Matheus Facure

아시아 외 지역의 최대 핀테크 회사인 누뱅크^{Nubank}에서 경제학자이자 시니어 데이터 과학자로
일하고 있습니다. 그는 자동화된 실시간 금리 및 신용 결정부터 교차 판매 이메일, 마케팅 예산
최적화에 이르기까지 다양한 비즈니스 상황에서 인과추론을 성공적으로 적용해왔습니다. 또한
인기 있는 오픈소스 도서인 『Causal Inference for the Brave and True』의 저자로, 이 책에
서 엄격하지만 재미있는 방식으로 인과추론을 알리고자 노력하고 있습니다.

옮긴이 **신진수** jsshin2013@gmail.com

네오플을 거쳐 크래프톤^{KRAFTON}의 데이터 분석가로 일하고 있습니다. 게임 업계에서 쌓은 커리
어를 기반으로 〈던전앤파이터〉, 〈뉴스테이트 모바일〉, 〈배틀그라운드 모바일〉 등 다양한 장르
의 게임에서 데이터 분석과 실험을 통해 유저 경험을 개선하는 데 기여했습니다. 비영리 데이
터 사이언스 커뮤니티인 가짜연구소에서 인과추론팀을 운영 중입니다. 마테우스 파쿠레의 웹
북 『Causal Inference for The Brave and True』를 한국어로 번역하는 작업을 주도했습니
다(*https://github.com/CausalInferenceLab/Causal-Inference-with-Python*).

옮긴이 **가짜연구소 인과추론팀**

가짜연구소 인과추론팀은 2022년부터 데이터를 통한 문제 해결력을 높이고자 인과추론을 함
께 학습하고 있습니다. 한국어 자료가 많지 않은 인과추론을 많은 분이 쉽게 접하실 수 있도록
기여하고자 하는 마음으로, 가짜연구소에서 인과추론 이야기와 실험 및 조직문화에 대한 이야
기를 이어나가고 있습니다. 이 책의 번역 작업에는 인과추론팀 김소희, 김성수, 김상돈, 김준
영, 남궁민상, 박시온, 최은희, 정호재, 홍성철이 함께 참여했습니다.

모바일앱이나 웹 기반 서비스로 일정 수준 이상의 데이터를 확보한 기업 중 A/B 테스트의 중요성을 모르는 경우는 찾아보기 어려울 것입니다. 그러나 역설적으로, A/B 테스트 이면에 있는 이론적 배경과 그 활용법을 제대로 이해하고 조직적인 노하우를 축적한 기업은 많지 않습니다. 특히 실무에 인과추론 기법을 적용하는 데 따르는 현실적 어려움이나 제약 탓에 '그럴 시간에 실험이나 한 번 더 하자'라는 쉬운 선택지를 고르는 경우가 대부분이죠. 그러나 올바른 A/B 테스트를 수행하는 데 있어 좋은 가설 설정과 실험의 설계가 그 중심에 있다는 점을 이해한다면, 인과추론 기법들이 단지 연구적으로만 필요한 내용이 아닌, 실무적으로도 시사하는 바가 적지 않음을 깨닫게 됩니다.

이 책의 출간은 그런 측면에서 매우 반가운 소식입니다. 인과추론의 다양한 기법을 파이썬 코드와 함께 소개하며, 그간 출간되었던 인과추론 관련 이론 도서들과 달리 실질적인 접근법을 제시하기 때문입니다. 또한 보통 실습 코드를 제공하는 책들이 예제 위주로 다루느라 이론적 내용의 범위나 깊이를 어느 정도 포기하는 경향이 있지만, 이 책은 이론과 실습이 조화롭게 균형을 이루고 있습니다. 좋은 책을 번역해주신 신진수 님과 가짜연구소 인과추론팀에 감사를 표합니다.

김선호_ 지마켓 AI Product팀 팀장, Causal Inference KR 페이스북 그룹 운영자

이 책은 데이터 분석의 핵심 분야 중 하나인 인과추론을 배우는 필독서입니다. 인과추론은 개인이 아닌 팀 단위로 협업하며 조직 및 제품 성장을 추구하는 과정에서 그 진가를 발휘합니다. 데이터 과학에서 인과추론은 중요한 분야임에도 아직 많은 사람에게 알려지지 않았습니다. 이 책의 저자와 역자가 인과추론을 대중화하기 위해 기울인 노력을 자세히 들여다보면, 한 개인이 공동체 안에서 어떻게 성장하는지, 그리고 함께하는 팀원과 기술 생태계 및 이 책을 읽는 독자에게 어떤 영향력을 펼치게 되는지 알게 됩니다.

인과 이야기처럼 세상은 이와 같은 사람, 이러한 이야기가 많이 필요합니다. 이 책을 통해 독자 여러분이 인과추론에 대한 광범위한 지식과 깊은 이해를 얻을 뿐만 아니라, 스스로 성장의 주인공이 되어 새로운 이야기들을 만들어낼 수 있기를 바랍니다. 이 책은 성장하고자 하는 데이터 분석가에게 꼭 필요한 자산이 될 것입니다.

김찬란_ SK텔레콤 리서치 엔지니어, 가짜연구소 대표

한국에서 데이터 과학을 언급하면 자연스레 머신러닝이 떠오릅니다. 그러나 구글, 페이스북, 에어비앤비 등 세계에서 가장 성공적인 테크 기업에서 일하는 데이터 과학자의 약 70%는 제품 분석과 인과추론에 집중하고 있습니다. 주어진 일정 내에 제품을 구현하거나 경영진이 원하는 기능을 만드는 것보다는, 고객이 실제로 원하는 제품을 만들어내는 것, 그리고 구성원 개개인 및 팀의 성과를 정량적으로 측정하고 평가하는 과정에서 인과추론이 필수적인 역할을 하기 때문입니다.

인과추론은 통계학에서 새로운 개념이 아니며 오랫동안 실험 계획법에서 다뤄온 내용이기도 합니다. 하지만 데이터 과학의 세계에서 신뢰할 수 있는 분석 결과를 얻기란 언제나 도전적인 과제입니다. 온라인 서비스를 제공하는 테크 업계에서는 인과추론이 더 복잡하고 독특한 고려 사항을 가집니다. 어떤 가정에서 분석이 진행되는지, 어떻게 데이터를 모으고 관리해야 하는지, 다양한 실험을 어떻게 확장성 있게 병행할지, 어떤 외부 요인들이 영향을 미칠지 등을 고려해야 합니다. 제품의 특성에 따라서도 적용 가능한 방법들은 서로 매우 달라집니다.

실리콘밸리 기업, 예를 들어 에어비앤비는 A/B 테스트, 스위치백, 통제집단합성법 등 다양한 인과추론 방법론들을 적용 및 개발하고 있습니다. 이러한 접근들은 때로는 까다롭고 복잡할 수 있지만, 기업 입장에서는 시장과 제품, 사용자를 더 잘 이해하는 데 큰 도움이 되는 만큼 매우 중요한 과정입니다. 이 책에서 다루는 많은 개념은 실제로 산업 현장에서 활용되고 있습니다. 한국에서도 업계의 많은 데이터 과학자가 이 책을 바탕으로 새로운 인과추론 방법론을 도입하고 발전시켜 나갈 수 있기를 기대합니다.

이민용_ Grey Box CEO, (전) 에어비앤비 시니어 데이터 과학자

크래프톤에서 퍼블리싱하는 수많은 게임 사용자의 데이터를 해석하는 데 있어 인과추론은 핵심적인 역할을 합니다. 이 책은 이러한 중요한 주제를 실용적이고 접근하기 쉬운 방식으로 설명하며, 데이터 과학자가 실제 문제에 적용할 수 있는 귀중한 지식을 제공합니다. 방대한 페이지에 걸쳐 다양한 인과추론 기법을 파이썬 코드와 함께 소개하고, 실생활 사례를 통해 이론을 실제로 연결하는 데 중점을 둡니다. 초보자부터 전문가까지 모든 수준의 독자가 인과추론을 탐험하고 자신의 데이터 과학 프로젝트에 적용하는 데 큰 도움을 받을 것입니다. 데이터 분석을 포함한 다양한 엔지니어링 부서를 맡고 있는 부서장으로서 이 책을 강력히 추천합니다. 데이터 과학의 깊이를 더하고자 하는 모든 이에게 필수적인 책입니다.

이석찬_ 크래프톤 엔지니어링 본부장

"연관관계는 인과관계가 아니다." 이 말은 이제 데이터 기반 의사결정에 관여하는 실무자 혹은 관련 전공 학생들에게 널리 알려진 격언이 되었습니다. 빅데이터와 데이터 기반 의사결정이 보편화되어 인과추론 분야의 중요성이 날로 증가하는 가운데, 이러한 복잡한 주제를 실용적이고 쉽게 접근할 수 있도록 도와주는 중요한 책입니다.

이 책은 제가 넷플릭스의 추천 알고리즘팀과 우버의 마케팅 응용과학팀에서 실무에 적용했던 성향점수 역확률 가중치, 메타러너, 스위치백, 도구변수 등과 같은 다양한 인과추론 방법론을 소개합니다. 특히 대부분의 인과추론 입문서가 경제학 배경지식을 요구하거나 전공 과목 교과서처럼 구성된 것과 달리, 이 책은 복잡한 수식과 증명보다는 파이썬 코드와 실무 예제를 중심으로 구성되어 있습니다. 따라서 경제학적 배경지식이 없는 데이터 관련 실무진들이나 다른 전공 학생들도 인과추론 방법론의 개념을 쉽게 이해하고 실습해볼 수 있습니다.

이 책을 통해 독자 여러분의 데이터 기반 의사결정 능력이 한 단계 업그레이드되어 복잡한 인과관계를 명확하게 파악하고, 실제 문제 해결에 적용할 수 있는 능력을 갖추시기를 바랍니다.

이정윤_ 우버 마케팅 응용과학팀 시니어 매니저, CausalML 오픈소스 운영자

최저임금의 효과를 실험해볼 수 있을까요? 쉽지 않을 것입니다. 대조군에 할당된 분들에게 너무 큰 페널티를 주기 때문이죠. 이런 상황이 게임과 비슷해서인지 인과추론 개념이 개인적으로 매우 흥미롭게 다가왔고, 실제로 팀원들과 스터디를 진행하며 실무에 적용해보려 한 적도 있었습니다.

하지만 실무 적용 과정에서 알 수 없는 벽을 느끼고 서서히 이론에서도 멀어져가던 찰나, 신진수 님으로부터 이 책의 번역을 완료했다는 연락을 받았고 반가운 마음에 책을 펼쳐보게 되었습니다. 개인적으로는 6장의 내용이 제일 와닿았는데, 세그먼트 그리고 심슨의 역설에 대해서 한 번이라도 고민해본 분석가라면 6장을 보고 당장 회사에서 구현해보고 싶다는 생각이 들 것입니다. 저처럼 인과추론이라는 물음에 실무라는 답을 얻고 싶다면 이 책의 사례와 코드를 한번 참조해보시길 권합니다.

조동민_ 넥슨코리아 데이터 분석가, 글또 운영진

인과추론은 과학, 의학, 경제학, 사회과학 등 다양한 영역에서 활용될 수 있는 중요한 도구임에도, 실질적으로 국내에서는 데이터 분석가가 참고할 수 있는 관련 도서를 찾기가 어렵다고 느껴왔습니다. 이 책은 그런 상황에서 인과추론의 이론부터 실제 사례에 대한 적용까지 깊이 있게 다루며 큰 도움을 줍니다. 특히, 인과추론을 현장에서 어떻게 활용할지 고민하던 데이터 분석팀을 비롯해 데이터 분석가 및 과학자에게 파이썬을 통한 구체적인 활용 방법을 제시해주어 이론을 실천으로 옮기는 데 훌륭한 가이드가 됩니다. 이 책은 인과추론을 통해 분석의 정확성과 실용성을 높이고자 하는 모든 데이터 분석팀에게 꼭 필요한 자료입니다. 이를 통해 데이터 분석팀은 데이터 기반 의사결정의 질을 한층 향상시킬 수 있을 것입니다.

크래프톤 모바일 분석팀

데이터 분석이 의사결정에 실질적으로 기여하려면 인과관계를 이해하는 게 중요합니다. 단 하나의 확실한 인과관계가 여러 상관관계보다 데이터 분석의 개연성에 더 강력한 힘을 보탭니다. 다만 이러한 인과관계를 검증하려면 상당한 시간과 복잡한 방법론이 필요합니다.

실무에는 A/B 테스트만으로 해결 불가능한 문제들이 많습니다. 인과추론의 이해는 필수적이지만, 많은 분석가가 충분한 지식과 활용 사례를 접하지 못해 신뢰성 있는 결론 도출에 어려움을 겪습니다. 분석 결과의 소비자 역시 이해가 어려워, 결국 데이터는 의사결정 과정에서 간과되는 경우가 많습니다.

인과추론을 의사결정 과정에 효과적으로 적용하려면 통계학적 가정과 추론 방법에 대한 깊은 이해는 필수 요소입니다. 확실한 이해가 뒷받침되어야 분석가가 분석 내용에 대해 확신을 갖출 수 있고, 이해관계자에게도 쉽게 설명할 수 있어 설득력이 높아집니다.

이 책은 바로 그러한 필요를 충족시키는 핸드북으로, 통계학적 내용과 인과추론의 기본 개념이 명확하고 간결하게 정리되어 있어 데이터 분석가와 과학자들에게 필수적인 참고 자료가 될 것입니다.

실제 비즈니스 현장에서 인과관계를 기반으로 한 의사결정이 더 많아질 수 있기를 바라며, 이 책이 그러한 변화를 이끌어낼 수 있기를 희망합니다. 신진수 님과 가짜연구소 인과추론팀이 이 책을 통해 인과추론의 국내 이해와 활용을 한층 끌어올리는 데 기여하는 것을 보게 되어 기쁩니다. 국내 인과추론 활용의 문턱을 낮추어, 기업에서 데이터를 중심으로 한 의사결정이 더욱 활성화되는 데 일조하길 기대합니다.

최보경_ 네이버 데이터 분석가, 프로덕트 데이터 분석 커뮤니티 PAP 설립자

새해를 시작하며 많이 하는 결심 중 하나는 다이어트를 위한 운동일 것입니다. '운동을 하면 살이 빠진다'는 추론의 결과입니다. 이처럼 우리는 일상생활에서 무의식중에 수많은 인과추론을 하며 살아갑니다. 그만큼 인과추론은 우리의 사고방식과 밀접하지만, 그렇기 때문에 오히려 인과추론의 중요성과 어려움을 간과하기 쉽습니다. 하지만 데이터 분석이 우리의 추론과 의사결정을 대신하기 시작하면서, 현상에 대한 인과관계는 빅데이터의 홍수 속에 파묻혀 점점 더 모호해지고 있습니다. 데이터에서 원인과 결과를 추론하는 것은 생각보다 훨씬 더 어려운 일입니다. 그렇다고 불가능한 일도 아닙니다. 이 책은 인과추론을 위한 훌륭한 길잡이가 되어줄 것입니다.

저 또한 대학원에서 공부하면서 처음 인과추론 방법론을 접하고 그 매력에 매료되었지만, 당시에 마땅한 한국어 학습자료를 찾기 쉽지 않았습니다. 그래서 수년 전 인과추론 데이터분석의 저변을 확대하기 위한 온라인 워크숍을 시작했고, 현재도 '인과추론의 데이터과학' 유튜브 채널을 운영하며 인과추론에 관한 한국어 콘텐츠를 개발해오고 있습니다. 다행히 지난 수년간 인과추론에 대한 관심은 나날이 높아졌고, 학계뿐 아니라 현업 개발자 및 데이터분석가 사이에서도 인과추론의 필요성이 대두되면서 빅데이터 구축 및 (예측을 주목적으로 하는) AI/ML 모델 개발 일변도였던 데이터과학 트렌드에 변화의 바람이 불고 있습니다. 여전히 한국어 학습자료가 많지 않은 상황에서 이 책은 인과추론에 입문하고자 하는 분들에게 가뭄에 단비 같은 자료가 될 것입니다.

이 책은 통계와 머신러닝에 관한 수학과 이론에 치우치지 않으면서 인과추론의 핵심 개념을 이해하기 쉽게 설명하며, 최신 연구 결과들까지도 충실히 담고 있습니다. 또한 파이썬 실습을 통해 실무적이고 실전적인 학습을 균형 있게 다루는 만큼, 곁에 두고 필요할 때 찾아볼 수 있는 지침서이자 참고서로서도 손색이 없습니다. 인과추론에 입문하는 연구자들과 현업 데이터 분석가 여러분께 강력하게 권합니다.

일상적인 의사결정뿐 아니라, 정책 및 비즈니스에 수반된 수많은 의사결정은 원인과 결과를 이해할 수 있어야 합니다. 이 책을 통해 보다 합리적인 의사결정을 위한 무기를 갖출 수 있길 바랍니다.

박지용_ 조지아대학교 경영정보학 교수

감수자 소개_ **박지용**
미국 조지아대학교 테리 경영대학교Terry College of Business에서 경영정보시스템 조교수로 재직 중입니다. 디지털기술의 사회적, 환경적 영향에 대한 실증연구를 수행하면서 인과추론 방법론을 통해 사회현상과 기업활동에서의 원인과 결과를 분석하는 일을 합니다. 인과추론의 저변을 확대하고자 매년 여름 'Korea Summer Workshop on Causal Inference'를 조직하고 있으며, 유튜브 채널 〈인과추론의 데이터과학〉을 운영 중입니다.

가짜연구소 인과추론 팀을 만들고 스터디를 시작했던 2022년 3월 당시, 박지용 교수님의 인과 추론 강의와 일부 이론 및 계량 경제학 서적을 제외하면 실무자가 접근할 수 있는 인과추론 자료는 거의 없었습니다. 그에 따라 같은 해 6월, 저는 이 책의 저자인 마테우스 파쿠레가 오픈소스로 공개한 『Causal Inference for the brave and true』의 번역을 제안했으며 한국 인과추론 커뮤니티에 크게 기여하겠다고 다짐했습니다. 해당 웹북을 성공적으로 번역하고 공개[1]한 지 1년 반이 지난 지금, 다시 한번 가짜연구소 인과추론팀과 함께 마테우스의 신간을 번역할 기회가 생겨 정말 기쁩니다.

이 책은 데이터 과학자의 시각에서 인과추론의 기초부터 심화에 이르기까지의 내용을 다양한 사례를 통해 배울 수 있게 돕습니다. 각 장에 실린 사례 연구와 예제들은 이론을 실무에 어떻게 적용하는지 보여주며, 파이썬 코드로 제공되어 쉽게 따라 할 수 있습니다. 특히, 인과추론 방법론뿐만 아니라 실무에서 고민할 수 있는 문제인 인과효과의 신뢰성 검증 및 추론 과정까지 다루며, 방법론에 대한 실무적 조언도 담고 있습니다. 인과추론을 처음 접하는 분부터 실무에 적용하려는 데이터 분석가와 과학자까지 모두를 만족시킬 수 있을 겁니다.

마테우스와의 두 번째 인과추론 여정을 가능하게 해준 한빛미디어 서현 팀장님과 이 책을 세심하게 편집해주신 박지영 편집자님께 진심으로 감사의 말씀을 전합니다. 이 책을 함께 번역한 가짜연구소 인과추론팀에게 정말 감사합니다. 이 책을 번역하면서 회사 안팎으로 응원과 도움을 참 많이 받았습니다. 크래프톤 이석찬 본부장님, 안소영 팀장님, 모바일 분석팀 및 구성원 동료 여러분과 가짜연구소 김찬란 대표님께 큰 감사를 드립니다. 특히 역자로서의 이번 여정을 시작할 때 박지용 교수님의 강의와 우버 이정윤 님의 자료가 없었다면 무사히 끝내지 못했을 것입니다. 이 책을 번역하는 과정에서 두 분께 얻은 지식을 더 널리 공유하고자 하는 마음으로 임했습니다. 마지막으로, 주말마다 번역 작업으로 바쁜 저를 늘 응원해준 부모님과 동생, 코튼이에게 사랑한다는 말을 전합니다.

----

1 https://github.com/CausalInferenceLab/Causal-Inference-with-Python

이 책의 정오표와 소스 코드는 역자 깃허브에서 주피터 노트북 형태로 제공합니다(https://github.com/CausalInferenceLab/causal-inference-in-python-code). 이 책의 내용과 인과추론에 대해 궁금한 점이 있으시다면 언제든지 제 블로그(https://jinsooshin.tistory.com)나 가짜연구소 인과추론팀 깃허브 페이지(https://github.com/CausalInferenceLab)를 통해 알려주세요.

신진수

당신은 빠르게 성장하는 유망한 스타트업에 이제 막 입사한 신입 데이터 과학자입니다. 머신러닝을 완전히 마스터하지는 못했지만, 자신의 기술과 방법론에는 자신이 있습니다. 이 분야의 여러 온라인 강좌를 수강했고 예측 대회에서 몇 차례 좋은 성적도 거두었습니다. 이제 그 모든 지식을 실제 업무에 적용할 준비가 되었고, 시작할 때를 기다리는 중입니다. 모든 것이 순조롭습니다. 그러다가 팀 리더가 다음과 같은 그래프를 가져옵니다.

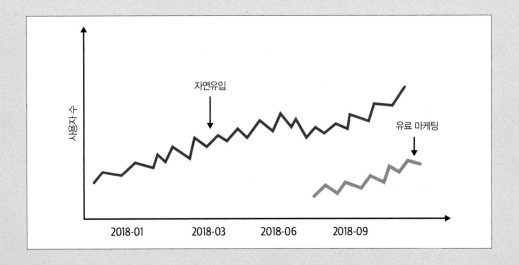

그리고 그래프와 함께 다음과 같은 질문을 던집니다.

"들어봐, 우리가 유료 마케팅paid marketing을 통해 실제로 얼마나 많은 추가 고객을 유치했는지 알고 싶어. 유료 마케팅을 시작했을 때 유료 마케팅 채널을 통한 고객 유입이 분명히 있었지만, 동시에 자연유입이 줄어든 것 같아. 유료 마케팅을 통해 유입된 고객 중 일부는 유료 마케팅 없이도 어차피 우리를 찾아왔을 것 같은데 말이지."

당신은 도전을 기대하기는 했지만, 이건 또 무슨 상황일까요? 유료 마케팅이 없었다면 무슨 일이 벌어졌을지 어떻게 알 수 있을까요? 아마도 마케팅 캠페인을 시작하기 전과 후의 자연유입

organic과 유료 마케팅을 포함한 고객 총수를 비교해볼 수 있겠죠. 하지만 빠르게 성장하고 변화가 많은 회사에서 캠페인을 시작할 때 다른 요인들이 변하지 않았다는 걸 어떻게 알 수 있을까요?

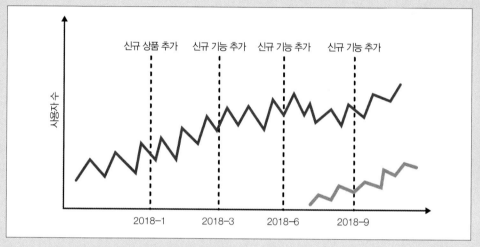

그림 P-1 빠르게 성장하는 회사와 계속 변화하는 제품

이번에는 업계를 조금 바꿔서 뛰어난 리스크 분석가의 입장이 되어 상황을 생각해보겠습니다. 당신은 최근 대출 회사에 입사했고, 첫 번째 임무는 회사의 신용 위험 모델을 개선하는 것입니다. 목표는 고객의 신용을 평가(심사)하고, 회사가 높은 대출 한도를 설정할 수 있을지 결정하는 효율적인 자동 의사결정 시스템을 구축하는 것이죠. 말할 필요도 없이, 이 시스템에서 발생하는 오류는 특히 대출 한도가 높을 때 매우 큰 비용을 초래할 수 있습니다.

이 자동 의사결정 시스템의 핵심은 더 높은 신용 한도가 고객의 채무불이행 가능성에 어떤 영향을 미치는지를 이해하는 것입니다. 고객들이 막대한 금액의 신용 한도를 잘 관리하고 상환할 수 있을까요? 아니면 과도한 지출과 감당하기 어려운 부채 때문에 문제가 생길까요? 이러한 행동 패턴을 분석하기 위해, 먼저 주어진 신용 한도에 따른 평균 채무불이행률을 차트로 만들기 시작합니다. 놀랍게도 데이터는 당신이 예상하지 못한 패턴을 보여줍니다.

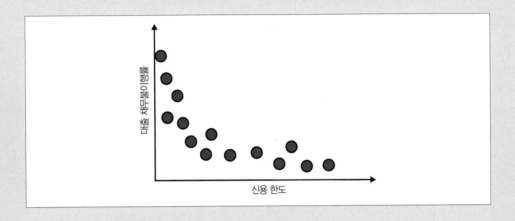

신용 한도와 대출 채무불이행률은 음의 상관관계를 보입니다. 더 높은 신용 한도를 설정하는 것이 채무불이행 가능성을 줄인다는 건 어떻게 된 일일까요? 의문을 가진 채, 이 상황에 대해 이해하고자 다른 분석가들과 대화를 나눕니다. 답은 의외로 간단합니다. 대출 회사는 채무불이행 가능성이 작은 고객에게 더 많은 신용을 설정한다는 것이죠. 따라서 높은 신용 한도가 채무불이행 위험을 줄이는 게 아니라, 낮은 채무불이행 위험이 더 높은 신용 한도를 가능하게 합니다. 이건 설명이 되지만, 여전히 초기의 문제는 해결되지 않았습니다. 이 데이터를 바탕으로 신용 위험과 신용 한도 간의 관계를 어떻게 모델링할까요? 물론 더 높은 신용 한도가 채무불이행 가능성이 작다고 시스템이 판단하도록 만들고 싶지는 않을 것입니다. 또한, 잘못된 신용 결정에 따른 높은 비용 때문에 A/B 테스트에서 신용 한도를 무작위로 배정하는 것도 사실상 불가능합니다.

이 두 가지 문제의 공통점은, 통제 가능한 요소(마케팅 예산과 신용 한도)들을 변경했을 때, 원하는 비즈니스 결과(유입 사용자 수와 채무불이행 위험)에 어떤 영향을 미치는지 알아야 한다는 것입니다. 효과 추정은 지난 수 세기 동안 현대 과학의 기둥이었지만, 최근에야 인과추론 causal inference이라는 분야로 체계화되어 큰 진전을 이루었습니다. 또한, 머신러닝의 발전과 데이터를 활용한 의사결정 자동화에 대한 관심이 증가하면서 산업과 공공기관에서의 인과추론이 점점 중요해지고 있습니다. 하지만 인과추론은 아직 의사결정자나 데이터 과학자들에게 널리 알려지지 않았습니다.

필자는 인과추론에 대한 인식을 변화시키고자 『Causal Inference for the Brave and True』[1] 라는 웹북을 집필했습니다. 오픈소스인 이 자료는 파이썬를 활용해 인과추론의 전통적인 방법과 최근 발전을 까다롭지만 재미있게 다룹니다. 이제 그 모든 내용을 업계 관점에서 다시 검토하고, 최신화된 예시와 더욱 직관적인 설명을 통해 한발 더 나아가고자 합니다. 이 책이 데이터 기반의 의사결정에 대한 궁금증을 해소하는 출발점이 되기를 바랍니다.

필요한 기술

이 책은 파이썬과 함께 인과추론을 소개하지만 일반적인 입문서는 아닙니다. 인과추론의 엄격한 증명과 정리보다는 실용적인 적용에 중점을 두었으며, 복잡하고 완벽한 설명보다는 간단하고 직관적인 설명 방식을 사용했습니다.

이 책은 기본적으로 머신러닝, 통계, 파이썬 프로그래밍에 대한 일정 수준의 사전 지식이 있다고 가정하고 설명합니다. 너무 어렵지는 않지만, 미리 알아두어야 할 몇 가지 용어들을 소개하겠습니다.

예시로 이 책의 일부 내용은 다음과 같습니다.

---

1 옮긴이_ 역자가 한국어로 번역한 자료를 깃허브에 공개했습니다(https://github.com/CausalInferenceLab/Causal-Inference-with-Python).

가장 먼저 해결해야 할 문제는 연속형 변수가 어디서나 확률이 0이라는 사실입니다. 즉, $P(T = t)$ = 0입니다. 이는 확률이 밀도 아래의 면적으로 표현되고 한 점의 면적은 항상 0이기 때문에 발생합니다. 가능한 해결책 중 하나는 조건부 확률 $P(T = t|X)$ 대신 조건부 밀도함수 $f(T|X)$를 사용하는 것입니다.

확률밀도가 무엇인지, 그리고 확률과는 어떻게 다른지 자세히 설명하지는 않겠습니다. 이번에는 머신러닝에 관한 또 다른 예시를 살펴보겠습니다.

머신러닝 모델을 사용하여 성향점수를 추정할 수도 있습니다. 하지만 머신러닝을 사용할 때 특히 두 영역에서 더 주의를 기울여야 합니다. 첫째, 머신러닝 모델에서 보정된 확률calibrated probability 예측값이 나오는지 확인해야 합니다. 둘째, 과적합overfitting에서 오는 편향을 피하려면 아웃 오브 폴드out of fold(OOF) 방식의 예측을 사용해야 합니다.

여기서는 머신러닝 모델이 무엇인지, 예측이 보정되었다는 것이 무슨 의미인지, 과적합 혹은 아웃 오브 폴드 예측이 무엇인지를 설명하지 않겠습니다. 이러한 내용들은 기본적인 데이터 과학 개념이므로, 이 책을 읽는 여러분은 이미 알고 계실 거라고 기대합니다.

이 책을 읽기 전에 알아두면 좋을 내용은 다음과 같습니다.

- 파이썬 기본 지식, 특히 데이터 과학자들이 자주 사용하는 라이브러리(판다스pandas, 넘파이NumPy, 맷플롯립Matplotlib, 사이킷런scikit-learn)를 알아야 합니다. 복잡한 코드는 사용하지 않으므로, 기본적인 라이브러리를 잘 알고 있는지 확인하세요.
- 분포, 확률, 가설검정, 회귀분석, 잡음, 기댓값, 표준편차, 독립성 등 기본적인 통계 개념에 대한 지식이 필요합니다. 필요할 경우를 대비해 2장에서 통계학 개념을 복습할 예정입니다.
- 머신러닝 모델, 교차 검증, 과적합, 그리고 자주 쓰이는 머신러닝 모델들(그레이디언트 부스팅, 의사결정 트리, 선형회귀, 로지스틱 회귀)의 기본 개념을 알아야 합니다.
- 고등학교 수준의 수학 지식(함수, 로그, 제곱근, 행렬, 벡터)과 일부 대학 수준의 수학(미적분)을 알아야 합니다.

이 책의 주요 독자는 현업 데이터 분석가 및 과학자들입니다. 그렇다면 필자가 나열한 필수 조건들을 이미 갖추었을 확률이 높습니다. 또한 이 책은 다양한 기술을 가진 폭넓은 독자층을 대상으로 하므로, 전문적인 내용의 주석이나 예제, 참고 자료들을 포함합니다. 하지만 책의 모든 부분을 바로 이해하지 못하더라도 크게 걱정하지 않으셔도 됩니다. 여전히 많은 팁을 얻어갈 수 있을 것이고, 기본 개념들을 익힌 후에 다시 읽는다면 더 많은 인사이트를 얻을 수 있을 겁니다.

이 책의 구성

1부에서는 인과추론의 기본 개념을 다룹니다. 1장에서는 가격 인하가 미치는 영향을 분석하는 데 필요한 인과추론의 주요 개념을 소개합니다. 2장에서는 A/B 테스트(또는 무작위 통제 실험)의 중요성을 다룹니다. 이는 의사결정 도구로서뿐만 아니라, 다른 인과추론 도구들을 평가하는 기준점 역할을 합니다. 해당 장에서는 동시에 몇 가지 통계 개념을 복습할 수 있습니다. 3장에서는 주로 이론에 중점을 두고, 인과관계 식별과 그래프 모델을 다룹니다. 이는 인과적 과정에 대한 가정을 시각적으로 표현하고 인과관계와 상관관계를 구별하는 데 유용하게 쓰입니다. 1부를 다 읽고 나면 인과추론에 대한 기본적인 이해를 갖추게 됩니다.

2부에서는 인과관계와 상관관계를 구분하는 데 중요한 선형회귀분석과 성향점수 가중치propensity weighting에 대해 배웁니다. 4장에서는 선형회귀분석을 새로운 관점에서 다루는데, 특히 직교화orthogonalization라는 중요한 편향 제거 방법에 초점을 맞춥니다. 5장에서는 성향점수와 이중 강건 추정법doubly robust estimation을 살펴봅니다.

3부에서는 머신러닝과 빅데이터를 이용해 2부에서 배운 내용을 확장합니다. 또한 인과추론을 개인화된 의사결정 도구로 활용하는 방법을 배웁니다. 예를 들어, 음식 배달 서비스의 사례를 들어 서비스 충성도를 높이려면 어떤 고객에게 할인 쿠폰을 제공해야 하는지, 어떤 고객들이 할인 쿠폰 없이도 만족하는지를 이해하는 방법을 배웁니다. 6장에서는 처치효과의 다양성을 알아보고, 7장에서는 머신러닝과 인과추론이 만나면서 나타나는 최근의 발전상을 탐구합니다. 해당 장에서는 T 러너, X 러너, S 러너와 이중/편향 제거 머신러닝과 같은 방법들을 처치 개인화 측면에서 배웁니다.

4부에서는 인과추론에 시간 차원을 더합니다. 때로는 여러 시간대에 걸쳐 같은 고객이나 시장의 데이터가 담긴 패널데이터를 활용하는 상황이 있을 수 있습니다. 이러한 경우 패널데이터를 활용해 무작위로 선정하지 않은 광고 대상자에게 유료 마케팅이 어떤 영향을 미치는지 파악하는 방법을 배웁니다. 8장에서는 이중차분법$^{\text{difference-in-differences}}$과 관련 최신 연구를 다루고, 9장에서는 마케팅 캠페인의 영향을 분석하는 데 사용하는 통제집단합성법과 그 변형을 알아봅니다.

마지막으로 5부에서는 랜덤화가 어려운 상황에서 활용할 수 있는 다양한 실험 설계 방법을 소개합니다. 10장에서는 지역 실험을 다루는데, 실험군과 대조군 지역을 선정하는 방법과, 분석 대상이 적을 때 처치효과를 파악하기 위한 스위치백^{switchback} 실험을 진행하는 방법을 소개합니다. 11장에서는 불응$^{\text{non-compliance}}$이 존재하는 실험을 다루고, 도구변수$^{\text{instrumental variable}}$를 사용하는 방법과 불연속 설계에 대해 간략히 설명합니다.

예제 코드

이 책의 예제 코드는 역자(가짜연구소 인과추론팀) 깃허브에 있습니다.

- https://github.com/CausalInferenceLab/causal-inference-in-python-code

인과추론은 현대 데이터 과학자들에게 가장 중요한 접근법의 하나지만, 이론과 실무 적용 사이에는 여전히 큰 괴리가 있습니다. 이 책은 간단한 모델에서 시작해 현업의 중요한 실질적 문제들을 해결하는 최신 방법으로 나아가는 길을 알려줍니다. 마침내 이 분야에서 완벽한 책을 추천할 수 있게 되어 기쁩니다.

숀 J. 테일러_ 모티프 애널리틱스 수석 과학자

모든 인과적 질문을 피하거나 부주의하게 대답하는 분석가는 자기 능력을 크게 제한받고 문제를 일으킬 수 있습니다. 이 책은 인과추론에 관해 쉽게 접근할 수 있는 입문서로, 파이썬 데이터 분석 커뮤니티에서 가장 익숙한 도구와 맥락에 초점을 맞춥니다.

닉 헌팅턴 클라인_ 경제학 교수 및 『The Effect』 저자

인과추론은 의사결정을 안내하는 데 중요한 역할을 합니다. 이 흥미로운 책에서 저자는 그러한 인과추론 방법을 명확하게 소개하며, 특히 실제 사용 방법에 주목합니다. 비즈니스 적용 사례와 상세한 파이썬 코드는 여러분이 실무에 인과추론을 적용하는 데 도움이 될 것입니다.

페드로 H. C. 산타나_ 에모리 대학교 및 커절 설루션

●● 감사의 말 ●

먼저, 훌륭한 편집자인 버지니아 윌슨Virginia Wilson에 감사를 전합니다. 정성이 담긴 피드백과 인내심에 깊이 감사합니다. 당신이 없었다면 이 책은 세상에 나오기 어려웠을 겁니다. 니콜 버터필드Nicole Butterfield와 오라일리의 모든 팀원에도 첫 책을 지원하고 신뢰를 보내주신 것에 대해 감사의 말씀을 드립니다. 글쓰기 과정에서 기술적인 문제를 많이 도와준 대니 엘판바움Danny Elfanbaum에게 특별한 감사를 전합니다.

이 책을 검토해주신 모든 리뷰어에게 깊이 감사드립니다. 책에 중요한 내용을 추가하도록 꼼꼼하게 코멘트해준 로런스 윙Laurence Wong에게 감사합니다. 자세한 리뷰와 적절한 비판, 그리고 코드를 테스트해보고 더 깔끔하게 만드는 데 도움이 되는 제안을 해주었던 에이드리언 키스터Adrian Keister에게 감사합니다. 호르헤 레예스Jorge Reyes에게는 기술적인 부분에서 어려운 오류를 찾아내고 중요한 질문들을 해준 것에 감사합니다. 로니 코브로슬리Roni Kobrosly에게 책을 더 쉽고 흥미롭게 만드는 데 도움된 조언에 감사드립니다. 수하시쉬 미스라Subhasish Misra에게는 특히 5장에 대한 유용한 피드백에 감사합니다. 쇼힌 탈레비Shawhin Talebi에게는 책에 추가할 중요한 주제들에 대한 제안에 감사드립니다.

길례르미 자르징 두아르치Guilherme Jardim Duarte에게 펄리안Pearlian 인과성과 관련한 모든 지원과 3장 검토에 대한 감사를 전합니다. 엔히크 로페스Henrique Lopes와 줄리아노 가르시아Juliano Garcia에게 인과추론과 비즈니스 응용의 교차점에 관한 검토에 대해 감사드립니다. 4장, 6장, 7장은 여러분의 피드백으로 훨씬 나아졌습니다. 라파엘 브루스Raphael Bruce에게 4장에 대한 솔직하고 정확한 피드백에 감사합니다. 루이스 모네다Luis Moneda에게 전문 지식과 인과성에 관한 깊은 대화, 그리고 1장 검토에 대한 도움에 감사드립니다. 데니스 레이스Denis Reis에게 2장을 검토해주신 것에 감사합니다. 통계는 어려운 주제이지만, 여러분 덕분에 마음이 놓였습니다.

기술적인 주제를 다루는 작업은 종종 외로울 수 있습니다. 숀 J. 테일러Sean J. Taylor, 페드로 H. C. 산타나Pedro H. C. Sant'Anna, 닉 C. 헌팅턴-클라인Nick C. Huntington-Klein, 카를로스 치넬리Carlos Cinelli, 조슈아 앙그리스트Joshua Angrist, 스콧 커닝햄Scott Cunningham과 같은 훌륭하고 존경받는 전문가들의 지원에 정말 감사합니다. 여러분의 따뜻한 조언이 없었다면 오래전에 집필 작업을 포기했을 겁니다.

도움이 되고 배려심 많은 연구자와 함께 일할 수 있어서 정말 행운이었습니다. 통제집단합성법에 관한 질문에 인내심을 갖고 대답해주시고 통제집단합성법 t-검정을 검토해주신 카스파어 뷔트리히[Kaspar Wüthrich]에게 깊은 감사를 드립니다. 정롱 자오[Jinglong Zhao]에게는 전통적이지 않은 실험 설계에 대한 연구와 통제집단합성법 및 스위치백 실험에 도움을 주셔서 감사합니다. 선형회귀의 복잡함을 알려준 피터 헐[Peter Hull]에게도 감사합니다.

인과성에 관해 더 명확하게 생각하게 해준 모든 훌륭한 학자 여러분께 감사드립니다. 페드로 H. C. 산타나, 카를로스 치넬리, 닉 C. 헌팅턴-클라인, 피터 헐입니다. 또한, 누뱅크에서 함께 일하는 친구들과 동료 여러분께 감사드립니다. 그들은 항상 흥미롭고 도전적인 인과추론 문제를 논의하고 제안하는 데 있어 믿을 수 있는 사람들입니다. 아르투르 고에스[Arthur Goes], 닐로 크루첼스키[Nilo Kruchelski], 페드로 이고르[Pedro Igor], 타티아나 자바노바[Tatyana Zabanov], 디안드라 쿠보[Diandra Kubo], 페드로 바이랑[Pedro Bairão], 페르난다 레알[Fernanda Leal], 무릴로 니콜라우[Murilo Nicolau], 마리아나 산체스[Mariana Sanches], 빅터 달라[Victor Dalla], 에우클리데스 필로[Euclides Filho], 길레르메 페이초토[Guilherme Peixoto], 실바노 필로[Silvano Filho], 알렉산드레 플로리아노[Alexandre Floriano], 아나 오르테가[Ana Ortega], 헥터 리라[Hector Lira], 루카스 에스테밤[Lucas Estevam], 리스크 슬랑겐[Risk Slangen], 앙드레 세갈라[André Segalla] 모두 감사합니다.

이 책을 읽어주시고, 정확하고 비판적인 피드백을 주신 에디가르 안토니오 루테로 알베스[Edigar Antonio Lutero Alves]에게 감사드립니다. 항상 멋진 아버지이자 롤모델이셨습니다.

제 곁에 있어주고 제 아이디어와 프로젝트들을 지지해준 엘리스 조르당 스트로파[Elis Jordão Stropa]에게 감사합니다. 이 책을 쓰는 동안 프란시스코[Francisco]가 태어난 시기에 저에게 인내심을 가지고 기다려주어 고맙습니다. 당신은 훌륭한 아내이자 멋진 엄마입니다.

PART 1 인과추론 기초

1장   인과추론 소개

2장   무작위 실험 및 기초 통계 리뷰

3장   그래프 인과모델

PART **2** 편향 보정

4장   유용한 선형회귀

PART **3** 이질적 효과와 개인화

6장 이질적 처치효과

7장 메타러너

PART 4 패널데이터

8장 이중차분법

9장   통제집단합성법

PART 5 대안적 실험 설계

10장 지역 실험과 스위치백 실험

11장 불응과 도구변수

12장 더 배울 내용

인과추론 기초

1부에서는 인과추론의 기초 개념을 소개합니다.

1장에서는 인과추론 용어를 정의하고 가격 인하 사례와 함께 인과추론의 근본적인 문제, 기본 가정, 식별에 대한 개념을 설명합니다. 2장에서는 인과추론의 가장 중요한 표준인 무작위 통제 실험(A/B 테스트)에 대해 배웁니다. 또한, 무작위 통제 실험 사례를 바탕으로 기본적인 통계 이론을 복습합니다. 3장에서는 그래프 인과 모델에 대한 이론을 다룹니다. 이는 인과관계와 인과적 가정을 시각적으로 표현하고 인과관계와 상관관계를 구별하는 데 유용하게 쓰입니다.

1부를 마치면 인과추론에 대한 기본적인 이해를 갖추게 될 것입니다.

CHAPTER 1

인과추론 소개

1장에서는 인과추론^{causal inference}의 기본 개념과 주요 과제 및 사례를 다루고, 앞으로 이 책을 이해하는 데 필요한 용어를 배웁니다. 이번 장에서는 파이썬 코딩 위주의 내용을 다루기보다는 인과추론의 가장 중요한 첫 번째 개념을 살펴보려고 합니다. 책을 읽으면서 인과추론이 왜 필요한지와 인과추론으로 무엇을 할 수 있는지 항상 염두에 두시기를 바랍니다.

1.1 인과추론의 개념

인과관계는 선뜻 다가가기 쉽지 않은 주제라고 여겨집니다. 통계학을 공부한 분이라면, 교수님들로부터 '연관관계^{association}는 인과관계^{causation}가 아니다'[1]라는 말을 자주 들었을 것입니다. 이 두 개념을 혼동한다면 학문적으로 신뢰를 잃거나 여러 사람의 비판을 받을 수 있습니다. 하지만 여기서 중요한 점은 **연관관계는 때로 인과관계가 될 수도 있다는 것입니다.**

필자가 보기에 사람들은 연관관계를 인과관계로 받아들일 준비가 되어 있는 듯합니다. 예를 들어, 어떤 사람이 와인을 세 잔만 마시기로 한 상황을 가정해봅시다. 네 잔째 와인을 마시면 다음 날을 망칠 수 있음을 정확하게 추론했기 때문에 이러한 결정을 내린 것입니다. 즉, 과음 후 두통으로 잠에서 깼던 날이나, 와인을 한 잔만 마셨거나 전혀 마시지 않았는데 아무 일도 없었

---

1 옮긴이_ 머신러닝 관점에서는 연관관계(association)라는 용어를 더 많이 쓰지만, 일반적으로는 상관관계(correlation)가 더 통용되는 표현입니다. 엄밀하게 따지자면 상관관계와 연관관계의 정의는 다르지만, 이 책에서는 상관관계와 연관관계를 동일한 의미로 사용합니다.

던 날과 같은 과거의 경험을 바탕으로, 음주와 숙취 사이의 연관관계에는 그 이상의 무언가가 있다는 것을 알게 된 것이죠. 음주와 숙취의 '인과관계'를 자연스럽게 추론해 낸 것입니다!

그러나, 통계학 교수님들의 경고처럼 '연관관계는 인과관계가 아니다'라는 말에는 어느 정도 진리가 담겨 있습니다. 그만큼 인과관계는 파악하기 까다로운 문제입니다. 필자는 어렸을 때 오징어튀김을 두 번 정도 먹은 적이 있습니다. 그런데 그 두 번의 식사가 끔찍했던 나머지, 스스로 오징어(그리고 조개, 문어 등 모든 종류의 바다 무척추동물)에 알레르기가 있다는 결론을 내렸고, 다시 오징어를 먹게 되기까지 20년이 넘게 걸렸습니다. 다시 먹어보니 맛있었을 뿐만 아니라 어떠한 알레르기 반응도 없었습니다. 연관관계와 인과관계를 혼동했기 때문에 이러한 결과가 발생했습니다. 필자는 단순히 몇 년 동안 맛있는 해산물을 먹지 못했을 뿐이지만, 연관관계를 인과관계로 착각하면 훨씬 더 심각한 결과를 초래할 수 있습니다. 예를 들어, 주식 투자자라면 주가가 급등하기 직전에 매수했거나 폭락하기 직전에 매도했던 경험이 있을 것입니다. 이러한 상황에서는 시장 타이밍을 맞출 수 있다고 착각할 가능성이 높습니다. 그 유혹을 이겨냈다면 다행이지만, 많은 사람은 자기 직관이 불규칙한 주가의 움직임과 인과적으로 연결되어 있다고 생각하고 그에 속아 넘어갑니다. 또한, 이러한 잘못된 믿음이 점점 더 위험한 베팅으로 이어져 결국 거의 모든 투자 자산을 잃게 되기도 합니다.

요약하자면, 연관관계는 두 개의 수치나 확률변수$^{random\ variable}$가 같이 움직이는 것이고, 인과관계는 한 변수의 변화가 다른 변수의 변화를 일으키는 것을 의미합니다. 예를 들어, 한 국가의 노벨상 수상자 수를 1인당 초콜릿 소비량과 연관시킬 수 있고, 두 변수가 같이 움직일 수도 있겠지만, 한 변수가 다른 변수의 원인이라고 생각하는 것은 어리석은 일입니다. 이처럼 연관관계가 인과관계를 의미하지 않는 이유는 쉽게 알 수 있지만, 이 둘을 동일시하면 안 됩니다. 즉, **인과추론은 연관관계로부터 인과관계를 추론하고 언제, 그리고 왜 서로 다른지 이해하는 과학입니다.**

1.2 인과추론의 목적

인과추론의 유일한 목적은 현실을 이해하는 것입니다. 하지만 여기에는 의사결정의 기준을 제시하는 것과 같은 규범적^{normative} 요소가 자주 포함됩니다. 앞에서 살펴보았듯이, 과음이 두통을 유발한다고 굳이 추론한 이유는 두통을 피하도록 음주 습관을 바꾸고 싶기 때문입니다. 회사에서 마케팅 비용이 매출 증가로 이어지는지 알고 싶어 하는 이유는, 만약 그렇다면 이를 지렛대 삼아 수익을 늘릴 수 있기 때문입니다. 일반적으로 **원인과 결과의 관계를 알아야만 원인에 개입하여 원하는 결과를 가져올 수 있습니다.** 이렇게 인과추론을 산업에 적용하면 대부분 의사결정 과학의 한 분야가 됩니다.

이 책은 실무 적용에 초점을 맞추며, 개입^{intervention}의 영향을 이해하는 데 중점을 둔 인과추론의 일부를 다룹니다. 다음과 같은 다섯 가지 실용적인 질문을 살펴보죠.

1. 현재 상품의 권장 가격 대신 다른 가격을 적용한다면 어떻게 될까요?
2. 저당 식단에서 저지방 식단으로 바꾸면 어떻게 될까요?
3. 고객의 신용 한도를 늘리면 은행의 이익은 어떻게 될까요?
4. 읽기 시험 점수를 높이려면 정부가 모든 학생에게 태블릿을 지급해야 할까요? 아니면 도서관을 지어야 할까요?
5. 결혼이 개인 자산 증가에 도움이 될까요? 아니면 부유한 사람들이 배우자를 만날 가능성이 높기 때문에 기혼자들이 부유한 것일까요?

이 질문들은 비즈니스나 삶에서 무언가를 변화시켜 더 나은 삶을 살고자 하는 욕구에서 비롯됩니다.

1.3 머신러닝과 인과추론

인과추론으로 답을 얻으려는 질문의 유형을 자세히 살펴보면 대부분 '만약$^{what\ if}$' 유형임을 단번에 알 수 있습니다. 머신러닝$^{machine\ learning}$(ML)은 안타깝게도 이러한 유형의 질문에는 취약합니다.

그 대신 머신러닝은 예측 문제를 다룰 때 매우 유용합니다. 에이제이 아그라왈$^{Ajay\ Agrawal}$, 조슈아 간스$^{Joshua\ Gans}$, 아비 골드파브$^{Avi\ Goldfarb}$는 『Prediction Machines』(Harvard Business Review Press, 2018) 라는 책에서 "AI의 새로운 흐름은 실제로 우리에게 지능이 아니라, 지능의 주요 구성 요소인 예측을 가져다줍니다"라고 말했습니다. 이처럼 머신러닝으로 멋진 일을 해낼 수 있습니다. 머신러닝을 잘 활용하려면 문제를 예측 문제로 구성해야 합니다. 예를 들어, 영어를 포르투갈어로 번역하고 싶다면 영어 문장에서 포르투갈어 문장을 예측하는 머신러닝 모델을 구축하면 됩니다. 또한 얼굴을 인식하려면 사진의 세부 부분에서 얼굴의 존재를 예측하는 머신러닝 모델을 만들면 됩니다.

하지만 아쉽게도 머신러닝은 만병통치약이 아닙니다. 까다롭게 정해진 범주 내에서 엄청난 성능을 발휘할 수 있지만, 데이터가 모델에 적합된 것에서 조금만 달라져도 제대로 작동하지 않습니다. 『Prediction Machines』에서 소개하는 또 다른 예를 보시죠.

> 대부분의 산업에서 낮은 가격은 낮은 매출과 연관이 있습니다. 예를 들어, 호텔 업계에서 비성수기에는 숙박 요금이 낮고, 수요가 가장 많고 호텔이 만실인 성수기에는 요금이 높습니다. 해당 데이터를 바탕으로 모델링하면, 머신러닝 모델은 가격을 올리면 더 많은 객실이 판매될 것이라는 순진한 예측을 할 수 있습니다.

이렇게 머신러닝은 변수 간의 연관관계를 이용해서 변수들을 다른 변수에서 예측합니다. 예측에 사용하는 변수를 변경하지 않는 한 머신러닝은 매우 잘 작동합니다. 하지만 개입이 동반되는 대부분의 의사결정에서, 예측 모델로 목적을 달성하기란 매우 어렵습니다.

대부분의 데이터 과학자가 머신러닝은 잘 알지만 인과추론에는 익숙하지 않기 때문에, 당면한 문제에 부합하지 않은 수많은 머신러닝 모델이 활용되곤 합니다. 기업의 주요 목표 중 하나는 제품의 매출이나 사용량의 **증대**입니다. 하지만 단순히 매출만 예측하는 머신러닝 모델은 이러한 목적에 문제가 되지는 않더라도 쓸모없는 경우가 더 많습니다. 심지어 높은 매출은 높은 요금과 연관이 있다는 앞 예시처럼 의미 없는 결론을 내릴 수도 있습니다. 하지만 염두에 둔 목표가 예측과 전혀 관련 없는데도 예측 머신러닝 모델을 구현하는 회사들이 많다는 걸 안다면 놀랄 것입니다.

그렇다고 머신러닝이 인과추론에 아예 쓸모없다는 뜻은 아닙니다. 다만 순진하게 적용하면 득보다 실이 훨씬 더 많습니다. 하지만 머신러닝을 단순한 예측 도구가 아닌 강력한 모델의 도구 상자라는 각도에서 접근하면, 인과추론의 목표에 어떻게 연결되는지 이해하게 될 것입니다. 이후 3부에서는 머신러닝과 인과추론을 함께 사용할 때 주의해야 할 사항은 무엇인지, 그리고 (의사결정 트리, 그레이디언트 부스팅gradient boosting과 같은) 일반적인 머신러닝 알고리즘이 인과추론 활용을 위해 어떻게 재탄생하는지 보여드리려 합니다.

1.4 연관관계와 인과관계

연관관계가 인과관계를 의미하지 않는다는 것은 직관적으로 이해할 수 있습니다. 만약 누군가가 고가의 컨설팅을 받은 덕분에 사업이 개선되었다고 말한다면, 당연히 못마땅할 수 있습니다. 그렇다면 컨설팅이 실제로 사업을 개선하는 데 도움이 되었는지, 아니면 번창하는 회사만이 고가의 컨설팅 서비스를 고용할 여유가 있어서 그런 결과가 나왔는지를 어떻게 파악할까요?

좀 더 구체적으로, 온라인 커머스 기업을 운영한다고 가정해보죠. 중소기업들은 여러분의 온라인 플랫폼을 활용하여 제품을 광고하고 판매합니다. 이 기업들은 가격 책정이나 할인 시기 같은 부분을 자율적으로 결정합니다. 하지만 이들이 번창하면 여러분의 이익에도 도움이 되므로, 기간 한정 할인 캠페인을 언제, 어떻게 설정할지에 관한 가이드를 제공하기로 합니다. 그러려면 가장 먼저 **가격할인이 판매량에 미치는 영향**을 파악해야 합니다. 더 많이 판매해 얻는 이익이 더 저렴하게 판매해 얻는 손실을 상쇄할 때, 가격을 할인하면 좋다는 의사결정을 할 수 있습니다. 이는 인과관계에 관한 문제입니다. 즉, 플랫폼을 이용하는 기업들이 가격을 할인했다면 그렇지 않았을 때보다 얼마나 더 많이 판매했을지 대답할 수 있어야 합니다.

물론 가격할인에 관한 인과적 질문은 이 책의 서두에서 다루기에 너무 복잡할 수도 있습니다. 게다가 다양한 기업이 이 플랫폼을 사용합니다. 식품, 의류, 비료, 농산물 등 다양한 상품을 판매하는 기업이 입점해 있습니다. 결국 가격 인하는 상품 유형에 따라 다른 영향을 미칠 수 있습니다. 예를 들어, 의류 기업에서 어버이날 일주일 전에 가격 인하를 공지하면 도움이 될 수 있습니다. 반면, 농산물 판매 기업에서는 비슷한 형태로 할인하더라도 효과가 미미할 것입니다.

따라서 문제를 조금 단순화해서 살펴보겠습니다. 어린이 장난감을 판매하는 기업의 12월, 특히 크리스마스 이전 기간에 집중해보겠습니다. 우선 해당 기간에 가격을 할인하면 판매량이 어떻게 증가하는지를 살펴보고, 이 정보를 어린이 장난감 회사에 전달하여 더 나은 결정을 하도록 도와주려고 합니다.

여러 어린이 장난감 기업의 데이터를 활용해서 할인이 좋은 생각인지 판단해보겠습니다. 다음 데이터는 여러분이 접근할 수 있도록 판다스^{pandas} 데이터프레임 형태로 저장되었습니다. 데이터의 처음 몇 행을 살펴보면 어떤 데이터를 다루는지 파악할 수 있습니다.

	store	weeks_to_xmas	avg_week_sales	is_on_sale	weekly_amount_sold
0	1	3	12.98	1	219.60
1	1	2	12.98	1	184.70
2	1	1	12.98	1	145.75
3	1	0	12.98	0	102.45
4	2	3	19.92	0	103.22
5	2	2	19.92	0	53.73

- store: 상점의 고유 식별자(ID)

- weeks_to_xmas: 크리스마스까지 남은 기간(주)

- avg_week_sales: 12월 각 상점의 주간 판매량

- is_on_sale: 해당 주간, 기업의 가격할인 진행 여부(진행 = 1, 미진행 = 0)

- weekly_amount_sold: 해당 연도의 상점 주간 평균 판매량

NOTE 분석단위

인과추론 연구에서 분석단위unit of analysis는 일반적으로 개입(처치)하려는 대상입니다. 새로운 제품이 유저 잔존customer retention에 미치는 영향을 분석할 때처럼, 분석단위는 대부분 사람입니다. 하지만 다른 유형의 분석단위를 사용하기도 합니다. 이번 장의 예시에서 분석단위는 회사입니다. 또한, 같은 예시에서 매출이 가장 좋은 시점이 언제인지에 관한 답을 구할 수도 있는데, 이때 분석단위는 기간(여기서는 주)이 됩니다.

1.4.1 처치와 결과

이제 장난감 할인 데이터와 함께 첫 번째 기술적인 내용을 살펴보겠습니다. T_i는 실험 대상 i의 처치 여부를 나타냅니다.

$$T_i = \begin{cases} 1: \text{실험 대상 } i \text{가 처치 받은 경우} \\ 0: \text{실험 대상 } i \text{가 처치 받지 않은 경우} \end{cases}$$

여기서 **처치**treatment는 의학이나 의료 분야와는 무관하며, 구하려는 효과에 대한 개입을 나타낼 때 사용하는 용어입니다. 해당 예시에서 처치는 온라인 플랫폼 내 기업 중 하나의 가격할인(is_on_sale)을 말합니다.

필자가 영향을 주려는 변수인 주간 판매량(weekly_amount_sold)은 **결과**outcome라고 부르겠습니다. 또한, 실험 대상 i의 결과는 Y_i로 표기할 예정입니다. '처치'와 '결과'라는 두 개념을 사용하여 인과추론의 목표를 재정의하자면, T가 Y에 미치는 영향을 학습하는 과정이라고 볼 수 있습니다. 해당 사례에서는 할인 여부(is_on_sale)가 주간 판매량(weekly_amount_sold)에 미치는 효과를 파악하는 것입니다.

1.4.2 인과추론의 근본적인 문제

여기서부터 흥미로운 주제인 **인과추론의 근본적인 문제**를 다루려 합니다. 여기서 문제란, 동일한 실험 대상이 '처치'를 받은 상태와 받지 않은 상태를 동시에 관측할 수 없다는 점입니다. 이는 마치 두 개의 갈림길이 있을 때 선택한 하나의 길 앞에만 무엇이 있는지 알 수 있을 때와 같습니다. 인과추론의 근본적인 문제를 완전히 이해하기 위해 예제로 돌아가서 처치(is_on_sale)에 따른 결과(weekly_amount_sold)를 그래프로 그려보겠습니다. 그래프를 보면 상품 가격을 낮춘 상점들의 판매량이 훨씬 더 많았음을 알 수 있습니다([그림 1-1] 참조).

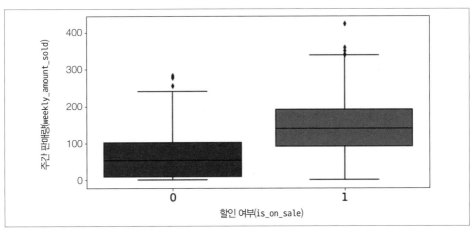

그림 1-1 할인 여부(할인 = 1, 미할인 = 0)에 따른 주간 판매량

이 그래프는 세상이 돌아가는 방식에 관한 우리의 직관과도 일치합니다. 사람들은 가격이 낮아지면 더 많이 구매하는데, 할인은 보통 낮은 가격을 의미합니다. 인과추론은 도메인 지식과 밀접한 관련이 있습니다. 상품을 할인하고 광고를 노출하면 고객들은 더 많이 구매할 수 있겠죠. 하지만 너무 방심해서는 안 됩니다. 이토록 판매율이 급증하는 부분이 있다면 도메인 지식을 바탕으로 주의를 기울여야 합니다. [그림 1-1]을 보면 할인할 때 판매량은 평균 약 150 단위 정도 더 높아지는 듯 보입니다. 할인하지 않을 때 판매량의 범위는 0에서 50 정도임을 고려한다면, 이는 의심스러울 정도로 높은 수치입니다. 조금만 더 깊이 생각해보면, 연관관계를 인과관계로 착각하고 있음을 알 수 있습니다. 판매량이 많게 나타난 이유는 상품을 가장 많이 판매하는 대기업들이 더 공격적으로 가격을 낮출 여유가 있기 때문일 수 있습니다. 또는, 고객들이 가장 많이 구매하는 시기인 크리스마스쯤 할인을 진행한 영향일 수도 있습니다.

여기서 중요한 부분은, 동일한 회사(실험 대상)에서 할인이 진행되는 상황과 그렇지 않은 상황을 동시에 관측할 수 있어야만 가격할인이 판매량에 미치는 실제 효과를 확신할 수 있다는 점입니다. 이러한 두 가지 **반사실**counterfactual 상황을 비교함으로써 가격할인 효과를 파악할 수 있지만, 앞서 설명했듯이 인과추론의 근본적인 문제는 동일 대상의 두 상황을 동시에 관측할 수 없다는 점입니다. 대신 다른 방법을 찾아야 합니다.

1.4.3 인과모델

이러한 모든 문제를 직관적으로도 추론할 수 있지만, 단순한 직관을 넘어서려면 공식 표기법이 필요합니다. 여기서 배울 표기법은 앞으로 인과관계에 관해 이야기할 때 사용할 일상적인 언어가 될 것입니다. 인과추론을 활용하는 동료들과 함께 사용할 공용어라고 생각하세요.

인과모델causal model은 화살표(←)로 표시하는 일련의 할당 메커니즘입니다. 이 메커니즘에서는 u를 사용해 모델 외부의 변수를 나타내며, 변수 u가 어떻게 생성되었는지 따로 설명하지 않을 것입니다. 변수 u 이외의 다른 모든 변수는 매우 중요하므로 모델에 포함합니다. 마지막으로, 한 변수를 다른 변수에 매핑하는 함수 f가 있습니다. 다음 인과모델을 예로 들어보겠습니다.

$$T \leftarrow f_t\left(u_t\right)$$
$$Y \leftarrow f_y\left(T, u_y\right)$$

첫 번째 식에서, 모델링하지 않는 변수 집합 u_t(외부변수)[2]가 함수 f_t를 통해 처치변수 T를 유발하는 원인이 됩니다. 두 번째 식에서 처치변수 T는 다른 변수 집합 u_y(또한, 모델링하지 않을 변수)와 함께 함수 f_y를 통해 결과 Y를 유발합니다. 해당 수식에서 u_y는 결과가 단순히 처치변수만으로 결정되지 않음을 나타냅니다. 즉, 모델링하지 않기로 선택한 변수라 하더라도 결과에 영향을 미칩니다. 가격할인 예시에 적용하면, 주간 판매량(weekly_amount_sold)은 처치에 해당하는 할인 여부(is_on_sale) 및 특정되지 않은 요인들인 u 때문에 발생합니다. 변수 u의 목적은 모델에 포함된 변수로는 아직 설명되지 않은 변수의 모든 변동을 설명하는 것입니다. 이러한 변수는 내생변수endogenous variable[3]라고도 합니다. 해당 예시에서는 가격할인이 모델 내에 없는 요인들(기업 규모 등) 때문에 유발된다고 볼 수 있습니다.

$$IsOnSales \leftarrow f_t\left(u_t\right)$$
$$AmountSold \leftarrow f_y\left(IsOnSales, u_y\right)$$

등호(=) 대신 화살표(←)를 사용하여 인과관계의 비가역성nonreversibility을 분명하게 표시했습니다. 등호를 사용하면 $Y = T + X$와 $T = Y - X$가 같아지는데, T가 Y의 원인인 것과 그 반대인 Y가 T의 원인인 것은 같지 않습니다. 그렇지만 화살표(←)는 사용하기가 다소 불편하므로 이 책에서는 자주 사용하지 않으려고 합니다. 전통적인 대수학algebra과 달리, 원인과 효과의 비가역성 때문에 인과모델을 다룰 때는 등호 주변으로 간단하게 변수를 옮길 수 없다는 점을 기억해주세요.

더 많은 변수를 사용해서 모델링하려면 u에서 변수를 꺼내서 명시적으로 인과모델에 포함시키면 됩니다. 이로써 해당 변수들을 모델 안에서 설명할 수 있게 됩니다. 가격할인 예시에서, 할인하는 경우와 할인하지 않는 경우의 차이가 큰 이유는 대기업들이 더 공격적으로 할인을 진행할 수 있기 때문일 수 있다고 언급했습니다. 이전 모델에는 $BusinessSize$가 포함되지 않았고,

---

2 옮긴이_ 원서는 외생변수(exogenous variable)로 표현했으나, 원서에 쓰인 외생변수와 내생변수라는 용어는 통계/계량경제학에서와 다른 의미로 활용되고 있습니다. 원서에서는 외생변수에 대해서 모델링하지 않은 변수, 즉 시스템 밖에서 주어지는 변수로 정의했지만, 이는 외생변수라기보다는 회귀분석에서의 오차항에 가까운 설명(관측되지 않은 모든 요인을 포괄하는 항)입니다. 통계학에서 외생변수라 함은 관측되지 않은 (시스템 내에 포함되지 않은) 어떠한 다른 변수에도 영향을 받지 않는 변수를 의미합니다. 즉, 인과모델 내에서 명시적으로 고려하는 변수라 하더라도, 관측되지 않은 다른 변수에 영향을 받지 않는 요인이 있다면 외생변수라고 할 수 있습니다. 따라서, 이 책에서는 원서에 쓰인 외생변수를 외부변수로 표기합니다.

3 옮긴이_ 외생변수에 이어, 통계학에서 내생변수는 관측되지 않은 (시스템 내에 포함되지 않은) 요인에 의해 영향을 받는 변수를 의미합니다. 가격할인 예시에서는 IsOnSales가 내생변수입니다. 또한, 관측되지 않은 요인 (u)에 의해 영향을 받기 때문에 BusinessSize도 내생변수라 할 수 있습니다.

해당 변수는 다른 변수들과 함께 u에 뭉뚱그려 포함되어 있습니다. 하지만 해당 변수를 포함해 다음과 같이 모델링할 수 있습니다.

$$BusinessSize \leftarrow f_s\left(u_s\right)$$
$$IsOnSales \leftarrow f_t\left(BusinessSize,\ u_t\right)$$
$$AmountSold \leftarrow f_y\left(IsOnSales,\ BusinessSize,\ u_y\right)$$

추가 내생변수($BusinessSize$)를 포함하기 위해, 먼저 해당 변수가 어떻게 생성되었는지 나타내는 수식을 추가하겠습니다. 그다음 $BusinessSize$를 모델 외부변수로 다루지 않도록 u_t에서 제외합니다. 두 번째 수식은 $IsOnSales$의 원인이 $BusinessSize$와 u_t(모델링하지 않기로 선택한 다른 외부변수들)임을 의미합니다. 즉, 대기업들이 가격을 할인할 가능성이 더 높다는 믿음을 수식으로 표현했습니다. 마지막으로, $BusinessSize$를 식에 추가해볼 수 있습니다. 이는 대기업들이 더 많이 판매한다는 생각을 표현한 식입니다. 정리하자면, $BusinessSize$는 처치($IsOnSale$)와 결과($AmountSold$) 모두의 공통 원인이 됩니다.

여러분에게는 이러한 방식의 모델링이 새로울 수 있으므로 더 익숙한 방식과 연결해보겠습니다. 만약 경제학이나 통계학을 전공했다면 같은 문제를 다른 방식으로 모델링한 경험이 있을 것입니다.

$$AmountSold_i = \alpha + \beta_1 IsOnSales_i + \beta_2 BusinessSize_i + e_i$$

언뜻 보면 매우 다르지만, 자세히 살펴보면 앞에서 본 모델과 매우 비슷함을 알 수 있습니다. 먼저, 이전 모델에서의 마지막 수식에서 f_y 함수를 어떻게 대체하는지 살펴보면, 내생변수 $IsOnSale$과 $BusinessSize$가 선형적으로 결합한 결과로 $AmountSold$를 만드는 것을 알 수 있습니다. 즉, 해당 **선형모델**linear model은 이전 모델보다 더 많은 가정을 하며, 변수 간의 관계에 함수 형태(여기서는 선형)를 부여한다고 볼 수 있습니다. 다음으로, 독립(내생)변수인 $IsOnSale$와 $BusinessSize$가 어떻게 생성되는지는 나타내지 않습니다. 마지막으로, 이 선형모델은 할당 연산자(←) 대신 등호(=)를 사용하지만, 이전에 합의했듯이 두 표기법을 번갈아 가며 사용했습니다.

1.4.4 개입

인과모델에 관해 시간을 들여 이야기하는 이유는, 인과모델이 있다면 해당 모델을 고치고 개선해서 인과적 질문의 답을 찾아볼 수 있기 때문입니다. 이를 공식 용어로 **개입**intervention이라고 부릅니다. 예를 들어, 아주 간단한 인과모델을 사용해서 모든 실험 대상이 처치 t_0를 받도록 하는 상황을 가정하겠습니다. 이렇게 하면 T에 대한 자연적 원인을 제거하므로 상수로 대체할 수 있습니다.

$$T \leftarrow t_0$$
$$Y \leftarrow f_y\left(T, u_y\right)$$

이는 '처치를 t_0로 설정한다면 결과 Y에 어떤 일이 일어날까?'라는 질문에 답하는 사고 실험입니다. 실제로 처치에 개입할 필요는 없습니다(개입할 수도 있지만, 나중에 다룰 예정입니다). 인과추론에서는 개입을 $do(.)$ 연산자[4]를 활용해서 나타낼 수 있습니다. T에 개입해서 어떤 일이 일어날지를 추론하고 싶다면 $do(T = t_0)$로 표현할 수 있습니다.

> **NOTE 기댓값**
>
> 지금부터 기댓값expectation과 조건부 기댓값이 많이 등장할 예정입니다. 기댓값은 평균이 추정하려는 모집단값이라고 생각하면 됩니다. $E[X]$는 확률변수 X의 (주변marginal) 기댓값을 나타냅니다. 기댓값은 X의 표본평균average sample으로 근사될 수 있습니다. 그리고 $E[Y|X = x]$는 $X = x$가 주어졌을 때 Y에 대한 기댓값을 나타냅니다. 이는 $X = x$일 때 Y의 평균으로 근사될 수 있습니다.

$do(.)$ 연산자를 통해 연관관계와 인과관계가 다른 이유를 한눈에 알 수 있습니다. 앞서 살펴본 내용에서, 가격을 할인한 회사의 판매량 기댓값 $E[AmountSold|IsOnSales = 1]$이 높으면, 가격을 할인하도록 개입한 경우의 판매량 기댓값 $E[AmountSold|do(IsOnSales = 1)]$이 과대 추정될 수 있다고 주장한 바 있습니다. 이때 첫 번째 경우처럼 가격을 할인하기로 결정한 회사는 대기업일 확률이 높습니다. 반면 $E[AmountSold|do(IsOnSales = 1)]$은 모든 회사가 가격을 할인하도록 통제했을 때 어떤 일이 발생했을지를 나타냅니다. 중요한 것은 일반적으로 다음 식과 같이, 가격을 할인한 회사의 판매량에 대한 조건부 기댓값과 할인하도록 통제한 회사의 판

---

4 옮긴이_ 이 연산자는 개입을 표현하며, 주어진 현상을 그대로 관측하는 것이 아닌 개입(doing)한다는 의미로 이해할 수 있습니다.

매량에 대한 조건부 기댓값은 다르다는 점입니다.

$$E[AmountSold \mid IsOnSales = 1] \neq E[AmountSold \mid do(IsOnSales = 1)]$$

선택^{selection}과 개입의 관점에서 이 두 개념의 차이를 생각해봅시다. 선택 측면에서 할인이 조건으로 주어질 때는 실제로 가격을 할인하기로 선택한 회사들의 하위 표본 판매량을 측정합니다. 반면, $do(IsOnSales)$ 개입이 조건으로 주어질 때는 모든 회사가 가격을 할인하도록 통제한 다음에 전체 표본에서 판매량을 측정합니다([그림 1-2] 참조).

$do(.)$ 연산자는 관측된 데이터에서 항상 얻을 수 없는 인과 추정량$^{causal\ quantity}$[5]을 정의하는 데 사용합니다. 이전 예제에서는 모든 기업이 가격을 할인하도록 강제하지 않았으므로, 모든 회사의 $do(IsOnSales = 1)$인 상황을 관측할 수 없습니다. 즉, $do(.)$ 연산자는 구하려는 인과 추정량을 분명하게 표현하는 데 사용할 수 있는 이론적 개념으로 매우 유용합니다. 대부분의 인과추론은 인과 추정량에 대한 이론적 표현에서 직접 관측할 수 없는 부분을 제거하기 위한 일련의 과정으로, 이를 식별^{identification}이라고 부릅니다.

그림 1-2 선택은 처치에 따라 표본을 필터링하고 개입은 전체 표본의 처치 여부를 통제합니다.

1.4.5 개별 처치효과

$do(.)$ 연산자를 사용하면 개별 실험 대상 i에 처치가 결과에 미치는 영향인 **개별 처치효과**^{individual} $^{treatment\ effect}$(ITE)를 표현할 수 있습니다. 다음 식과 같이 두 개입의 차이로 나타낼 수 있습니다.

$$\tau_i = Y_i \mid do(T = t_1) - Y_i \mid do(T = t_0)$$

---

5 옮긴이_ 이 책에서는 인과 추정량을 causal quantity로 사용했지만, 일반적으로는 causal (effect) estimand라는 용어를 더 많이 씁니다.

즉, 각 실험 대상 i에 대한 처치가 t_o에서 t_1으로 바뀔 때의 효과 τ_i는, t_o와 비교하여 t_1 하에서의 결과 차이를 나타냅니다. 이를 사용하여 $AmountSold$에서 $IsOnSales$를 0에서 1로 바꿀 때의 효과도 추론할 수 있습니다.

$$\tau_i = AmountSold_i \big| do(IsOnSales = 1) - AmountSold_i \big| do(IsOnSales = 0)$$

인과추론의 근본적인 문제 때문에 앞의 식 중 한 가지 항에 대해서만 관측할 수 있습니다. 따라서 이론적으로 해당 식을 표현할 수 있다고 해도, 반드시 데이터에서 이를 찾을 수 있다는 뜻은 아닙니다.

1.4.6 잠재적 결과

$do(.)$ 연산자와 함께, 인과추론에서 가장 흥미롭고 널리 사용하는 개념인 반사실 또는 **잠재적 결과**potential outcome도 정의할 수 있습니다.

$$Y_{ti} = Y_i \big| do(T_i = t)$$

이는 '처치가 t인 상태일 때, 실험 대상 i의 결과는 Y가 될 것이다'를 의미합니다. 때로는 수식의 첨자가 너무 복잡해지므로 함수 표기법을 사용하여 잠재적 결과를 정의하겠습니다.

$$Y_{ti} = Y(t)_i$$

범주가 두 개인 이진 처치(처치 또는 미처치)에 관해 이야기할 때, 처치 받지 않은 실험 대상 i의 잠재적 결과를 Y_{0i}로, 처치 받는 동일 대상 i의 잠재적 결과를 Y_{1i}로 표기하겠습니다. 또한, 관측할 수 있는 한 가지 잠재적 결과를 **사실적 결과**factual outcome로, 관측할 수 없는 다른 한 가지 결과를 **반사실적 결과**counterfactual outcome로 지칭하겠습니다. 예를 들어, 실험 대상 i가 처치 받은 후 어떤 일이 일어나는지 사실적 결과 Y_{1i}를 관측할 수 있습니다. 반대로 실험 대상 i가 처치 받지 않으면 어떤 일이 일어날지 알 수 없습니다. 즉, Y_{0i}는 반사실적 결과이므로 관측할 수 없습니다.

$$Y_i = \begin{cases} Y_{1i} : \text{실험 대상 } i \text{가 처치 받은 잠재적 결과} \\ Y_{0i} : \text{같은 대상 } i \text{가 처치 받지 않은 잠재적 결과} \end{cases}$$

잠재적 결과를 다음과 같이 표현할 수도 있습니다.

$$Y_i = T_i Y_{1i} + (1 - T_i) Y_{0i} = Y_{0i} + (Y_{1i} - Y_{0i}) T_i$$

예제로 돌아가보죠. $AmountSold_{0i}$는 회사 i가 가격을 할인하지 않았을 경우 판매량을 나타내고, $AmountSold_{1i}$는 할인했을 경우 판매량을 나타냅니다. 또한 다음과 같이 잠재적 결과에 따라 회사 i의 인과효과를 정의할 수도 있습니다.

$$\tau_i = Y_{1i} - Y_{0i}$$

> **CAUTION 인과추론에 대한 가정**
>
> 이 책을 읽다 보면, 인과추론에는 항상 가정^{assumption}이 동반됨을 알게 됩니다. 가정은 데이터가 어떻게 생성되었는지에 관한 믿음을 표현할 때 사용합니다. 그러나 중요한 점은, 일반적으로 가정은 데이터로 검증할 수 없기 때문에 필요하다는 것입니다. 매번 가정을 찾기는 쉽지 않지만, 최대한 명료하고 깔끔하게 설명해보겠습니다.

1.4.7 일치성 및 SUTVA

앞의 식에는 두 가지 숨겨진 가정이 있습니다. 첫 번째 가정은 잠재적 결과가 처치와 일치성이 있어야 함을 의미합니다. 즉, $T_i = t$일 때 $Y_i(t) = Y$입니다. 즉, T로 지정된 처치 외에 숨겨진 여러 가지 형태의 처치는 존재하지 않는다는 뜻입니다. 정리하면, 일치성^{consistency} 가정은 두 가지 경우에 위배^{violation}될 수 있습니다. 첫 번째로, 처치를 여러 번 했는데도 그중 일부만 고려했다면, 가정은 위배될 수 있습니다. 예를 들어, 할인 쿠폰이 매출에 미치는 영향에 관심이 있다고 가정해봅시다. 처치는 고객이 쿠폰을 받았는지 안 받았는지 두 가지 방식으로 간주할 수 있습니다. 하지만, 실제로는 여러 번의 할인을 시도했다면, 일치성 가정을 위배할 수 있습니다. 두 번째, 처치가 잘못 정의된 경우에도 일치성 가정이 위배될 수 있습니다. 예를 들면, 재무 설계사의 도움이 개인 자산에 어떤 영향을 미치는지 파악하려는 상황을 가정해보겠습니다. 여기서 '도움'이란 무엇을 의미할까요? 일회성 상담인가요? 정기적인 조언과 목표 추적인가요? 이러한 모든 종류의 재무 조언을 하나의 범주로 묶으면 일치성 가정에도 위배됩니다.

두 번째 가정은 상호 간섭 없음$^{no\ interference}$ 또는 SUTVA[6]입니다. 즉, 하나의 실험 대상에 대한 효과는 다른 실험 대상의 영향을 받지 않습니다($Y_i(T_i) = Y_i(T_1,\ T_2,\ \cdots,\ T_i,\ \cdots,\ T_n)$). 파급 효과$^{spillovers\ effect}$ 또는 네트워크 효과가 있는 경우, 이러한 가정은 위배될 수 있습니다. 예를 들어, 백신이 전염성 질환 예방에 미치는 영향을 알고 싶을 때, 한 사람에게 백신을 접종하면 그 사람과 가까운 다른 사람들이 처치 받지 않더라도 해당 질병에 걸릴 확률이 낮아질 수 있습니다. 이 가정을 위배하면, 일반적으로 처치효과가 실제보다 작다고 생각하게 됩니다. 파급 효과가 발생하면 대조군도 처치의 영향을 받으므로, 결국 파급 효과가 없을 때보다 실험군과 대조군 간의 차이는 크게 나지 않게 됩니다.

> **NOTE 가정 위배**
>
> 다행히도 두 가지 가정 모두를 위배하는 경우를 다룰 수 있을 때가 많습니다. 일치성 가정 위배를 해결하려면 분석 시 처치에 대한 모든 버전을 포함해야 합니다. 또한, 파급 효과를 처리하려면 다른 대상에서 발생하는 효과를 포함하도록 처치효과의 정의를 확장하고, 더 유연한 모델을 사용하여 처치효과를 추정할 수 있습니다.

1.4.8 인과 추정량

잠재적 결과의 개념을 학습했으니, 인과추론의 근본적인 문제를 다시 한번 강조하겠습니다. 요약하면, **잠재적 결과 중 하나만 관측할 수 있으므로 개별 처치효과를 알 수 없습니다.** 하지만 실망하지 마세요. 앞에서 배운 새로운 개념을 활용해 인과추론의 근본적인 문제를 해결하는 데 약간의 진전을 이룰 준비가 된 것입니다. 비록 개별 효과(τ_i)를 알 수는 없지만, 데이터에서 학습할 수 있는 흥미로운 세 가지 인과 추정량을 알아보겠습니다.

첫 번째로, **평균 처치효과**$^{average\ treatment\ effect}$(ATE)를 다시 세 가지 방식으로 정의하겠습니다. 다음은 첫 번째 방식입니다.

$$ATE = E\left[\tau_i\right]$$

---

6 옮긴이_ SUTVA는 'stable unit of treatment value assumption'의 약어입니다. 이 가정은 한 실험 대상의 처치가 다른 대상의 결과에 영향을 미치면 안 됨을 의미합니다. 이 책에서는 SUTVA를 상호 간섭 없음(파급 효과 없음)의 의미로 활용하고 있지만, 엄밀하게 본다면 앞의 두 가지 가정(일치성과 상호 간섭 없음)을 모두 합한 것이 SUTVA 입니다. 이후 내용에서도 SUTVA로 표기합니다.

두 번째 방식입니다.

$$ATE = E\left[Y_{1i} - Y_{0i}\right]$$

세 번째 방식입니다.

$$ATE = E[Y \mid do(T = 1)] - E[Y \mid do(T = 0)]$$

평균 처치효과는 처치 T가 평균적으로 미치는 영향을 나타냅니다. 실험 대상에 따라 더 많거나 더 적은 영향을 받을 수 있습니다. 하지만, 개별 대상에 미치는 영향을 알 수 없습니다. 또한 데이터에서 ATE를 추정하고 싶다면 기댓값을 표본평균으로 대체할 수 있습니다.

$$\frac{1}{N}\sum_{i=0}^{N}\tau_i$$

다음과 같이 표현할 수도 있습니다.

$$\frac{1}{N}\sum_{i=0}^{N}\left(Y_{1i} - Y_{0i}\right)$$

물론 인과추론의 근본적인 문제 때문에 각 실험 대상마다 잠재적 결과 중 하나만 관측되므로 실제로 이와 같이 계산할 수는 없습니다. ATE를 추정하는 방법은 앞으로 배울 예정이니 지금은 걱정하지 않아도 됩니다. 대신 잠재적 결과의 관점에서 해당 인과 추정량을 정의하는 방법과 추정하려는 이유를 이해하는 데 집중합시다.

흥미로운 두 번째 그룹 효과는 **실험군에 대한 평균 처치효과**^{average treatment effect on the treated}(ATT)입니다.

$$ATT = E\left[Y_{1i} - Y_{0i} \mid T = 1\right]$$

이는 처치 받은 대상에 대한 처치효과입니다. 한 도시에서 진행한 오프라인 마케팅 캠페인으로 해당 도시에서 얼마나 많은 추가 고객을 모객했는지 알고 싶다고 가정해보죠. 이것이 바로 캠페인이 진행된 도시에 대한 마케팅 효과인 ATT입니다. 여기서 동일한 처치에 대해 두 가지 잠재적 결과가 어떻게 정의되는지 알아두는 것이 중요합니다. ATT는 처치 받은 대상을 조건으로 하므로 Y_{0i}는 항상 관측되지 않지만, 이론적으로는 잘 정의될 수 있습니다.

마지막으로, **조건부 평균 처치효과**^{conditional average treatment effect}(CATE)가 있습니다.

$$CATE = E\left[Y_{1i} - Y_{0i} \mid X = x\right]$$

이는 변수 X로 정의된 그룹에서의 처치효과입니다. 예를 들면, 이메일이 45세 이상의 고객과 그보다 젊은 고객에 미치는 영향을 알고 싶을 수 있습니다. 조건부 평균 처치효과는 어떤 유형의 실험 대상이 개입에 더 잘 반응하는지 알 수 있어서 개인화^{personalization}에 매우 유용합니다.

처치변수가 연속형일 때도 이전에 배운 인과 추정량을 정의할 수 있습니다. 이 경우 차이를 편도함수^{partial derivative}로 대체합니다.

$$\frac{\partial}{\partial t} E\left[Y_i\right]$$

겉보기에 화려할지 모르지만, 이는 처치가 조금 증가할 때 $E\left[Y_i\right]$가 얼마나 변화할 것으로 기대하는지를 나타내는 방법일 뿐입니다.

1.4.9 인과 추정량 예시

실제 비즈니스 문제에서 이러한 인과 추정량을 어떻게 정의하는지 살펴봅시다. 먼저, 가격할인이 개별 회사에 미치는 영향을 알려면 두 가지 잠재적 결과, 즉 $AmountSold_{0i}$와 $AmountSold_{1i}$를 동시에 확인해야 합니다. 개별 효과 대신, 가격할인이 판매량에 미치는 평균 영향과 같이 추정할 수 있는 항목에 초점을 맞출 수 있습니다. 다음 식에서는 앞에서 배운 세 가지 인과 추정량을 가격할인 예시에 적용해보겠습니다.

$$ATE = E\left[AmountSold_{1i} - AmountSold_{0i}\right]$$

가격을 할인한 회사가 어떻게 판매량을 늘렸는지 알아봅시다.

$$ATT = E\left[AmountSold_{1i} - AmountSold_{0i} \mid IsOnSales = 1\right]$$

또는 크리스마스 주간의 할인 여부가 미치는 영향을 다음 식으로 나타낼 수 있습니다.

$$CATE = E\left[AmountSold_{1i} - AmountSold_{0i} \mid weeksToXmas = 0\right]$$

두 가지 잠재적 결과를 모두 볼 수 없음을 알지만, 상황을 좀 더 실감 나게 만들어 논의하기 위해 두 결과를 볼 수 있다고 해보죠. 인과추론의 신이 우리에게 각 결과가 실현되는 잠재적 평행우주alternative universe를 볼 수 있는, 신과 같은 능력을 부여했다고 상상해봅시다. 그 힘을 사용해서 총 6개 회사의 할인 여부 데이터(3개 회사는 할인을 진행하고, 나머지 3개 회사는 할인을 진행하지 않음)를 수집했습니다.

다음 표에서 i는 실험 대상, y는 관측된 결과, $y0$과 $y1$은 각각 실험군 및 대조군에 따른 잠재적 결과, t는 처치 여부, x는 크리스마스까지의 시간을 표시하는 공변량covariate입니다. 할인 여부는 처치이고 판매량은 결과라는 점을 기억해주세요. 그리고 이 중 두 회사에서는 크리스마스 일주일 전에 데이터를 수집했으며, 이는 $x = 1$로 표시됩니다. 이외 관측값은 크리스마스와 같은 주에 수집한 데이터입니다.

	i	y0	y1	t	x	y	te
0	1	200	220	0	0	200	20
1	2	120	140	0	0	120	20
2	3	300	400	0	1	300	100
3	4	450	500	1	0	500	50
4	5	600	600	1	0	600	0
5	6	600	800	1	1	800	200

신과 같은 힘으로 $AmountSold_0$과 $AmountSold_1$을 모두 볼 수 있습니다. 이렇게 하면 앞서 설명한 모든 인과 추정량을 매우 쉽게 계산할 수 있습니다. 예를 들어, 여기서 ATE는 마지막 열의 평균이 됩니다.

$$ATE = (20 + 20 + 100 + 50 + 0 + 200) / 6 = 65$$

이는 가격할인으로 판매량이 평균 65개 증가함을 의미합니다. ATT는 $T = 1$일 때 마지막 열의 평균이 됩니다.

$$ATT = (50 + 0 + 200) / 3 = 83.33$$

즉, 가격을 할인한 회사는 가격할인에 따른 판매량이 평균 83.33개 증가했습니다. 마지막으로, 크리스마스 1주일 전이라는 조건부 평균 효과($x = 1$)는 회사 3번과 6번 효과의 평균에 해당합니다.

$$CATE(x = 1) = (100 + 200) / 2 = 150$$

그리고 $x = 0$일 때, 크리스마스 주에 대한 평균 처치효과를 의미합니다(회사 1, 2, 4, 5번).

$$CATE(x = 0) = (20 + 20 + 50 + 0) / 4 = 22.5$$

즉, 회사가 크리스마스 주간에 가격을 할인했을 때(22.5개 증가)보다 크리스마스 1주일 전에 할인했을 때(150개 증가)가 훨씬 더 많은 혜택을 누린 것으로 나타났습니다. 따라서 가격을 일찍 할인한 매장이 나중에 할인한 매장보다 더 많은 이득을 보았습니다.

앞서 세 가지 인과 추정량(ATE, ATT, CATE)을 이해했으니, 이제 환상의 섬을 떠나서 현실 세계로 돌아갈 차례입니다. 현실에서는 상황이 더 혹독하며 실제로 보유한 데이터로 작업하기가 훨씬 더 어렵습니다. 여기서는 잠재적 결과 중 하나만 볼 수 있으므로, 개별 처치효과를 파악할 수 없습니다.

	i	y0	y1	t	x	y	te
0	1	200	NaN	0	0	200	NaN
1	2	120	NaN	0	0	120	NaN
2	3	300	NaN	0	1	300	NaN
3	4	NaN	500	1	0	500	NaN
4	5	NaN	600	1	0	600	NaN
5	6	NaN	800	1	1	800	NaN

NOTE 결측값 문제

인과추론을 바라보는 한 가지 관점은 결측값이 있는 데이터$^{missing \, data}$ 문제로 보는 것입니다. 관심 있는 인과효과를 추론하려면 누락된 잠재적 결과를 대체^{impute}해야 합니다.

이 수치를 보고 '확실히 이상적이지는 않지만, 실험군의 평균을 대조군의 평균과 비교하면 안 될까요? 즉, ATE = (500 + 600 + 800) / 3 − (200 + 120 + 300) / 3 = 426.67로 하면 안 될까요?'라고 생각할 수 있습니다. 절대로 안 됩니다! 이렇게 생각하셨다면, 연관관계를 인과관계로 착각하는 중대한 오류를 범한 것입니다.

앞의 표에서 결과가 얼마나 다른지 봅시다. 이전에 계산한 ATE는 100 미만이었지만 지금은 400이 넘습니다. 여기서 문제는 할인한 회사와 그렇지 않은 회사가 다르다는 점입니다. 실제로 할인한 회사는 가격할인과 관계없이 더 많이 판매했을 수 있습니다. 두 가지 잠재적 결과를 모두 볼 수 있었던 시점으로 돌아가서 이를 확인해보겠습니다. 실험군의 Y_0가 대조군보다도 훨씬 높습니다. 해당 그룹 간의 Y_0 차이 때문에 단순히 두 그룹을 비교하는 것은 처치효과 파악을 훨씬 더 어렵게 만듭니다.

이렇게 평균을 비교하는 방법이 가장 현명하다고 볼 수 없지만, 이 정도의 인과추론 직관이면 충분합니다. 이제부터는 방금 배웠던 새로운 개념을 적용하여 인과추론에 관한 직관을 다듬고, 연관관계는 인과관계가 아닌 이유를 이해할 차례입니다. 자, 인과추론에서 골치 아픈 문제인 편향과 부딪혀보겠습니다!

1.5 편향

본론으로 들어가면, 편향bias은 **인과관계와 연관관계를 다르게 만드는 요소**입니다. 전반적인 문제는 데이터에서 추정하는 수치가 찾으려는 인과 추정량과 일치하지 않는다는 사실입니다. 다행히 편향은 일부 직관으로도 쉽게 이해할 수 있습니다. 앞 사례를 다시 살펴봅시다. 가격할인이 기업의 판매량을 높인다는 주장에 직면했을 때, 할인한 기업은 가격할인 없이도 어차피 더 많이 팔았을 것이라고 말함으로써, 이 주장에 의문을 제기할 수 있습니다. 해당 기업들은 규모가 더 크고 더 공격적으로 할인할 여유가 있기 때문일 수 있습니다. 즉, 할인한 회사(실험군)와 할인하지 않은 회사(대조군)를 비교할 수 없습니다.

잠재적 결과 표기법을 사용하여 직관을 수식으로 표현해 이 문제를 조금 더 공식적으로 논의해보겠습니다. 먼저, ATE를 추정하려면 실험군이 처치 받지 않았을 경우인 $E[Y_0|T = 1]$와 대조군이 처치 받았을 경우인 $E[Y_1|T = 0]$을 추정해야 합니다. 실험군과 대조군의 평균 결과를 비교할 때, 기본적으로 $E[Y|T = 0]$을 사용하여 $E[Y_0]$을 추정하고 $E[Y|T = 1]$을 사용하여 $E[Y_1]$을 추정합니다. 즉, $E[Y_t]$를 찾을 때 $E[Y|T = t]$를 추정하게 됩니다. 두 값이 일치하지 않는다면, 처치 t를 받은 실험 대상의 평균 결과인 $E[Y|T = t]$는 추정하고 싶은 $E[Y_t]$의 편향 추정량biased estimator이 됩니다.

다시 직관으로 돌아가서, 도메인 지식을 바탕으로 한 단계 더 나아가봅시다. 언급했던 예시에서, 아마도 가격을 할인한 회사의 Y_0가 할인하지 않은 회사의 Y_0보다 크다고 말할 수 있습니다. 가격을 할인할 여유가 있는 회사는 할인과 관계없이 더 많이 판매하는 경향이 있기 때문입니다. 잠시 이 상황을 충분히 이해해보도록 합시다. 일어날 수 있었지만 일어나지 않은 일을 추론해야 하므로, 잠재적 결과에 관해 이야기하는 데 익숙해지려면 시간이 조금 필요합니다. 이 단락을 다시 읽고 이해했는지 확인해주세요.

1.5.1 편향의 수식적 이해

표본평균$^{average\ sample}$이 추정하려는 잠재적 결과의 평균$^{average\ potential\ outcome}$과 다를 수 있는 이유를 이해했으니, 지금부터 평균의 차이가 ATE와 일반적으로 같지 않은 이유를 자세히 살펴봅시다. 이번 절은 다소 전문적인 내용이므로, 수식을 좋아하지 않는다면 다음 절로 건너뛰셔도 됩니다.

할인 예제에서 처치와 결과 간의 연관관계는 $E[Y \mid T = 1] - E[Y \mid T = 0]$으로 측정됩니다. 이는 할인을 진행한 회사의 평균 판매량에서 할인하지 않은 회사의 평균 판매량을 뺀 값입니다. 반면, 인과관계는 $E[Y_1 - Y_0]$($E[Y \mid do(t = 1)] - E[Y \mid do(t = 0)]$)로 측정할 수 있습니다.

관측된 결과를 연관관계 측정값의 잠재적 결과 $E[Y \mid T = 1] - E[Y \mid T = 0]$로 대체해서 두 수식이 왜 다르고 무엇이 다른지 이해해보겠습니다. 실험군의 관측된 결과는 Y_1이고, 대조군의 결과는 Y_0입니다.

$$E[Y \mid T = 1] - E[Y \mid T = 0] = E\left[Y_1 \mid T = 1\right] - E\left[Y_0 \mid T = 0\right]$$

이제 다음 식에서는 처치 받지 않았다면, 실험군의 결과가 어떠했을 것인지 알려주는 반사실적 결과인 $E[Y_0 \mid T = 1]$를 더하고 빼보겠습니다.

$$E[Y \mid T=1] - E[Y \mid T=0] = E\Big[Y_1 \mid T=1\Big] - E\Big[Y_0 \mid T=0\Big] + E\Big[Y_0 \mid T=1\Big] - E\Big[Y_0 \mid T=1\Big]$$

마지막으로, 식의 순서를 바꾸고 기댓값을 합친 이후의 식은 다음과 같습니다.

$$E[Y \mid T=1] - E[Y \mid T=0] = \underbrace{E\Big[Y_1 - Y_0 \mid T=1\Big]}_{ATT} + \underbrace{\Big\{E\Big[Y_0 \mid T=1\Big] - E\Big[Y_0 \mid T=0\Big]\Big\}}_{\text{편향}}$$

이 편향식bias equation은 인과적 질문들에서 접하게 될 모든 문제를 포함합니다. 몇 가지 결과로 나눠 이를 더 잘 이해해보죠. 첫째, 이 식은 연관관계가 인과관계는 아닌 이유를 알려줍니다. 보시다시피, 연관관계는 실험군에 대한 처치효과(ATT)에 편향을 더한 값과 같습니다. **편향은 처치와 관계없이 실험군과 대조군이 어떻게 다른지에 따라 주어지고**, 이는 Y_0의 차이로 표현됩니다. 이제 '가격할인 덕분에 판매량이 이렇게나 많이 증가했다'는 말이 의심스러운 이유를 설명할 수 있습니다. 할인 예제에서 $E\Big[Y_0 \mid T=0\Big] < E\Big[Y_0 \mid T=1\Big]$는 가격을 할인할 여력이 있는 기업이 할인 여부와 관계없이 더 많이 판매하는 경향이 있음을 보여줍니다.

왜 이러한 일이 발생할까요? 바로 교란confounding 때문입니다. 교란은 3장에서 자세히 다룰 예정입니다. 지금은 관측할 수 없는 많은 요소가 처치와 함께 변화하므로 편향이 발생한다고 생각해보겠습니다. 결과적으로 실험군과 대조군은 단순히 할인 여부 외에도 여러 가지 면에서 차이가 있습니다. 회사 규모, 위치, 경영 방식, 할인 시기 등 기타 여러 가지 요소도 다릅니다. 그래서 가격할인으로 판매량이 얼마나 증가하는지 결정하려면, 할인한 회사와 하지 않는 회사가 평균적으로 서로 비슷해야 합니다. 즉, **실험군과 대조군은 교환 가능**exchangeable**해야 합니다.**

실제 사례: 하루 한 잔의 와인은 건강에 좋습니다

많은 사람이 와인을 적당히 마시면 건강에 좋다고 생각합니다. 이탈리아와 스페인 등 지중해 문화권에서는 매일 와인 한 잔을 마시는 사람이 많으며, 그 덕분에 장수하는 사람도 많다는 주장이 있습니다.

하지만, 이러한 주장은 의심해봐야 합니다. 수명 연장을 와인 때문이라고 말하려면 와인을 마시는 사람과 마시지 않는 사람을 바꿀 수 있어야 하는데, 그렇게 할 수는 없습니다. 예를 들어, 이탈리아와 스페인은 모두 좋은 의료 시스템을 갖추었으며 인간개발지수Human Development Index(HDI)가 비교적 높습니다. 즉, $E[Lifespan_0 \mid WineDrinking = 1] > E[Lifespan_0 \mid WineDrinking = 0]$ 이므로 편향은 실제 인과효과 추정을 어렵게 만듭니다.

1.5.2 편향의 시각적 가이드

교환 가능성exchangeability을 이야기할 때 수학과 직관만 사용할 필요는 없습니다. 할인 예제에서 는 여러 실험군의 변수별 결과의 관계를 시각화하여 서로 교환할 수 없는지 확인할 수도 있습 니다. 만약, 다음 그림과 같이 회사의 규모로 볼 수 있는 주간 평균 매출(avg_week_sales)과 결과인 주간 판매량(weekly_amount_sold)을 각각 x축과 y축으로 두고, 각 점의 색상은 처치 여부(is_on_sale)로 지정해 그려보겠습니다. 그래프를 보면 가격을 할인한 회사(실험군)가 그 래프의 오른쪽에 더 집중되었습니다. 이는 일반적으로 할인한 회사가 더 큰 규모의 회사임을 의미합니다. 즉, 할인한 회사와 할인하지 않은 회사 간에는 균형이 맞지 않습니다.

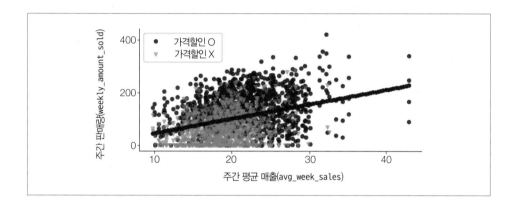

이 그래프는 앞서 제시한 가설 $E[Y_0 | T = 1] > E[Y_0 | T = 0]$이 맞다는 강력한 증거입니다. 가격 을 할인한($T = 1$) 회사 수와 할인하지 않았을 때의 해당 회사의 결과(Y_0)가 모두 회사의 규모 에 따라 증가하므로 상향 편향upward bias이 있습니다.

이 편향은 심슨의 역설Simpon's paradox의 덜 극단적인 버전과 같습니다. 심슨의 역설에서 두 변수 간의 관계는 처음에 양의 관계이지만, 다른 세 번째 변수를 보정하면 음의 관계가 됩니다. 지 금 살펴보는 예시에서는 편향이 상관관계의 부호를 뒤집을 정도로 극단적이지 않습니다([그림 1-3] 참조).

[그림 1-3]은 '가격할인'과 '판매량' 간의 상관관계가 너무 높아서 세 번째 변수인 '회사 규모'를 통제하면 해당 상관관계의 크기가 줄어드는 상황부터 시작합니다. 그리고 같은 규모의 회사를 자세히 들여다보면, 가격할인과 판매량 간의 관계는 감소하지만 여전히 양의 상관관계를 유지 합니다.

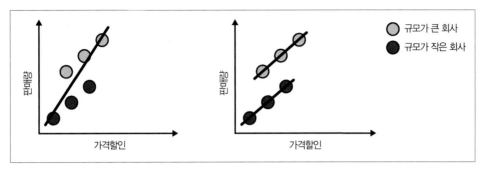

규모가 큰 회사
규모가 작은 회사

그림 1-3 '편향'과 '심슨의 역설'의 관계

다시 한번 강조하지만, 이 내용은 매우 중요하므로 몇 가지 이미지와 함께 다시 살펴보려고 합니다. 비록 현실적이지는 않을 수 있지만, 인과추론의 주요 문제인 편향을 잘 설명해줍니다. 회사의 규모를 나타내는 변수가 있다고 가정해보겠습니다. 회사 규모에 따른 판매량을 그려보면 규모가 클수록 더 많이 판매하는 증가 추세를 확인할 수 있습니다. 다음으로, 처치 여부에 따라 점의 색상 농도를 지정하겠습니다. 가격을 할인한 회사는 옅은 회색 점, 할인하지 않은 회사는 진한 회색 점으로 표시합니다. 할인한 회사와 그렇지 않은 회사의 평균 판매량을 단순히 비교하면 다음과 같은 결과를 얻을 수 있습니다.

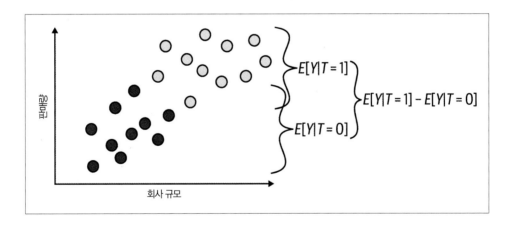

두 그룹 간의 판매량 차이에는 두 가지 원인이 있습니다.

1. **처치효과**: 가격할인에 따른 판매량 증가입니다.
2. **회사 규모**: 규모가 큰 기업일수록 더 많이 판매하고 할인할 수 있습니다. 따라서 할인한 회사와 할인하지 않은 회사 간 차이의 원인은 **가격할인 때문만이 아닙니다.**

인과추론의 까다로운 부분은 두 가지 원인을 모두 파악하는 것입니다.

두 가지 잠재적 결과를 모두 다음과 같은 그림에 추가했을 때의 결과와 비교해봅시다(반사실적 결과는 삼각형으로 표시). 개별 처치효과는 실험 대상의 결과와 동일 대상이 다른 처치 받았을 때 얻을 수 있는 이론적 결과의 차이입니다. 그리고 추정하려는 평균 처치효과는 개별 대상의 잠재적 결과 차이 $Y_1 - Y_0$의 평균입니다. 이러한 개별 대상의 차이는 이전 그래프에서 봤던 처치 받은 그룹과 받지 않은 그룹 간의 차이보다 훨씬 작습니다. 이는 오른쪽 그래프에 표시된 편향 때문입니다.

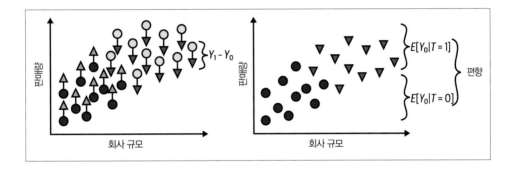

모든 실험 대상이 처치 받지 않도록 설정하여 편향을 나타낼 수 있습니다. 이렇게 설정하면 잠재적 결과 Y_0만 남게 됩니다. 그다음, 처치가 없는 상태에서 실험군과 대조군의 잠재적 결과가 서로 어떻게 다른지 확인해볼 수 있습니다. 만약 차이가 있다면, 처치 이외의 다른 요인 때문에 실험군과 대조군의 차이가 생깁니다. 따라서 앞서 다뤘듯이, 편향은 진정한 처치효과를 파악하기 어렵게 만듭니다.

1.6 인과효과 식별하기

편향 문제를 이해했으니, 이제 해결책을 살펴볼 차례입니다. 식별은 모든 인과추론 분석의 첫 단계입니다. 3장에서 더 자세히 살펴보겠지만, 우선 식별이 무엇인지 알아두면 좋습니다. 하나의 잠재적 결과만 관측할 수 있으므로, 인과 추정량을 관측할 수 없다는 점을 기억해주세요. 즉, 데이터로부터 동일한 대상에 대한 차이를 관측할 수 없으므로 $E[Y_1 - Y_0]$와 같은 인과 추

정량을 직접 추정할 수 없습니다. 하지만 관측 가능한 다른 수치를 찾아서 이를 관심 있는 인과 추정량을 찾는 데 활용할 수 있습니다. **관측 가능한 데이터에서 인과 추정량을 찾아내는 방법**이 식별 과정입니다. 예를 들어, 기적적으로 $E[Y|T = t]$가 $E[Y_t]$와 같아지는 데 성공했다면($E[Y_t]$를 식별했다면), 단순히 $E[Y|T = 1] - E[Y|T = 0]$을 추정하여 $E[Y_1 - Y_0]$를 구할 수 있습니다. 즉, 관측된 값인 실험군과 대조군의 평균 결과를 추정하여 관심 있는 인과 추정량을 구할 수 있습니다.

인과적 식별은 편향을 없애는 과정으로도 볼 수 있습니다. 즉, 잠재적 결과를 사용하여 연관관계를 인과관계와 동일하게 만드는 데 무엇이 필요한지 설명할 수도 있습니다. 만약 $E[Y_0|T = 0] = E[Y_0|T = 1]$이라면 **연관관계는 인과관계가 됩니다!** 단순히 앞에 나온 수식을 기억하기보다는 직관적으로 이해해봅시다. $E[Y_0|T = 0] = E[Y_0|T = 1]$의 의미는 처치와 관계없이 대조군과 실험군이 비교 가능comparable함을 말합니다. 수학적으로 보면 편향은 사라지고 실험군의 효과만 남게 됩니다.

$$E[Y \mid T = 1] - E[Y \mid T = 0] = E\left[Y_1 - Y_0 \mid T = 1\right] = ATT$$

또한, 실험군과 대조군이 처치에 유사하게 반응하면(즉, $E\left[Y_1 - Y_0 \mid T = 1\right] = E\left[Y_1 - Y_0 \mid T = 0\right]$이면) **평균의 차이가 평균 인과효과가 됩니다.**

$$E[Y \mid T = 1] - E[Y \mid T = 0] = ATT = ATE = E\left[Y_1 - Y_0\right]$$

겉보기에 화려한 수식이지만, **실험군과 대조군이 서로 교환 가능하다면** 데이터에서 관측할 수

7 Hünermund, P., & Bareinboim, E. (2023). Causal Inference and Data Fusion in Econometrics. *Econometrics Journal*, Article utad008.

있는 수치로 인과관계를 표현하는 일이 아주 간단해진다는 의미입니다. 가격할인 예시에 이를 적용해보겠습니다. 가격을 할인한 회사와 그렇지 않은 회사가 서로 비슷하다면(즉, 교환 가능하다면), 두 그룹 간의 판매량 차이는 전적으로 가격할인 때문이라고 볼 수 있습니다.

1.6.1 독립성 가정

교환 가능성은 인과추론의 핵심 가정입니다. 이 가정은 매우 중요하며 과학자마다 가정을 설명하는 방법이 다양합니다. 일반적인 방법의 하나인 **독립성 가정**independence assumption부터 설명하겠습니다. 여기서는 $(Y_0, Y_1) \perp T$ 와 같이 잠재적 결과가 처치와 독립적이라고 가정합니다.

독립성 가정은 $E[Y_0|T] = E[Y_0]$, 즉 처치가 잠재적 결과에 관한 어떠한 정보도 제공하지 않음을 의미합니다. 어떤 실험 대상이 처치 받았다고 해서 처치 받지 않았을 경우(Y_0)의 결과가 더 낮거나 더 높음을 의미하지 않습니다. 이는 $E[Y_0|T=0] = E[Y_0|T=1]$의 또 다른 표현일 뿐입니다. 가격할인 예시에서 단순히 모든 회사가 할인하지 않았다면 할인하기로 한 회사와 그렇지 않은 회사를 구분할 수 없다는 것과 같습니다. 처치가 결과에 미치는 효과와 처치를 제외하면 서로 비슷할 것입니다. 마찬가지로, $E[Y_1|T] = E[Y_1]$은 모든 회사가 할인했더라도 두 그룹을 구분할 수 없음을 나타냅니다. 요약하자면, 처치 여부에 관계없이 실험군과 대조군 모두 서로 비교 가능하고 구별할 수 없다는 뜻입니다.

1.6.2 랜덤화와 식별

독립성 가정으로 연관관계를 인과관계와 같게 만들어야 함을 알지만, 이 조건을 만족시키는 방법은 아직 배우지 못했습니다. 인과추론 문제는 보통 다음과 같이 두 단계로 나뉜다는 점을 기억해주세요.

1. **식별**identification: 관측 가능한 데이터로 인과 추정량을 표현하는 방법을 알아내는 단계
2. **추정**estimation: 실제로 데이터를 사용하여 앞서 식별한 인과 추정량을 추정하는 단계

이 과정을 아주 간단한 예로 설명하겠습니다. 처치를 무작위randomize로, 즉 랜덤하게 배정할 수 있다고 가정해보겠습니다. 앞선 예시의 온라인 플랫폼 기업에 입점한 회사들은 자율적으로 가격 책정을 할 수 있습니다. 하지만, 무작위로 처치($IsOnSales$)를 배정하는 방법을 찾을 수 있

습니다. 예를 들면, 입점 회사들에 가격할인을 하도록 명령하는 권한을 협상하면서 할인으로 발생한 가격의 차액은 여러분이 지불한다고 가정해보겠습니다. 이제 무작위로 가격할인 여부를 정할 수 있는 엄청난 권한이 생겼습니다!

먼저, 랜덤화randomization는 동전 던지기로 실험 대상에 처치를 배정하는 것과 같습니다. 여기서 발생한 처치 배정의 변화는 인과 메커니즘의 다른 요인들과는 완전히 무관합니다.

$$IsOnSales \leftarrow rand(t)$$
$$AmountSold \leftarrow f_y\Big(IsOnSales, u_y\Big)$$

랜덤화에서는 처치 배정 메커니즘이 완전히 알려졌으므로 앞의 인과모델에서 외부변수 u_t가 사라졌습니다. 게다가 실험 대상에 처치가 무작위로 이루어지므로 잠재적 결과는 물론이고 어떤 변수와도 독립적이 됩니다. 랜덤화는 독립성 가정을 거의 강제적으로 만족하게 합니다.

처치 배정 이전부터 무작위 배정 방식이 어떻게 편향을 없애는지 살펴보며 이를 명확히 이해해보죠. 다음 그림의 왼쪽 그래프는 아직 실현되지 않은 잠재적 결과(삼각형)의 세계를 보여줍니다.

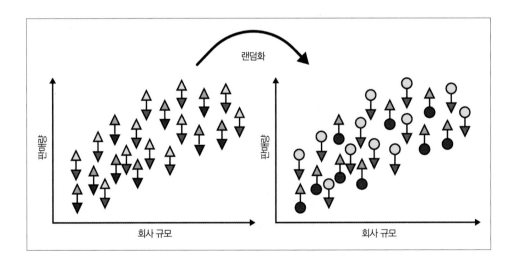

그런 다음 오른쪽 그래프와 같이 랜덤화 과정을 통해 처치는 두 가지 잠재적 결과 중 하나를 실현하게 됩니다.

다음으로, 실현되지 않은 잠재적 결과(삼각형)를 제거하여 군더더기를 제거해보겠습니다. 이제 실험군과 대조군을 비교할 수 있습니다.

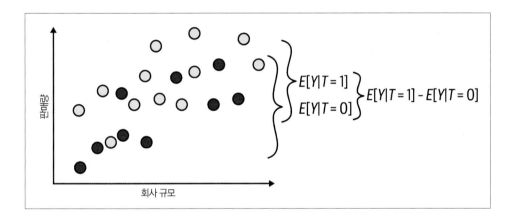

여기서 실험군과 대조군의 결과 차이는 **평균 인과효과**라고 볼 수 있습니다. 처치 이외에 다른 차이를 발생시키는 요인이 없기 때문입니다. 따라서 관측되는 모든 차이는 처치 때문에 발생하며 편향이 없음을 의미합니다. 모든 대상이 처치 받지 않도록 설정하여 Y_0만 관측할 수 있다면, 실험군과 대조군 간의 차이를 발견할 수 없을 것입니다.

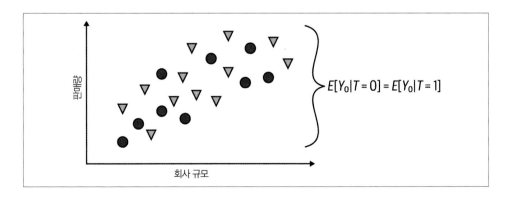

이것이 바로 대단히 어려운 인과적 식별 작업의 핵심입니다. 즉, 인과적 식별은 편향을 제거하고 실험군과 대조군을 비교할 수 있게 만드는 현명한 방법을 찾아내서 눈에 보이는 모든 차이를 처치에 따른 효과로 돌리도록 하는 과정입니다. 여기서 **식별은 데이터 생성 과정을 알거나 기꺼이 가정할 수 있는 경우에만** 가능하다는 점이 중요합니다. 즉, 일반적으로 처치가 어떻게 배정되었는지를 알 수 있을 때 식별이 가능합니다. 앞서 데이터만으로는 인과적 질문에 답할 수 없다고 말한 이유가 바로 여기에 있습니다. 물론 데이터 자체도 인과효과 추정에 매우 중요하지만, 데이터(특히 처치)가 어떻게 이루어졌는지에 관한 설명도 중요합니다. 도메인 지식을 활용하거나 개입을 해서 처치에 영향을 미치고 그에 따라 결과가 어떻게 변하는지를 관측함으로써 인과추론에 한 발짝 더 나아갈 수 있습니다.

실제 사례: 놀라운 멤버십 프로그램

한 대형 온라인 소매업체에서 유료 멤버십 프로그램을 시행했습니다. 회원이 추가 요금을 지불해서 멤버십 프로그램에 참여하면 더 높은 할인율, 빠른 배송, 반품 수수료 면제, 다양한 고객 서비스 등을 누릴 수 있었습니다. 이 회사는 해당 프로그램의 효과를 파악하고자 무작위로 표본을 추출한 뒤, 일부 고객에게만 이 프로그램을 공개했습니다. 해당 고객들은 멤버십 프로그램 참여 여부를 직접 선택할 수 있었습니다. 얼마 후 확인해보니 멤버십 프로그램에 참여한 고객이 대조군보다 훨씬 더 높은 수익성을 나타냈습니다. 해당 고객들은 회사에서 제품을 구매했을 뿐만 아니라 고객 서비스 시간도 줄었습니다. 그렇다면 멤버십 프로그램은 매출 증가와 고객 서비스 시간 단축이라는 두 마리 토끼를 잡는 데 큰 성공을 거뒀다고 할 수 있을까요?

그렇지 않습니다. 멤버십 프로그램 참여 자격^{eligibility}은 무작위로 선정했지만, 선정된 그룹의 고객 스스로 참여 여부를 선택할 수 있었습니다. 즉, 멤버십 프로그램 자격을 무작위로 배정하면 프로그램에 참여할 수 있는 사람과 그렇지 않은 사람이 비슷해집니다. 그러나 대상자 중 일부만이 프로그램에 참여했으므로 이 선택은 무작위로 이루어지지 않았습니다. 구매율이 높은 고객들만 참여를 선택했고, 그렇지 않은 고객들은 참여하지 않았을 수 있습니다. 즉, 프로그램 참여 자격은 무작위로 선정했지만, 프로그램 참여는 무작위로 선정되지 않았습니다. 따라서 프로그램에 참여한 고객과 참여하지 않은 고객은 비교할 수 없습니다.

대상 고객 중 실제로 프로그램에 참여하기로 선택한 고객은 이미 해당 회사에 많은 금액을 지출했으므로 더 높은 할인율을 제공하는 멤버십 프로그램의 수수료를 지불할 가치가 있다고 판단해서 참여했을 수 있습니다. 이를 식으로 나타내면 $E[Revenues_0 | OptIn = 1] >$

$E[Revenues_0 | OptIn = 0]$으로, 멤버십 프로그램에 참여한 고객에게서 멤버십과 관계없이 더 많은 매출이 발생했음을 의미합니다.

궁극적으로 인과추론은 모든 망상과 오해를 제거하고 이 세상이 어떻게 작동하는지 알아내는 학문입니다. 이제 이 사실을 이해했으니, 편향을 제거하고 인과효과를 식별하는 강력한 방법을 익히는 단계로 넘어가겠습니다.

1.7 요약

이 장에서 인과추론에 관해 이야기할 때 사용할 수학적 언어를 배웠습니다. 그리고 해당 실험 대상이 '특정 처치 $T = t$를 받았을 때 관측할 수 있는 결과'라는 잠재적 결과의 정의를 배웠다는 점이 중요합니다.

$$Y_{ti} = Y_i \mid do(T_i = t)$$

잠재적 결과는 연관관계가 인과관계와 다른 이유를 이해하는 데 매우 유용한 개념입니다. 즉, 실험군과 대조군이 처치 이외의 이유 때문에 서로 다르다면($E[Y_0 \mid T=1] \neq E[Y_0 \mid T=0]$), 두 그룹 간의 비교 시 실제 인과효과가 아닌 편향된 추정값이 산출됩니다. 또한 잠재적 결과 프레임워크를 사용하여 연관관계가 인과관계와 같아지려면 필요한 조건이 무엇인지 배웠습니다.

$$(Y_0, Y_1) \perp T$$

다음과 같이 실험군과 대조군이 교환(비교) 가능하거나 처치를 무작위로 배정한 경우에는 실험군과 대조군의 결과를 단순 비교하면 처치효과를 얻을 수 있습니다.

$$E[Y_1 - Y_0] = E[Y \mid T=1] - E[Y \mid T=0]$$

또한 인과추론을 적용할 때 필요한 몇 가지 주요 가정을 파악했습니다. 예를 들어, 처치효과 추정 시 편향을 배제하려고 처치 배정과 잠재적 결과 사이에 독립성 $T \perp Y_t$이 있다고 가정했습니다.

또한 결과 Y를 다음 식처럼 잠재적 결과 간의 전환 함수^{switch function}로 정의할 때, 한 실험 대상의 처치가 다른 대상의 결과에 영향을 미치지 않아야 하며(SUTVA) 모든 버전의 처치가 고려되었다고 가정했습니다(일치성 가정, $T_i = t$일 때 $Y_i(t) = Y$).

$$Y_i = (1 - T_i) Y_{0i} + T_i Y_{1i}$$

일반적으로 인과추론에는 항상 가정이 필요하다는 걸 늘 염두에 두면 좋습니다. 가지고 있는 통계적 추정량을 바탕으로 알고 싶은 인과 추정량을 구하려면 가정이 필요합니다.

CHAPTER 2

무작위 실험 및 기초 통계 리뷰

인과관계의 기본을 배웠으니, 이제 인과추론의 추론 부분을 다뤄봅시다. 이번 장에서는 먼저 1 장에서 살펴본 몇 가지 개념을 무작위 실험^{randomized experiment}의 관점에서 되짚어보겠습니다. 무작위 실험은 인과추론의 가장 중요한 표준^{gold standard}입니다. 따라서 무작위 실험이 특별한 이유를 반드시 이해하고 넘어가야 합니다. 무작위 실험을 할 수 없는 상황이라도, 무작위 실험을 이상적인 기준으로 두면 인과관계를 생각할 때 큰 도움이 됩니다.

그다음에는 무작위 실험을 활용해 오차, 신뢰구간, 가설검정, 검정력, 표본 크기 계산과 같은 중요한 통계 개념과 도구를 복습해보겠습니다. 기초 통계를 살펴보기 시작할 때 알려드릴 테니, 이런 내용을 잘 안다면 건너뛰셔도 됩니다.

2.1 무작위 배정으로 독립성 확보하기

1장에서는 연관관계가 인과관계와 어째서, 무엇이, 어떻게 다른지 알아보았습니다. 그리고 연관관계가 인과관계와 동일하려면 어떤 조건을 만족해야 하는지도 살펴보았습니다.

$$E[Y \mid T = 1] - E[Y \mid T = 0] = \underbrace{E\left[Y_1 - Y_0 \mid T = 1\right]}_{ATT} + \underbrace{\left\{E\left[Y_0 \mid T = 1\right] - E\left[Y_0 \mid T = 0\right]\right\}}_{\text{편향}}$$

요약하면 연관관계는 두 가지 요소인 ATT와 편향의 합으로 설명할 수 있습니다. 따라서 편

향이 0이면, 측정한 연관관계는 오롯이 인과관계라고 볼 수 있습니다. 편향이 없다는 말은 $E[Y_t | T = 0] = E[Y_t | T = 1]$인 경우를 의미합니다. 즉, 실험군과 대조군에서 처치 이외의 나머지 조건이 동일(비교 가능)하다면 연관관계는 인과관계가 됩니다. 조금 더 전문적으로 말하자면, 적어도 실험군과 대조군의 잠재적 결과에 대한 기댓값이 같음을 말합니다. 여기서 잠재적 결과 Y_{ti}는 실험 대상 i가 처치 t를 받았을 때의 결과입니다.

또한, 1장에서 잠재적 결과가 처치와 독립인 경우에 어떻게 연관관계가 인과관계와 동일해지는지 간단히 배웠습니다.

$$(Y_0, Y_1) \perp T$$

처치와 결과 사이의 독립성을 이야기하는 것이 아니라는 점이 중요합니다. 처치와 결과가 독립적이라면 처치는 관측하려는 결과에 아무런 영향을 미치지 않게 됩니다. 예를 들어, 회사 앱의 새로운 기능(*Feature*)을 처치로, 해당 앱에서의 사용 시간(*TimeSpent*)을 결과로 정의해보죠. *Feature* $\perp$ *TimeSpent*라면, 실험군과 대조군 모두 앱에서의 사용 시간이 동일하다는 뜻입니다. 즉, 새로운 기능은 결과에 아무런 영향을 미치지 못합니다.

대신, 우리는 **잠재적 결과가 처치와 독립적**이기를 바랍니다. 앞서 말한 결과와 처치가 독립인 경우와 완전히 다릅니다. $Y_1 \perp T$ 는 실험 대상이 처치 받았더라면 관측되었을 결과가 실제로 처치 받았는지 여부와 무관하다는 뜻입니다. 비슷하게 $Y_0 \perp T$ 는 실험 대상이 처치 받지 않았을 경우 관측되었을 결과가 실제 처치 여부와 무관합니다. 요약하면 실제로 관측된 결과 Y는 처치 여부에 따라 달라집니다.

더 쉽게 말하자면 독립성 가정은 실험군과 대조군이 비교 가능함을 뜻합니다. 처치 배정^{treatment} ^{assignment}에 관해 안다고 해도, 기준이 되는 잠재적 결과 Y_0에 관한 정보를 얻을 수 없습니다. 따라서 $(Y_0, Y_1) \perp T$ 는 실험군과 대조군의 결과 차이를 유발한 요인이 바로 처치라는 걸 의미합니다.

$$E\left[Y_0 \mid T = 0\right] = E\left[Y_0 \mid T = 1\right] = E\left[Y_0\right]$$
$$E\left[Y_1 \mid T = 0\right] = E\left[Y_1 \mid T = 1\right] = E\left[Y_1\right]$$

앞의 두 수식에서 보았듯이, 독립성 가정을 만족하면 실험군과 대조군의 평균을 비교하여 간단히 ATE를 식별할 수 있습니다.

$$E[Y \mid T=1] - E[Y \mid T=0] = E\left[Y_1 - Y_0\right] = ATE$$

독립성은 가정에 불과하지만, 처치 T를 무작위로 배정하면 실험군과 대조군이 비교 가능해지는 더 그럴듯한 상황을 만들어볼 수 있습니다. 이렇게 하면, 처치 배정 개념은 완전히 무작위 배정 과정을 아는 동전 던지기와 연결할 수 있습니다. 동전이 꼭 공정할 필요는 없으며, 피험자의 10%나 1% 이하에게만 처치를 배정할 수도 있습니다. 처치 배정 매커니즘이 무작위라면 처치효과를 식별하는 데 적합한 조건을 만족할 수 있습니다.

무작위로 처치를 배정하면 실험군과 대조군의 기댓값은 거의 비교 가능해집니다. 두 그룹 간의 유일한 차이는 처치밖에 없으므로, 두 그룹의 결과 차이는 해당 처치에 따른 것으로 볼 수 있습니다. 기본적으로 랜덤화는 처치와 **잠재적** 결과를 독립적으로 만듭니다.

이제 이 모든 수식을 가지고 예제를 살펴보도록 하죠. 실제로 무작위 배정이 매우 간단함을 알 수 있을 것입니다. 다음 절에서는 교차 판매$^{\text{cross-sell}}$ 이메일의 영향을 파악하는 데 무작위 통제 실험$^{\text{randomized control trial}}$(RCT)[1]을 활용할 예정입니다.

2.2 A/B 테스트 사례

기업에서는 신규 고객을 확보할 목적으로 제품을 할인가(혹은 무료)로 제공하는 전략을 사용하기도 합니다. 즉각적인 수익은 낮지만, 이렇게 신규 고객을 확보한 후 수익성이 더 높은 제품을 고객에게 교차 판매할 수 있습니다. 여러분이 커피 배달 회사에서 근무한다고 가정해봅시다. 이 회사의 주요 상품은 고품질의 엄선된 커피를 매주 배송해주는 저렴한 월간 구독 서비스입니다. 이 저렴한 기본 상품 이외에도 세계 최고급의 드립용 원두(예: 브라질의 작은 도시 디비놀란디아^{Divinolandia}에서 생산한 커피)가 포함된 프리미엄 구독 서비스가 있습니다. 이 상품의 수익성이 가장 높아서, 저가형 상품을 구독하는 사용자들에게 해당 프리미엄 서비스를 판매하고 싶습니다. 마케팅 팀은 교차 판매 이메일을 활용해 저가형 상품 구독자들에게 프리미엄 상품을 홍보합니다. 그리고 인과추론 전문가로서 여러분은 이러한 이메일이 얼마나 효과적인지 알아내야 합니다.

---

1   옮긴이_ A/B 테스트는 IT업계에서 RCT를 지칭할 때 쓰는 용어입니다. 엄밀하게 A/B 테스트는 다양한 실험설계를 포함하는 모든 RCT를 뜻하지는 않습니다. 이 책에서는 편의상 A/B 테스트와 무작위 (통제) 실험, RCT라는 용어를 혼용해서 사용합니다.

이 질문에 답하기 위해 (랜덤화되지 않은) 기존 데이터를 살펴봅시다. 이메일을 받은 고객이 프리미엄 구독을 구매할 가능성이 더 높습니다. 전문용어로, 추천하는 제품을 고객이 구매했을 때 이를 전환[convert]되었다고 합니다. 즉, 이메일을 받은 고객이 더 많이 전환됐다고 할 수 있습니다.

$$E[Conversion \mid Email = 1] > E[Conversion \mid Email = 0]$$

하지만 안타깝게도, 마케팅 팀은 애초에 전환 가능성이 높다고 생각한 고객에게만 이메일을 보낸다는 사실을 알았습니다. 어떻게 그런 고객을 찾았는지는 명확하지 않지만, 회사와 가장 많이 소통한 고객을 골랐거나 만족도 조사에서 긍정적인 답변을 한 고객을 찾았을 수도 있죠. 이 부분을 다음과 같이 수식으로 표현해보겠습니다.

$$E\left[Conversion_0 \mid Email = 1\right] > E\left[Conversion_0 \mid Email = 0\right]$$

쉽게 말하자면, 실제로 이메일을 받은 고객은 설령 이메일을 받지 않았더라도 다른 고객보다 더 많이 전환될 수 있습니다. 따라서 편향 때문에 단순한 비교로는 교차 판매 이메일의 실제 인과효과를 추정할 수 없습니다. 이 문제를 해결하려면 이메일을 받은 고객과 받지 않은 고객을 비교 가능하도록 만들어야 합니다. 이를 식으로 표현하면 $E[Y_0 | T = 1] = E[Y_0 | T = 0]$ 입니다. 이메일을 무작위로 고객에게 보내면 비교 가능한 상황을 만들 수 있습니다. 이렇게 하면 이메일을 받은 고객과 받지 않은 고객의 전환율은 평균적으로 동일해집니다. 실제로 무작위 배정했다고 가정하고 전체 고객에서 무작위로 세 명의 고객을 샘플링했습니다. 그중 한 명에게는 이메일을 보내지 않았고, 다른 한 명에게는 프리미엄 구독을 자세히 설명하는 긴 이메일을 보냈으며, 마지막 고객에게는 프리미엄 구독의 핵심을 담은 짧은 이메일을 보냈습니다. 데이터를 수집한 결과는 다음과 같습니다.

```
In [1]: import pandas as pd # 데이터 조작을 위한 라이브러리
        import numpy as np # 수치 계산을 위한 라이브러리

        data = pd.read_csv("./data/cross_sell_email.csv")
        data
```

	gender	cross_sell_email	age	conversion
0	0	short	15	0
1	1	short	27	0
...	...	...	...	...
321	1	no_email	16	0
322	1	long	24	1

- 323 rows × 4 columns

보시다시피 323명의 고객 데이터가 있습니다. 빅데이터라고 하기엔 표본 숫자가 크지 않지만, 인과효과 추정에 사용할 수 있습니다.

> **NOTE** 시뮬레이션 데이터와 실제 데이터 비교
>
> 인과추론을 학습할 때 시뮬레이션 데이터를 사용하면 유용합니다. 그 이유는 첫째, 인과추론에는 데이터가 어떻게 생성되었는지에 관한 설명을 덧붙여야 하기 때문입니다. 시뮬레이션을 사용하면 처치가 어떻게 배정되었는지를 확실하게 이야기할 수 있습니다. 둘째, 인과추론에서 무엇이 벌어지는지 더 잘 설명해주도록 선택적으로 보여줄 수 있는 반사실 수치를 포함하기 때문입니다. 하지만 데이터가 너무 인위적으로 보이지 않도록 실제 데이터를 가져와서 사례에 맞게 변형하고는 합니다. 예를 들어, 지금 다루는 예제에서는 윌리엄 T. 알퍼트[William T. Alpert] 등이 작성한 논문[2]의 데이터를 가져와 교차 판매 이메일 데이터처럼 보이도록 변환했습니다.

각 그룹의 평균 전환율을 계산해서 인과효과를 추정해봅시다.

```
In [2]: (data
        .groupby(["cross_sell_email"])
        .mean())
```

cross_sell_email	gender	age	conversion
long	0.550459	21.752294	0.055046
no_email	0.542553	20.489362	0.042553
short	0.633333	20.991667	0.125000

---

2   William T. Alpert., Kenneth A. Couch., & Oskar R. Harmon. (2016). A Randomized Assessment of Online Learning. *American Economic Review*, vol.106(no. 5), pp. 378–82.

정말 쉽죠? 이메일을 받지 않은 그룹은 전환율이 4.2%이지만, 긴 이메일과 짧은 이메일을 받은 그룹은 각각 5.5%와 12.5%의 전환율을 보였습니다. 여기서 $ATE = E[Y|T = t] - E[Y|T = 0]$입니다. 즉, 실험군과 대조군의 차이로 계산된 ATE는 긴 이메일과 짧은 이메일에서 각각 1.3%p와 8.3%p의 증가를 보여줍니다. 흥미롭게도 자세한 설명을 포함한 이메일보다는 짧고 요점이 명확한 이메일을 보낼 때 더 효과적이었습니다.

RCT의 장점은 마케팅 팀이 전환 가능성이 높은 고객을 골랐는지를 걱정할 필요가 없다는 것입니다. 즉, 실험군이 처치 받았다는 사실 외에 다른 차별점이 있는지 걱정할 필요가 없다는 뜻입니다. 무작위 실험은 의도적으로 이러한 차이점을 없애주므로 이론적으로는 $(Y_0, Y_1) \perp T$ 를 만족합니다.

실제로 무작위 배정이 제대로 이루어졌는지(또는 올바른 데이터를 보고 있는지) 확인하려면 실험군과 대조군이 처치 받기 전에 동일한지 확인해보면 좋습니다. 예를 들어, 성별과 나이 데이터가 있다면 이 두 특성이 실험 그룹들 사이에 균형을 이루는지 확인해볼 수 있습니다.

나이를 보면 실험군은 매우 비슷해 보이지만, 성별에 차이가 있는 것으로 보입니다(여성 = 0, 남성 = 1). 짧은 이메일을 받은 그룹에서 남성은 63%이고 대조군에서는 54%, 긴 이메일을 받은 그룹에서는 55%로 나타났습니다. 효과가 가장 크게 나타난 실험군이 다른 그룹과 매우 다르다니, 다소 신뢰도가 떨어지는 결과입니다. 이론적으로는 RCT에서 독립성 가정이 성립해야 하지만, 실제로는 반드시 그렇지는 않습니다. 짧은 이메일을 받았을 때 효과가 큰 이유가 $E[Y_0|man] > E[Y_0|woman]$ 때문일 수도 있습니다.

두 그룹이 비슷한지 평가하는 방법은 여러 가지이지만, 간단하게 실험 대상 집단[3] 사이의 정규화 차이$^{normalized\ difference}$를 계산해서 평가해보겠습니다.

$$\frac{\hat{\mu}_{tr} - \hat{\mu}_{co}}{\sqrt{\left(\hat{\sigma}_{tr}^2 + \hat{\sigma}_{co}^2\right)/2}}$$

여기서 $\hat{\mu}$ 와 $\hat{\sigma}^2$ 는 각각 표본평균과 분산입니다. 예제에는 세 개의 실험 대상 집단이 있으므로 대조군과의 차이를 계산하면 됩니다.

---

3 옮긴이_ 이 책에서 '실험 대상 집단'은 전체 실험에 포함되는 그룹(실험군 및 대조군)을 포함하는 단어로 사용하며, 처치를 받는 그룹은 실험군, 받지 않는 그룹은 대조군으로 표기합니다.

```
In [3]: X = ["gender", "age"]

        mu = data.groupby("cross_sell_email")[X].mean()
        var = data.groupby("cross_sell_email")[X].var()

        norm_diff = ((mu - mu.loc["no_email"])/
                        np.sqrt((var + var.loc["no_email"])/2))

        norm_diff
```

cross_sell_email	gender	age
long	0.015802	0.221423
no_email	0.000000	0.000000
short	0.184341	0.087370

이 차이가 너무 작거나 너무 크면 좋지 않습니다. 어느 정도의 차이가 너무 큰 것인지에 관한 명확한 임곗값^{threshold}은 없지만, 경험적으로는 0.5 정도가 적절합니다. 이 사례에서는 차이가 그렇게 크지 않지만, 짧은 이메일을 받은 그룹은 성별 차이가 크고, 긴 이메일을 받은 그룹은 나이 차이가 큰 것으로 보입니다.

> **NOTE** 더 알아보기
>
> 이 주제를 더 자세히 살펴보고 싶다면 휘도 W. 임번스$^{Guido\ W.\ Imbens}$와 도널드 B. 루빈$^{Donald\ B.\ Rubin}$의 저서 『Causal Inference for Statistics, Social, and Biomedical Sciences: An Introduction』(Cambridge University Press, 2015)의 14.2절을 참고하세요.

앞의 공식이 잘 이해되지 않더라도 지금은 걱정하지 마세요. 이 장의 통계학 복습 부분을 살펴보면 더 명쾌해질 것입니다. 지금은 작은 데이터셋을 가지고 어떤 일이 일어나는지에 주목해봅시다. 소규모 표본에서 무작위로 배정해도 우연히 그룹들 간의 차이가 클 수 있습니다. 하지만 대규모 표본에서는 이러한 차이가 사라지는 경향이 있습니다. 또한 처치효과가 우연이 아니라 효과가 있다고 결론 내릴 만큼의 차이가 어느 정도인지에 관한 문제도 나타나게 됩니다. 이 문제는 곧 다뤄볼 예정입니다.

2.3 이상적인 실험

무작위 통제 실험은 인과효과를 파악하는 가장 신뢰할 수 있고 간단한 방법입니다. RCT는 매우 강력해서 대부분의 국가에서 신약의 효과를 입증하는 필수 요건으로 채택했습니다. RCT를 사용할 수만 있다면 인과관계를 밝히는 데 이보다 더 좋은 방법은 없다고 생각해도 됩니다. 즉, 잘 설계된 RCT는 모든 과학자와 의사결정권자의 꿈이라고 할 수 있죠.

다만, 안타깝게도 이러한 방식은 많은 시간과 비용이 들거나 비윤리적일 수 있습니다. 무작위로 배정할 수 없는 세 가지 케이스를 살펴봅시다. 첫 번째는 임신 중 흡연이 아기의 체중에 미치는 영향을 추정해야 할 때로, 무작위로 산모를 골라 흡연을 강요할 수 없습니다. 두 번째는 대형 은행에서 신용 한도가 고객 이탈에 미치는 영향을 추정해야 할 때로, 고객에게 무작위로 신용 한도를 설정할 수 없습니다. 마지막은 최저임금 인상이 실업률에 미치는 영향을 파악하고 싶을 때로, 여러분의 뜻대로 국가별로 최저임금을 주도록 지정할 수 없습니다. 나아가 3장에서 살펴보겠지만, RCT로도 해결할 수 없는 상황(선택편향적[selection biased] 상황)도 있습니다.

하지만 무작위 실험을 단순히 인과관계를 밝히는 도구 이상으로 생각해주셨으면 합니다. 오히려 RCT를 벤치마크로 활용하는 것이 목표입니다. RCT 없이 인과추론을 적용하려면, 질문에 답할 수 있는 완벽한 실험이 무엇일지 항상 찾아 나서야 합니다. 이상적인 실험이 실현 가능하지 않더라도, RCT는 귀중한 벤치마크 역할을 할 것입니다. 즉, RCT는 실험 없이도 인과효과를 발견할 수 있는 방법에 대해 통찰을 줍니다.

2.4 가장 위험한 수식

실험의 가치를 이해했으니, 이제 데이터가 무한하지 않다는 말이 어떤 의미인지 되짚어봅시다. 인과추론은 두 단계로 이루어집니다. RCT는 인과관계를 식별할 때 유용하지만, 실험의 표본 크기가 작으면 두 번째 단계인 추론이 어려울 수 있습니다. 몇 가지 통계 개념을 복습하며 왜 그런지를 이해해봅시다. 이러한 개념이 이미 익숙하다면 다음 장으로 건너뛰셔도 됩니다.

하워드 웨이너[Howard Wainer]는 2007년의 유명한 글[4]에서 매우 위험한 수식에 관해 다음과 같이

---

4 Howard Wainer. (2007). The Most Dangerous Equation. *American Scientist*, vol.95(Iss. 3), pp. 249–256.

썼습니다.

이 세상에는 알 때 위험한 수식도 있고, 모를 때 위험한 수식도 있습니다. 전자에 해당하는 수식은 그 안에 끔찍한 위험이 도사리고 있는 경우입니다. 대표적인 사례는 아인슈타인의 상징적인 방정식 $E = MC^2$입니다. 이 수식은 평범한 물질 안에 숨겨진 엄청난 에너지를 측정하게 해줍니다. (중략) 대신, 저는 알고 있을 때가 아니라 모를 때 위험이 드러나는 수식에 관심이 있습니다. 이러한 수식은 우리가 세상을 명확하게 이해하도록 도와주지만, 모르면 매우 위험해질 수 있습니다.

그가 말하는 수식은 바로 표준편차에 대한 드무아브르의 공식$^{\text{De Moivre's equation}}$입니다.

$$SE = \frac{\sigma}{\sqrt{n}}$$

여기서 SE는 평균의 표준오차, σ는 표준편차, n은 표본 크기입니다. 이 내용은 반드시 숙지해야 하니 들여다봅시다.

몇 가지 교육 데이터를 살펴보며 이 수식을 모르면 왜 매우 위험한지 알아봅시다. 필자는 3년 동안 여러 학교의 ENEM(수능과 유사한 브라질의 표준화 고등학교 시험) 점수 데이터를 수집했습니다. 또한 이 절에서는 필요한 정보만 남기도록 데이터를 전처리했습니다.

성적이 가장 우수한 학교를 살펴보면 눈에 띄는 점이 있습니다. 바로 학생 수가 상당히 적은 학교라는 점이죠.

```
In [4]: df = pd.read_csv("data/enem_scores.csv")
        df.sort_values(by="avg_score", ascending=False).head(10)
```

	year	school_id	number_of_students	avg_score
16670	2007	33062633	68	82.97
16796	2007	33065403	172	82.04
...	...	...	...	...
14636	2007	31311723	222	79.41
17318	2007	33087679	210	79.38

이제 시선을 조금 돌려서, 상위 1%의 학교만 따로 떼어내서 연구해봅시다. 이들은 어떤 학교일

까요? 이 최고의 학교들에서 무언가를 알아내 다른 곳에 적용할 수 있을 것입니다. 실제로 상위 1%의 학교를 살펴보면 평균적으로 학생 수가 더 적습니다.

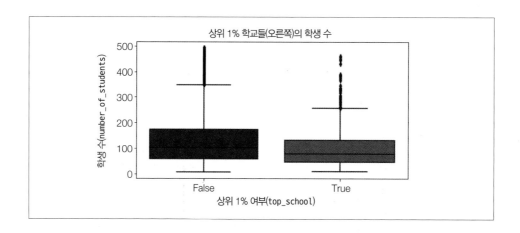

여기서 규모가 작은 학교일수록 학업 성취도가 높다는 결론이 도출됩니다. 교사 한 명에게 배정되는 학생 수가 적을수록 각 학생을 집중해서 관리할 수 있으니, 직관적으로도 말이 됩니다. 그런데 이 부분이 드무아브르의 공식과 어떤 관련이 있을까요? 그리고 왜 위험할까요?

사람들이 이 정보를 바탕으로 중요한 의사결정을 내린다면 큰 대가를 치러야 할 수 있습니다. 하워드의 글에 이에 관한 설명이 나옵니다.

> 1990년대에는 학교 규모 줄이기가 유행처럼 번졌습니다. 시험 성적이 높은 그룹에는 소규모 학교의 학생들이 많았으므로 수많은 자선 단체와 정부 기관이 규모가 큰 학교를 분할하는 데 자금을 사용했습니다.

그런데 사람들은 하위 1%의 학교를 들여다보지 않았죠. 이 학교들도 학생 수가 매우 적었습니다!

[그림 2-1]에는 드무아브르의 공식이 예측한 결과가 있습니다. 학생 수가 증가함에 따라 평균 점수는 점점 더 정확해집니다. 학생 수가 매우 적은 학교(표본 크기가 작음)에서는 단순히 우연 때문에 점수가 매우 높거나 낮을 수 있습니다. 반대로, 규모가 큰 학교에서는 우연이 작용할 가능성이 적습니다. 드무아브르의 공식은 이렇게 데이터 형태 기록의 근본적인 사실, 즉 부정확하다는 점을 지적합니다. 여기서 문제는 '얼마나 부정확한가'입니다. 그리고 이러한 부정확성을 고려하려면 어떻게 해야 할까요?

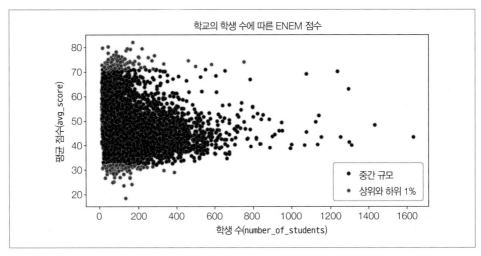

그림 2-1 표본 크기가 증가함에 따라 분산이 감소함을 보여주는 삼각 플롯^{triangular plot}

불확실성을 정량화하는 한 가지 방법은 **추정값의 분산**을 계산하는 것입니다. 분산은 관측값이 중심값(기댓값)에서 얼마나 벗어나는지 알려줍니다. 드무아브르의 공식에서 보았듯이, 이 불확실성은 관측한 데이터의 양이 증가함에 따라 줄어듭니다. 그럴듯한 얘기죠? 우수한 성적을 내는 학생이 많은 학교일수록 더 좋은 학교라고 크게 확신할 수 있습니다. 그런데 전교생이 10명밖에 되지 않는 학교에서 8명의 학생이 우수한 성적을 보인다면 좀 더 의심해봐야 합니다. 우연히도 그 학교에 평균 이상의 학생이 있을 수 있으니까요.

[그림 2-1]의 예쁜 삼각 플롯은 이 이야기를 잘 보여줍니다. 이 그래프를 보면 표본 크기가 작을 때는 학교의 성과에 대한 추정값의 편차가 큽니다. 반대로, 표본 크기가 커짐에 따라 분산이 줄어듭니다. 이는 학교의 평균 점수뿐만 아니라, 추정하려는 ATE를 포함한 모든 요약통계량^{summary statistic}에서도 그렇습니다. 교차 판매 이메일 사례로 돌아가보죠. 각 실험군에 수백 명이 아닌 수천 명의 고객이 있다면, 실험군과 대조군 간의 전환율 차이가 단순히 우연에 따른 것은 아니라고 더욱 확신할 수 있을 것입니다.

NOTE 체계적 오차와 무작위 오차

데이터의 불확실성을 바라볼 때 **체계적 오차**^{systematic error}와 **무작위 오차**^{random error}를 **구분**하는 방법을 사용할 수도 있습니다. 체계적 오차는 모든 측정값에 동일한 방식으로 영향을 미치는 일관된 편향입니다. 반면 무작위 오차는 우연히 생긴 예측 불가능한 변동입니다. 체계적 오차 또는 편향은 모든 측정값을 추정하려는 값에서 벗어나려는 방향으로 밀어넣으므로 데이터를 더 많이 수집한다고 해서 줄어들지 않습니다. 반대로 무작위 오차는 (드무아브르의 공식에서 볼 수 있듯이) 표본 크기가 증가함에 따라 줄어듭니다. 통계학은 무작위 오차에서 오는 불확실성을 다루는 과학이므로 이러한 오류에 속지 않습니다. 통계를 사용해 불확실성을 보완할 수 있습니다.

2.5 추정값의 표준오차

이번 절은 통계를 복습하는 내용이니 조금 더 빠르게 진행하겠습니다. 분포, 분산, 표준오차에 익숙하지 않으시다면 계속 읽어보시되, 추가 자료가 필요할 수도 있다는 점을 명심하세요. 참고로 MIT의 통계학 입문 강좌[5]를 검색해보시기 바랍니다. 좋은 강의가 많고 유튜브에서 무료로 시청할 수 있습니다.

2.4절에서 실험군과 대조군의 평균 차이인 $E[Y|T = 1] - E[Y|T = 0]$로 $E[Y_1 - Y_0]$를 추정했습니다. 즉, 두 종류의 교차 판매 이메일이 전환에 미치는 평균 처치효과를 알아냈습니다. 그 결과 짧은 이메일은 8%p 이상의 매우 인상적인 효과를 보였고, 긴 이메일은 1.3%p 증가에 그쳐 더 작은 영향을 주었습니다. 하지만 여전히 의문이 남아 있습니다. 이러한 효과가 우연에 따른 것이 아니라고 확신할 만큼 표본 크기가 충분할까요? 또한 수학적으로 봤을 때 이 효과가 통계적으로 유의statistically significant한지 알 수 있을까요?

이를 알아보려면 앞서 설명한 수식에 따라 표준오차 SE를 추정해야 합니다. 표본 크기 n은 다음과 같이 쉽게 구할 수 있습니다. 각 실험군에 대해 파이썬 함수인 len로 구하거나 판다스의 groupby 함수를 사용한 다음 size 집계 함수를 덧붙이면 됩니다.

```
In [5]: data = pd.read_csv("./data/cross_sell_email.csv")

        short_email = data.query("cross_sell_email=='short'")["conversion"]
        long_email = data.query("cross_sell_email=='long'")["conversion"]
```

5 옮긴이_ 'introduction to statistics'로 검색해보세요. *https://www.youtube.com/watch?v=VPZD_aij8H0&list=PLUl4u3cNGP60uVBMa oNERc6knT_MgPKS0*

```
            email = data.query("cross_sell_email!='no_email'")["conversion"]
            no_email = data.query("cross_sell_email=='no_email'")["conversion"]

            data.groupby("cross_sell_email").size()

Out[5]: cross_sell_email
        long         109
        no_email      94
        short        120
        dtype: int64
```

표준편차를 추정하려면 다음 수식을 적용하면 됩니다.

$$\hat{\sigma} = \sqrt{\frac{1}{N-1}\sum_{i=1}^{N}(x-\overline{x})^2}$$

여기서 $\overline{x}$ 는 x의 평균을 의미합니다.

대부분의 프로그래밍 언어는 이미 이를 구현해두었으며 판다스에서는 **std** 메서드를 사용하면 됩니다. 종합해보면, 다음과 같은 함수를 이용해 표준오차를 구할 수 있습니다.

```
In [6]: def se(y: pd.Series):
            return y.std() / np.sqrt(len(y))

        print("SE for Long Email:", se(long_email))
        print("SE for Short Email:", se(short_email))

Out[6]: SE for Long Email: 0.021946024609185506
        SE for Short Email: 0.030316953129541618
```

이 식을 알면 매우 편리하지만(여러 번 다시 다룰 예정입니다), 판다스에는 표준오차를 계산하는 메서드인 **.sem()**가 내장되어 있습니다. 여기서 'sem'은 'standard error of the mean(평균의 표준오차)'의 약자입니다.

```
In [7]: print("SE for Long Email:", long_email.sem())
        print("SE for Short Email:", short_email.sem())

Out[7]: SE for Long Email: 0.021946024609185506
        SE for Short Email: 0.030316953129541618
```

2.6 신뢰구간

추정값의 표준오차는 신뢰도를 나타내는 척도입니다. 표준오차가 정확히 무엇을 의미하는지 알고 싶다면 통계학을 깊게 공부해야 합니다. 통계학의 한 관점인 빈도주의^{frequentist} 관점에서 데이터는 근본적인 데이터 생성 과정의 표현에 불과하다고 봅니다. 이 생성 과정은 추상적이고 이상적이죠. 또한, 변하지 않는 값의 매개변수에 따라 정해지는데, 그 참값은 알려지지 않았습니다. 교차 판매 이메일 예시에서 여러 번 실험하고 각각의 전환율을 계산해보면 정확히 같지는 않더라도 실제 전환율에 근접할 수 있습니다. 마치, 플라톤의 이데아론$^{theory\ of\ Forms}$과 비슷한 거죠.

> 각각의 '본질적인 형태'는 하나이지만, 여러 행위 및 물체와의 결합 때문에 그 각각이 여럿으로 보인다네.

이해를 돕기 위해 짧은 교차 판매 이메일에서의 실제 추상 분포를 안다고 가정해보겠습니다. 전환은 0 또는 1이므로 베르누이^{Bernoulli} 분포를 따르며, 이 분포에서는 성공 확률이 0.08이라고 하겠습니다. 즉, 고객이 짧은 이메일을 받을 때마다 전환될 확률은 8%입니다. 그다음 실험을 10,000번 실행해보죠. 실험마다 100명의 고객 표본을 수집해서 짧은 이메일을 보내고 평균 전환율을 관측하여 총 10,000개의 전환율을 얻습니다. 이 실험에서 얻은 10,000개의 전환율은 실제 평균인 0.08을 중심으로 분포할 것입니다([그림 2-2] 참조). 일부 실험에서는 전환율이 실제보다 낮고 일부는 더 높을 수 있지만, 전환율 10,000개의 평균은 실제 평균에 상당히 근접할 것입니다.

```python
In [8]: n = 100
        conv_rate = 0.08

        def run_experiment():
            return np.random.binomial(1, conv_rate, size=n)

        np.random.seed(42)

        experiments = [run_experiment().mean() for _ in range(10000)]
```

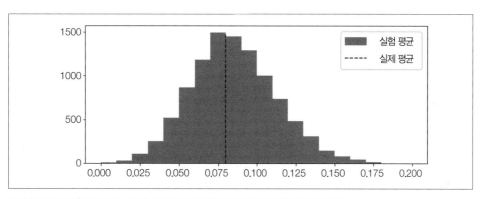

그림 2-2 100명을 대상으로 실험을 10,000번 진행했을 때의 전환율(평균 전환) 분포

---

6 옮긴이_ 프로그래밍 언어에서 동일한 기능은 유지하되, 복잡한 코드를 더 쉽고 간결하게 표현하도록 설계된 문법입니다. 파이썬에서는 리
스트 컴프리헨션 이외에 데코레이터도 문법적 설탕이라고 볼 수 있습니다.

실험의 평균값은 실제 이상적인 평균과 항상 일치한다고 볼 수는 없습니다. 하지만 **표준오차를 사용해 진행하는 실험의 95%에서 실제 평균을 포함하는 구간을 만들 수 있습니다.**

현실에서는 여러 데이터셋에서 동일한 실험을 시뮬레이션할 여유가 없고, 단 하나의 데이터셋만 있는 경우가 많습니다. 하지만 여러 실험을 시뮬레이션하는 아이디어를 바탕으로 **신뢰구간**confidence interval을 구성할 수 있습니다. 신뢰구간에는 확률이 따라붙는데, 흔히 95%를 사용합니다. 이 확률은 여러 실험을 수행하고 각 실험에서 95% 신뢰구간을 구성한다면 실제 평균이 100번 중 95번은 신뢰구간 내에 속함을 의미합니다.

신뢰구간 계산에 사용할 중심극한정리central limit theorem(CLT)를 살펴보겠습니다. 이는 통계학에서 매우 중요한 정리입니다. 방금 그린 전환율 분포를 자세히 보세요. 전환 여부는 0 또는 1이므로 베르누이 분포를 따릅니다. 이 베르누이 분포를 히스토그램으로 그리면 성공률이 8%에 불과하므로 0에 큰 막대가 있고 1에는 작은 막대가 있을 겁니다. 정규분포normal distribution와는 전혀 다른 모습이죠?

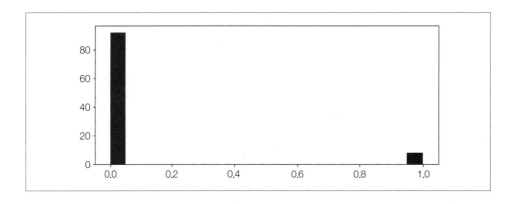

여기서 놀라운 결과가 나옵니다. 데이터의 분포가 정규분포가 아니더라도(전환율과 같이 베르누이 분포를 따르는 것처럼, 모집단 분포의 평균이 존재하고 분산이 유한하다면) **데이터의 평균은 항상 정규분포를 따릅니다.** 전환에 대한 데이터를 여러 번 수집하고 매번 평균 전환율을 계산하면 이 평균들은 정규분포를 따르게 됩니다. 정규분포는 잘 알려졌으며 이를 활용해 여러 가지 흥미로운 작업을 해볼 수 있습니다. 예를 들면, 신뢰구간을 계산할 때 정규분포 질량의 95%가 평균 위아래로 표준편차 2배 내에 있다는([그림 2-3] 참조) 통계적인 지식을 활용할 수도 있습니다(엄밀히는 1.96이지만 2도 괜찮은 근사치이며 기억하기 쉽습니다).

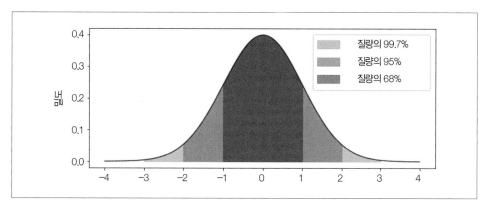

그림 2-3 표준정규분포

교차 판매 실험으로 돌아가보죠. 이제 유사한 실험을 여러 번 수행하면 전환율은 정규분포를 따르게 됩니다. 전환율(우리가 알 수 없는) 분포의 평균에 대한 최선의 추정값은 작은 실험에서 얻은 평균이라고 볼 수 있습니다. 그리고 이 표본평균 분포의 표준편차가 표준오차입니다. 따라서 표준오차에 2를 곱하고 실험 평균에서 더하고 빼면 실제 평균에 대한 95% 신뢰구간을 구성할 수 있습니다.

```
In [9]: exp_se = short_email.sem()
        exp_mu = short_email.mean()
        ci = (exp_mu - 2 * exp_se, exp_mu + 2 * exp_se)
        print("95% CI for Short Email: ", ci)

Out[9]: 95% CI for Short Email:  (0.06436609374091676, 0.18563390625908324)
```

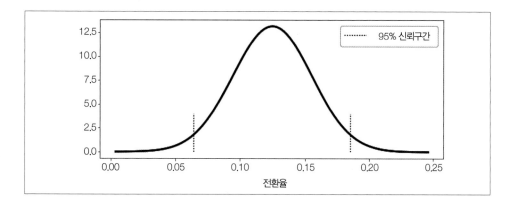

물론 95% 신뢰구간에서 멈출 필요는 없습니다. 좀 더 신중하고 싶다면 99% 구간을 생성할 수도 있습니다. 표준편차에 정규분포의 질량 중 99%를 포함하는 계수를 곱하기만 하면 됩니다.

그 계수를 찾으려면 scipy의 ppf 함수를 사용하면 됩니다. 이 함수는 표준정규분포의 누적분포함수$^{cumulative\ distribution\ function}$의 역함수를 반환합니다. 예를 들어, ppf(0.5)의 값이 0.0이라면 표준정규분포의 질량 중 50%가 0.0 미만에 위치한다는 뜻입니다. 따라서 유의수준$^{significance\ level}$ α에 대해 $1 - \alpha$의 신뢰구간을 얻으려면 표준오차에 $|ppf(\alpha/2)|$을 곱해야 합니다.

```
In [10]: from scipy import stats

         z = np.abs(stats.norm.ppf((1-.99)/2))
         print(z)
         ci = (exp_mu - z * exp_se, exp_mu + z * exp_se)
         ci

Out[10]: 2.5758293035489004

Out[10]: (0.04690870373460816, 0.20309129626539185)

In [11]: stats.norm.ppf((1-.99)/2)

Out[11]: -2.5758293035489004
```

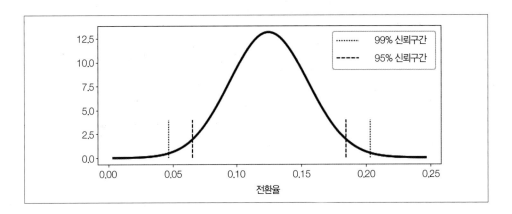

이는 짧은 이메일에 관한 그래프이며, 다른 실험군의 전환율에 대한 95% 신뢰구간을 표시할 수도 있습니다.

```
In [12]: def ci(y: pd.Series):
             return (y.mean() - 2 * y.sem(), y.mean() + 2 * y.sem())

         print("95% CI for Short Email:", ci(short_email))
         print("95% CI for Long Email:", ci(long_email))
         print("95% CI for No Email:", ci(no_email))

Out[12]: 95% CI for Short Email: (0.06436609374091676, 0.18563390625908324)
         95% CI for Long Email: (0.01115382234126202, 0.09893792077800403)
         95% CI for No Email: (0.0006919679286838468, 0.08441441505003955)
```

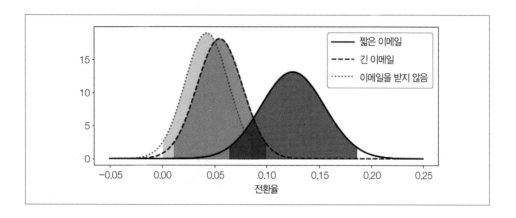

여기에서 세 그룹의 95% 신뢰구간이 서로 겹치는 것을 볼 수 있습니다. 만약, 이 구간들이 겹치지 않았다면, 그룹 간의 전환율 차이가 단지 우연이 아닐 가능성이 높다고 볼 수 있을 것입니다. 즉, 교차 판매 이메일 발송이 전환율에 통계적으로 유의한 영향을 미친다고 할 수 있죠. 그러나 실제로는 구간이 겹치므로 아직은 이와 같은 결론을 내릴 수 없습니다. 중요한 점은 신뢰구간이 겹친다고 해서 그룹 간의 차이가 통계적으로 유의하지 않다고 단정할 수 없다는 점입니다. 반대로, 신뢰구간이 겹치지 않았다면 통계적으로 유의한 차이가 있음을 의미합니다. 즉, 겹치지 않는 신뢰구간은 통계적 유의성에 대한 보수적인 증거로 해석될 수 있습니다.

요약하자면 신뢰구간은 추정값에 대해 불확실성을 나타내는 방법입니다. 표본 크기가 작을수록 표준오차가 커지고, 그 결과 신뢰구간도 넓어집니다. 신뢰구간은 계산하기 매우 쉬우므로 신뢰구간을 제시하지 않는다면 불순한 의도나 지식 부족을 의미할 수 있습니다. 어떤 경우든 문제가 있다고 볼 수 있죠. 마지막으로, 불확실성 지표가 없는 측정값에 대해서는 항상 의심할 필요가 있습니다.

실제 사례: 코로나19 백신의 효과

무작위 통제 실험은 제약 업계에서 매우 중요합니다. 전 세계의 많은 사람에게 엄청난 영향을 끼쳤던 코로나19 백신의 효과를 확인하려고 실시한 시험이 가장 잘 알려진 사례일 것입니다. 다음은 2020년에 발표된 논문[7]의 결과 부분입니다.

> 이 임상시험에는 30,420명의 지원자가 등록하였으며 1:1 비율로 무작위로 배정(각 그룹에 15,210명)되어 백신 또는 위약을 투여받았다. 참가자의 96% 이상이 두 가지 백신을 모두 접종받았으며, 2.2%는 시작 시점에 (혈청학적, 바이러스학적 또는 두 가지 모두의) SARS-CoV-2 감염 증거가 있었다. 위약 그룹 참가자 185명(1,000인년당[person-year][8] 56.5건, 95% 신뢰구간 48.7~65.3)과 mRNA-1273 그룹 참가자 11명(1,000인년당 3.3건, 95% 신뢰구간 1.7~6.0)이 코로나19 증상을 보였다. 백신 효능은 94.1%(95% 신뢰구간 89.3~96.8%, P < 0.001)로 나타났다.

앞서 배운 개념들에 비추어 이 결과를 다음과 같이 해석하겠습니다. 다만 필자는 건강 전문가가 아니며 이 해석은 순전히 통계와 인과추론에 기반한 것임을 명심해주세요.

먼저, 연구진은 실험군과 대조군(가짜 백신)을 정의하면서 처치가 무작위로 배정되었다고 했습니다. 따라서 처치와 잠재적 결과의 독립성이 보장됩니다. 이렇게 하면 통계량 $E[Y|T=0]$과 $E[Y|T=1]$에서 백신의 인과효과를 식별할 수 있습니다. 다음으로 결과를 1,000인년당 코로나19 증상 발현 건수로 정의합니다. 마지막으로 $E[Y|T=0]$과 $E[Y|T=1]$ 추정값의 95% 신뢰구간은 각각 48.7~65.3, 1.7~6.0이라고 보고합니다. 이는 가짜 백신을 접종한 사람들에 비해 백신을 접종한 사람들에게서 코로나19 증상이 훨씬 적게 발견되었음을 의미합니다. 백신의 효능은 $1 - E[Y|T=1] / E[Y|T=0]$이며, 95% 신뢰구간은 89.3~96.8%로 보고되었습니다.

마지막으로 한 가지 주의할 점이 있습니다. 신뢰구간은 언뜻 보기보다 해석하기가 더 까다롭습니다. 예를 들어, 어떤 95% 신뢰구간이 95% 확률로 실제 평균을 포함한다고 말해서는 **안 됩니다.** 빈도주의 통계에서는 모집단 평균을 진정한 모집단 상수로 간주합니다. 이 상수는 특정 신뢰구간 내부 또는 외부에 있을 수도 있습니다. 즉, 특정 신뢰구간은 실제 평균을 포함할 수

7 Lindsey R. Baden, M.D., Hana M. El Sahly, M.D., et al. (2021). Efficacy and Safety of the mRNA-1273 SARS-CoV-2 Vaccine. *N Engl J Med*, vol. 384(no. 5), pp. 403–416.
8 옮긴이_ '인년당'은 각 개인의 서로 다른 관측 기간의 합을 의미합니다.

도, 포함하지 않을 수도 있습니다. 포함할 경우 포함 확률은 95%가 아니라 100%입니다. 그렇지 않은 경우 확률은 0%입니다. 대신 신뢰구간에서 95%는 여러 차례의 연구에서 계산된 신뢰구간이 실제 평균을 포함하는 빈도를 나타냅니다. 95%는 95% 신뢰구간을 계산하는 데 사용한 알고리즘의 신뢰도이지 특정 구간 자체의 신뢰도가 아닙니다.

하지만 필자는 경제학자로서(통계학자들은 잠시 눈을 돌려주세요) 이러한 순수주의 관점은 그다지 유용하지 않다고 생각합니다. 실무에서는 특정 신뢰구간이 95%의 확률로 실제 평균을 포함한다고 말하는 경우를 종종 보게 됩니다. 엄밀히는 틀린 말이지만, 추정값에 어느 정도의 불확실성을 부여하는 측면에서 볼 때, 그다지 해롭지 않습니다. 오해의 소지가 있더라도 신뢰구간을 빼는 것보다 차라리 추정값에 신뢰구간을 두고 잘못 해석하는 것이 낫다는 것이죠. 신뢰구간이 95% 확률로 실제 평균을 포함한다고 해도 크게 문제될 것이 없습니다. 중요한 것은 추정값에 신뢰구간을 추가하는 것을 잊지 말아야 한다는 것입니다. 그렇지 않으면 비전문적으로 보이지 않을까요?

> **NOTE 신용구간**
>
> 추정값이 구간 안에 있을 확률에 대해 구체적으로 언급하고 싶다면, 베이지안 통계학의 신뢰구간에 해당하는 신용구간credible interval을 살펴보세요. 하지만 경험상 대부분(특히 표본 크기가 상대적으로 클 때) 빈도주의적 신뢰구간과 비슷한 결과가 나오는 경향이 있습니다. 이런 이유로 필자는 신뢰구간을 잘못 해석하는 것에 좀 더 관대합니다.

2.7 가설검정

불확실성을 반영하는 또 다른 방법은 가설검정hypothesis testing을 통해 결과를 제시하는 것이죠. 가설검정은 '두 그룹 간의 평균 차이가 0(혹은 다른 특정값)과 통계적으로 유의한 차이가 있는가?'라는 질문을 다룹니다. 해당 질문에 답하려면 두 독립 정규분포의 합이나 차이 역시 정규분포라는 점을 기억해야 합니다. 그 결과로 생성된 분포의 평균은 원래 두 분포 평균의 합이나 차이가 되고 분산은 항상 두 분산의 합으로 계산됩니다.

$$N\left(\mu_1, \sigma_1^2\right) - N\left(\mu_2, \sigma_2^2\right) = N\left(\mu_1 - \mu_2, \sigma_1^2 + \sigma_2^2\right)$$
$$N\left(\mu_1, \sigma_1^2\right) + N\left(\mu_2, \sigma_2^2\right) = N\left(\mu_1 + \mu_2, \sigma_1^2 + \sigma_2^2\right)$$

가설검정에 대한 부분을 코드로 시뮬레이션해보겠습니다.

```python
In [13]: import seaborn as sns
         from matplotlib import pyplot as plt

         np.random.seed(123)

         n1 = np.random.normal(4, 3, 30000)
         n2 = np.random.normal(1, 4, 30000)
         n_diff = n2 - n1

         plt.figure(figsize=(10,4))
         sns.distplot(n1, hist=False, label="$N(4,3^2)$")
         sns.distplot(n2, hist=False, label="$N(1,4^2)$")
         sns.distplot(n_diff, hist=False,
                     label=f"$N(-3, 5^2) = N(1,4^2) - (4,3^2)$")
         plt.legend();
```

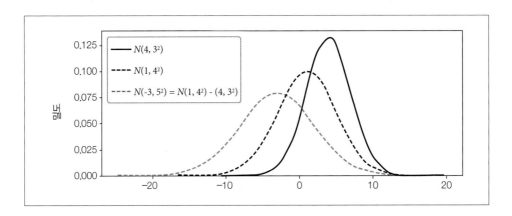

각자 고유한 분포를 가진 두 그룹을 서로 빼서 세 번째 분포를 만들었습니다. 이 최종 분포의 평균은 원래 두 분포 평균의 차이가 되며, 표준편차는 두 분산의 합의 제곱근으로 계산됩니다. 실험 결과의 평균 분포에 관해 다루고 있으므로 이 평균의 표준편차를 평균의 표준오차로 생각할 수 있습니다.

$$\mu_{diff} = \mu_1 - \mu_2$$
$$SE_{diff} = \sqrt{SE_1^2 + SE_2^2}$$

이 개념을 이용해 교차 판매 이메일 실험에서의 전환율을 비교 문제에 적용할 수 있습니다. 두 그룹(짧은 이메일 그룹과 이메일 받지 않은 그룹)의 예상 분포를 가지고 한 그룹에서 다른 그룹을 빼면 그 차이의 분포를 얻을 수 있습니다. 이 분포를 통해 평균 차이에 대한 95% 신뢰구간을 쉽게 구할 수 있습니다.

```
In [14]: diff_mu = short_email.mean() - no_email.mean()
         diff_se = np.sqrt(no_email.sem()**2 + short_email.sem()**2)

         ci = (diff_mu - 1.96*diff_se, diff_mu + 1.96*diff_se)
         print(f"95% CI for the difference (short email - no email):\n{ci}")

Out[14]: 95% CI for the difference (short email - no email):
         (0.01023980847439844, 0.15465380854687816)
```

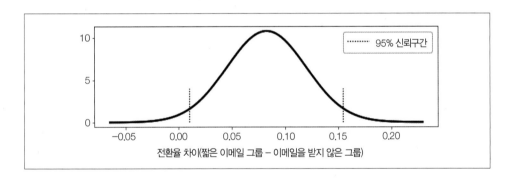

2.7.1 귀무가설

신뢰구간을 활용하면 **귀무가설**null hypothesis에 관한 질문에 답할 수 있습니다. 예를 들어, 짧은 이메일을 받은 그룹과 이메일을 받지 않은 그룹의 전환율에 차이가 없다는 가설을 세울 수 있죠. 일반적으로 귀무가설은 H_0로 표기합니다.

$$H_0 : Conversion_{no\_email} = Conversion_{short\_email}$$

이 가설을 세운 후 '만약 귀무가설이 참이라면 이런 차이를 실제로 관측할 수 있을까?'라고 스스로에게 질문해보세요. 그다음 데이터를 살펴보고 그것이 귀무가설과 일치하는지 여부를 파악합니다. 만약 일치하지 않는다면, 귀무가설이 참인 경우 이런 데이터가 나타나는 것은 너무 이례적이므로 귀무가설을 기각하는 것이 타당하다고 볼 수 있습니다. 이 과정을 진행하는 방법 중 하나는 방금 구성한 신뢰구간을 사용하는 것입니다.

앞서 언급한 95% 신뢰구간에는 0이 포함되어 있지 않음을 주목하세요. 또한 이 구간이 전환율 차이에 대한 신뢰구간임을 기억해야 합니다. 귀무가설에 따르면 이 차이는 0이어야 하지만, 신뢰구간이 0을 완전히 벗어난 것을 볼 수 있습니다. 귀무가설이 참이라면 이러한 결과를 관측할 확률은 매우 낮습니다. 따라서 유의수준 α=0.05(95% 신뢰도) 하에서 귀무가설을 기각할 수 있습니다.

NOTE 유의수준

유의수준 α는 귀무가설이 참인데도 이를 기각하는 1종 오류를 범할 확률을 나타냅니다. 유의수준은 데이터를 수집하거나 분석하기 전에 설정합니다. 예를 들어, 특정 유의수준(예: 5%)을 목표로 한다면, 분석 과정 중에 추정값을 중심으로 1 − α 신뢰구간(예: 95%)을 구성해야 합니다.

물론 '전혀 차이가 없다'는 가설 외에도 다른 귀무가설을 세울 수 있습니다. 예를 들어, 이메일 발송에 일정 비용이 든다고 가정해봅시다. 현실적으로 이런 상황이 매우 많습니다. 금전적 비용이 크지 않더라도, 고객에게 지나치게 많은 메일을 보내면 결국 스팸으로 분류되어 고객과의 커뮤니케이션 채널이 차단되고 미래 매출 감소로 이어질 수 있습니다. 이러한 상황에서 마케팅 팀은 전환율이 1% 이상 증가하는 경우에만 교차 판매 이메일을 발송하려고 할 수도 있습니다. 이 경우 귀무가설을 '전환율 차이가 1%다'로 세울 수 있죠. 이 가설을 검증하려면 평균 차이에서 1%를 빼서 신뢰구간을 이동하기만 하면 됩니다.

```
In [15]: # 신뢰구간 이동
         diff_mu_shifted = short_email.mean() - no_email.mean() - 0.01
         diff_se = np.sqrt(no_email.sem()**2 + short_email.sem()**2)
```

```
        ci = (diff_mu_shifted - 1.96*diff_se, diff_mu_shifted + 1.96*diff_se)
        print(f"95% CI 1% difference between (short email - no email):\n{ci}")

Out[15]: 95% CI 1% difference between (short email - no email):
         (0.00023980847439844521, 0.14465380854687815)
```

이 95% 신뢰구간도 0보다 크므로 다른 귀무가설 역시 기각할 수 있습니다. 그러나 이번에는 95% 신뢰구간이 0에 매우 가까워서 '전환율 상승효과가 2%다'라는 귀무가설은 유의수준 $\alpha=0.05$ 하에서 기각하기 어렵습니다.

비열등성 시험

이 책에서는 대부분의 귀무가설을 두 그룹이 동등함(차이가 0인 경우)을 전제로 합니다. 이러한 귀무가설 설정은 효과가 0과 유의하게 다른 경우에만 처치를 하려는 의도에서 비롯됩니다. 그러나 어떤 상황에서는 처치효과가 0과 같을 때만 조치를 취하고 싶은 상황이 존재합니다. 예를 들어, 마케팅 캠페인을 중단하고자 할 때를 생각해봅시다. 이 경우, 마케팅 캠페인의 효과가 무시할 수 있을 정도로 작다면 (또는 비용을 상쇄할 정도로 충분히 높지 않다면) 캠페인을 중단하고 싶을 것입니다. 이러한 상황에서는 **매개변수가 특정값과 다른 경우를 귀무가설로 세워야 합니다.**

$H_0 = 0$ 같은 귀무가설을 기각할 수 없다고 해서 그것이 참이라는 뜻은 아닙니다. "증거의 부재는 부재의 증거가 아니다"라는 유명한 격언이 이를 잘 말해줍니다. $H_0 = 0$은 단순히 표본 크기가 너무 작아서 신뢰구간이 넓기 때문에 기각되지 않을 수도 있습니다. 그러나 귀무가설이 참이라는 뜻은 아닙니다.

이 문제를 해결하기 위해 통계학자들은 한 가지 처치가 다른 처치와 동등한지(또는 처치효과가 0인지) 시험하는 방법인 비열등성 시험noninferiority testing을 고안했습니다. 비열등성 시험의 기본 개념은 신뢰구간에 0이 포함되는지 확인하는 동시에 신뢰구간이 충분히 작은지 확인하는 것입니다.

2.7.2 검정통계량

신뢰구간 외에도, 때때로 **검정통계량**[test statistic]을 사용하여 귀무가설을 기각하는 것이 유용할 수 있습니다. 이러한 통계량은 대체로 값이 클수록 귀무가설을 기각하는 방향으로 설정됩니다. 가장 널리 사용되는 검정통계량 중 하나는 t−통계량[t-statistic]입니다. 이 통계량은 신뢰구간을 형성하는 분포를 정규화함으로써 정의됩니다.

$$t_\Delta = \frac{\mu_\Delta - H_0}{SE_\Delta} = \frac{(\mu_1 - \mu_2) - H_0}{\sqrt{\sigma_1^2 / n_1 + \sigma_2^2 / n_2}}$$

여기서 H_0은 귀무가설에서 정의한 값입니다.

이 식의 분자는 관측한 평균 차이와 귀무가설 사이에 대한 차이입니다. 만약 귀무가설이 참이라면 이 분자의 기댓값은 0이 됩니다($E\left[\mu_\Delta - H_0\right] = 0$). 분모는 단순히 표준오차로, 통계량의 분산이 1이 되도록 정규화합니다. 이 정규화를 통해 귀무가설이 참인 경우 t_Δ는 표준정규분포 $N(0, 1)$를 따르게 됩니다. 귀무가설 하에서 t_Δ는 0이 중심이기 때문에 1.96보다 높거나 −1.96보다 낮은 값은 매우 드물게 나타납니다(전체 경우의 95%에서 나타나지 않음). 즉, 이러한 극단적인 t−통계량이 나타나면 귀무가설을 기각할 수 있다는 것이죠. 지금 다루는 예제에서 효과가 없는 경우 H_0의 통계량은 2보다 크므로 유의수준 $\alpha = 0.05$ 하에서 기각할 수 있습니다.

```
In [16]: t_stat = (diff_mu - 0) / diff_se
         t_stat

Out[16]: 2.2379512318715364
```

또한 t−통계량은 귀무가설 하에서 정규분포를 따르므로, 이를 이용하여 p 값을 쉽게 계산할 수 있습니다.

> **NOTE t−분포와 정규분포**
> 엄밀히 여기서 정규분포를 사용하면 정확하지 않습니다. 대신 표본 크기에서 추정하는 매개변수 수를 뺀 값인 자유도를 가진 t−분포를 사용해야 합니다(이 사례에서는 두 개의 평균을 비교하므로 $n - 2$). 그러나 표본 크기가 충분히 큰 경우(예: 100개 이상)라면 이 둘의 구분은 실질적으로 중요하지 않습니다.

2.8 p 값

앞선 설명에서 이메일을 받지 않은 고객과 짧은 이메일을 받은 고객의 전환율이 동일한데도 이렇게 극단적인 차이가 나타날 확률은 5% 미만이라고 했습니다. 하지만 그 확률을 정확하게 추정할 수 있을까요? 이러한 극단적인 값이 관측될 확률은 얼마나 될까요? 이 문제에 대한 해답으로 p 값을 소개합니다!

신뢰구간(그리고 사실 대부분의 빈도주의 통계학)과 마찬가지로, p 값의 본질적 정의는 매우 헷갈릴 수 있으므로 여기서는 위키피디아의 정의를 그대로 가져오겠습니다. 'p 값은 귀무가설이 참이라고 가정할 때 관측된 결과보다 더 극단적인 결과가 실제로 관측될 확률이다.'

즉, p 값은 귀무가설이 참일 경우 극단적인 데이터가 나타날 확률을 의미합니다([그림 2-4] 참조). 이 값은 귀무가설이 참일 때 관측한 측정값이 얼마나 이례적인지를 측정합니다. 이로 인해 '귀무가설이 참일 확률'과 헷갈릴 수도 있습니다. 이 두 개념의 차이점을 잘 알아두세요. 여기서 p 값은 $P(H_0|data)$가 **아니라** $P(data|H_0)$입니다.

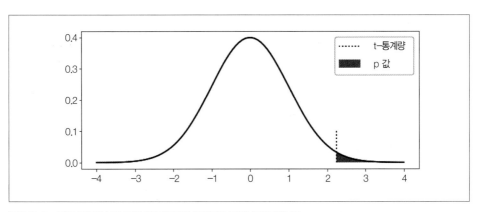

그림 2-4 p 값은 귀무가설이 참일 때 극단적인 통계량이 나타날 확률입니다.

단측one-sided 귀무가설('차이가 x보다 크다' 또는 '차이가 x보다 작다')에서 p 값을 구하려면 표준정규분포에서 검정통계량 전에 해당하는 영역의 넓이를 계산하면 됩니다. 양측two-sided 귀무가설('차이가 x이다')에서는 해당 결과에 2를 곱하면 됩니다.

```
In [17]: print("p-value:", (1 - stats.norm.cdf(t_stat))*2)

Out[17]: P-value: 0.025224235562152142
```

p 값의 장점 중 하나는 95%나 99% 같은 신뢰수준을 정할 필요가 없다는 것이죠. 하지만 만약 신뢰수준을 보고하고 싶다면, p 값을 통해 검정이 어느 신뢰수준에서 통과 또는 실패할지 정확하게 알 수 있습니다. 예를 들어, p 값이 0.025인 경우 유의수준은 2.5%입니다. 따라서 차이에 대한 95% 신뢰구간은 0이 포함되지 않겠지만, 99% 신뢰구간에는 0이 포함됩니다. 또한, 이 p 값은 차이가 실제로 0이라면 이렇게 극단적인 검정통계량이 관측될 확률이 단 2.5%임을 나타냅니다.

실제 사례: 대면 강의 vs. 온라인 강의

2020년, 코로나19 팬데믹은 직접적인 영향 외에도 여러 중요한 문제를 일으켰습니다. 그중 하나는 아이들이 학교에 갈 수 없게 되면서 2년 동안 온라인 강의가 이루어졌다는 사실이죠. 온라인 환경에서 대면 환경으로 돌아오는 결정이 무작위로 이루어지지 않았으므로 온라인 수업이 해당 세대에 미칠 영향을 추정하기는 어렵습니다. 예를 들어, 브라질에서는 공립학교의 대면 수업 재개가 사립학교보다 더 오래 걸렸습니다.

하지만 쉽지는 않더라도 필리오[Figlio], 러시[Rush], 인[Yin]의 연구[9]처럼 온라인 학습과 대면 학습의 영향을 테스트하는 실험을 설계할 수는 있습니다. 이 연구의 초록은 다음과 같습니다.

> 주요 연구 대학의 대규모 미시경제학 입문 과정 수강생들을 무작위로 나눠 각각 대면 강의와 녹화 강의 인터넷 시청에 배정하였다. 다른 모든 요소(교수법, 보충 자료 등)는 동일하게 유지했다. 최근 미국 교육부가 고등 교육 과정의 인터넷 강의에 관한 비실험적 분석을 메타 분석하여 내린 결론과 달리, 우리는 대면 강의가 인터넷 강의보다 우세하다는 증거를 발견하였다. 이러한 결과는 히스패닉계 학생, 남학생, 성취도가 낮은 학생에게 특히 강하게 나타났다. 또한 다른 환경에서 후속 실험할 때를 위한 제안 사항을 제공할 것이다.

---

9 David N. Figlio, Mark Rush & Lu Yin. (2012). Is It Live or Is It Internet? Experimental Estimates of the Effects of Online Instruction on Student Learning. *Journal of Labor Economics*, vol. 31(no. 4), pp. 763–784.

이 연구는 미국의 한 대학에서 진행했으므로 그 결과를 기초 교육이나 다른 국가로 일반화하기는 어렵습니다. 전문용어로 말하자면, 이 연구는 무작위 배정을 사용해 실험군과 대조군을 비교할 수 있게 했으므로 내적 타당성[10]이 있다고 할 수 있습니다. 그러나 이 연구에 참여한 사람들은 무작위 표본이 아니라 미국 대학의 경제학 수강생이었으므로 결과를 다른 환경으로 일반화하는 외적 타당성[11]은 없을 수 있습니다.

2.9 검정력

지금까지는 이미 시행된 테스트의 데이터를 제공받은 데이터 분석가의 관점에서 통계 개념을 살펴봤습니다. 주어진 데이터를 그대로 다루고 이미 설계된 실험을 해석하는 대신, 실험을 새로 설계하라는 요청을 받는다면 어떨까요? 이 경우 각 변수에 어떤 표본을 사용할지 결정해야 합니다. 예를 들어, 교차 판매 이메일 실험을 실행하지 않은 상태에서 몇 명의 고객에게 긴 이메일을 보낼지, 몇 명에게 짧은 이메일을 보낼지, 몇 명에게 아예 이메일을 보내지 않을지 결정해야 한다면 어떨까요? 이때 효과가 없다는 귀무가설이 거짓일 경우 이를 정확하게 기각할 만큼 충분히 큰 표본을 확보하는 것이 목표입니다. 즉, **귀무가설을 올바르게 기각할 확률을 검정력** power of the test **이라고 합니다.** 검정력은 실험에 필요한 표본 크기를 파악할 때뿐만 아니라, 제대로 실행하지 않은 실험에서 문제를 발견할 때도 유용합니다.

검정력은 통계적 유의성과 밀접한 관련이 있습니다. α가 실제로 참인 귀무가설을 잘못 기각할 확률을 나타내는 반면, 검정력 $(1 - \beta)$은 귀무가설이 거짓인 경우 이를 올바르게 기각할 확률입니다. 다른 관점에서 보면, 검정력도 α에 관한 식으로 정의되는데, 이는 귀무가설을 올바르게 기각하기 위해 필요한 증거의 충분성을 결정하기 위함입니다.

95% 신뢰구간이란, 우리가 실험을 통해 얻은 신뢰구간 중 95%가 추정하고자 하는 매개변수의 실젯값을 포함함을 의미합니다. 또한 이는 나머지 5%에서 실젯값을 포함하지 않음을 의미

---

10 옮긴이_ 인과추론 관점에서 내적 타당성은 식별이 얼마나 타당하게 되었는지에 관한 것으로 요약할 수 있습니다. 내적 타당성이 높은 실험은 실험 설계와 실행 과정에서 발생할 수 있는 다양한 외부 요인(예: 교란 요인, 선택편향 등)의 영향을 효과적으로 제어하고, 인과효과를 정확하게 추론할 수 있는 구조가 마련되어 있음을 의미합니다.

11 옮긴이_ 실험 결과가 특정한 연구 조건이나 참여자 집단을 넘어서서 다양한 상황, 장소, 시간, 인구 집단에 일반화될 수 있는 정도를 나타내는 개념입니다. 외적 타당성이 높은 연구는 연구 결과가 더 넓은 범위의 실제 상황에서도 유효하다는 것을 의미합니다.

합니다. 이로 인해 5%의 확률로 귀무가설을 잘못 기각하게 됩니다. $\alpha = 0.05$일 경우, 통계적으로 유의하다고 결론을 내리려면 매개변수 추정값과 귀무가설 사이의 차이인 δ가 최소한 0에서 $1.96SE$만큼 떨어져 있어야 합니다. 이는 $\delta - 1.96SE$가 95% 신뢰구간의 하한이기 때문입니다.

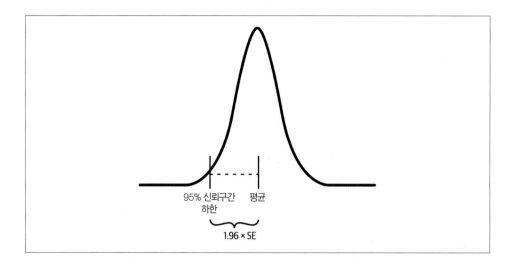

따라서 결과가 통계적으로 유의하다고 하기 위해서는 $\delta - 1.96SE > 0$이어야 합니다. 하지만 이렇게 유의한 차이를 관측할 확률은 얼마나 될까요? 이 때 검정력의 개념이 중요해집니다. 검정력은 귀무가설을 올바르게 기각할 확률, 즉 $1 - \beta$입니다. 여기서 β는 귀무가설이 실제로 거짓일 때 이를 기각하지 않을 확률(거짓 음성)입니다. 검정력의 일반적인 기준은 80%로, 이는 귀무가설이 실제로 거짓일 경우에도 기각하지 않을 확률이 20%($\beta = 0.2$)라는 의미입니다. 80%의 검정력을 달성하려면, 귀무가설이 거짓일 때 80%의 확률로 귀무가설을 기각해야 합니다. 귀무가설을 기각한다는 것은 $\delta - 1.96SE > 0$으로, 이렇게 유의한 차이(결과)가 전체 실험의 80%에서 나타나야 하는 것이죠. 즉, 95% 신뢰구간의 하한이 0보다 높은 경우가 전체 실험의 80%에 달해야 합니다.

눈에 띄는 점은 95% 신뢰구간의 하한이 정규분포를 따른다는 것입니다. 표본평균의 분포처럼 95% 신뢰구간 하한의 분포는 표준오차와 같은 분산을 가지며 평균은 $\delta - 1.96SE$입니다. 이는 단지 표본평균의 분포를 $1.96SE$만큼 이동한 것에 불과합니다. 따라서 $\delta - 1.96SE > 0$ 경우가 80%가 되려면(검정력 80%), 차이가 0에서 $1.96SE + 0.84SE$만큼 떨어져야 합니다. 1.96은 95% 신뢰구간을 확보하기 위한 값이고 0.84는 신뢰구간의 하한이 0을 초과하는 경우가 전체의 80%에 해당하도록 하기 위한 값입니다.

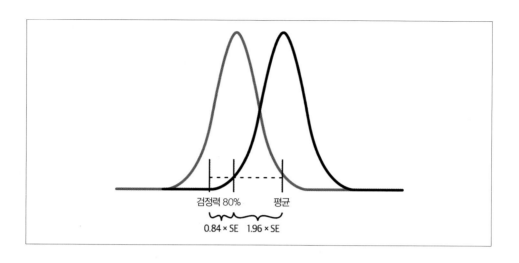

```
In [18]: stats.norm.cdf(0.84)

Out[18]: 0.7995458067395503
```

2.10 표본 크기 계산

이를 바라보는 또 다른 관점은 귀무가설이 거짓일 때 귀무가설과 관측된 추정값의 차이인 δ를 감지할 수 있어야 한다는 것입니다. $\alpha = 5\%$, $1 - \beta = 80\%$라면 감지 가능한detectable 효과는 $2.8SE = 1.96SE + 0.84SE$입니다. 따라서, 이메일 변환 예시에서 본 것처럼 8% 차이를 감지하고자 하는 교차 판매 이메일 실험을 설계하고자 한다면, 적어도 8% = $2.8SE$를 감지할 표본크기를 확보해야 합니다. 차이에 관한 표준오차 공식을 전개하면 $SE_\Delta = \sqrt{SE_1^2 + SE_2^2}$ 가 됩니다. 하지만 지금 여러분은 실험 결과를 보는 분석가의 관점이 아니라 실험을 설계하는 입장임을 기억하세요. 여러분에게 실험군의 표준오차는 주어지지 않았지만, 실험군과 대조군의 분산이 같을 것이라고 가정할 수 있습니다. 따라서 $SE_\Delta = \sqrt{2SE^2} = \sqrt{2\sigma^2/n} = \sigma\sqrt{2/n}$ 이죠. 이를 감지 가능한 차이에 연계하면 80%의 검정력과 95%의 신뢰도를 원할 때 표본 크기를 결정하는 매우 간단한 공식을 얻을 수 있습니다.

$$\delta = 2.8\sigma\sqrt{2/n}$$
$$n = 2 * 2.8^2 \sigma^2 / \delta^2 \approx 16\sigma^2/\delta^2$$

여기서 δ는 감지 가능한 차이이며, 보수적으로 계산하려고 2 * 2.8²는 반올림했습니다. 이 공식을 데이터에 적용하면 대조군의 분산을 σ^2에 대한 가장 타당한 추정값으로 사용해서 필요한 표본 크기를 다음과 같이 정할 수 있습니다.

```
In [19]: np.ceil(16 * (no_email.std()/0.08)**2)

Out[19]: 103.0

In [20]: data.groupby("cross_sell_email").size()

Out[20]: cross_sell_email
         long         109
         no_email      94
         short        120
         dtype: int64
```

이는 실험 설계 측면에서도 매우 중요하지만, 이미 진행한 교차 판매 실험에도 유용합니다. 우리의 실험에서는 두 실험군 모두 표본이 100개 이상이며 대조군은 94개의 표본을 확보했으므로 실험이 적절하게 진행되었음을 나타냅니다.

> **NOTE** 더 알아보기
>
> 이 매우 간단한 표본 크기 계산 방법은 론 코하비^{Ron Kohavi} 등의 연구[12]에서 가져왔습니다. 이 논문에는 표본 크기 공식 외에도 매우 흥미롭고 유용한 내용이 많으니 꼭 확인해보시기를 권합니다.

2.11 요약

이 장에서는 인과관계 식별과 추정을 연결하고 중요한 통계적 개념들을 복습했습니다. 인과추론의 목표는 데이터에서 인과 추정량을 구하는 것입니다. 이 과정의 첫 번째 단계는 식별입니다. 식별 단계에서는 몇 가지 가정을 사용하여 관측할 수 없는 인과 추정량을 데이터에서 추정할 수 있는 관측 가능한 통계량으로 바꿀 수 있습니다.

----

12 Ron Kohavi, Alex Deng, & Lukas Vermeer. (2022). A/B Testing Intuition Busters: Common Misunderstandings in Online Controlled Experiments. *KDD 2022*, 3168–3177.

예를 들어, ATE는 관측할 수 없는 잠재적 결과인 $ATE = E[Y_1 - Y_0]$로 정의되는 인과 추정량입니다. ATE는 독립성 가정 $T \perp (Y_0, Y_1)$ 을 사용해 식별할 수 있습니다. 이 경우 관측 가능한 $E[Y|T=1]$과 $E[Y|T=0]$을 이용해 ATE를 계산할 수 있습니다. 즉, 독립성 가정이 충족된다면 다음 식이 성립합니다.

$$E\big[Y_1 - Y_0\big] = E[Y \mid T = 1] - E[Y \mid T = 0]$$

또한 무작위 통제 실험을 활용하여 이 가정을 더 타당하게 만드는 방법도 살펴보았습니다. 처치를 무작위로 배정하면 처치와 잠재적 결과 Y_t가 독립이게 만들 수 있습니다.

그러나 식별은 인과추론의 첫 단계에 불과합니다. 통계량을 이용해 인과 추정량을 계산할 수 있게 되면, 이제는 통계량을 추정할 단계입니다. 예를 들어, ATE를 $E[Y|T=1]$과 $E[Y|T=0]$으로 쓸 수 있다면 이제 그 값을 추정해야 합니다.

이 장의 두 번째 부분에서는 이러한 추정 단계에 사용하는 통계 개념을 다루었습니다. 특히 표준오차를 다음과 같이 구할 수 있었죠.

$$SE = \sigma / \sqrt{n}$$

그리고 이 식을 이용해 추정값 μ을 중심으로 신뢰구간을 구성하는 방법을 배웠습니다.

$$\hat{\mu} \pm z \cdot SE$$

여기서 z는 정규분포의 질량 중 $\alpha\%$에 해당하는 값입니다.

또한 두 그룹 간의 평균 차이에 대한 신뢰구간을 구하는 방법도 배웠습니다. 이 과정은 두 그룹의 분산을 더하고 그 차이에 대한 표준오차를 찾는 것으로 요약됩니다.

$$SE_{diff} = \sqrt{SE_1^2 + SE_2^2}$$

마지막으로 검정력과 이를 이용해 실험에 필요한 표본 크기를 계산하는 법을 배웠습니다. 특히 95% 신뢰도와 80% 검정력이라면 표본 크기 공식을 다음과 같이 단순화할 수 있습니다.

$$N = 16 \cdot \sigma^2 / \delta^2$$

여기서 σ^2는 결과의 분산이고 δ는 감지 가능한 차이입니다.

CHAPTER 3

그래프 인과모델

1장에서는 인과추론이 식별과 추정이라는 두 단계로 구분된다는 점을 살펴보았습니다. 이 장에서는 어려운 문제인 식별 부분을 더 자세히 배웁니다. 또한 데이터로 매개변수를 추정하지 않고 그래프 모델graphical model을 다룰 예정이므로 대부분 이론적인 내용입니다. 식별은 인과추론의 핵심이므로 식별 이론 학습은 실생활에서 인과적 문제를 해결하는 데 기본이 됩니다. 이번 장에서는 다음과 같은 내용을 다룹니다.

- 그래프 모델을 소개하면서 그래프 인과모델과 그래프에서 연관성이 어떻게 흐르는지,[1] 기존 라이브러리를 사용하여 그래프를 쿼리query하는 방법을 배웁니다.
- 그래프 모델을 통해서 식별의 개념을 재해석합니다.
- 흔히 식별을 방해하는 편향의 원인 두 가지와 인과 그래프 구조를 바탕으로 할 수 있는 일을 알아봅니다.

3.1 인과관계에 대해 생각해보기

유튜브 영상에 등장하는 요리사들이 음식을 설명하는 데 얼마나 능숙한지 눈치챈 적이 있나요? 요리 초보라면 '벨벳처럼 부드러운 농도가 될 때까지 소스를 졸이세요'가 무슨 뜻인지 몰라서 '그냥 몇 분 동안 졸이면 되는지를 알려주세요!'라고 말하고 싶을 수 있습니다. 인과관계도 이와 마찬가지입니다. 여러분이 술집에 들어가서 사람들이 인과관계에 관해 토론하는 것을 들

---

1 옮긴이_ 엄밀하게는 그래프를 통해 정보가 흐르는 것(information flow)을 의미하며, 이를 바탕으로 그래프에서 서로 다른 노드(node) 간의 연관관계가 성립하게 됩니다. 이 책에서는 이 부분을 압축적으로 '연관성이 흐른다'라고 표현했습니다.

는다고 가정해봅시다(아마도 경제학과 옆 술집일 것입니다). 소득에 대한 교란 때문에 이민이 해당 지역의 실업률에 미치는 영향을 파악하기 어려워, 도구변수(IV)를 사용해야만 했다는 설명을 들었습니다. 지금은 그들이 무슨 말을 하는지 이해하지 못할 수 있지만, 괜찮습니다. 여러분은 이제 겨우 인과추론 언어의 표면적인 부분만 살펴보았으니까요. 인과추론이 해결하려는 핵심 문제를 이해할 정도로만 반사실적 결과와 편향을 조금 배웠습니다. 인과추론의 가장 강력한 도구인 무작위 통제 실험의 이면에서 어떤 일이 벌어지는지 이해할 수 있을 정도입니다. 하지만 이 강력한 도구를 사용할 수 없을 때도 있으며, 선택편향(3.8절 참조) 때문에 적용하기 어려울 때도 있습니다. 더 까다로운 인과추론 문제에 직면할수록 인과추론 언어를 폭넓게 이해해야 합니다. 그래야만 직면한 문제와 해결 방법을 제대로 이해할 수 있습니다.

잘 표현된 언어는 명확하게 생각하도록 해줍니다. 그래서 이 장에서는 인과추론 어휘를 넓히는 방법을 설명합니다. 곧 배울 그래프 모델은 인과관계의 기본 언어 중 하나라고 볼 수 있습니다. 또한 그래프 모델은 인과추론 문제를 구조화하며, 식별 가정을 명쾌하고 시각적으로 표현하는 강력한 방법입니다. 즉, 그래프 모델은 생각을 명확하게 표현하도록 도와줍니다.

> **NOTE** 구조적 인과모델
> 일부 과학자들은 인과추론의 통일된 언어를 지칭하는 데 구조적 인과모델structural causal model(SCM)이라는 용어를 사용합니다. 이 모델은 그래프와 인과 방정식causal equation으로 구성됩니다. 이번 장에서는 주로 SCM의 그래프 측면에 초점을 맞춰 설명하겠습니다.

환상적인 그래프 세계로 들어가는 출발점으로, 교차 판매 이메일이 전환에 미치는 영향을 추정한 사례를 다시 살펴보겠습니다. 여기서 처치 T는 교차 판매 이메일이고 결과 Y는 고객이 신규 제품으로의 전환 여부를 나타냅니다.

```
In [1]: import pandas as pd
        import numpy as np

        data = pd.read_csv("./data/cross_sell_email.csv")
        data
```

	gender	cross_sell_email	age	conversion
0	0	short	15	0
1	1	short	27	0
2	1	long	17	0
...	...	...	...	...
320	0	no_email	15	0
321	1	no_email	16	0
322	1	long	24	1

또한 이 사례에서 T가 무작위로 배정되었음을 기억해봅시다. 따라서 처치는 잠재적 결과와 독립이라고($(Y_0, Y_1) \perp T$) 볼 수 있으며, 연관관계를 인과관계로 만듭니다.

$$E\left[Y_1 - Y_0\right] = E[Y \mid T = 1] - E[Y \mid T = 0]$$

중요한 것은 단지 데이터만 보고 독립성 가정이 성립한다고 이야기할 수 없다는 점입니다. 앞서 배웠듯이, 실험 대상에게 처치 배정에 관한 메커니즘 정보가 있어야 독립성 가정이 유지된다고 할 수 있죠. 여기서는 무작위로 고객에게 이메일이 발송되었음을 알기 때문에 독립성 가정이 성립한다고 볼 수 있습니다.

3.1.1 인과관계 시각화

이 정보를 그래프로 표현할 수 있습니다. 여기에는 무엇이 원인인지에 관한 여러분의 생각이 담기게 되죠. 교차 판매 이메일이 전환을 유도하고 관측된 다른 변수인 나이와 성별도 전환의 원인이 된다고 생각해봅시다. 또한 측정하지 않은 변수를 그래프에 추가할 수 있고, 일반적으로 해당 변수는 관측되지 않으므로 U로 표시합니다. 예를 들어, 고객 소득, 사회적 배경, 나이(회사가 서비스하는 도시에서 제품이 다양한 인구 집단에 어떻게 어필되는지에 관한 정보)와 같이 전환을 유도하는 관측되지 않은 변수가 많을 것입니다. 하지만 해당 변수들을 측정하지 않을 것이므로, 측정되지 않은 모든 변수를 나타내는 U 노드node에 묶어서 표현합니다. 마지막으로 T를 가리키는 랜덤화 노드를 추가하여 교차 판매 이메일이 무작위로 발송되었다는 사실을 나타낼 수 있습니다.

다음과 같이 그래프 시각화 라이브러리인 graphviz를 사용해서 그래프를 활용해 이 생각을 시각화할 수 있습니다.

```
In [2]: import graphviz as gr

        g_cross_sell = gr.Digraph()

        g_cross_sell.edge("U", "conversion")
        g_cross_sell.edge("U", "age")
        g_cross_sell.edge("U", "gender")

        g_cross_sell.edge("rnd", "cross_sell_email")
        g_cross_sell.edge("cross_sell_email", "conversion")
        g_cross_sell.edge("age", "conversion")
        g_cross_sell.edge("gender", "conversion")

        g_cross_sell
```

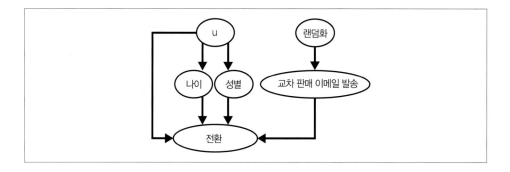

그래프의 각 노드는 확률변수입니다. 화살표나 엣지를 사용하여 한 변수가 다른 변수의 원인이 되는지 표시할 수 있습니다. 이 그래프 모델에서는 전환의 원인은 이메일이 되고, U가 나이,

전환, 성별 등 변수의 원인임을 나타냅니다. 이 그래프 모델 언어는 세상이 어떻게 작동하는지에 관한 믿음을 명확하게 반영하므로 인과관계에 대한 생각을 표현하는 데 도움이 됩니다. 그런데 오늘날 데이터 적용 사례에 일반적으로 존재하는 수백 개의 변수를 모두 그래프에 표현할 방법은 없습니다. 따라서 이 부분이 얼마나 비현실적인지 고민할 필요가 없습니다. 실제로 전달하려는 일반적인 인과 이야기$^{causal\ story}$를 유지하면서, 노드를 묶어 획기적으로 그래프를 단순화할 수 있습니다. 예를 들어, 앞의 그래프를 가지고 관측 가능한 변수를 X 노드로 묶을 수 있습니다. 두 변수 모두 U에 의해 발생하고 전환의 원인이 되므로 이들을 결합해도 인과 이야기는 그대로 유지됩니다.

또한 무작위로 배정되거나 개입된 변수를 표현할 때는 들어오는 화살표를 모두 제거하면 됩니다.

```
In [3]: # rankdir:LR 인 경우, 그래프가 왼쪽에서 오른쪽으로 화살표가 향하도록 설정
        g_cross_sell = gr.Digraph(graph_attr={"rankdir": "LR"})

        g_cross_sell.edge("U", "conversion")
        g_cross_sell.edge("U", "X")

        g_cross_sell.edge("cross_sell_email", "conversion")
        g_cross_sell.edge("X", "conversion")

        g_cross_sell
```

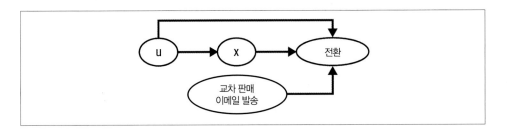

여기서 흥미로운 점은 DAG에서 가장 중요한 정보는 **그래프 안에 없을 수 있다는 사실**입니다. 즉, 한 변수에서 다른 변수로 연결되는 엣지가 없다는 것은 두 변수 사이에 직접적인 인과관계가 없다고 가정한다는 의미입니다. 예를 들어, 앞의 그래프에서는 처치와 결과 모두에 대한 원인이 없다고 가정합니다.

다른 언어를 배울 때도 그렇듯이, 이 부분을 읽으면서 내용이 완전히 이치에 맞지 않는다고 생각할 수 있습니다. 아직 이해가 안 되는 것이 지극히 정상입니다. 변수 간의 인과관계를 그래프로 표현하기 위해 많은 규칙과 모범 사례를 보여드릴 수 있습니다. 하지만, 이는 가장 효율적이지 않은 학습 방법이라고 생각합니다. 대신에 예시를 아주 많이 접하게 해드리려고 합니다. 이렇게 하면, 시간이 지나면서 자연스럽게 익숙해질 것입니다. 지금은 그래프가 연관관계는 인과관계가 아닌 이유를 이해하는 데 매우 강력한 도구임을 기억해주세요.

3.1.2 컨설턴트 영입 여부 결정하기

처치가 랜덤화되지 않은 좀 더 흥미로운 예제를 살펴보며 DAG의 강력함을 알아봅시다. 만약 여러분이 최고 수준의 컨설턴트 영입 여부를 고려하는 회사의 관리자라고 생각해봅시다. 컨설턴트의 몸값이 비싸다는 것을 알지만, 그들이 업계 최고의 회사와 함께 일하며 쌓은 전문 지식을 보유했다는 것도 알죠. 상황을 조금 더 복잡하게 만들겠습니다. 수익성이 매우 좋은 회사만 최고 수준의 컨설턴트를 고용할 수 있기 때문에 그러한 컨설턴트를 고용했을 때 비즈니스를 개선할 수 있는 건지, 그들의 존재가 좋은 회사의 실적(수익으로 측정)과 상관관계가 있는 건지 확신할 수 없습니다. 회사마다 컨설턴트를 무작위로 배정받을 수 있다면 최고 수준의 컨설턴트 고용이 얼마나 효과가 있는지 쉽게 답할 수 있지만, 우리는 그런 사치를 누릴 수 없으니 다른 방법을 생각해 내야 합니다. 이는 연관관계로부터 인과관계를 풀어야 하는 문제입니다. 인과관계 메커니즘에 관한 생각을 다음과 같이 그래프로 표현해서 이를 이해해볼 수 있습니다.

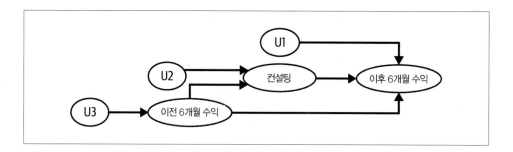

측정할 수 없는 다른 요소가 변수의 원인이라는 사실을 나타내려고 각 변수에 *U* 노드를 추가한 부분을 주목해주세요. 그래프는 일반적으로 확률변수를 나타내므로, 임의의 *U*가 모든 변수의 원인이 될 것으로 예상해볼 수 있습니다. 그러나 이러한 요소는 인과 이야기에 영향을 주지 않을 것이므로 생략하는 편이 좋습니다.

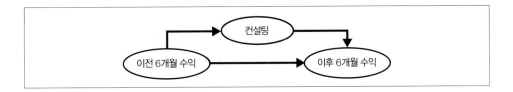

이 사례에서 회사의 과거 실적이 최고 수준의 컨설턴트를 고용하게 한다고 이야기하고 있습니다. 회사가 잘 된다면 비싼 서비스 비용을 지불할 수 있지만, 실적이 좋지 않다면 지불할 여유가 없습니다. 따라서 과거 실적이 회사가 컨설턴트를 고용할 확률을 결정합니다. 이 관계가 반드시 결정적deterministic이지는 않다는 점을 기억해주세요. 단지 실적이 좋은 회사가 최고 수준의 컨설턴트를 고용할 **가능성이 더 높다**는 의미입니다.

그뿐만 아니라 지난 6개월 동안 잘된 회사는 이후 6개월 동안에도 잘될 가능성이 매우 높습니다. 물론 항상 그렇지는 않지만, 평균적으로 그렇기 때문에 과거 실적에서 미래 실적까지의 엣지를 추가했습니다. 마지막으로 컨설팅으로부터 회사의 미래 실적에 관한 엣지를 추가했습니다. 목표는 이러한 그래프 연결의 강점을 파악하는 것이며, 이 연결이 우리가 관심 있는 인과관계입니다. 그렇다면 컨설팅이 실제로 회사의 실적을 높이는 원인이 될까요?

이 질문에 답하기는 간단하지 않습니다. 컨설팅과 미래 실적 사이의 연관성에는 두 가지 원인이 있기 때문입니다. 해당 원인 중 하나는 인과관계이고 다른 하나는 인과관계가 아닙니다. 이를 이해하고 구분하려면 먼저 인과 그래프에서 연관성이 어떻게 흐르는지 간단히 살펴봐야 합니다.

3.2 그래프 모델 집중 훈련

보통 대학교에서는 한 학기 내내 그래프 모델 수업을 합니다. 그래프 모델을 깊이 공부하면 인과추론을 이해하는 데 매우 도움이 됩니다. 하지만 이 책의 목적상, **그래프 모델에 어떤 독립성 및 조건부 독립성 가정이 수반되는지 이해하는 것**이 전적으로 중요합니다. 나중에 살펴보겠지만, 연관성은 개울에 물이 흐르듯 그래프 모델을 따라 흐릅니다. 그래프에서 어떻게 변수를 다루는지에 따라 이 흐름을 막거나 활성화할 수 있습니다. 세 가지 그래프 구조와 예시를 살펴보며 이를 이해해보겠습니다. 매우 간단하지만, 그래프 모델에서 연관관계, 독립성 및 조건부 독립성의 흐름에 관한 모든 내용을 파악하기에는 충분합니다.

3.2.1 사슬 구조

첫 번째로 간단한 그래프인 사슬^{chain} 구조를 살펴보겠습니다. 여기서 T는 M의 원인이 되고, M은 Y의 원인이 됩니다. 중간 노드$^{intermediary\ node}$는 T와 Y 사이의 관계를 매개하는 역할이므로 매개자^{mediator}라고 합니다.

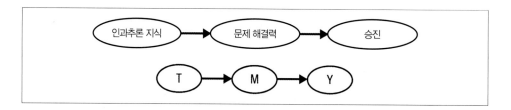

이 그래프에서 인과관계는 화살표 방향으로만 흐르지만, 연관관계는 양방향으로 흐릅니다. 더 구체적인 예를 들어보죠. 인과추론을 알게 되면 문제 해결력이 향상되고, 문제 해결력이 향상되면 승진할 가능성이 높아진다고 해봅시다. 따라서 인과적 지식은 문제 해결력을 향상하고, 이는 결국 승진의 원인이 됩니다. 여기서 승진은 인과추론 지식에 달려 있다고 말할 수 있고, 인과추론 전문성이 높을수록 승진할 가능성이 높아집니다. 또한 승진 가능성이 높을수록 인과추론 지식이 많을 확률도 높아집니다. 그렇지 않으면 승진하기 어렵겠죠. 즉, 승진이 인과추론 지식과 연관되는 것과 마찬가지로 인과추론 지식도 승진과 연관됩니다. 비록 인과관계가 한 방향으로만 존재한다고 하더라도 말이죠. 이렇게 두 변수가 서로 연관되면 '두 변수는 독립이 아니다'라고 합니다.

$$T \not\perp Y$$

이제 매개자를 고정[2]하겠습니다. 이 예제에서는 M이 동일한 사람, 즉 예시에서 문제 해결력이 동일한 사람만 살펴봅니다. 공식적으로는 M에 대한 조건부라고 합니다. 이 경우 종속성

---

2 옮긴이_ 그래프에서 변수를 고정하는 것은 특정 변수의 값을 일정하게 유지하면서 다른 변수들 간의 관계를 관측하는 것을 의미합니다. 이 과정을 통해 해당 고정 변수의 영향을 통제하고, 다른 변수들 사이의 관계를 더 명확하게 이해할 수 있습니다. 고정하는 과정을 종종 '조건부로 설정'한다고 합니다.

^{dependence}이 차단^{block}됩니다. 그래서 M이 주어졌을 때 T와 Y는 독립입니다. 이를 수학적으로 다음과 같이 쓸 수 있습니다.

$$T \perp Y \mid M$$

노드가 조건부로 주어진 경우를 나타내려고 다음과 같이 음영 처리했습니다.

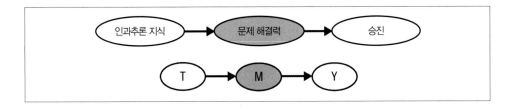

M에 대한 조건부가 무엇을 의미하는지 알아보려면 문제 해결력에 대한 조건부를 생각해보세요. 문제 해결력이 동일한 사람들을 살펴볼 때 어떤 사람이 인과추론에 능숙한지 아는 것만으로는 승진 가능성에 대한 추가 정보를 얻을 수 없습니다. 수학적으로 보면 다음과 같습니다.

$$E[승진|문제\ 해결력, 인과추론\ 지식] = E[승진|문제\ 해결력]$$

그 반대도 마찬가지입니다. 일단 어떤 사람의 문제 해결력을 알게 되면, 직장 승진 상태를 알아도 인과추론 지식에 관한 추가 정보를 제공하지 않습니다.

일반적으로, 앞서 그래프에서와 같은 사슬이 있을 때 매개자 M을 조건부로 하면 T에서 Y로 흐르는 연관성은 차단됩니다.

$$T \not\perp Y$$

하지만 M이 주어진 경우는 다음과 같습니다.

$$T \perp Y \mid M$$

3.2.2 분기 구조

이제 분기fork 구조를 고려해보겠습니다. 이 구조에는 공통 원인common cause이 있습니다. 같은 변수가 그래프 아래쪽 다른 두 변수의 원인이 됩니다. 분기 구조에서 연관성은 화살표의 반대 방향으로 흐릅니다.

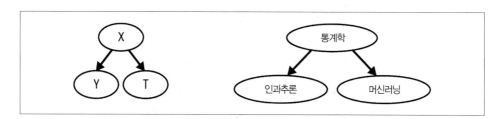

예를 들어, 통계학 덕분에 인과추론과 머신러닝에 관해 더 많이 알게 되었다고 해보겠습니다. 하지만 인과추론을 잘 알아도 머신러닝에 도움이 되지는 않으며, 그 반대도 마찬가지이므로 두 변수 사이에는 화살표가 없습니다.

이 그래프는 인과추론이 머신러닝에 도움이 되지는 않지만, 누군가의 통계 지식수준을 모르더라도 인과추론을 잘 안다면 머신러닝도 능숙할 가능성이 높음을 알려줍니다. 즉, 상대방의 통계 지식수준을 모르더라도 인과추론 지식을 통해 머신러닝 지식도 추론할 수 있기 때문입니다. 만약 인과추론에 능숙하다면 통계를 잘 알 가능성이 높으므로 머신러닝도 잘 다룰 가능성이 높습니다. 분기 끝에 있는 변수들은 서로의 원인이 아니더라도 같은 원인으로 발생하므로 함께 움직입니다. 인과추론에서는 처치와 결과 사이에 공통 원인이 있을 때, 그 공통 원인을 **교란 요인**confounder이라고 부릅니다.

분기 구조는 인과추론에서 매우 중요하므로 다른 예시로 한 번 더 확인해보죠. 기술 채용 담당자들은 때때로 지원자들에게 실제 업무에서 거의 접하지 못할 문제를 해결하도록 요청합니다. 이진 트리binary tree를 뒤집거나 파이썬에서 중복 요소를 세는 것과 같은 문제들 말이죠. 채용 담당자들은 기본적으로 다음 그래프에서처럼 분기 구조를 통해 연관성이 흐른다는 사실을 활용합니다.

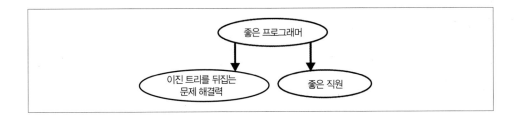

채용 담당자는 훌륭한 프로그래머가 좋은 성과를 낸다는 사실을 압니다. 하지만 면접을 볼 때까지는 지원자가 좋은 프로그래머인지 알 수 없죠. 그래서 채용 담당자는 지원자들이 좋은 프로그래머라면 답변할 수 있을 만한 질문을 합니다. 이 질문은 지원자가 실무에서 마주칠 문제와 관련이 없어도 됩니다. 이는 단지 좋은 프로그래머인지 아닌지를 나타내는 신호일 뿐이죠. 이 질문에 답하는 지원자는 아마도 좋은 프로그래머일 것이고, 이는 좋은 직원이 될 가능성이 높음을 의미합니다.

이제, 채용 담당자가 지원자가 좋은 프로그래머임을 이미 안다고 해봅시다. 지원자가 이전 회사에서 일할 때 만났던 사람이거나 경력이 훌륭할 수도 있습니다. 이 경우, 지원자가 면접 질문에 대답할 수 있는지가 좋은 직원이 될 것인지에 관한 추가 정보를 제공하지 않습니다. 즉, 좋은 프로그래머가 되는 것이 조건부로 주어졌다면 질문에 대답하는 것과 좋은 직원이 되는 것은 독립입니다.

일반적으로 분기 구조에서 공통 원인을 공유하는 두 변수는 종속이지만, 공통 원인이 주어지면 독립입니다. X가 조건부로 주어지지 않은 경우, 다음과 같이 수식으로 표현할 수 있습니다.

$$T \not\perp Y$$

하지만 X가 주어진 경우는 다음과 같습니다.

$$T \perp Y \mid X$$

3.2.3 충돌부 구조

마지막으로 충돌부^{collider}[3] 구조를 살펴보겠습니다. **충돌부 구조**는 두 노드가 하나의 자식^{child}을 공유하지만, 그들 사이에 직접적인 관계가 없는 경우입니다. 즉, 두 변수가 공통의 효과를 공유한다고 볼 수 있습니다. 이 공통 효과는 두 개의 화살표가 충돌하므로 **충돌부**라고 합니다.

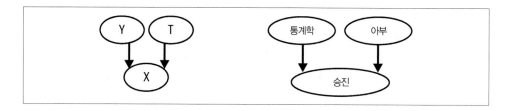

충돌부 구조에서 두 부모^{parent} 노드는 서로 독립입니다. 하지만 공통 효과를 조건부로 두면 서로 종속이 됩니다. 예를 들어, 승진하는 두 가지 방법이 있다고 생각해봅시다. 통계를 잘 알거나 상사에게 아부하는 사람이 승진할 수 있습니다. 승진을 조건부로 하지 않는다면(즉, 승진 여부를 모른다면) 통계 지식수준과 아부는 독립입니다. 정리하면, 통계에 얼마나 능숙한지를 아는 것은 상사에게 얼마나 아부를 잘하는지에 관해서는 아무것도 말해주지 않습니다. 반면, 승진했다면 갑자기 통계 수준이 상사에게 아부하는 수준에 관해 말해줍니다. 통계는 잘 알지 못하지만 승진을 했다면 상사에게 아부를 잘할 가능성이 높습니다. 그렇지 않으면 승진할 가능성이 매우 낮기 때문이죠. 이와 반대로 통계를 잘 안다면 통계 수준이 이미 승진을 설명해주므로 아부를 잘하지 못할 가능성이 큽니다. 한 가지 원인이 이미 효과를 설명하므로, 다른 원인의 가능성이 더 낮아지기 때문입니다. 이를 종종 **다른 요인에 의해 설명되는**^{explaining away} **현상**이라고도 합니다.

일반적으로 충돌부에 조건부를 두면 연관 경로가 열리면서 부모 노드의 변수들은 종속이 됩니다. X를 조건부로 두지 않으면 경로가 닫힌 상태로 유지됩니다. 이를 다음과 같이 수식으로 표현할 수 있습니다.

$$T \perp Y$$

---

3 옮긴이_ 인과추론에서는 일반적으로 영어로 immorality나 collider라고 표현합니다. 부도덕성(immorality)은 한 자식 노드(child node)가 서로 연관성 없는 두 부모 노드(parent nodes)를 갖는 구조입니다. 이러한 명명은, 그 구조가 마치 두 부모 노드 간에 '도덕적인 관계'가 결여된 것처럼 보인다는 점에서 유래되었습니다. 이 책에서는 편의상 immorality와 collider 모두 충돌부로 통일해서 사용하겠습니다.

X가 주어진 경우는 다음과 같습니다.

$$T \perp Y \mid X$$

중요한 것은, 충돌부에 대한 조건부 대신 (직접적이든 아니든) 충돌부의 효과에 조건부를 두어도 동일한 종속 경로dependence path를 열 수 있다는 점입니다. 이제 앞선 예제에 승진이 연봉을 크게 올린다는 가정을 추가해봅시다. 이를 그래프로 다음과 같이 표현할 수 있습니다.

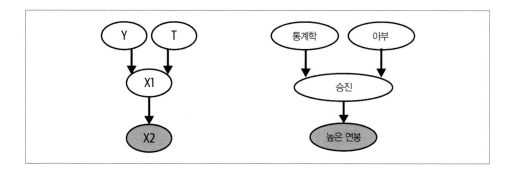

이 그래프에서 충돌부를 조건으로 두지 않고 해당 충돌부의 결과를 조건부로 해도, 충돌부 원인들은 종속이 됩니다. 즉, 승진 정보를 모르지만 거액 연봉 정보를 안다면, 통계 지식과 아부는 종속적인 관계가 됩니다. 이렇게 하나를 가지면 다른 하나를 가질 가능성이 낮아집니다.

3.2.4 연관성 흐름 치트 시트

앞서 배웠듯이, 세 가지 구조(사슬, 분기, 충돌부)를 알면 독립성과 연관성에 대한 흐름의 더 일반적인 규칙을 그래프로 도출할 수 있습니다.

경로는 다음과 같은 필요충분조건에 따라 차단될 수 있습니다.

1. 조건으로 주어진 비충돌부non-collider 구조가 포함됨
2. 조건부로 주어지지 않고 자식descendant이 없는 충돌부가 포함됨

[그림 3-1]은 어떻게 종속성(연관성)이 그래프에서 흐르는지에 관한 치트 시트입니다.

이러한 규칙이 잘 이해되지 않는다면, 기존 알고리즘을 활용해서 그래프 내 두 변수가 서로 종속인지 또는 독립인지 확인해볼 수 있습니다. 지금까지 배운 모든 내용을 종합한 마지막 예제

를 살펴보고 어떻게 구현하는지 살펴보겠습니다.

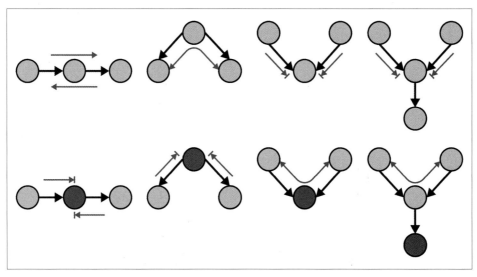

그림 3-1 그래프 내 종속성 흐름에 관한 치트 시트

3.2.5 파이썬에서 그래프 쿼리하기

다음 그래프를 살펴보죠.

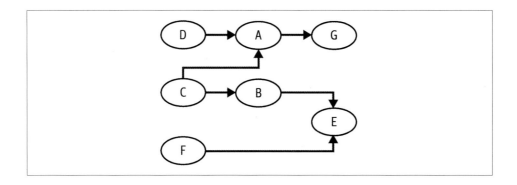

이 그래프를 파이썬 라이브러리에 입력하면 다음 질문에 쉽게 답할 수 있습니다. 하지만 그 전에 스스로 다음 질문에 답하며 방금 배운 개념을 체득하는 연습을 해보세요.

- D와 C는 종속일까요?
- A가 주어진 경우, D와 C는 종속일까요?
- G가 주어진 경우, D와 C는 종속일까요?
- A와 B는 종속일까요?
- C가 주어진 경우, A와 B는 종속일까요?
- G와 F는 종속일까요?
- E가 주어진 경우, G와 F는 종속일까요?

그래프를 networkx 라이브러리의 Digraph 함수에 넣어서 여러분이 정답을 맞혔는지 확인해보겠습니다. networkx는 그래프 모델을 다루는 라이브러리로, 그래프에 도움이 되는 여러 가지 유용한 알고리즘을 제공합니다.

```
In [4]: import networkx as nx

        model = nx.DiGraph([
            ("C", "A"),
            ("C", "B"),
            ("D", "A"),
            ("B", "E"),
            ("F", "E"),
            ("A", "G"),
        ])
```

우선 D와 C를 예로 들어보겠습니다. 이들은 앞서 살펴본 충돌부 구조를 형성하며, A는 충돌부입니다. 충돌부 구조의 독립성 규칙에 따라 D와 C는 독립임을 알 수 있습니다. 또한 충돌부 A가 조건부로 주어졌다면 두 변수 사이에 연관성이 흐르기 시작한다는 것도 알죠. d_separated 메서드는 그래프에서 두 변수 간의 연관성 여부를 알려줍니다(d-분리$^{d-seperation}$는 그래프에서 두 변수 간의 독립성을 표현하는 또 다른 용어입니다). 변수를 조건부로 두려면 해당 변수를 관측된 집합에 추가하면 됩니다. 예를 들어, A가 주어졌을 때 D와 C가 종속인지 확인하려면 d_separated를 사용하고 네 번째 인수에 z={"A"}를 전달합니다.

```
In [5]: print("Are D and C dependent?")
        print(not(nx.d_separated(model, {"D"}, {"C"}, {})))
```

```
          print("Are D and C dependent given A?")
          print(not(nx.d_separated(model, {"D"}, {"C"}, {"A"})))

          print("Are D and C dependent given G?")
          print(not(nx.d_separated(model, {"D"}, {"C"}, {"G"})))

Out[5]: Are D and C dependent?
        False
        Are D and C dependent given A?
        True
        Are D and C dependent given G?
        True
```

다음으로 변수 D, A, G가 사슬 구조를 형성함에 주목해주세요. 연관성은 연쇄적으로 흐르므로 D는 G와 독립적이지 않습니다. 그러나 매개자 A를 조건으로 두면 연관성 경로는 차단됩니다.

```
In [6]: print("Are G and D dependent?")
        print(not(nx.d_separated(model, {"G"}, {"D"}, {})))

        print("Are G and D dependent given A?")
        print(not(nx.d_separated(model, {"G"}, {"D"}, {"A"})))
Out[6]: Are G and D dependent?
        True
        Are G and D dependent given A?
        False
```

마지막으로 검토해야 할 구조는 분기입니다. A, B, C가 분기 구조를 형성하며, C는 A와 B의 공통 원인입니다. 분기를 통해 연관성이 흐름을 알기 때문에 A와 B는 독립이 아닙니다. 그러나 공통 원인을 조건으로 둔다면 연관성 경로는 차단됩니다.

```
In [7]: print("Are A and B dependent?")
        print(not(nx.d_separated(model, {"A"}, {"B"}, {})))

        print("Are A and B dependent given C?")
        print(not(nx.d_separated(model, {"A"}, {"B"}, {"C"})))

Out[7]: Are A and B dependent?
        True
```

```
Are A and B dependent given C?
False
```

마지막으로 모든 것을 종합하여 G와 F에 관해 이야기해봅시다. 연관성이 두 변수 사이에 흐르나요? G부터 보면, G와 E는 분기에 있으므로 연관성이 흐름을 알 수 있습니다. 그러나 연관성은 충돌부 E에서 멈추며, 이는 G와 F가 독립임을 의미합니다. 하지만 E를 조건부로 두면 연관성이 충돌부로 흐르기 시작하고 경로가 열리면서 G와 F가 연결됩니다.

```
In [8]: print("Are G and F dependent?")
        print(not(nx.d_separated(model, {"G"}, {"F"}, {})))

        print("Are G and F dependent given E?")
        print(not(nx.d_separated(model, {"G"}, {"F"}, {"E"})))

Out[8]: Are G and F dependent?
        False
        Are G and F dependent given E?
        True
```

세 가지 그래프 기본 구조와 함께, 파이썬 라이브러리를 활용해서 그래프에서 독립성을 확인하는 방법도 배웠습니다. 하지만 이것이 인과추론과 어떤 관련이 있을까요? 이제 이 장의 시작 부분에서 살펴본 문제로 돌아가겠습니다. 몸값이 비싼 최고의 컨설턴트를 고용하는 일이 회사 실적에 미치는 영향을 다음 그래프와 같이 이해하려고 했음을 기억해봅시다.

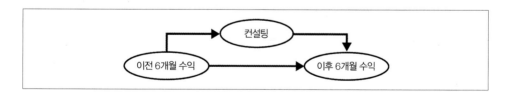

새로 습득한 기술을 사용하여 이 그래프에서 연관관계는 인과관계가 아닌 이유를 확인할 수 있습니다. 이 그래프에는 분기 구조가 있죠. 따라서 컨설팅과 기업의 미래 실적 사이에는 두 가지 흐름이 연관됩니다. 즉, 직접적인 인과 경로와 공통 원인 때문에 교란받는 비인과 경로^{noncausal} ^{path}가 존재합니다. 후자를 **뒷문 경로**^{backdoor path}라고 합니다. 이 그래프에서 교란을 주는 뒷문 경로가 있다는 사실은 컨설팅과 회사 실적 간의 관측된 연관관계를 인과관계만으로 설명할 수 없음을 보여줍니다.

그래프 내에서 연관성이 비인과 경로로 어떻게 흐르는지 이해하면 연관성과 인과성의 차이를 훨씬 더 정확하게 이해하게 됩니다. 따라서 이제 그래프 모델이라는 새로운 관점에서 식별의 개념을 다시 살펴보겠습니다.

3.3 식별 재해석

지금까지 무작위 배정이 없는 상황에서 인과관계를 찾기 어려운 이유는 실험군과 대조군을 서로 비교할 수 없어서라고 설명했습니다. 예를 들어, 고가의 컨설턴트를 고용하는 회사는 고용하지 않는 회사보다 일반적으로 과거 실적이 더 좋습니다. 이로써 앞서 보았듯이 편향이 발생합니다.

$$E[Y \mid T=1] - E[Y \mid T=0] = \underbrace{E\big[Y_1 - Y_0 \mid T=1\big]}_{ATT} + \underbrace{\big\{E\big[Y_0 \mid T=1\big] - E\big[Y_0 \mid T=0\big]\big\}}_{편향}$$

이제 인과 그래프를 배웠으므로 편향의 본질을 더 정확하게 파악할 수 있습니다. 더 중요한 것은 편향을 없애려면 무엇을 해야 하는지 이해할 수 있다는 점입니다. 식별은 그래프 모델에서의 독립성과 밀접한 관련이 있습니다. 처치, 결과, 기타 관련 변수 간의 인과관계를 나타내는 그래프가 있는 경우, 식별은 해당 그래프에서 처치와 결과 간의 인과관계를 분리하는 과정이라고 볼 수 있습니다. 기본적으로 식별 단계에서는 바람직하지 않은 모든 연관성을 차단합니다.

컨설팅 그래프를 살펴보죠. 앞서 보았듯이 처치와 결과 사이에는 두 가지 연관성 경로가 있습니다. 두 개의 연관성 경로가 있지만, 그중 하나만 인과관계입니다. 인과관계가 제거된 원래 그래프와 똑같은 인과 그래프를 만들어 편향을 확인할 수 있습니다. 이 그래프에서 처치와 결과가 여전히 연결된다면 비인과 경로 때문이며, 이는 편향이 있음을 나타냅니다.

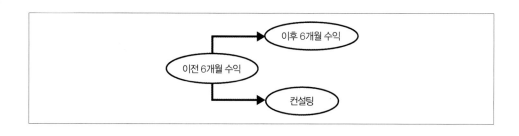

```
In [9]: consultancy_model_severed = nx.DiGraph([
            ("profits_prev_6m", "profits_next_6m"),
            ("profits_prev_6m", "consultancy"),
        #       ("consultancy", "profits_next_6m"), # 인과관계 제거
        ])

        not(nx.d_separated(consultancy_model_severed,
                            {"consultancy"}, {"profits_next_6m"}, {}))

Out[9]: True
```

이러한 비인과적 연결 흐름을 또한 **뒷문 경로**라고 합니다. T와 Y 사이의 인과관계를 식별하려면 두 경로를 차단해 인과 경로$^{causal\ path}$를 하나만 남겨야 합니다. 컨설팅 예제에서, 공통 원인인 회사의 과거 실적을 조건으로 하면 해당 경로가 닫힘을 알 수 있습니다.

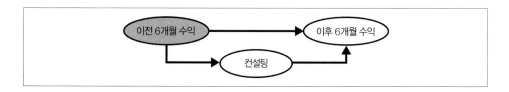

3.4 조건부 독립성 가정과 보정 공식

방금 보았듯이, 회사의 과거 실적인 profits_prev_6m를 조건부로 두면 처치(컨설팅)와 결과(회사의 미래 실적) 사이의 비인과 연관성$^{noncausal\ association}$ 흐름을 차단합니다. 결과적으로 과거 실적이 비슷한 회사들의 그룹을 살펴보고 해당 그룹 내에서 컨설턴트 여부에 따른 회사의 미래 실적을 비교하면, 그 차이는 전적으로 컨설턴트 때문에 발생했다고 볼 수 있습니다. 여기까지는 직관적으로 이해가 되죠? 실험군(컨설턴트를 고용한 회사)과 대조군(컨설턴트를 고용하지 않은 회사) 사이의 미래 실적 차이는 1) 컨설팅(처치) 자체 때문에, 2) 컨설턴트를 고용한 회사가 처음부터 잘하는 경향이 있기 때문에 발생합니다. 만약 회사의 과거 실적이 비슷한 실험군과 대조군을 단순히 비교한다면 두 번째 원인은 사라지게 됩니다.

물론 인과추론의 모든 부분과 마찬가지로 여기에서도 가정을 합니다. 구체적으로 실험군과 결과 사이의 모든 비인과 연관성은 측정 가능하고 조건으로 둘 수 있는 공통 원인 때문이라고 가정합니다. 이는 앞서 살펴본 독립성 가정과 매우 유사하지만, 조금 더 약한 형태의 가정입니다.

$$\left(Y_0, Y_1\right) \perp T \mid X$$

조건부 독립성 가정conditional independence assumption(CIA)은 공변량 X 수준이 동일한 대상(회사)을 비교하면 잠재적 결과는 평균적으로 같음을 말합니다. 즉, 공변량 X 값이 동일한 대상을 보면 **처치가 마치 무작위로 배정된 것처럼** 보입니다.

> **NOTE 독립성 가정의 다른 이름**
> 독립성 가정은 많은 인과추론 연구에 스며 있으며 무시가능성ignorability, 외생성exogeneity, 교환 가능성exchangeability 등 다양한 이름으로 불립니다.

조건부 독립성 가정은 관측 가능한 데이터에서 인과효과를 식별하는 매우 간단한 방법도 제시합니다. 처치가 X 그룹 내에서 마치 무작위로 배정된 것처럼 보인다면, X로 정의된 각 그룹 내에서 실험군과 대조군을 비교하고 각 그룹의 크기를 가중치로 사용해서 해당 결과의 평균을 구하는 방법입니다.

$$ATE = E_X[E[Y \mid T = 1] - E[Y \mid T = 0]]$$

$$ATE = \sum_x \{(E[Y \mid T = 1, X = x] - E[Y \mid T = 0, X = x])P(X = x)\}$$
$$= \sum_x \{E[Y \mid T = 1, X = x]P(X = x) - E[Y \mid T = 0, X = x]P(X = x)\}$$

이를 **보정 공식**adjustment formula 또는 조건부 원칙conditionality principle이라고 합니다. 이에 따르면, X를 조건부로 두거나 통제하면 평균 처치효과는 실험군과 대조군 간 그룹 내 차이의 가중평균으로 식별할 수 있습니다. 즉, 그래프에서 비인과 경로를 통한 연관성 흐름을 X에 조건부로 두어 차단하면 ATE와 같은 인과 추정량을 식별할 수 있습니다. 그래서 교란 요인을 보정하여 뒷문 경로를 차단하는 과정을 **뒷문 보정**backdoor adjustment이라고 불립니다.

3.5 양수성 가정

보정 공식에서 양수성positivity 가정도 중요합니다. 처치와 결과 사이의 차이를 X에 따라 평균을 내므로, X의 모든 그룹에 실험군과 대조군의 실험 대상이 반드시 존재해야 합니다. 그렇지 않다면 그룹 간의 차이를 정의할 수 없습니다. 수식으로 보면, 처치의 조건부 확률은 반드시 양수이고 1 미만이어야 합니다($0 < P(T|X) < 1$). 양수성 가정을 위배해도 식별이 가능하지만 위험한 외삽extrapolation을 해야 할 수 있습니다.

> **NOTE 양수성 가정의 다른 이름**
> 양수성 가정은 인과추론에서도 매우 널리 사용하므로 공통 지지common support나 중첩overlap과 같은 다양한 이름으로도 불립니다.

3.6 구체적인 식별 예제

앞서 배운 가정이 다소 추상적으로 느껴질 수 있으니 몇 가지 데이터와 함께 구체적으로 살펴보겠습니다. 수익이 낮은 3개 회사(100만 달러)와 이보다 높은 3개 회사의 데이터를 지난 6개월 동안 수집했다고 가정해봅시다. 예상대로 수익성이 높은 회사들은 컨설턴트를 고용할 가능성이 더 높습니다. 수익성 높은 회사 3곳 중 2곳은 컨설턴트를 고용했지만, 수익성이 낮은 회사는 3곳 중 1곳만 컨설턴트를 고용했습니다(표본이 적어서 신경 쓰인다면, 각 데이터가 실제로 10,000개의 회사를 대표한다고 생각해주세요).

```
In [10]: df = pd.DataFrame(dict(
            profits_prev_6m=[1.0, 1.0, 1.0, 5.0, 5.0, 5.0],
            consultancy=[0, 0, 1, 0, 1, 1],
            profits_next_6m=[1, 1.1, 1.2, 5.5, 5.7, 5.7],
        ))

         df
```

	profits_prev_6m	consultancy	profits_next_6m
0	1	0	1
1	1	0	1.1
2	1	1	1.2
3	5	0	5.5
4	5	1	5.7
5	5	1	5.7

컨설턴트를 고용한 회사와 고용하지 않은 회사의 수익인 profits_prev_6m을 단순히 비교하면, 1.66백만 달러의 수익 차이를 확인할 수 있습니다.

```
In [11]: (df.query("consultancy==1")["profits_next_6m"].mean()
          - df.query("consultancy==0")["profits_next_6m"].mean())

Out[11]: 1.666666666666667
```

하지만 이 값이 컨설팅이 회사 실적에 미치는 인과효과라고 할 수 없습니다. 과거 실적이 좋았던 회사들이 컨설턴트를 고용한 그룹에서 과대 대표되었기 때문입니다. 컨설턴트의 효과를 편향 없이 추정하려면, 과거 실적이 비슷한 회사들을 살펴봐야 합니다. 다음과 같이 작업하면 더 타당한 결과를 얻을 수 있습니다.

```
In [12]: avg_df = (df
                  .groupby(["consultancy", "profits_prev_6m"])
                  ["profits_next_6m"]
                  .mean())

         avg_df.loc[1] - avg_df.loc[0]
```

```
Out[12]: profits_prev_6m
         1.0    0.15
         5.0    0.20
         Name: profits_next_6m, dtype: float64
```

이 효과의 가중평균을 구할 때 각 그룹의 크기를 가중치로 사용하면 편향되지 않은 ATE 추정값을 얻을 수 있습니다. 여기서 두 그룹의 크기가 동일하므로 단순평균을 구하면 ATE는 175,000이 됩니다. 따라서 여러분이 관리자이고 컨설턴트 고용 여부를 결정한다면, 앞서 제시된 데이터를 바탕으로 컨설턴트가 미래 수익에 미치는 영향이 약 175,000달러라고 결론 내릴 수 있습니다. 물론 그러려면 조건부 독립성 가정을 활용해야 합니다. 즉, 과거 실적은 컨설턴트 고용과 미래 실적의 유일한 공통 원인이라고 가정해야 하죠.

인과 메커니즘에 대한 믿음을 그래프로 표현하고, 해당 그래프를 활용해서 처치를 무작위 배정하지 않고도 ATE를 추정하려면 어떤 변수를 조건부로 해야 하는지 찾는 예제를 살펴봤습니다. 그다음 보정 공식을 따르고 조건부 독립성을 가정하여 데이터로 ATE를 추정해봤습니다. 여기서 배운 도구들은 상당히 일반적이며, 앞으로 다가올 많은 인과적 문제에 관한 정보를 줄 것입니다. 하지만 아직 그래프 모델에 관해 할 이야기가 더 남았습니다. 3.7절에서는 일부 그래프 구조와 이와 관련하여 훨씬 자주 발생하는 편향에 대해 알아봅니다. 이 내용을 살펴보며 인과 추론의 여정에서 앞으로 어떤 어려움을 마주칠지 감을 잡을 수 있습니다.

앞문 보정

뒷문 보정만이 인과효과를 식별하는 유일한 전략은 아닙니다. 측정되지 않은 공통 원인이 있더라도 인과 메커니즘 지식을 활용하여 앞문frontdoor으로 인과효과를 식별할 수도 있습니다.

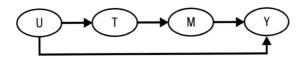

이 전략에서는 처치가 매개자에 미치는 영향과 해당 매개자가 결과에 미치는 영향을 식별할 수 있어야 합니다. 그러면 처치가 결과에 미치는 영향은 이 두 가지 효과를 결합한 것으로 식별할 수 있습니다. 그러나 IT 업계에서는 이러한 그래프가 설득력 있어 보이는 적용 사례를 찾기 어려워 앞문 보정frontdoor adjustment이 그다지 인기가 없습니다.

3.7 교란편향

편향의 첫 번째 주요 원인은 **교란**입니다. 교란이라는 이름을 붙였을 뿐, 이는 지금까지 우리가
다룬 편향입니다. **교란은 대개 비인과적으로 연관성이 흐르는 열린 뒷문 경로가 있을 때 발생하
는데, 이는 일반적으로 처치와 결과가 공통 원인을 공유하기 때문입니다.** 예를 들어, HR 부서에
서 일하면서 새로운 관리 교육 프로그램이 관리자의 참여도를 높이는지 알고 싶다고 가정해보
겠습니다. 하지만 교육은 선택 사항이므로 이미 잘하고 있는 관리자만 프로그램에 참석하고 교
육이 필요한 관리자는 참석하지 않는 경향이 있습니다. 교육을 수강한 관리자들의 팀 참여도를
측정하면 교육에 참석하지 않은 관리자들의 팀보다 참여도가 훨씬 높습니다. 그러나 해당 정보
를 바탕으로 이것이 얼마나 인과적인지 알기는 어렵죠. 처치와 결과 사이에 공통 원인이 있으
므로 인과효과와 관계없이 함께 움직일 것이기 때문입니다.

해당 인과효과를 식별하려면 처치와 결과 사이의 모든 뒷문 경로를 닫아야 합니다. 그렇게 하
면 $T \rightarrow Y$의 직접적인 효과만 남습니다. 이 예제에서는 교육받기 전에 관리자의 자질을 어떤
식으로든 통제할 수 있습니다. 그러면 교육 전 관리자의 자질이 실험군과 대조군에서 일정하게
유지되므로, 결과의 차이는 교육 프로그램에 따른 것입니다. 다시 말해, **교란편향**confounding bias
을 보정하려면 처치와 결과의 공통 원인을 보정해야 합니다.

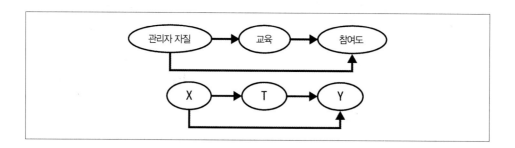

안타깝게도 모든 공통 원인을 항상 보정할 수는 없습니다. 원인을 알 수 없거나 원인을 알지만
측정할 수 없을 때도 있습니다. 관리자 자질도 그중 하나죠. 많은 노력에도 불구하고, 관리자
의 자질을 정량적으로 측정하는 방법은 여전히 요원합니다. 관리자의 자질을 관측할 수 없다면
해당 변수에 따른 조건부를 설정할 수 없으며 교육이 참여도에 미치는 영향을 식별할 수 없습
니다.

3.7.1 대리 교란 요인

때로는 측정되지 않은 교란 요인 때문에 모든 뒷문 경로를 닫을 수 없습니다. 다음 예에서는 관리자의 자질이 프로그램 참여 여부와 팀의 참여도에 영향을 미칩니다. 따라서 처치(교육)와 결과(팀 참여도) 사이의 관계에 교란이 존재합니다. 그러나 이 경우에도 관리자의 자질을 측정할 수 없으므로 교란 요인에 대한 조건부를 둘 수 없습니다. 따라서 교란편향 때문에 처치가 결과에 미치는 인과효과를 식별할 수 없습니다. 그러나 교란 요인인 관리자 자질에 대한 대리변수로 사용할 수 있는 다른 측정된 변수들이 있습니다. 이 변수들은 뒷문 경로에는 없지만, 통제하면 편향을 줄이는 데 도움이 됩니다(다만 완전히 편향을 제거하지는 못합니다). 이러한 변수를 종종 대리 교란 요인surrogate confounder이라고 부릅니다.

관리자의 자질을 측정할 수는 없지만, 관리자의 근속 기간이나 교육 수준과 같은 원인과 팀의 이직률이나 성과와 같은 영향들을 측정할 수 있습니다. 이러한 대리변수를 통제하는 것만으로는 편향을 완전히 제거할 수 없지만, 편향을 줄이는 데 확실히 도움이 됩니다.

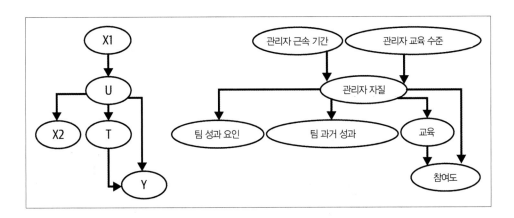

3.7.2 랜덤화 재해석

많은 연구 질문에서, 교란 요인이 중요한 문제로 대두됩니다. 모든 교란 요인을 통제했는지 확신할 수 없기 때문이죠. 그러나 실무에서 인과추론을 적용할 계획이라면, 좋은 소식이 있습니다. 실무에서는 회사가 통제할 수 있는 요소(가격, 고객 서비스, 마케팅 예산 등)의 인과효과를 파악하고 이를 최적화하는 데 주로 관심이 있습니다. 이러한 상황에서는 일반적으로 회사가 처치를 배정하는 데 어떤 정보를 사용했는지 알기 때문에 교란 요인이 무엇인지 파악하기가 상당히 쉽죠. 게다가 그렇지 않은 경우에도 처치변수에 개입할 수 있는 옵션이 거의 항상 존재합니다. 이것이 바로 A/B 테스트의 핵심이죠. 처치를 무작위로 배정하면 관측할 수 없는 교란 요인이 있는 그래프에서 처치의 유일한 원인이 랜덤성randomness인 그래프로 바꿀 수 있습니다.

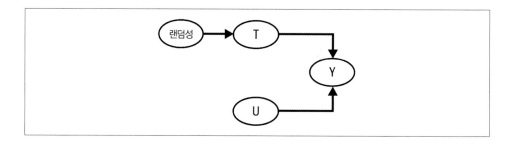

결과적으로 어떤 변수를 조건부로 두어야 효과를 식별할 수 있는지 확인하려고 노력하면서 관심 있는 인과 추정량을 식별 가능한 그래프로 바꿔주는 개입이 어떤 것인지 스스로에게 물어봐야 합니다.

관측되지 않은 교란 요인이 있다고 해서 아무것도 할 수 없는 것은 아닙니다. 4부에서는 데이터의 시간 구조를 활용하여 관측되지 않은 교란 요인을 다루는 방법을 배우고 5부에서는 같은 목적으로 도구변수를 배울 예정입니다.

민감도 분석과 부분 식별

모든 공통 원인을 측정할 수 없을 때, 포기하는 대신 다음과 같은 질문을 해보면 좋습니다. 단순히 질문을 '나는 모든 교란 요인을 측정하고 있는가'에서 '측정되지 않은 교란 요인이 분석 결과를 크게 바꾸려면 얼마나 강력해야 하는가'로 전환해보세요. 이것이 민감도 분석sensitivity analysis의 주요 개념입니다. 해당 주제에 관한 알기 쉬운 자료를 원한다면, 카를로스 치넬리Carlos Cinelli 와 채드 해즐릿Chad Hazlett이 쓴 논문[4]을 추천합니다.

또한, 관심 있는 인과 추정량을 정확히 식별할 수 없을 때도 관측 가능한 데이터를 사용하여 그 주변에 경계를 설정할 수 있습니다. 이 과정을 **부분 식별**partial identification이라고 하며 현재 활발히 연구되는 분야입니다.

---

4 Carlos Cinelli, Chad Hazlett. (2020). Making Sense of Sensitivity: Extending Omitted Variable Bias. *Journal of the Royal Statistical Society: Series B(Statistical Methodology)*, vol. 82(no. 1), pp. 39-67.

3.8 선택편향

교란편향이 인과추론의 장애물이라고 생각했다면, 선택편향selection bias에 관해 들어보면 더 놀랄 것입니다. 교란편향은 처치와 결과의 공통 원인을 통제하지 않을 때 발생하지만, 선택편향은 공통 효과와 매개자에 대한 조건부와 더 밀접한 관련이 있습니다.

NOTE 편향 용어

편향의 명칭에 관한 학문적 합의는 아직 없습니다. 예를 들어, 경제학자들은 모든 종류의 편향을 선택편향이라고 부르는 경향이 있습니다. 반면에 일부 과학자들은 선택편향이라고 부르는 것을 충돌부 편향collider bias[5]과 매개자 편향mediator bias으로 더 세분화하길 좋아합니다. 여기서는 미겔 A. 에르난Miguel A. Hernán과 제임스 M. 로빈스James M. Robins의 저서 『Causal Inference: What If』(CRC Press, 2011)와 동일한 용어를 사용하겠습니다.

3.8.1 충돌부 조건부 설정

소프트웨어 회사에서 일하며 방금 구현한 신규 기능의 영향을 평가하고 싶다고 해보죠. 교란편향을 피하려고 무작위로 고객들에게 기능을 배포합니다. 고객 중 10%는 무작위로 신규 기능을 사용하고 나머지는 그렇지 않습니다. 이 기능이 고객의 만족도와 행복감을 높였는지 알고 싶습니다. 만족도를 직접 측정할 수 없지만, 순고객추천지수net promoter score(NPS)를 대리변수로 사용할 수 있습니다. NPS를 측정하려면 실험군과 대조군에 설문을 보내 제품을 추천할 의향이 있는지 물으면 됩니다. 결과가 도착했을 때, 신규 기능을 사용하고 NPS 설문에 응답한 고객들이 신규 기능을 사용하지 않고 NPS 설문에도 응답한 고객들보다 NPS 점수가 더 높음을 알게 됩니다. 그러면 이 차이가 신규 기능이 NPS에 미친 인과효과 때문이라고 말할 수 있을까요? 다음 그래프를 살펴보며 이 질문에 답하겠습니다.

---

5 옮긴이_ 이 책에서 설명하는 '충돌부 편향'을 경제학자들은 주로 sample selection bias라고 부릅니다.

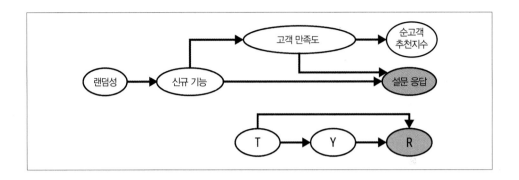

결론부터 말하자면, 안타깝게도 대답은 '아니오'입니다. 여기서 문제는 NPS 설문에 응답한 사람들에게서만 NPS를 측정할 수 있다는 점입니다. NPS 설문조사에 응답한 고객을 대상으로만 실험군과 대조군의 차이를 추정하는 것이죠. 무작위 배정을 통해 ATE를 실험군과 대조군 간의 결과 차이로 식별할 수 있지만, 일단 공통 효과에 조건부를 두면 선택편향도 생깁니다. 이를 확인하려고 그래프를 다시 만들고 신규 기능에서 고객 만족도로 가는 인과 경로를 삭제하면, NPS로의 직접적인 경로가 닫힙니다. 그다음 응답을 조건부로 두면 NPS가 여전히 신규 기능과 연결되는지 확인할 수 있습니다. 이는 비인과 경로로 두 변수 간에 연관성이 흐름을 의미하며, 이것이 바로 편향입니다.

```
In [13]: nps_model = nx.DiGraph([
         ("RND", "New Feature"),
    #      ("New Feature", "Customer Satisfaction"),
         ("Customer Satisfaction", "NPS"),
         ("Customer Satisfaction", "Response"),
         ("New Feature", "Response"),
    ])

    not(nx.d_separated(nps_model, {"NPS"}, {"New Feature"}, {"Response"}))

Out[13]: True
```

NOTE 더 알아보기

선택편향이 존재하는 상황에서 인과관계 식별은 매우 까다롭습니다. 인과 경로를 삭제하고 처치와 결과가 여전히 연결되는지 확인하는 이 접근법은 선택편향에 항상 효과적이지는 않습니다. 안타깝게도 이

편향에 관한 직관을 키우기 위해, 신과 같은 힘이 있어서 사실과 반사실적 결과의 세계를 볼 수
있다고 생각해봅시다. 즉, 설문에 응답하지 않은 고객을 포함하여 모든 고객의 실험군의 결과
NPS_1과 대조군 결과 NPS_0을 모두 볼 수 있다고 가정합시다. 또한 실제 효과를 알 수 있도록 데
이터를 시뮬레이션하겠습니다. 여기서 신규 기능은 NPS를 0.4만큼 높입니다(비즈니스 기준
으로는 높은 수치이지만, 이 예에서는 잠깐 이해해주세요). 그리고 신규 기능과 고객 만족도가
NPS 설문에 응답할 확률을 높인다고 가정합시다. 바로 앞의 그래프에서 보았듯이 말이죠. 반
사실을 측정하는 신과 같은 힘을 사용해서 실험군과 대조군별로 데이터를 집계하면 다음과 같
은 결과를 볼 수 있습니다.

new_feature	responded	nps_0	nps_1	nps
0	0.183715	−0.005047	0.395015	−0.005047
1	0.639342	−0.005239	0.401082	0.401082

먼저, 신규 기능을 사용한 응답자 중 63%가 NPS 설문에 응답했지만, 대조군 중에서는 18%
만이 응답했다는 점을 주목해주세요. 다음으로 실험군과 대조군의 행을 살펴보면 NPS_0에서
NPS_1로 가면서 0.4만큼 증가했습니다. 이는 단순히 신규 기능의 효과가 두 그룹 모두에서 0.4
임을 의미합니다. 마지막으로 실험군(new_feature=1)과 대조군(new_feature=0)의 NPS
차이는 약 0.4라는 점을 주목해주세요. 즉, NPS 설문에 응답하지 않은 사람들의 NPS를 볼 수
있다면, 단순히 실험군과 대조군을 비교하여 실제 ATE를 구할 수 있습니다.

물론 실제로는 NPS_0와 NPS_1 열을 볼 수 없습니다. 또한 설문에 응답한 사람들(대조군의 18%,
실험군의 63%)의 NPS만 있으므로 이러한 방식의 NPS 열도 볼 수도 없습니다.

new_feature	responded	nps_0	nps_1	nps
0	0.183715	NaN	NaN	NaN
1	0.639342	NaN	NaN	NaN

응답자별로 분석을 더 세분화하면, 설문에 응답한 사람들의 NPS를 확인할 수 있습니다. 하지만 해당 그룹에서 실험군과 대조군의 차이가 더는 0.4가 아니라 그 절반 정도 수준(0.22)에 불과하다는 점을 주목해주세요. 어떻게 이러한 일이 발생할까요? 이는 모두 선택편향 때문입니다.

responded	new_feature	nps_0	nps_1	nps
0	0	NaN	NaN	NaN
	1	NaN	NaN	NaN
1	0	NaN	NaN	0.314073
	1	NaN	NaN	0.536106

관측할 수 없는 수치를 다시 추가하면 어떤 일이 일어나고 있는지 확인할 수 있습니다(여기서는 응답자 그룹에 중점을 둡니다).

responded	new_feature	nps_0	nps_1	nps
0	0	−0.076869	0.320616	−0.076869
	1	−0.234852	0.161725	0.161725
1	0	0.314073	0.725585	0.314073
	1	0.124287	0.536106	0.536106

처음에는 실험군과 대조군이 기본 만족도 Y_0 측면에서 비교 가능했습니다. 그러나 설문에 응답한 사람들을 조건으로 두면 실험군의 기준 만족도가 더 낮아집니다($E[Y_0 | T = 0, R = 1] > E[Y_0 | T = 1, R = 1]$). 즉, 응답한 사람들을 조건으로 설정하면, 실험군과 대조군 간의 단순한 평균 차이만으로는 ATE를 식별할 수 없습니다.[6]

$$E[Y \,|\, T = 1, R = 1] - E[Y \,|\, T = 0, R = 1] = \underbrace{E\big[Y_1 - Y_0 \,|\, R = 1\big]}_{ATE}$$
$$+ \underbrace{E\big[Y_0 \,|\, T = 1, R = 1\big] - E\big[Y_0 \,|\, T = 0, R = 1\big]}_{\text{선택편향}}$$

결과인 고객 만족도가 응답률에 영향을 미치면 편향은 0이 되지 않습니다. 만족한 고객은 NPS

----

6   옮긴이_ 교란편향과 다르게 선택편향은 충돌부를 조건부로 둠으로써 생깁니다. $R = 1$에 대한 조건이 없을 때는 다음 선택편향에 대한 수식은 나타나지 않습니다. 하지만 $R = 1$을 조건부로 두면, 선택편향이 나타나게 됩니다.

설문에 응답할 가능성이 더 높으므로 이 상황에서는 식별할 수 없습니다. 처치인 신규 기능이 만족도를 높인다면, 대조군에는 실험군보다 기준 만족도가 높은 고객이 더 많이 포함될 것입니다. 실험군에는 만족한 고객(기준 만족도가 높은 고객)과 기준 만족도가 낮았으나 처치 덕분에 만족도가 높아져 설문에 응답한 고객이 포함되기 때문입니다.

NOTE 더 알아보기

선택편향은 이 장에서 모두 다루기에는 복잡한 주제입니다. 예를 들어, 결과의 효과에 조건부를 두기만 해도 선택편향이 발생할 수 있습니다. 그 효과가 처치와 공유되지 않더라도 말이죠. 이 상황을 가상 충돌부 virtual collider라고 합니다. 이를 더 알아보고 싶다면, 카를로스 치넬리 등이 작성한 논문[7]을 추천합니다. 이 장에서 다루는 내용 이상을 다루는 논문이지만 읽기 쉽습니다.

3.8.2 선택편향 보정

안타깝게도 선택편향을 보정하는 일은 결코 간단하지 않습니다. 앞서 설명한 예에서 무작위 통제 실험을 하더라도 ATE를 식별할 수 없습니다. 설문에 응답한 사람들을 조건으로 설정하면, 신규 기능과 고객 만족도 사이의 비인과 연관성 흐름을 차단할 수 없기 때문이죠. 진전을 이루려면 추가 가정을 해야 하며, 여기서 바로 그래프 모델이 빛을 발하기 시작합니다. 그래프 모델은 가정을 명확하고 투명하게 만듭니다.

예를 들면, 식별을 위해서는 결과가 선택을 야기하지 않는다고 가정해야 합니다. 이 예에서는 고객 만족도가 고객이 설문에 응답할 가능성을 높이거나 낮추지 않는다는 의미입니다. 대신, 선택과 결과 모두를 유발하는 다른 **관측 가능한 변수들이** 있을 것입니다. 고객이 설문조사에 응답하게 하는 유일한 요인은 고객의 앱 사용 시간과 신규 기능일 수 있습니다. 이 경우, 실험군과 대조군 간의 비인과 연관성은 앱 내 사용 시간[8]을 통해 흐릅니다.

---

7 Carlos Cinelli, Andrew Forney, & Judea Pearl. (2020). A Crash Course in Good and Bad Controls. *Sociological Methods & Research*.

8 옮긴이_ 다음 그림에서 설문 응답에 조건부를 둔다고 생각해봅시다. 해당 부분은 충돌부이기 때문에 해당 요인에 의해 신규 기능 및 앱 사용 시간 노드가 설명되는 현상이 발생합니다. 그리고 신규 기능과 알려지지 않은 변수는 분기 구조이므로 뒷문 경로가 존재합니다. 따라서 설문 응답에 조건부를 두게 되면, 결과변수(앱 사용 시간)와 원치 않는 연관성이 만들어질 수 있습니다.

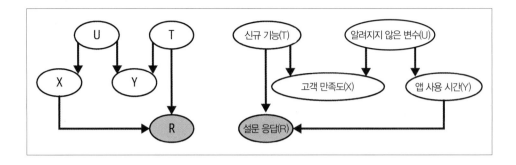

이 가정이 얼마나 강력한지는 전문적인 지식이 있어야만 알 수 있습니다. 하지만 이 가정이 맞다면 앱 사용 시간을 통제해서 신규 기능이 만족도에 미치는 영향을 식별할 수 있습니다.

여기서 다시 한번 보정 공식을 적용합니다. 보정 공식을 통해, X로 정의된 그룹으로 데이터를 나눠서 실험군과 대조군을 이 그룹 내에서 비교할 수 있습니다. 그다음 각 그룹의 크기를 가중치로 사용하여 실험군과 대조군 간 그룹 내 비교의 가중평균을 계산하면 됩니다. 단, 선택 변수(여기서는 설문 응답)를 조건부로 두면서 이 모든 과정을 수행하겠습니다.

$$ATE = \sum_{x}\{(E[Y \mid T=1, R=1, X] - E[Y \mid T=0, R=1, X])P(X \mid R=1)\}$$

일반적으로 선택편향을 보정하려면 선택을 유발하는 모든 요인을 보정해야 하며, 결과나 처치가 직접 선택을 유도하거나 선택과 숨겨진 공통 원인을 공유하지 않는다고 가정해야 합니다. 다음 그래프에서 R를 조건부로 설정하면 T와 Y 사이의 비인과 경로를 열게 되므로 선택편향이 발생합니다.

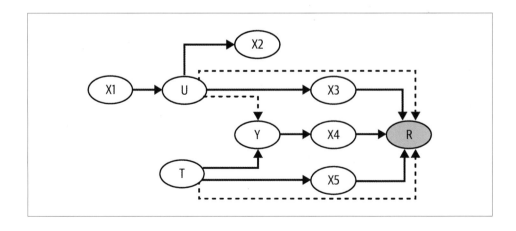

이 경로 중 두 개는 선택을 설명하는 측정 가능한 변수인 $X3$, $X4$, $X5$를 보정해서 닫을 수 있습니다. 그러나 닫을 수 없는 경로가 두 개 있습니다. 점선으로 표시한 $Y \rightarrow R \leftarrow T$와 $T \rightarrow R \leftarrow U \rightarrow Y$입니다. 닫을 수 없는 이유는 처치가 직접 선택을 유발하고 결과가 선택과 숨겨진 공통원인을 공유하기 때문입니다. U의 일부 변동을 설명하는 $X2$와 $X1$에 추가 조건을 두어 이 마지막 경로의 편향을 줄일 수 있지만, 편향을 완전히 제거할 수는 없습니다.

이 그래프는 선택편향과 관련하여 마주칠 가능성이 더 높은 상황을 반영합니다. 예를 들어, 방금 예로 든 응답 편향과 같은 경우죠. 이러한 상황에서 선택을 설명하는 변수를 조건으로 두는 방법이 최선입니다. 이렇게 하면 편향을 줄일 수 있지만, 앞서 살펴보았듯이 1) 알 수 없거나 측정할 수 없는 선택의 원인이 있고, 2) 결과나 처치가 직접적으로 선택의 원인이 될 수 있으므로 편향을 완전히 없애지는 못합니다.

실제 사례: 생존분석의 숨겨진 편향

생존분석survival analysis은 지속 기간이나 사건 발생까지의 시간을 포함하는 많은 비즈니스 사례에서 나타납니다. 예를 들어, 은행은 대출 규모(대출 금액)가 고객의 대출 채무불이행 가능성을 어떻게 높이는지 이해하는 데 매우 관심 있어 합니다. 3년 만기 대출을 받은 고객이 첫 해, 둘째 해, 셋째 해에 채무불이행할 수 있고, 모두 상환할 수도 있습니다. 은행의 목표는 대출 금액이 $P(Default \mid yr = 1)$, $P(Default \mid yr = 2)$, $P(Default \mid yr = 3)$에 미치는 영향을 파악하는 것입니다. 여기서 은행이 대출 금액을 무작위로 배정했다고 생각해봅시다. 1년 동안 생존한(대출 상환한) 고객만 2년 차에 관측되고 1년 및 2년 차에 생존한 고객만 3년 차에 관측되는 점에 주목해주세요. 이 선택은 첫해 대출 규모의 효과만 식별 가능하게 합니다.

직관적으로 대출 금액을 무작위로 배정하더라도, 이는 1년 차 상환 시점에만 해당합니다. 그 이후 대출 금액이 채무불이행률default rate을 높인다면, 채무불이행 위험이 낮은 고객들은 대출 금액이 높은 대출 금액 구간에서 과대 대표됩니다. 이 고객군의 위험률은 더 큰 대출 금액으로 발생할 수 있는 위험률 증가를 상쇄할 만큼 영향이 낮아야 합니다. 그렇지 않으면 1년 차에 대출 상환을 하지 못했을 것입니다. 편향이 너무 극단적이라면 1년 후에 더 큰 대출 금액이 채무불이행률을 줄이는 것처럼 보일 수도 있으나 그렇지 않습니다.

이 선택편향 문제의 간단한 해결책은 연간 결과(위험률 hazard rate) $Y \mid time = t$보다 누적 결과(생존율)인 $Y \mid time > t$에 초점을 맞추는 것이죠. 예를 들어, 2년 차의 대출 금액이 채무불이행에 미치는 효과 $P(Default \mid yr = 2)$는 식별할 수 없지만, 2년 동안의 대출 금액이 채무불이행에 미치는 효과 $P(Default \mid yr \leq 2)$는 쉽게 식별할 수 있습니다.

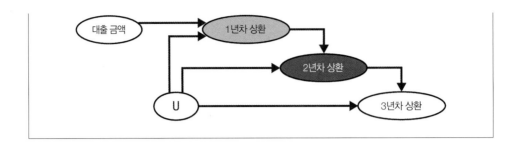

또한, 선택을 유발하는 모든 변수를 통제하는 방법이 항상 도움이 되지는 않습니다. 다음 그래프에서 X를 조건부로 두면 비인과 경로 $Y \rightarrow X \leftarrow T$가 열립니다.

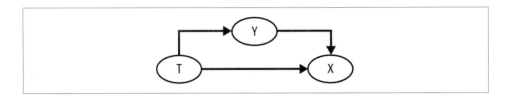

3.8.3 매개자 조건부 설정

지금까지 설명한 선택편향은 불가피한 모집단의 선택 때문에 발생합니다(응답자 모집단이 조건부로 주어지도록 강제했습니다). 그러나 의도치 않게 선택편향이 발생할 수 있습니다. 예를 들어, 인사팀에서 일하면서 성차별이 있는지, 즉 동일한 자격을 갖춘 남성과 여성이 다르게 임금을 받는지 알아보고 싶다고 가정해봅시다. 이 분석을 수행할 때 직급$^{seniority\ level}$의 통제를 고려할 수 있습니다. 자격이 동등한 직원들을 비교하고 싶으므로 직급이 좋은 대체 변수로 보입니다. 즉, 직급이 동일한 남성과 여성의 급여가 다르다면, 회사 내 성별 임금 격차가 존재한다는 증거로 생각할 수 있습니다.

이 분석의 문제는 다음과 같이 인과 다이어그램으로 표현할 수 있습니다.

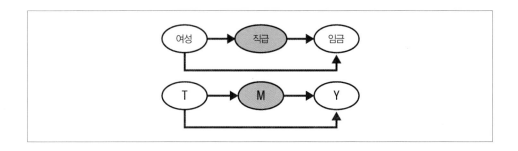

직급은 처치(여성)와 결과(임금) 사이의 경로에서 **매개자**입니다. 직관적으로, 여성과 남성의 임금 차이에는 직접 원인(직접 경로, *woman → salary*)과 간접 원인이 있으며 이는 직급을 통해 흐르게 됩니다(간접 경로, *woman → seniority → salary*). 이 그래프에서 말하려는 것은, 여성 차별의 한 형태로 여성은 더 높은 직급으로 승진할 가능성이 적다는 것입니다. 남성과 여성의 임금 차이는 부분적으로는 같은 직급에서의 임금 차이일 수 있지만, 직급 자체의 차이에서도 비롯됩니다. 즉, *woman → seniority → salary*는 처치와 결과 사이의 인과 경로이기도 하므로 분석에서 이 경로를 배제해서는 안 됩니다. 직급을 통제하면서 남성과 여성의 임금을 비교한다면, 단지 직접적인 차별 *woman → salary*만을 식별할 수 있습니다.

또한 매개자의 자식이 조건부로 주어지면 편향을 초래합니다. 이러한 선택은 인과 경로를 완전히 차단하지는 않지만, 부분적으로 차단합니다.

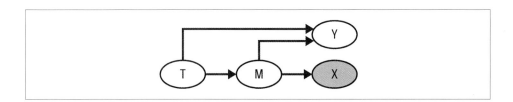

3.9 요약

이 장에서는 주로 인과추론의 식별 부분에 중점을 두었습니다. 그래프 모델을 활용해서 가정을 알기 쉽게 밝히고 해당 가정이 어떤 종류의 연관성(인과관계가 있든 없든)을 포함하는지 확인하는 방법을 배웠습니다. 그러려면 그래프에서 연관성이 어떻게 흐르는지 알아야 했습니다. 그래프 모델에 관한 다음 그림은 이러한 구조를 잘 요약하므로 가까이 두고 참고하면 좋습니다.

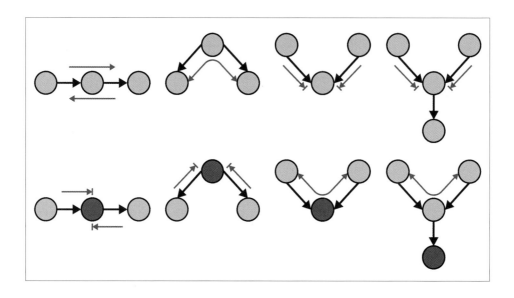

그리고 식별이 그래프에서 비인과 흐름으로부터 인과적인 흐름을 분리하는 것임을 배웠습니다. 무작위 실험을 하는 경우처럼, 그래프에 개입하거나 일부 변수에 조건부를 둬서 비인과 연관성 경로를 차단할 수 있습니다. networkx와 같은 베이지안 네트워크 라이브러리는 그래프에서 두 노드가 연결되는지 확인할 때 도움을 주므로 특히 유용합니다. 예를 들어, 교란편향을 확인하려면 그래프에서 인과 경로를 제거한 후, 처치 노드와 결과 노드가 여전히 연결되는지 확인할 수 있습니다. 만약 연결된다면 닫아야 하는 뒷문 경로가 있다는 의미입니다.

마지막으로 인과 문제에서 매우 일반적인 두 가지 편향 구조를 살펴봤습니다. 교란편향은 처치와 결과가 공통 원인을 공유할 때 발생합니다. 이 공통 원인은 분기 구조를 형성하여 처치와 결과 사이에 비인과 연관성 흐름을 만듭니다.

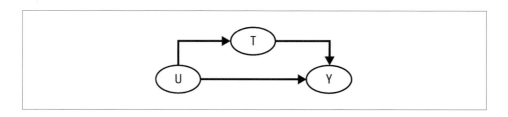

교란편향을 바로 잡으려면 직접 또는 대리변수를 사용해 공통 원인을 보정해야 합니다. 이것이 바로 보정 공식의 아이디어가 되죠.

$$ATE = \sum_x \{(E[Y \mid T = 1, X = x] - E[Y \mid T = 0, X = x])P(X = x)\}$$

그리고 조건부 독립성 가정은 처치가 변수 X 그룹 내에서 무작위로 배정된 것처럼 보인다면 X를 조건부로 두어 인과 추정량을 식별할 수 있습니다.

또는 처치 노드에 개입할 수 있다면 교란을 다루기가 훨씬 쉬워집니다. 예를 들어 무작위 실험을 설계하면 처치를 가리키는 모든 화살표를 삭제한 새로운 그래프를 만들게 되며, 이는 교란편향을 효과적으로 제거합니다.

선택편향도 배웠는데, 이는 처치와 결과 사이의 공통 효과(또는 공통 효과의 자식)나 매개자(또는 매개자의 자식)를 조건부로 설정할 때 나타납니다. 선택편향은 실험으로도 해결되지 않으므로 매우 위험하며, 직관적이지 않고 발견하기 어려울 수 있습니다.

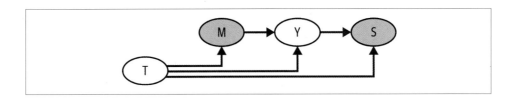

다시 한번 강조하지만, 인과 그래프를 이해하는 일은 새로운 언어를 배우는 것과 같습니다. 반복해서 보고 사용해보려고 시도함으로써 이번 장의 내용을 익힐 수 있을 것입니다.

편향 보정

PART **2**

2부에서는 A/B 테스트 이외 인과효과 추정을 위한 편향 제거 방법인 선형회귀분석과 성향점수 가중치propensity weighting에 대해 배웁니다.

4장에서는 인과추론에서 선형회귀의 필요성을 배우며 새로운 관점에서 회귀분석을 다룹니다. 특히 프리슈–워–로벨 정리를 통해 직교화orthogonalization라는 중요한 편향 제거 방법에 초점을 맞춥니다. 5장에서는 편향 제거를 위해 처치 배정 메커니즘을 활용하는 성향점수를 배웁니다. 또한 성향점수를 활용하는 역확률 가중치inverse propensity weighting와 이중 강건 추정법doubly robust estimation을 살펴봅니다.

2부를 마치면 편향 제거 기법에 대한 이해를 바탕으로 인과효과 추정에 한발 더 나아갈 수 있습니다.

CHAPTER 4

유용한 선형회귀

이번 장에서는 중요한 편향 제거 기법인 선형회귀^{linear regression}와 최소제곱법^{ordinary least square} (OLS), 직교화^{orthogonalization}를 다룹니다. 처치와 결과 사이의 관계를 추정할 때 선형회귀분석을 사용하면 교란 요인의 영향을 보정하는 데 도움이 되는지 알아봅니다. 한발 더 나아가 처치 직교화라는 강력한 개념도 배웁니다. 이 개념은 선형회귀에서 비롯되었으며, 나중에 인과추론에 머신러닝 모델을 사용할 때 유용하게 쓰입니다.

4.1 선형회귀의 필요성

회귀분석은 데이터 과학을 처음 접하는 사람들이 배우는 기본적인 모델 중 하나이며, 비교적 단순하다고 여겨집니다. 그런데, 실제로는 여러분이 선형회귀분석을 제대로 이해하고 있지 않을 수 있습니다. 회귀분석은 100년이 넘는 역사를 가진 모델임에도 불구하고, 인과추론에서 여전히 매력적이고, 강력하며, 때로는 위험한 도구로 평가받습니다. 회귀분석은 오늘날까지도 가장 뛰어난 인과추론 연구자조차 놀라게 만듭니다. 그러니 이 장을 넘기기 전에, 회귀분석의 깊은 매력을 한 번 더 살펴볼까요?

장담하건대, 회귀분석은 인과추론의 핵심이자 가장 많이 사용되는 방법입니다. 또한 회귀분석은 대부분의 패널데이터^{panel data} 방법(이중차분법^{difference-in-differences}(DID), 이원고정효과^{two-way fixed effects}(TWFE) 모델), 머신러닝 방법(이중/편향 제거^{double/debiased} 머신러닝), 그리고 다른 식별 기법(도구변수, 불연속 설계^{discontinuity design}) 등 응용 방법론의 주요 구성 요소이기도 합니다.

4.1.1 모델이 필요한 이유

이제 본론으로 들어가보죠. 은행이나 대부 업계에서 흔히 마주하는 꽤 복잡한 문제를 살펴보며 회귀분석의 필요성을 이해해보겠습니다. 대출 금액이나 신용카드 한도가 채무불이행률에 미치는 영향을 알아보려고 합니다. 당연히 신용카드 한도를 늘리면 신용카드 대금을 미납할 확률이 높아질 것입니다(적어도 줄어들지는 않겠죠). 하지만 실제 은행 데이터를 살펴보면 신용 한도와 채무불이행률 사이에는 음의 상관관계가 있습니다. 물론 신용 한도를 높일수록 고객의 채무불이행률이 줄어든다는 뜻은 아닙니다. 오히려, 이는 은행과 대출 회사들이 자체 심사 모델에 따라 채무불이행 가능성이 낮다고 판단되는 고객에게 더 높은 신용 한도를 설정하는 방식, 즉 처치 배정 메커니즘을 반영한다는 뜻입니다. 지금 나타난 음의 상관관계는 교란편향의 영향 때문입니다.

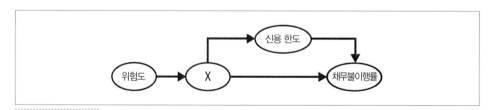

1 Andrew Goodman-Bacon. (2021). Difference-in-differences with variation in treatment timing. *Journal of Econometrics*, vol 225(2), pp 254-277.

2 Słoczyński Tymon. (2020). Interpreting Ols Estimands When Treatment Effects are Heterogeneous: Smaller Groups Get Larger Weights. *Review of Economics and Statistics*, 104(3), 501-509.

3 Paul Goldsmith-Pinkham, Peter Hull & Michal Kolesár. (2022). Contamination Bias in Linear Regressions. *National Bureau of Economic Research, Inc.*, Working Papers 30108.

물론 은행은 고객의 채무불이행에 대한 고유 위험을 알 수 없지만, 소득이나 신용점수 같은 대리변수 X를 사용하여 이를 추정할 수 있습니다. 이전 장에서는 처치가 무작위 배정된 것처럼 보이도록 변수를 보정하는 방법을 배웠습니다. 특히 보정 공식을 활용하는 방법을 자세히 살펴보았습니다.

$$ATE = E_x\{E[Y \mid T=1, X=x] - E[Y \mid T=0, X=x]\}$$

여기에 조건부 독립성 가정($(Y_0, Y_1) \perp T|X$)이 만족되면 인과효과를 식별할 수 있습니다.

그러나 이 보정 공식을 그대로 적용하면 상황이 나빠질 수 있습니다. 우선, 데이터를 특성 X에 따라 여러 그룹으로 나눠야 합니다. 이는 이산형 특성이 매우 적을 때는 문제가 되지 않지만, 특성이 많고 그중 일부가 연속형이라면 어떻게 해야 할까요? 예를 들어, 은행이 고객을 평가하고 신용 한도를 배정할 때 10개의 변수를 사용하고, 각 변수에 3개의 그룹이 있다고 가정해봅시다. 많아 보이지 않죠? 그러나 이것만으로도 59,049개, 즉 3^{10}개의 셀이 됩니다. 각 셀에서 ATE를 추정하고 각 결과의 평균값을 구하려면 엄청난 양의 데이터가 있을 때만 가능합니다. 이를 **차원의 저주**^{curse of dimensionality}라고 하며, 대부분의 데이터 과학자에게는 매우 익숙한 문제죠. 차원의 저주 때문에 공변량이 많을 때 보정 공식을 그대로 적용하면 데이터 희소성^{data sparsity} 문제를 겪을 수 있습니다.

인과추론과 머신러닝 용어 비교

데이터 과학자가 일반적으로 익숙한 머신러닝 논문에서는 계량경제학이나 역학^{epidemiology}에서 나온 인과추론 논문들과 다른 용어를 사용하는 경향이 있습니다. 두 분야 사이에서 용어를 번역해야 하는 상황을 대비해, 여기에 몇 가지 주요 동의어를 정리해 두었습니다.

- **특성**^{feature}: 공변량 또는 독립변수
- **가중치**^{weight}: 매개변수 또는 계수
- **목표**^{target}: 결과 또는 종속변수

차원의 저주에서 벗어나는 방법은 **잠재적 결과를 선형회귀 같은 방식으로 모델링할 수 있다**고 가정하고, X로 정의된 각각의 셀을 내삽^{interpolate}하고 외삽^{extrapolate}하는 것입니다. 이 맥락에서 선형회귀분석은 차원 축소 알고리즘으로 생각할 수 있습니다. 이 알고리즘은 결과변수를 X 변수

로 투영한 후, 이 투영된 값들을 바탕으로 실험군과 대조군을 비교합니다. 조금 앞서 나가는 것 같지만, 굉장히 우아한 접근법이죠? 회귀분석을 충분히 이해하기 위해 먼저, A/B 테스트와 회귀분석의 관계를 알아봅시다.

4.1.2 A/B 테스트와 회귀분석

온라인 스트리밍 회사에서 추천 시스템을 개선한다고 가정해봅시다. 팀에서 최신 기술과 머신러닝 커뮤니티의 최신 아이디어로 새로운 추천 시스템을 완성했습니다. 매우 인상적이지만, 관리자가 정말로 궁금해하는 것은 새로운 추천 시스템이 스트리밍 서비스의 시청 시간을 늘릴 수 있는지입니다. 이를 시험해보려고 A/B 테스트를 실행합니다. 먼저 고객층을 대표할 일부 고객 표본을 추출합니다. 그다음 표본에서 무작위로 1/3을 골라 새 추천 시스템을 적용하고 나머지는 이전 버전의 추천 시스템을 계속 사용하게 합니다. 한 달 후, 하루 평균 시청 시간 결과를 수집합니다.

```
In [1]: import pandas as pd
        import numpy as np

        data = pd.read_csv("./data/rec_ab_test.csv")
        data.head()
```

	recommender	age	tenure	watch_time
0	challenger	15	1	2.39
1	challenger	27	1	2.32
2	benchmark	17	0	2.74
3	benchmark	34	1	1.92
4	benchmark	14	1	2.47

추천 시스템의 버전이 무작위로 배정되었으므로 버전 간의 평균 시청 시간의 단순한 비교만으로도 ATE를 알 수 있습니다. 그러나 통계적 유의성을 확인하려고 표준오차를 계산하여 신뢰구간을 구하는 번거로운 과정을 거쳐야 했습니다. 그런데 A/B 테스트 결과를 회귀분석으로 해석하면, 필요한 모든 추론 통계량inference statistics을 바로 얻을 수 있습니다! 회귀분석의 기본 아이디어는 다음과 같은 모델을 추정하는 것입니다.

$$WatchTime_i = \beta_0 + \beta_1 challenger_i + e_i$$

여기서 *challenger*는 새로운 추천 시스템이 적용되면 1, 그렇지 않으면 0입니다. 이 모델을 추정하는 경우, 새로운 버전의 효과는 β_1의 추정값인 $\widehat{\beta}_1$이 됩니다.

파이썬에서 회귀 모델을 실행하려면 statsmodels 패키지 API를 사용하면 됩니다. 이를 사용하면 R 스타일 수식을 사용하여 선형모델을 간결하게 표현할 수 있습니다. 예를 들어, 앞의 모델은 'watch_time ~ C(recommender)'로 표현할 수 있습니다. 모델을 추정하려면 .fit() 메서드를, 결과를 불러오려면 앞서 적합된 모델에서 .summary() 메서드를 사용하면 됩니다.

```
In [2]: import statsmodels.formula.api as smf

        result = smf.ols('watch_time ~ C(recommender)', data=data).fit()

        result.summary().tables[1]
```

	coef	std err	t	P>|t|	[0.025	0.975]
Intercept	2.0491	0.058	35.367	0.000	1.935	2.163
C(recommender)[T.challenger]	0.1427	0.095	1.501	0.134	−0.044	0.330

해당 R 스타일 수식에서는 먼저 결과변수가 오고 그 뒤에 ~가 옵니다. 그다음 설명변수(추천 시스템 변수)를 추가합니다. 이 변수는 범주가 두 개(새로운 버전의 추천 시스템과 기존 버전)인 범주형 변수입니다. 열이 범주형임을 나타내려면 해당 변수를 C(...)로 묶어주면 됩니다.

> **TIP** **patsy 라이브러리**
>
> patsy 라이브러리를 활용해서 R 스타일의 수식을 바탕으로 간단하게 특성 엔지니어링feature engineering을 할 수 있습니다. 자세한 내용은 patsy 라이브러리(*https://oreil.ly/YuQG_*)에서 확인하세요.

다음으로 결과를 살펴봅시다. 먼저, 절편intercept은 바로 모델의 β_0 매개변수에 대한 추정값입니다. 모델의 다른 변수가 0일 때 결과의 기댓값을 알려줍니다. 여기서 유일하게 다른 변수는 추천 시스템이 새로운 버전인지에 대한 지표이므로, 이 절편은 이전 버전의 추천 시스템을 사용한 고객들의 예상 시청 시간으로 해석할 수 있습니다. 즉, 기존 버전의 추천 시스템을 사용했을 때 고객이 하루 평균 2.04시간 동안 스트리밍 콘텐츠를 시청한다는 의미입니다. 마지막으로 매개변수 추정값 $\widehat{\beta_1}$ 를 봅시다. 이는 새로운 추천 시스템과 관련된 매개변수입니다. 이를 보면 새로운 버전 사용에 따른 시청 시간 증가를 볼 수 있습니다. $\widehat{\beta_0}$ 가 기존 추천 시스템에서의 시청 시간 추정값이라면, $\widehat{\beta_0} + \widehat{\beta_1}$ 은 새로운 버전을 이용한 고객 시청 시간의 추정값입니다. 즉, $\widehat{\beta_1}$ 은 ATE에 대한 추정값이죠. 무작위 배정 덕분에, 이 추정값에 인과적 의미를 부여할 수 있습니다. 결과적으로, 새로운 추천 시스템이 평균적으로 하루 시청 시간을 0.14시간 정도 늘렸다고 할 수 있습니다. 하지만 이 결과는 통계적으로 유의하지 않습니다.

결과가 유의하지 않다는 결과를 잠시 잊어버립시다. 방금 한 분석이 정말 놀랍지 않나요? ATE를 추정했을 뿐만 아니라 동시에 신뢰구간과 p 값도 얻었습니다! 더불어 회귀분석의 원래 목적인 각 처치에 대한 $E[Y \mid T]$를 추정할 수도 있었죠.

```
In [3]: (data
            .groupby("recommender")
            ["watch_time"]
            .mean())

Out[3]: recommender
        benchmark    2.049064
        challenger   2.191750
        Name: watch_time, dtype: float64
```

앞서 보았듯이, 절편은 수학적으로 대조군(기존 버전의 추천 시스템)에 속한 사용자의 평균 시청 시간과 동일합니다.

이는 여기서 회귀분석이 평균을 비교하는 것과 수학적으로 동일하기 때문입니다. 결과적으로 $\widehat{\beta_1}$ 이 두 그룹 간의 평균 차이인 2.191 − 2.049 = 0.1427을 의미합니다. 그래서 실제로 회귀분석으로 그룹 평균을 재현할 수 있었습니다. 하지만 그래서 어떤가요? 이전에도 이 값을 충분히 계산할 수 있었는데 회귀분석을 활용하면 뭐가 더 좋을까요?

4.1.3 회귀분석을 통한 보정

신용 한도가 채무불이행률에 미치는 영향을 추정하는 상황으로 돌아가서 회귀분석의 힘을 이해해보겠습니다. 은행 데이터는 보통 신용 가치를 나타낼 수 있는 고객 특성들(예: 월급, 신용평가 기관에서 제공하는 다양한 신용 점수, 현재 회사 근무 기간)과 해당 고객에게 주어진 신용 한도(처치변수), 고객의 채무불이행 여부(결과변수)를 포함합니다.

```
In [4]: risk_data = pd.read_csv("./data/risk_data.csv")

        risk_data.head()
```

	wage	educ	exper	married	credit_score1	credit_score2	credit_limit	default
0	950	11	16	1	500	518	3200	0
1	780	11	7	1	414	429	1700	0
2	1230	14	9	1	586	571	4200	0
3	1040	15	8	1	379	411	1500	0
4	1000	16	1	1	379	518	1800	0

> **NOTE** 시뮬레이션 데이터
>
> 이 장의 필요에 맞게 실제 데이터를 변경하여 사용하고 있습니다. 지금은 제프리 M. 울드리지[Jeffrey M. Wooldridge] 교수가 선별한 **wage1** 데이터를 사용하며, 이는 'wooldridge' R 패키지에서 이용할 수 있습니다.

여기서 처치인 `credit_limit`[4]는 너무 많은 범주를 포함합니다. 이러한 상황에서는 범주형이 아닌 연속형 변수로 처리하는 것이 좋습니다. ATE를 여러 처치 수준 간의 차이로 표현하는 대신, 기대 결과의 처치에 대한 도함수[derivative]로 표현할 수 있습니다.

$$ATE = \frac{\partial}{\partial t} E[y \mid t]$$

거창하게 들릴 수 있지만, 단순히 처치가 한 단위 증가할 때 결과가 얼마나 변할지에 대한 기댓

---

4 옮긴이_ 이 책에서는 신용 한도 변수를 표기할 때, 파이썬 코드 구현 시에는 `credit_limit`으로, 모델에 대한 수식을 구성할 때는 *line*으로 표기하겠습니다.

값입니다. 이 사례에서는 신용 한도가 1달러 증가했을 때 채무불이행률이 얼마나 변할지에 대한 기댓값을 나타냅니다.

이러한 추정량을 추정하는 한 가지 방법은 회귀분석을 하는 것이죠. 구체적으로 다음과 같은 모델을 추정하면 됩니다.

$$Default_i = \beta_0 + \beta_1 line_i + e_i$$

그리고 추정된 $\hat{\beta}_1$은 신용 한도가 1달러 증가할 때 채무불이행률이 얼마나 변할지에 대한 기댓값입니다. 신용 한도가 무작위로 배정되었다면, 이 매개변수를 인과적으로 해석할 수 있습니다. 하지만 은행은 위험이 적은 고객에게 더 높은 한도를 주는 경향이 있기 때문에, 그렇지 않음을 잘 알죠. 실제로 앞의 모델을 실행하면 β_1에 대한 음의 추정값을 얻게 됩니다.

```
In [5]: model = smf.ols('default ~ credit_limit', data=risk_data).fit()
        model.summary().tables[1]
```

	coef	std err	t	P>|t|	[0.025	0.975]
Intercept	0.2192	0.004	59.715	0.000	0.212	0.226
credit_limit	−2.402e−05	1.16e−06	−20.689	0.000	−2.63e−05	−2.17e−05

교란으로 인해 채무불이행률과 신용 한도가 음의 상관관계가 되었으므로 놀라운 일은 아닙니다. 신용 한도별 평균 채무불이행률과 함께 적합된 회귀선을 시각화하면 음의 추세가 명확하게 보입니다.

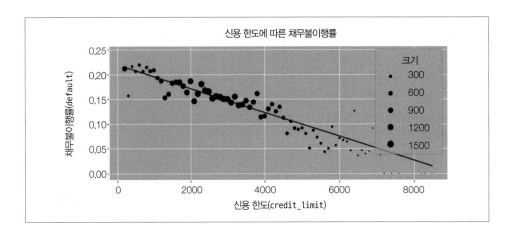

이 편향을 보정하려면, 이론적으로 모든 교란 요인에 따라 1) 데이터를 나누고, 2) 나눈 각 그룹 내에서 채무불이행률을 신용 한도에 회귀하고, 3) 기울기 매개변수 추출을 통해 결과의 평균을 구하면 됩니다. 그러나 차원의 저주로 인해, 적절한 수의 교란 요인(두 가지 신용점수)을 고려했을 때조차 다음처럼 표본이 하나뿐인 셀이 존재합니다. 해당 표본으로는 회귀할 수가 없습니다. 게다가 많은 셀이 그저 비어 있습니다.

```
In [6]: risk_data.groupby(["credit_score1", "credit_score2"]).size().head()

Out[6]: credit_score1  credit_score2
        34.0           339.0              1
                       500.0              1
        52.0           518.0              1
        69.0           214.0              1
                       357.0              1
        dtype: int64
```

다행히도 회귀분석을 통해 이 상황을 해결할 수 있습니다. 교란 요인을 직접 보정하는 대신, OLS로 추정할 모델에 단순히 교란 요인을 추가하면 됩니다.

$$Default_i = \beta_0 + \beta_1 line_i + \theta \mathbf{X}_i + e_i$$

여기서 $\mathbf{X}$는 교란 요인 벡터이고 θ는 해당 교란 요인과 관련된 매개변수 벡터입니다. 매개변수 θ는 특별하지 않고 β_1과 똑같이 작동합니다. 다르게 표현한 이유는 단순히 편향되지 않은 β_1의 추정값을 얻는 데 도움이 되는 매개변수이기 때문입니다. 즉, 이 매개변수의 인과관계 해석에는 크게 신경 쓰지 않아도 되며, 이러한 매개변수를 **장애모수**nuisance parameter라고 부릅니다.

신용 한도 예제에서는 신용점수와 임금을 교란 요인으로 모델에 추가할 수 있습니다. 그러면 모델을 다음과 같이 만들 수 있습니다.

$$Default_i = \beta_0 + \beta_1 line_i + \theta_1 wage_i + \theta_2 creditScore1_i + \theta_3 creditScore2_i + e_i$$

모델에 변수를 포함하는 것이 어떻게 교란 요인을 보정하는지에 대해 더 살펴보겠지만, 현재로서는 이를 쉽게 이해해보죠. 앞의 모델은 $E[y|t, X]$에 대한 것이고, 원하는 모델은 $\frac{\partial}{\partial t}E[y \mid t, X]$입니다. 그렇다면 이 모델을 처치인 신용 한도에 대해 미분하면 어떻게 될까요? 미분한 결과는

β_1이 나옵니다! 그리고 β_1은 신용 한도에 대한 채무불이행률 기댓값의 편도함수라고 볼 수 있습니다. 더 직관적으로, **모델의 다른 모든 변수가 고정된 상태에서** 신용 한도를 조금 늘렸을 때 채무불이행률이 얼마나 변할지에 대한 기댓값입니다. 이 해석은 회귀분석이 교란 요인을 어떻게 보정하는지를 알려줍니다. 즉, 처치와 결과 사이의 관계를 추정하는 동안 교란 요인을 고정한다는 것을 알 수 있죠.

이를 확인하려면 이전 모델을 추정하면 됩니다. 몇 가지 교란 요인을 추가하면 마법처럼 신용 한도와 채무불이행률 사이의 관계가 양수로 바뀝니다!

```
In [7]: formula = 'default ~ credit_limit + wage+credit_score1+credit_score2'
        model = smf.ols(formula, data=risk_data).fit()
        model.summary().tables[1]
```

	coef	std err	t	P>|t|	[0.025	0.975]
Intercept	0.4037	0.009	46.939	0.000	0.387	0.421
credit_limit	3.063e−06	1.54e−06	1.987	0.047	4.16e−08	6.08e−06
wage	−8.822e−05	6.07e−06	−14.541	0.000	−0.000	−7.63e−05
credit_score1	−4.175e−05	1.83e−05	−2.278	0.023	−7.77e−05	−5.82e−06
credit_score2	−0.0003	1.52e−05	−20.055	0.000	−0.000	−0.000

β_1의 작은 추정값에 현혹되지 마세요. 신용 한도는 1,000 단위이고 채무불이행 여부는 0 또는 1입니다. 따라서 신용 한도를 1달러씩 늘렸을 때 채무불이행률이 증가하는 정도는 아주 작을 것입니다. 하지만 이 추정값은 통계적으로 유의하고 신용 한도를 늘릴수록 채무불이행률이 증가함을 알려줍니다. 교란 요인을 통제함으로써 결과가 우리의 직관과 더 맞게 바뀌었습니다.

이제 직관은 잠시 멈추고, 본격적으로 위대한 인과추론 도구인 **프리슈–워–로벨**Frisch–Waugh–Lovell (FWL) **정리**를 다뤄보겠습니다. 이 정리는 편향을 훌륭하게 제거하는 방법이지만, 안타깝게도 데이터 과학자에게는 거의 알려지지 않았죠. FWL 정리는 고급 편향 제거 기법을 이해하는 데 꼭 필요하며, **편향을 제거하는 전처리 단계에서 사용할 수 있기** 때문에 매우 유용합니다. 은행 예제로 돌아가보죠. 이 은행의 많은 데이터 과학자와 분석가는 신용 한도가 위험뿐 아니라 다양한 사업 지표에 영향을 미치는지(원인이 되는지) 알고 싶다고 합시다. 그러나 신용 한도가 어떻게 배정되었는지는 여러분만이 아는 상황입니다. 즉, 신용 한도라는 처치가 어떤 편향에 시달리는지 아는 유일한 전문가이죠. FWL 정리를 사용함으로써 이러한 지식을 바탕으로 신용 한도 데이터의 편향을 제거하고, 모두가 편향 제거된 데이터를 사용하도록 할 수 있습니다. **즉, FWL 정리는 편향 제거 단계와 영향 추정 단계를 분리할 수 있게 해줍니다.** 이 정리를 본격적으로 배우기 전에 먼저 회귀분석 이론을 간단히 복습해봅시다.

4.2 회귀분석 이론

이번 절에서 선형회귀분석이 어떻게 구성되고 추정되는지 너무 깊이 다루지는 않지만, 그래도 이론을 익히면 인과추론에서 선형회귀분석이 가진 힘을 파악하는 데 큰 도움이 될 것입니다. 우선, 회귀분석은 선형 예측 문제를 가장 잘 해결합니다. 다음 식에서 β^*를 매개변수 벡터라고 하겠습니다.

$$\beta^\star = \operatorname*{argmin}_{\beta} E\left[\left(Y_i - X_i^{'}\beta\right)^2\right]$$

선형회귀분석은 평균제곱오차[mean squared error](MSE)를 최소화하는 매개변수를 찾습니다. 이를 미분하고 그 결과를 0으로 두면, 이 문제에 대한 선형 해[solution]는 다음과 같습니다.

$$\beta^* = E\left[X^{'}X\right]^{-1} E\left[X^{'}Y\right]$$

표본을 통해 다음과 같이 회귀계수를 추정할 수 있습니다.

$$\hat{\beta} = \left(X^{'}X\right)^{-1} X^{'}Y$$

앞서 배운 수식을 통해, 이를 코드로 구현해보겠습니다. 다음 코드에서는 OLS의 대수적 해를 사용해서 앞 모델의 매개변수를 추정합니다(마지막 변수로 절편을 추가했으니 첫 번째 매개변수 추정값은 $\widehat{\beta_1}$ 이 됩니다).

```
In [8]: X_cols = ["credit_limit", "wage", "credit_score1", "credit_score2"]
        X = risk_data[X_cols].assign(intercep=1)
        y = risk_data["default"]

        def regress(y, X):
```

```
        return np.linalg.inv(X.T.dot(X)).dot(X.T.dot(y))
    beta = regress(y, X)
    beta

Out[8]: array([ 3.062e-06, -8.821e-05, -4.174e-05, -3.039e-04, 4.0364-01])
```

앞서 statsmodels의 ols 함수를 사용하여 모델을 추정할 때 얻은 값과 같습니다.

NOTE assign 메서드

필자는 판다스의 .assign() 메서드를 자주 사용하는 편입니다. 여기에 익숙하지 않다면, 메서드에 새로 만든 열을 전달하여 새로운 데이터프레임을 반환하는 기능이라고 생각하면 됩니다.

```
new_df = df.assign(new_col_1 = 1,
                   new_col_2 = df["old_col"] + 1)

new_df[["old_col", "new_col_1", "new_col_2"]].head()
```

	old_col	new_col_1	new_col_2
0	4	1	5
1	9	1	10
2	8	1	9
3	0	1	1
4	6	1	7

4.2.1 단순선형회귀

이전 절에서 $\hat{\beta_1}$ 공식은 일반화된 버전입니다. 그러나 단일 설명변수^{regressor}만 있는 경우를 학습하는 것도 도움이 됩니다. 인과추론에서는 변수 T가 결과 Y에 미치는 인과효과를 추정하려는 경우가 많습니다. 단순선형회귀분석을 통해 이 효과를 추정할 수 있습니다.

단일 설명변수 T를 사용할 때 관련된 매개변수는 다음과 같습니다.

$$\hat{\tau} = \frac{Cov(Y_i, T_i)}{Var(T_i)} = \frac{E\left[\left(T_i - \bar{T}\right)\left(Y_i - \bar{Y}\right)\right]}{E\left[\left(T_i - \bar{T}\right)^2\right]}$$

T가 무작위로 배정된 경우 β_1은 ATE입니다. 중요한 점은 이 간단한 공식을 보고 회귀분석이 어떤 역할을 하는지 확인할 수 있다는 것이죠. 회귀분석은 처치와 결과가 어떻게 함께 움직이는지(분자의 공분산으로 표현됨)를 파악하고 이를 처치 대상에 따라 조정합니다. 이 매개변수는 처치와 결과에 대한 공분산을 처치의 분산으로 나눔으로써 얻을 수 있습니다.

> **NOTE** β를 추정하는 일반적인 공식과 이 식을 연결지을 수 있습니다. 공분산은 점곱^{dot product}과 밀접한 관련이 있으므로 공분산/분산 공식에서 $X'X$가 분모 역할을 하고 $X'y$가 분자 역할을 한다고 볼 수 있습니다.

4.2.2 다중선형회귀

앞서 본 일반적인 공식을 넘어서 다중선형회귀분석을 바라보는 또 다른 방법이 있습니다. 이 방법은 회귀분석이 어떤 역할을 하는지에 관한 통찰을 줍니다.

설명변수가 두 개 이상일 때는 단순선형회귀분석을 확장하면 됩니다. 다른 변수는 보조적인 변수일 뿐이고 진짜 관심 있는 부분은 T와 관련된 매개변수 τ를 추정하는 것으로 생각해봅시다.

$$y_i = \beta_0 + \tau T_i + \beta_1 X_{1i} + \ldots + \beta_k X_{ki} + u_i$$

τ는 다음 공식으로 추정할 수 있습니다.

$$\hat{\tau} = \frac{Cov\left(Y_i, \widetilde{T}_i\right)}{Var\left(\widetilde{T}_i\right)}$$

여기서 $\widetilde{T}_i$는 T_i를 모든 공변량 $X_{1i} + \ldots + X_{ki}$에 대해 회귀한 잔차^{residual}입니다.

이 식은 아주 멋지지 않나요? 다중회귀분석에서 회귀계수의 의미는 **모델의 다른 변수들의 효과를 고려한 후** 얻은 동일 설명변수의 이변량^{bivariate} 계수라는 것입니다. 인과추론 관점에서 보면 τ는 다른 모든 변수를 활용해 T를 예측한 후 얻은 T의 이변량 계수입니다.

직관적으로 볼 때, 다른 변수를 사용하여 T를 예측할 수 있다면 T는 무작위가 아닙니다. 그러나 모든 교란 요인 X를 통제하면 T를 무작위처럼 보이게 할 수 있습니다. 그러려면 선형회귀분석을 사용하여 교란 요인에서 T를 예측한 다음, T에서 해당 회귀에 대한 잔차를 빼주면 $\tilde{T}$ 가 됩니다. T를 예측하는 데 이미 사용한 변수인 X를 이용해서는 $\tilde{T}$ 를 예측할 수 없습니다. 아주 깔끔하게도, $\tilde{T}$ 는 X의 다른 변수와 연관(상관관계)이 없는 버전의 처치이죠.

어렵지만 정말 놀라운 결과죠? 사실, 이 부분은 바로 다음에 학습할 FWL 정리입니다. 따라서 다중선형회귀분석을 이해하지 못했더라도 걱정하지 마세요. 훨씬 더 직관적이고 시각적인 방식으로 다룰 예정입니다.

4.3 프리슈-워-로벨 정리와 직교화

FWL 스타일의 직교화[5]는 **가장 먼저 사용할 수 있는 편향 제거**debiasing **기법**입니다. 간단하면서도 강력한 이 방법은 비실험nonexperimental 데이터를 처치가 무작위 배정된 것처럼 보이게 합니다. FWL 정리는 주로 선형회귀에 관한 것이며, FWL 스타일의 직교화는 더 넓은 맥락에서 적용되도록 확장되었습니다. 이 책의 3부에서 이를 자세히 살펴볼 예정입니다. FWL 정리에 따르면, 다중선형회귀분석은 한 번에 추정하거나 세 단계로 나누어 추정할 수 있습니다. 예를 들어, 다음과 같이 채무불이행률 default를 credit_limit, wage, credit_score1, credit_score2에 대해 회귀할 수 있습니다.

```
In [9]: formula = 'default ~ credit_limit + wage+credit_score1+credit_score2'
        model = smf.ols(formula, data=risk_data).fit()
        model.summary().tables[1]
```

	coef	std err	t	P>|t|	[0.025	0.975]
Intercept	0.4037	0.009	46.939	0.000	0.387	0.421
credit_limit	3.063e-06	1.54e-06	1.987	0.047	4.16e-08	6.08e-06
wage	-8.822e-05	6.07e-06	-14.541	0.000	-0.000	-7.63e-05
credit_score1	-4.175e-05	1.83e-05	-2.278	0.023	--7.77e-05	-5.82e-06
credit_score2	-0.0003	1.52e-05	-20.055	0.000	-0.000	-0.000

----

5 옮긴이_ 편향 제거 단계를 '직교화(orthogonalization)'라고 부르기도 하지만, 종종 '잔차화(residualization)'라고도 합니다.

하지만 FWL 정리에 따르면 추정 과정을 다음과 같이 세 단계로 나눌 수 있습니다.

1. **편향 제거 단계**: 처치 T를 교란 요인 X에 대해 회귀하여 처치 잔차 $\tilde{T} = T - \hat{T}$를 구합니다.
2. **잡음 제거 단계**: 결과 Y를 교란 요인 X에 대해 회귀하여 결과 잔차 $\tilde{Y} = Y - \hat{Y}$를 구합니다.
3. **결과 모델 단계**: 결과 잔차 $\tilde{Y}$를 처치 잔차 $\tilde{T}$에 대해 회귀하여 T가 Y에 미치는 인과효과 추정값을 구합니다.

놀랍게도 조금 전에 본 다중선형회귀분석을 다시 설명한 것뿐입니다. FWL 정리는 이 추정 단계와 회귀 모델이 본질적으로 같음을 보여줍니다. 또한 첫 번째 단계처럼, 선형회귀의 편향 제거 구성 요소를 분리할 수 있음을 보여줍니다.

앞서 설명한 세 가지 단계를 자세히 살펴보겠습니다.

4.3.1 편향 제거 단계

처음에는 교란편향의 영향으로 신용 한도에 따라 채무불이행률이 감소하는 추세를 보였습니다.

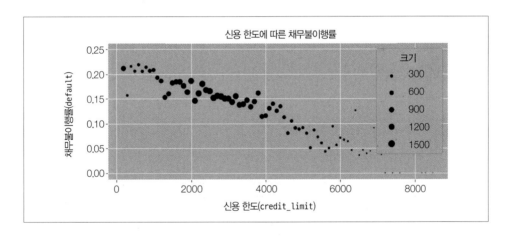

FWL 정리에 따르면, 교란 요인으로부터 처치인 신용 한도를 예측하는 회귀 모델을 적합시켜 데이터의 편향을 제거할 수 있습니다. 그다음 이 모델으로부터 신용 한도에 대한 잔차 ($\widetilde{line_i} = line_i - \widehat{line_i}$)를 구합니다. 이 잔차는 편향 제거 모델에 사용된 변수와는 상관관계가 없는 버전의 처치로 볼 수 있습니다. 앞서 다뤘듯이, 예측값을 생성한 변수와 직교하기 때문입니다.

이 단계를 수행하면 0을 중심으로 한 $\widetilde{line}$이 만들어집니다. 필요에 따라 평균 처치인 $\overline{line}$을 다시 추가할 수 있습니다.

$$\widetilde{line}_i = line_i - \widehat{line}_i + \overline{line}$$

편향 제거에 필요하지는 않지만, 시각화 목적으로 $\widetilde{line}$을 원래의 $line$과 같은 범위에 두는 것이 좋습니다.

```
In [10]: debiasing_model = smf.ols(
             'credit_limit ~ wage + credit_score1  + credit_score2',
             data=risk_data
         ).fit()

         risk_data_deb = risk_data.assign(
             # 시각화를 위해, avg(T)를 잔차에 추가
             credit_limit_res=(debiasing_model.resid
                             + risk_data["credit_limit"].mean())
         )
```

*default*를 편향 제거된(잔차화된) 처치인 $\widetilde{line}$에 회귀하면, 편향 제거 모델에 사용된 교란 요인들을 통제하면서 신용 한도가 채무불이행률에 미치는 영향을 파악할 수 있습니다. 여기서 β_1에 대한 매개변수 추정값은 앞서 처치와 교란 요인을 모두 포함한 완전모델full model을 실행하여 얻은 값과 정확히 같습니다.

```
In [11]: model_w_deb_data = smf.ols('default ~ credit_limit_res',
                             data=risk_data_deb).fit()

         model_w_deb_data.summary().tables[1]
```

	coef	std err	t	P>|t|	[0.025	0.975]
Intercept	0.1421	0.005	30.001	0.000	0.133	0.151
credit_limit_res	3.063e-06	1.56e-06	1.957	0.050	-4.29e-09	6.13e-06

또 다른 회귀계수 공식

처치를 잔차화한다는 것을 이용해서 회귀계수 공식을 더 간단하게 작성해보겠습니다. 단순선형회귀에서는 Y와 T의 공분산을 T의 분산으로 나눈 값 대신 다음 값을 사용할 수 있습니다.

$$\beta_1 = \frac{E\left[\left(T_i - \bar{T}\right) y_i\right]}{E\left[\left(T_i - \bar{T}\right)^2\right]}$$

다중선형회귀에서는 다음과 같습니다.

$$\beta_1 = \frac{E\left[\left(T_i - E[T \mid X]\right) y_i\right]}{E[Var(T \mid X)]}$$

하지만 차이점이 있습니다. p 값이 이전보다 약간 높습니다. 이는 분산 감소를 담당하는 잡음 제거^{denoising} 단계를 거치지 않았기 때문이죠. 하지만 편향 제거 단계만 적용해도, 모든 교란 요인이 편향 제거 모델에 포함된다면 신용 한도가 채무불이행률(채무불이행 위험)에 미치는 인과적 영향에 대하여 편향되지 않은 추정값$^{\text{unbiased estimate}}$를 얻을 수 있습니다.

편향 제거된 버전의 신용 한도와 채무불이행률을 시각화하겠습니다. 그래프를 보면 편향되었을 때와는 달리, 두 변수 사이의 관계가 하향선을 그리지 않습니다.

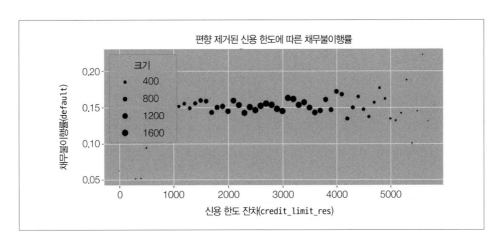

4.3.2 잡음 제거 단계

인과효과 추정을 정확하게 하려면 편향 제거 단계가 매우 중요합니다. 잡음 제거 단계는 그만큼 중요하지는 않지만 포함하면 좋습니다. 잡음을 제거한다고 처치효과의 추정값이 바뀌지 않지만, 분산을 줄일 수 있습니다. 이 단계에서는 결과를 처치가 아닌 공변량에 대해 회귀합니다. 그다음 결과 $\widetilde{default}_i = default_i - \widehat{default}_i$에 대한 잔차를 얻습니다.

시각화 목적으로, 잡음이 제거된 채무불이행률 변수에 평균 채무불이행률을 더할 수 있습니다.

$$\widetilde{default}_i = default_i - \widehat{default}_i + \overline{default}$$

```
In [12]: denoising_model = smf.ols(
             'default ~ wage + credit_score1  + credit_score2',
             data=risk_data_deb
         ).fit()

         risk_data_denoise = risk_data_deb.assign(
             default_res=denoising_model.resid + risk_data_deb["default"].mean()
         )
```

4.3.3 회귀 추정량의 표준오차

잡음과 관련해서 회귀 표준오차의 계산법을 살펴보겠습니다. 추정한 회귀계수의 표준오차 공식은 다음과 같습니다.

$$SE(\hat{\beta}) = \frac{\sigma(\hat{\epsilon})}{\sigma(\tilde{T})\sqrt{n-DF}}$$

여기서 $\hat{\epsilon}$는 회귀 모델의 잔차이고 $n-DF$는 모델의 자유도(DF는 모델이 추정하는 매개변수 개수)입니다. 표준오차를 코드로 확인해보겠습니다.

```
In [13]: model_se = smf.ols(
             'default ~ wage + credit_score1  + credit_score2',
             data=risk_data
         ).fit()
```

```
    print("SE regression:", model_se.bse["wage"])


    model_wage_aux = smf.ols(
        'wage ~ credit_score1 + credit_score2',
        data=risk_data
    ).fit()

    # 모델의 자유도 : N-4
    se_formula = (np.std(model_se.resid)
                /(np.std(model_wage_aux.resid)*np.sqrt(len(risk_data)-4)))

    print("SE formula:    ", se_formula)
Out[13]: SE regression: 5.364242347548197e-06
         SE formula:    5.364242347548201e-06
```

이 식은 회귀분석 전반, 특히 잡음 제거 단계를 더 직관적으로 이해하는 데 도움을 줍니다. 먼저 분자를 보죠. 결과를 잘 예측할수록 잔차가 작아지므로 추정값의 분산이 낮아집니다. 이 부분이 잡음 제거 단계의 핵심입니다. 또한 처치가 결과를 많이 설명하면 매개변수 추정값의 표준오차도 작아짐을 알 수 있습니다.

흥미롭게도 오차는 (잔차화된) 처치의 분산에 반비례합니다. 직관적으로도 처치가 많이 바뀌면 그 영향을 측정하기가 더 쉬워집니다. 이에 관한 자세한 내용은 4.9.1절에서 설명하겠습니다.

연속형 처치를 이용한 실험

표준오차 공식은 회귀분석에서 매개변수 추정값으로 효과를 측정하고자 하는 실험을 설계할 때도 유용하게 쓰입니다. 특히, 연속형continuous 처치를 랜덤화하려는 경우에는 이 방법이 더 좋습니다. 이 경우 표준오차 공식은 다음과 같이 근사할 수 있습니다.

$$SE \approx \frac{\sigma(y)}{\sigma(T)\sqrt{n-2}}$$

단순선형회귀에서는 $\sigma(y) \geq \sigma(\hat{e})$ 이므로 보수적인 근삿값을 얻게 됩니다. 처치가 결과의 일부를 설명할 수도 있기 때문입니다. 그다음 2장에서 배운 표본 크기 계산 공식에 이 표준오차를 입력하면 됩니다. 중요한 것은 실험을 설계할 때 T에서 표본 분포를 선택해야 하므로 복잡해질 수 있다는 점입니다. $\sigma(T)$로 표준오차에 영향을 줄 수 있기 때문이죠.

4.3.4 최종 결과 모델

FWL 정리의 마지막 단계인 결과 모델에서는 두 잔차 $\tilde{Y}$와 $\tilde{T}$를 이용해서 단순히 $\tilde{Y}$를 $\tilde{T}$에 대해 회귀하면 됩니다.

```
In [14]: model_w_orthogonal = smf.ols('default_res ~ credit_limit_res',
                                       data=risk_data_denoise).fit()

         model_w_orthogonal.summary().tables[1]
```

	coef	std err	t	P>|t|	[0.025	0.975]
Intercept	0.1421	0.005	30.458	0	0.133	0.151
credit_limit_res	3.063e-06	1.54e-06	1.987	0.047	4.17e-08	6.08e-06

편향 제거 단계에서 얻은 매개변수 추정값은 신용 한도와 다른 모든 공변량을 사용하여 회귀했을 때와 완전히 동일합니다. 또한 표준오차와 p 값도 이제 모든 변수를 포함하여 처음 모델을 실행했을 때와 같죠. 이것이 잡음 제거 단계의 효과입니다.

물론, 편향 제거된 처치와 잡음 제거된 결과 간의 관계를 최종 모델의 예측값과 함께 그래프로 나타낼 수 있습니다.

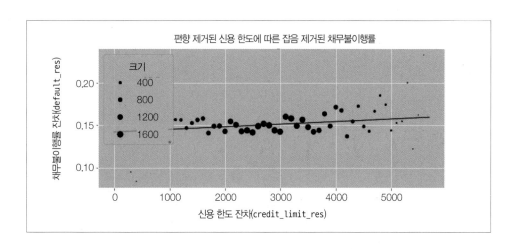

4.3.5 FWL 정리 요약

FWL 정리를 시각적으로 이해해보겠습니다. 처치 T와 결과 Y 사이의 관계를 추정하고 싶지만 교란 요인 X가 있다고 생각해봅시다. 처치는 x축, 결과는 y축에 표시하고 교란 요인은 색을 사용해 표시합니다. 처음에는 처치와 결과는 음의 기울기였지만, 도메인 지식에서 비롯된 확실한 근거로 볼 때, 이 관계는 본래 양의 관계여야 한다고 확신할 수 있죠. 따라서 데이터의 편향을 제거하기로 합니다.

이를 위해 먼저 선형회귀분석을 사용하여 $E[T|X]$를 추정합니다. 그다음 편향이 제거된 버전의 처치 $T - E[T|X]$를 구합니다([그림 4-1] 참조). 편향이 제거된 처치를 사용하면 찾으려는 양의 관계를 확인할 수 있습니다. 하지만 여전히 잡음이 많죠.

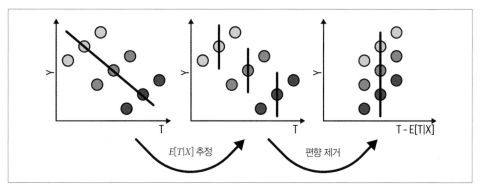

그림 4-1 직교화로 편향 제거하기

잡음을 처리하기 위해, 회귀 모델을 사용하여 $E[Y|X]$를 추정하고 잡음 제거된 결과 $Y -$
$E[Y|X]$를 만듭니다([그림 4-2] 참조). 이 잡음 제거된 결과를 X에 의해 설명된 모든 분산을
고려한 후의 결과로 볼 수 있습니다. X가 Y의 분산을 많이 설명하면 잡음 제거된 결과에는 잡
음이 줄어들게 되므로, 실제로 관심 있는 T와 Y 사이의 관계를 더 쉽게 파악할 수 있습니다.

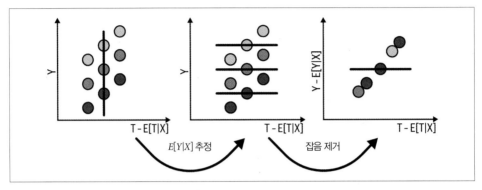

그림 4-2 직교화로 잡음 제거하기

마지막으로 편향과 잡음 제거한 후 T와 Y 사이의 양의 관계를 명확하게 볼 수 있습니다. 이제
이 데이터에 최종 모델을 적합시키는 일만 남았습니다.

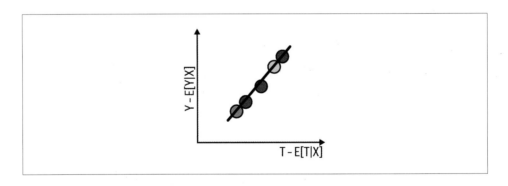

마지막 회귀식은 Y를 T와 X에 동시에 회귀했을 때의 기울기와 정확히 같습니다.

하지만 한 가지 주의할 점이 있습니다. 인과추론에서는 절편보다는 주로 회귀선의 기울기에 관심을 둡니다. 해당 기울기가 연속형 처치의 효과 $\frac{\partial}{\partial t}E[y \mid t]$에 대한 선형 근삿값이기 때문입니다. 그러나 반사실 예측을 할 때처럼 절편에 신경을 쓴다면 편향 제거와 잡음 제거가 절편을 0으로 만든다는 사실을 명심해야 합니다.

4.4 결과 모델로서의 회귀분석

이번 절 내내, 회귀분석은 처치를 직교화하는 방식임을 강조하고 있습니다. 하지만 회귀분석은 잠재적 결과를 대체^{imputation}하는 방법으로 볼 수도 있습니다. 처치가 0 또는 1의 이진값으로 주어진다고 가정해봅시다. 대조군($T = 0$)에서 X에 대한 Y의 회귀분석이 $E[Y_0|X]$를 잘 근사한다면, 해당 모델을 이용해 Y_0를 대체하고 ATT를 추정할 수 있습니다.

$$ATT = \frac{1}{N_1}\sum \mathbf{1}\left(T_i = 1\right)\left(Y_i - \hat{\mu}_0\left(X_i\right)\right)$$

여기서 N_1은 실험군 대상자의 수입니다.

마찬가지로, 실험군($T = 1$)에서 X에 대한 Y의 회귀분석이 $E[Y_1|X]$를 잘 모델링할 수 있다면 이를 이용하여 대조군에서의 평균 효과를 추정할 수 있습니다. 두 접근법을 병행하면 다음과 같이 ATE를 추정할 수 있습니다.

$$ATE = \frac{1}{N}\sum \left(\hat{\mu}_1\left(X_i\right) - \hat{\mu}_0\left(X_i\right)\right)$$

이 추정량은 모든 실험 대상의 두 가지 잠재적 결과 모두를 대체합니다. 정리하면, Y를 X와 T 모두에 회귀하고 T에 대한 매개변수 추정값을 얻는 것과 동일합니다.

또한 누락된 잠재적 결과를 대체할 수도 있습니다.

$$ATE = \frac{1}{N} \sum \left(\mathbf{1}(T_i = 1) \left[Y_i - \hat{\mu}_0(X_i) \right] + \mathbf{1}(T_i = 0) \left[\hat{\mu}_1(X_i) - Y_i \right] \right)$$

T가 연속형이면 개념화하기가 조금 더 어렵지만, 회귀분석은 전체 처치 반응 함수[6]를 대체하는 것으로 이해할 수 있습니다. 여기에는 잠재적 결과 $Y(t)$를 선처럼 대체하는 것이 포함됩니다.

$E[T|X]$를 정확하게 추정하여 직교화할 수 있거나 잠재적 결과 $E[Y_t|X]$를 정확하게 추정할 수 있다는 사실은 회귀분석이 이중 강건$^{doubly\ robust}$하다는 특성을 나타냅니다. 이 내용은 5장에서 깊이 다룹니다. 또한, 이렇게 회귀분석을 바라보는 관점은 4부의 이중차분법을 배울 때도 중요합니다.

실제 사례: 공립학교 vs. 사립학교

앵그리스트^{Angrist}와 피슈케^{Pischke}의 저서 『고수들의 계량경제학』(시그마프레스, 2017)에서는 사립학교 재학이 개인의 소득에 미치는 영향을 추정할 때, 회귀분석을 사용하여 편향을 보정하는 방법을 보여줍니다. 사립학교 졸업생은 흔히 공립학교 졸업생보다 더 많은 돈을 벌지만, 이 관계가 얼마나 인과적인지 파악하기 어렵습니다. 예를 들어, 부모의 소득이 교란 요인이 될 수 있죠. 부유한 가정의 자녀는 사립학교에 진학할 확률이 더 높고 소득도 더 높을 확률이 크기 때문입니다. 마찬가지로, 사립학교는 학생을 선별적으로 뽑으므로 원래부터 뛰어난 학생들만 받을 수도 있습니다.

따라서 단순히 소득을 사립학교 더미변수에 회귀한다면 양의 효과를 보일 것입니다. 즉, 다음 모델을 추정하면 양수이고 유의한 $\widehat{\beta_1}$ 을 얻을 수 있습니다.

$$income_i = \delta_0 + \beta_1 private + e_i$$

그러나 이 사례에서 SAT 점수와 부모의 소득을 보정하면 측정된 효과는 감소합니다. 즉, 이 두 변수를 모델에 추가하면 $\widehat{\beta_1}$ 은 축소모델$^{short\ model}$에서 얻을 수 있는 것보다 더 작아집니다.

$$income_i = \delta_0 + \beta_1 private + \delta_1 SAT_i + \delta_2 ParentInc_i + e_i$$

---

[6] 옮긴이_ 처치 반응 함수는 연속형 처치의 다양한 수준에 대한 결과의 기댓값을 나타냄으로써, 처치 수준의 변화가 결과에 어떤 영향을 미치는지를 설명합니다. 회귀분석을 통해 이 함수를 추정하고, 처치의 변화가 결과에 미치는 효과를 분석할 수 있죠.

그렇지만 적어도 저자들이 사용한 데이터셋에서 부모의 소득을 포함해 회귀분석한 결과를 보면, 사립학교의 효과는 여전히 긍정적이고 유의했습니다. 하지만 마지막으로 추가된 일련의 통제변수들이 이 관계를 유의하지 않게 만들었죠. 저자들은 학생들이 지원한 학교의 평균 SAT 점수(합격 여부와 무관)를 포함했습니다. 이 변수는 학생들의 포부를 나타내는 대리변수로도 볼 수 있습니다.

$$income_i = \delta_0 + \beta_1 private + \delta_1 SAT_i + \delta_2 ParentInc_i$$
$$+ \delta_3 AvgSATSchool_i + e_i$$

포부에 대한 대리변수들을 통제변수로 추가하자 추정된 $\widehat{\beta_1}$ 이 통계적으로 유의하지 않게 되었습니다. 흥미롭게도 이 통제변수만 유지하고 SAT 점수와 부모 소득 통제변수를 제외해도 여전히 유의하지 않은 추정값이 나왔습니다. 학생의 포부 수준을 고려하면, 공립학교나 사립학교에 다니는 것이 적어도 소득 측면에서는 중요하지 않음을 나타냅니다.

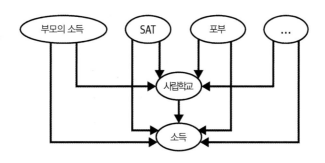

4.5 양수성과 외삽

회귀분석은 잠재적 결과를 모수적^{parametric}으로 모델링하므로 데이터의 처치 범위 이외에 대해서도 외삽을 할 수 있습니다. 외삽이 합리적인지에 따라, 이는 축복이 될 수도 있고 저주가 될 수도 있죠. 예를 들어, 중첩^{overlap}이 적은 데이터셋에서 처치효과를 추정해야 한다고 가정해봅시다. 이를 데이터셋 1이라고 하겠습니다. 데이터셋 1에서 공변량 x 값이 클 때는 대조군이 존재하지 않고, 반대로 작을 때는 실험군이 없습니다. 이 데이터에 회귀분석을 활용하여 처치효과를 추정하면 첫 번째 그래프의 선과 같이 Y_0와 Y_1를 추정합니다.

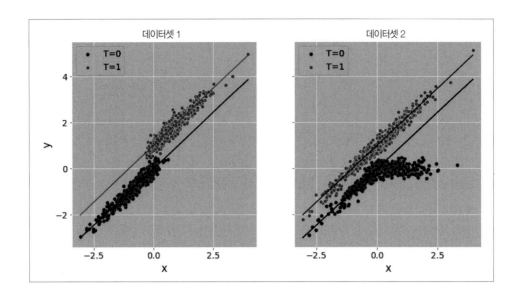

x가 작을 때 대조군에 적합시킨 Y_0과 x 간의 관계가 x가 클 때도 유효하고, 실험군에 적합시킨 Y_1이 x가 작을 때도 잘 외삽할 수 있다면 문제가 없습니다. 즉, 공변량 공간 전반에 중첩이 있는 결과 추세선이 비슷하면 약간의 외삽은 문제가 되지 않습니다.

그러나 지나친 외삽은 항상 위험합니다. 데이터셋 1에서 효과를 추정했지만 더 많은 데이터를 수집하여 이제 처치를 무작위로 배정하게 됐다고 가정해봅시다. 이 새로운 데이터, 데이터셋 2에서는 x가 양수일 때 효과가 점점 커지는 것을 볼 수 있습니다. 따라서 전에 적합시킨 모델을 데이터셋 2에 대해 평가하면 실제 처치효과보다 크게 과소평가했음을 알 수 있습니다. 이는 양수성 가정이 충족되지 않는 영역, 즉 특정 처치를 전혀 받지 않을 확률이 있는 범위에서의 처치효과는 정확히 알 수 없음을 보여줍니다. 이러한 범위에 대한 외삽을 신뢰할 수도 있지만 이에 따른 위험을 감수해야 합니다. 요약하면, 양수성 가정이 충족되지 않을 경우 회귀분석은 외삽을 통해 해당 가정이 충족되지 않는 영역을 대체하게 됩니다.

4.6 선형회귀에서의 비선형성

지금까지는 처치 반응 곡선이 꽤 선형적으로 보였습니다. 신용 한도 수준과 관계없이, 신용 한도가 증가하면 일정한 정도로 위험이 증가하는 것처럼 말이죠. 신용 한도가 1,000에서 2,000

으로 늘어나면 2,000에서 3,000으로 늘어날 때와 같은 정도의 위험이 증가했습니다. 그러나 실제로는 선형적이지 않은 상황을 마주할 가능성이 높습니다.

예를 들어, 이전과 동일한 데이터로 신용 한도가 신용카드 소비에 미치는 인과효과를 추정해봅시다.

```
In [15]: spend_data = pd.read_csv("./data/spend_data.csv")

         spend_data.head()
```

	wage	educ	exper	married	credit_score1	credit_score2	credit_limit	spend
0	950.0	11	16	1	500.0	518.0	3200.0	3848
1	780.0	11	7	1	414.0	429.0	1700.0	3144
2	1230.0	14	9	1	586.0	571.0	4200.0	4486
3	1040.0	15	8	1	379.0	411.0	1500.0	3327
4	1000.0	16	1	1	379.0	518.0	1800.0	3508

상황을 간소화해서, 유일한 교란 요인은 임금이라고 가정하겠습니다(은행에서 신용 한도를 결정할 때 유일하게 임금 정보만을 사용한다는 뜻입니다). 이때 인과 그래프는 다음과 같습니다.

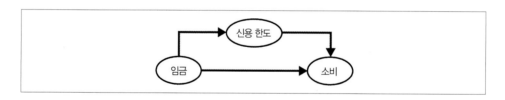

따라서 신용 한도가 소비에 미치는 영향을 파악하려면 임금을 통제해야 합니다. 효과 추정에 직교화를 사용하고 싶다면, 신용 한도를 임금에 회귀하고 그 잔차를 구해 신용 한도의 편향을 제거해야 합니다. 지금까지는 새로운 내용이 없죠. 하지만 한 가지 문제가 있습니다. 여러 임금 수준에서 신용 한도별 소비 그래프를 그려보면, 두 변수 사이의 관계는 선형적이지 않습니다.

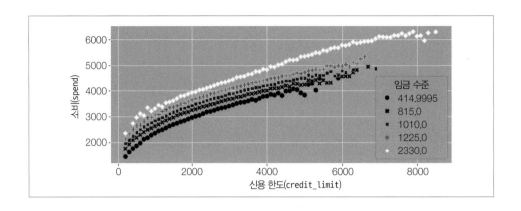

오히려 처치 반응 곡선에는 약간 오목한 부분, 즉 오목성^{concavity}이 있습니다. 신용 한도가 높을 수록 곡선의 기울기가 낮아진다는 뜻이죠. 기울기와 인과효과는 밀접한 관련이 있으므로, 인과 추론 관점에서 신용 한도가 증가함에 따라 한도가 소비에 미치는 효과는 감소한다고 볼 수 있습니다. 즉, 한도를 2,000에서 3,000으로 늘렸을 때보다 1,000에서 2,000으로 늘렸을 때 소비가 더 많이 증가합니다.

4.6.1 처치 선형화

이 문제를 해결하려면, 먼저 처치를 결과와 선형 관계로 변환해야 합니다. 예를 들어, 관계가 오목하므로 신용 한도에 오목 함수를 적용해 볼 수 있습니다. 로그 함수, 제곱근 함수 또는 신용 한도를 분수의 거듭제곱으로 취하는 함수라면 뭐든 좋은 후보가 될 수 있습니다.

여기서는 제곱근을 사용해보겠습니다.

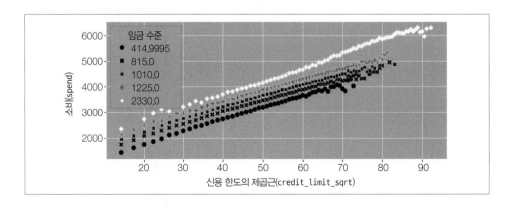

이전 그래프보다 한결 나아졌죠? 신용 한도의 제곱근은 소비와 선형 관계가 있는 것 같습니다. 물론 완벽하지는 않고 자세히 보면 곡선이 약간 남아 있지만, 그래도 괜찮아 보입니다.

안타깝지만 이 과정에서 여러 함수를 시도해보고, 어떤 함수가 처치를 가장 잘 선형화하는지 직접 확인해야 합니다. 만족스러운 함수를 찾으면 해당 함수를 적용한 선형회귀모델을 실행할 수 있습니다. 이번 예시에서는 다음과 같은 모델을 추정하게 됩니다.

$$spend_i = \beta_0 + \beta_1 \sqrt{line}_i + e_i$$

찾고 싶은 인과 매개변수는 β_1입니다.

이 모델은 statsmodels에 넘파이^{NumPy} 제곱근 함수를 공식에 직접 사용해서 추정할 수 있습니다.

```
In [16]: model_spend = smf.ols(
             'spend ~ np.sqrt(credit_limit)',data=spend_data
         ).fit()

         model_spend.summary().tables[1]
```

	coef	std err	t	P>|t|	[0.025	0.975]
Intercept	493.0044	6.501	75.832	0.000	480.262	505.747
np.sqrt(credit_limit)	63.2525	0.122	519.268	0.000	63.014	63.491

하지만 아직 끝나지 않았습니다. 임금이 신용 한도와 소비 사이에서 교란 요인으로 작용하고 있다는 점을 기억해주세요. 이전 모델의 예측값과 원본 데이터를 그래프에 나타내보면, 기울기가 상향 편향되어 있음을 알 수 있죠. 임금이 높아지면 소비와 신용 한도 모두 증가하기 때문입니다.

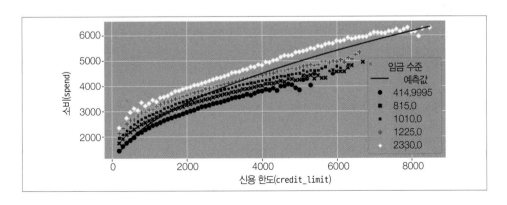

모델에 임금을 포함하면 다음과 같습니다.

$$spend_i = \beta_0 + \beta_1 \sqrt{line_i} + \beta_2 wage_i + e_i$$

다시 β_1을 추정하면 신용 한도가 소비에 미치는 영향의 편향되지 않은 추정값을 얻을 수 있습니다(물론 임금이 유일한 교란 요인이라고 가정했을 때입니다). 이 추정값은 앞서 얻은 값보다 작습니다. 모델에 임금을 포함함으로써 상향 편향을 보정했기 때문입니다.

```
In [17]: model_spend = smf.ols('spend ~ np.sqrt(credit_limit)+wage',
                                 data=spend_data).fit()

         model_spend.summary().tables[1]
```

	coef	std err	t	P>|t|	[0.025	0.975]
Intercept	383.5002	2.746	139.662	0.000	378.118	388.882
np.sqrt(credit_limit)	43.8504	0.065	672.633	0.000	43.723	43.978
wage	1.0459	0.002	481.875	0.000	1.042	1.050

4.6.2 비선형 FWL과 편향 제거

비선형 데이터에 FWL 정리를 적용하는 방법은 4.3절에서 다룬 것과 동일하지만, 먼저 비선형 처리를 해야 합니다. 즉, 선형회귀분석을 이용해 비선형모델을 추정하는 과정은 다음과 같이 정리할 수 있습니다.

1. **처치 선형화 단계**: T와 Y의 관계를 선형화하는 함수 F를 찾습니다.
2. **편향 제거 단계**: $F(T)$를 교란 요인 X에 회귀하고 처치 잔차 $\widetilde{F(T)} = F(T) - \widehat{F(T)}$ 를 구합니다.
3. **잡음 제거 단계**: 결과 Y를 교란 요인 X에 회귀하고 결과 잔차 $\tilde{Y} = Y - \hat{Y}$ 를 구합니다.
4. **결과 모델 단계**: 이렇게 얻은 결과 모델은 결과 잔차 $\tilde{Y}$ 를 처치 잔차 $\widetilde{F(T)}$ 에 회귀하여, $F(T)$가 Y에 미치는 인과효과의 추정값을 구합니다.

신용 한도와 소비 사례에서 F는 제곱근 함수입니다. 따라서 비선형성을 고려하여 FWL 정리를 적용하는 방법은 다음과 같습니다(선택 사항이지만, 시각화를 위해 처치 잔차와 결과 잔차에 각각 $\overline{F(lines)}$ 와 $\overline{spend}$ 를 추가했습니다).

```
In [18]: debias_spend_model = smf.ols(f'np.sqrt(credit_limit) ~ wage',
                                       data=spend_data).fit()
         denoise_spend_model = smf.ols(f'spend ~ wage', data=spend_data).fit()


         credit_limit_sqrt_deb = (debias_spend_model.resid
                                  + np.sqrt(spend_data["credit_limit"]).mean())
         spend_den = denoise_spend_model.resid + spend_data["spend"].mean()


         spend_data_deb = (spend_data
                           .assign(credit_limit_sqrt_deb = credit_limit_sqrt_deb,
                                   spend_den = spend_den))

         final_model = smf.ols(f'spend_den ~ credit_limit_sqrt_deb',
                               data=spend_data_deb).fit()

         final_model.summary().tables[1]
```

	coef	std err	t	P>|t|	[0.025	0.975]
Intercept	1493.6990	3.435	434.818	0.000	1486.966	1500.432
credit_limit_sqrt_deb	43.8504	0.065	672.640	0.000	43.723	43.978

당연히 여기서 얻은 β_1 추정값은 앞서 교란 요인인 임금과 처치를 모두 포함한 완전모델을 실행하여 얻은 추정값과 완전히 동일합니다. 또한 이 모델의 예측값을 원본 데이터와 비교해 그려보면, 이전처럼 상향 편향되지 않음을 볼 수 있죠. 대신, 임금 그룹의 중간을 정확히 통과합니다.

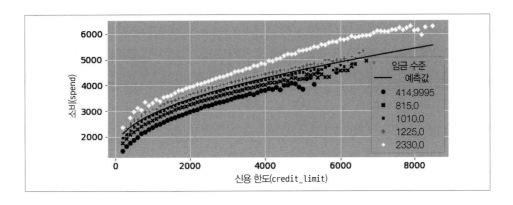

4.7 더미변수를 활용한 회귀분석

회귀분석과 직교화는 훌륭하지만, 결국 독립성 가정을 해야 합니다. 일부 공변량을 통제했을 때 처치가 무작위로 배정된 것처럼 보이도록 가정해야 하지만, 이는 꽤 어려운 일입니다. 모델에 모든 교란 요인이 포함되는지를 판단하기는 매우 어려우므로 가능하면 무작위 실험하는 편이 좋습니다. 예를 들어, 은행에서 신용 한도를 무작위로 배정한다면, 채무불이행률과 고객 소비에 미치는 영향을 추정하는 일은 훨씬 간단해집니다. 하지만 이러한 무작위 통제 실험에는 큰 비용이 들 수 있습니다. 채무불이행 가능성이 높아 큰 손실을 초래할 수 있는 고객들에게 신용 한도를 무작위로 설정하는 상황이 발생할 수 있기 때문입니다.

4.7.1 조건부 무작위 실험

이 난관을 해결하는 방법은 이상적인 무작위 통제 실험 대신 차선책을 택하는 것입니다. 바로 **계층화**^{stratified} **또는 조건부**^{conditionally} **무작위 실험**이죠. 모든 고객에게 동일한 확률 분포에서 완전히 무작위로 신용 한도를 설정하는 실험을 설계하는 대신, 고객 공변량에 따라 서로 다른 분포에서 표본을 뽑아 여러 국소 실험을 만듭니다. 예를 들어, `credit_score1` 변수가 고객 위험도의 대리변수임을 알고 있으므로 이 변수를 사용하여 위험도에 따른 고객 그룹을 생성할 수 있습니다. `credit_score1`이 비슷한 고객들을 묶는 것이죠. 그리고 `credit_score1`이 낮은 고위험 그룹은 평균이 낮은 분포에서 신용 한도를 추출하여 무작위로 배정하고, `credit_score1`이 높은 저위험 고객은 평균이 높은 분포에서 추출하여 신용 한도를 무작위로 배정합니다.

```
In [19]: risk_data_rnd = pd.read_csv("./data/risk_data_rnd.csv")
         risk_data_rnd.head()
```

	wage	educ	exper	married	credit_score1	credit_score2	credit_score1_buckets	credit_limit	default
0	890.0	11	16	1	490.0	500.0	400	5400.0	0
1	670.0	11	7	1	196.0	481.0	200	3800.0	0
2	1220.0	14	9	1	392.0	611.0	400	5800.0	0
3	1210.0	15	8	1	627.0	519.0	600	6500.0	0
4	900.0	16	1	1	275.0	519.0	200	2100.0	0

신용 한도의 히스토그램을 credit_score1_buckets별로 표시하면 신용 한도가 서로 다른 분포에서 추출되었음을 알 수 있습니다. 점수가 높은 고객(저위험 고객) 그룹은 히스토그램이 오른쪽으로 치우치며(왼쪽으로 꼬리가 김) 더 높은 신용 한도를 나타냅니다. 반대로 더 위험한 고객(점수가 낮은 고객) 그룹은 왼쪽으로 치우치며(오른쪽으로 꼬리가 김) 신용 한도가 더 낮습니다. 이러한 실험은 최적의 신용 한도에서 크게 벗어나지 않으면서 실험 비용을 관리할 수 있는 수준으로 낮춥니다.

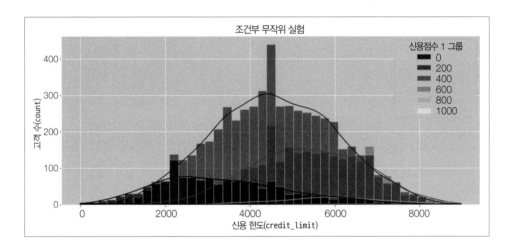

> **NOTE 베타 분포 샘플링**
>
> 이 실험에서는 신용 한도는 베타 분포beta distribution에서 추출했습니다. 베타 분포는 균등 분포uniform distribution의 일반화로 볼 수 있고, 샘플링(표본 추출)을 특정 범위로 제한하고 싶을 때 유용합니다.

그렇다고 조건부 무작위 실험이 완전 무작위 실험보다 낫다는 의미는 아닙니다. 조건부 무작위 실험은 비용이 더 저렴하지만 훨씬 복잡합니다. 따라서 어떤 이유로든 조건부 무작위 실험을 선택한다면, 가능한 한 완전 무작위 실험에 가깝게 설계해야 합니다.

- 그룹 수가 적을수록 조건부 무작위 실험을 진행하기가 더 쉬워집니다. 이 예에서는 0~1,000 사이의 범위에 있는 credit_score1을 200 단위로 나누어서 그룹이 5개만 있습니다. 처치 분포가 서로 다른 여러 그룹을 결합하면 복잡해지므로 적은 수의 그룹을 유지하는 편이 좋습니다.
- 그룹 간 처치 분포가 많이 중첩될수록 분석이 용이해집니다. 이는 양수성 가정과 관련이 있습니다. 이 사례에서 고위험 그룹이 높은 신용 한도를 받을 확률이 0인 경우, 고위험 그룹이 높은 신용 한도를 받게 된다면 어떤 일이 발생할지 알기 위해 위험한 외삽에 의존해야 합니다.

이 두 가지 경험적 규칙을 최대한 적용하면 완전한 무작위 실험으로 돌아가게 되는데, 이는 두 가지 규칙 모두에 트레이드오프가 있음을 의미합니다. 즉, 그룹 수가 적고 겹치는 부분이 많을수록 실험 결과 해석이 쉬워지지만 더 큰 비용이 듭니다. 그 반대도 마찬가지입니다.

> **NOTE** 계층화 실험stratified experiment은 분산을 최소화하고, 계층화된 변수에 대해 실험군과 대조군 사이의 균형을 보장하기 위한 방법입니다. 그러나 이 적용 사례에서는 모든 그룹 또는 계층에서 처치 분포가 동일하도록 설계됩니다.

4.7.2 더미변수

조건부 무작위 실험의 장점은 설정한 범주형 변수에 따라 신용 한도가 무작위로 배정되었음을 알기 때문에, 조건부 독립 가정에 훨씬 더 설득력이 생긴다는 점입니다. 하지만 실험군에 대한 결과만으로 단순 회귀분석을 하면 편향된 추정값을 얻게 된다는 단점이 있죠. 예를 들어, 교란 요인을 포함하지 않고 모델을 추정하면 결과는 다음과 같습니다.

$$default_i = \beta_0 + \beta_1 lines_i + e_i$$

```
In [20]: model = smf.ols("default ~ credit_limit", data=risk_data_rnd).fit()
         model.summary().tables[1]
```

	coef	std err	t	P>|t|	[0.025	0.975]
Intercept	0.1369	0.009	15.081	0.000	0.119	0.155
credit_limit	−9.344e−06	1.85e−06	−5.048	0.000	−1.3e−05	−5.72e−06

보시다시피 인과 매개변수 추정값인 $\hat{\beta_1}$ 은 음수입니다. 더 높은 신용 한도가 고객의 채무불이행 위험을 낮추지는 않으므로 추정값이 음수인 것은 말이 되지 않습니다. 이 결과가 나온 이유는 실험이 설계된 방식으로 인해 위험도가 낮은 고객(credit_score1이 높은 고객)이 평균적으로 더 높은 한도를 받았기 때문입니다.

이를 보정하려면 모델에 처치가 무작위로 배정된 그룹 정보를 포함해야 합니다. 여기서는 credit_score1_buckets를 통제해야 합니다. 이 그룹이 숫자로 표현되지만 실제로는 범주형 변수입니다. 따라서 그룹 자체를 통제하는 방법은 **더미변수(가변수)**dummy variable를 만드는 것이죠. 더미변수는 그룹에 대해 이진값으로 구성된 열입니다. 즉, 고객이 해당 그룹에 속하면 1이고 그렇지 않으면 0입니다. 고객은 하나의 그룹에만 속할 수 있으므로 더미 열 중에서 오직 하나만 1의 값을 가질 수 있고, 나머지 열은 모두 0이 됩니다. 머신러닝에서는 이 개념을 원-핫 인코딩one-hot encoding이라고 합니다.

판다스에서는 pd.get_dummies 함수를 사용하여 더미변수를 만들 수 있습니다. 아래의 코드는 그룹을 나타내는 열인 credit_score1_buckets를 전달하고 접두사 sb(score bucket의 줄임말)가 붙은 더미 열을 만드는 과정을 보여줍니다. 또한 첫 번째 더미(값이 0~200 사이인 그룹의 더미)를 제외합니다. 더미 열 중 하나는 불필요하기 때문이죠. 즉, 다른 모든 열이 0임을 알면, 제외한 열은 1이어야 합니다.

```
In [21]: risk_data_dummies = (
     risk_data_rnd
           .join(pd.get_dummies(risk_data_rnd["credit_score1_buckets"],
                                prefix="sb",
                                drop_first=True))
)
```

	wage	educ	exper	married	...	sb_400	sb_600	sb_800	sb_1000
0	890.0	11	16	1	...	1	0	0	0
1	670.0	11	7	1	...	0	0	0	0
2	1220.0	14	9	1	...	1	0	0	0
3	1210.0	15	8	1	...	0	1	0	0
4	900.0	16	1	1	...	0	0	0	0

이제 더미변수 열을 구했으니, 모델에 더미 열을 추가하고 β_1을 다시 추정해봅시다.

$$default_i = \beta_0 + \beta_1 lines_i + \theta \mathbf{G}_i + e_i$$

이제 훨씬 더 타당한 추정값을 얻을 수 있습니다. 적어도 이 추정값은 양수이며, 신용 한도가 높을수록 채무불이행 위험이 높아짐을 나타냅니다.

```
In [22]: model = smf.ols(
             "default ~ credit_limit + sb_200+sb_400+sb_600+sb_800+sb_1000",
             data=risk_data_dummies
         ).fit()

         model.summary().tables[1]
```

	coef	std err	t	P>|t|	[0.025	0.975]
Intercept	0.2253	0.056	4.000	0.000	0.115	0.336
credit_limit	4.652e-06	2.02e-06	2.305	0.021	6.97e-07	8.61e-06
sb_200	-0.0559	0.057	-0.981	0.327	-0.168	0.056
sb_400	-0.1442	0.057	-2.538	0.011	-0.256	-0.033
sb_600	-0.2148	0.057	-3.756	0.000	-0.327	-0.103
sb_800	-0.2489	0.060	-4.181	0.000	-0.366	-0.132
sb_1000	-0.2541	0.094	-2.715	0.007	-0.438	-0.071

더미변수를 직접 구성하는 과정을 보여주는 이유는 더미변수에 대한 매커니즘을 알 수 있도록 하기 위함입니다. 이는 파이썬이 아닌 다른 언어에서 회귀분석을 구현해야 할 때 매우 유용할 것입니다. 파이썬에서 statsmodels를 사용할 때는 식에 C() 함수를 넣어 더미변수를 만들 수 있습니다.

```
In [23]: model = smf.ols("default ~ credit_limit + C(credit_score1_buckets)",
                         data=risk_data_rnd).fit()

         model.summary().tables[1]
```

	coef	std err	t	P>|t|	[0.025	0.975]
Intercept	0.2253	0.056	4.000	0.000	0.115	0.336
C(credit_score1_buckets)[T.200]	-0.0559	0.057	-0.981	0.327	-0.168	0.056
C(credit_score1_buckets)[T.400]	-0.1442	0.057	-2.538	0.011	-0.256	-0.033
C(credit_score1_buckets)[T.600]	-0.2148	0.057	-3.756	0.000	-0.327	-0.103
C(credit_score1_buckets)[T.800]	-0.2489	0.060	-4.181	0.000	-0.366	-0.132
C(credit_score1_buckets)[T.1000]	-0.2541	0.094	-2.715	0.007	-0.438	-0.071
credit_limit	4.652e-06	2.02e-06	2.305	0.021	6.97e-07	8.61e-06

마지막으로, 여기서는 기울기 매개변수가 하나뿐입니다. 교란 요인을 통제하려고 더미변수를 추가하면 그룹당 하나의 절편이 생기지만, 모든 그룹에 동일한 기울기가 적용됩니다. 이 부분은 4.7.4절에서 설명하겠지만, 해당 기울기는 각 그룹의 회귀에 대한 분산 가중평균이 됩니다. 각 그룹에 대한 모델의 예측 결과를 시각화하면 그룹별로 하나의 선이 있으며 모든 선의 기울기가 동일함을 알 수 있습니다.

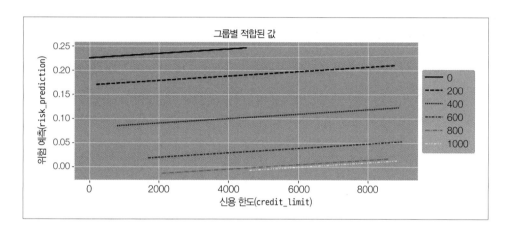

4.7.3 포화회귀모델

이 장을 시작할 때 회귀분석과 조건부 평균이 비슷하다고 했던 말을 기억하시나요? 이진 처치에 대한 회귀분석은 실험군과 대조군의 평균을 비교하는 것과 같습니다. 더미변수는 이진값이므로 같은 논리가 여기에도 적용됩니다. 만약 회귀분석에 익숙하지 않다면, 첫 시도로 조건부 무작위 실험의 데이터를 credit_score1_buckets에 따라 나누고 그룹별로 효과를 추정할 것입니다.

```
In [24]: def regress(df, t, y):
             return smf.ols(f"{y}~{t}", data=df).fit().params[t]

         effect_by_group = (risk_data_rnd
                            .groupby("credit_score1_buckets")
                            .apply(regress, y="default", t="credit_limit"))
         effect_by_group
```

```
Out[24]: credit_score1_buckets
         0       -0.000071
         200      0.000007
         400      0.000005
         600      0.000003
         800      0.000002
         1000     0.000000
         dtype: float64
```

이 방법을 통해 그룹별 효과를 알 수 있으나, 평균을 어떻게 구할지에 대해 결정이 필요합니다. 여기서, 각 그룹의 크기를 가중치로 삼아 가중평균을 취하는 것이 가장 자연스러운 선택이지 않을까요?

```
In [25]: group_size = risk_data_rnd.groupby("credit_score1_buckets").size()
         ate = (effect_by_group * group_size).sum() / group_size.sum()
         ate

Out[25]: 4.490445628748722e-06
```

물론 회귀분석에서도 똑같은 작업을 수행할 수 있으며, 이를 **포화모델**saturated model[7]이라고 합니다. 더미변수와 처치에 대한 상호작용interaction 항에서, 각 더미변수에 해당하는 그룹의 인과효과를 추정할 수 있습니다. 여기서는 첫 번째 더미변수를 제외했으므로 `credit_limit`과 관련된 매개변수는 생략된 더미 그룹 `sb_100`의 효과를 나타냅니다. 이 값은 앞서 0에서 200 사이의 `credit_score1_buckets` 그룹에 대해 추정된 값인 −0.000071과 동일합니다.

```
In [26]: model = smf.ols("default ~ credit_limit * C(credit_score1_buckets)",
                         data=risk_data_rnd).fit()
         model.summary().tables[1]
```

---

7 옮긴이_ 포화모델은 회귀분석에서 모든 가능한 설명변수와 그 상호작용을 포함하는 모델을 말합니다. 이 모델은 주어진 데이터에 대해 모든 변수와 상호작용을 포함하므로 과적합 위험이 있고 일반화 능력이 떨어질 수 있습니다. 그러나, 이 모델은 특정 그룹의 인과효과를 파악하는 데 유용하게 쓰입니다.

	coef	std err	t	P>|t|	[0.025	0.975]
Intercept	0.3137	0.077	4.086	0.000	0.163	0.464
C(credit_score1_buckets)[T.200]	−0.1521	0.079	−1.926	0.054	−0.307	0.003
C(credit_score1_buckets)[T.400]	−0.2339	0.078	−3.005	0.003	−0.386	−0.081
C(credit_score1_buckets)[T.600]	−0.2957	0.080	−3.690	0.000	−0.453	−0.139
C(credit_score1_buckets)[T.800]	−0.3227	0.111	−2.919	0.004	−0.539	−0.106
C(credit_score1_buckets)[T.1000]	−0.3137	0.428	−0.733	0.464	−1.153	0.525
credit_limit	−7.072e−05	4.45e−05	−1.588	0.112	−0.000	1.66e−05
credit_limit:C(credit_score1_buckets)[T.200]	7.769e−05	4.48e−05	1.734	0.083	−1.01e−05	0.000
credit_limit:C(credit_score1_buckets)[T.400]	7.565e−05	4.46e−05	1.696	0.090	−1.18e−05	0.000
credit_limit:C(credit_score1_buckets)[T.600]	7.398e−05	4.47e−05	1.655	0.098	−1.37e−05	0.000
credit_limit:C(credit_score1_buckets)[T.800]	7.286e−05	4.65e−05	1.567	0.117	−1.83e−05	0.000
credit_limit:C(credit_score1_buckets)[T.1000]	7.072e−05	8.05e−05	0.878	0.380	−8.71e−05	0.000

상호작용 매개변수는 (생략된) 첫 번째 그룹의 효과와 연관 지어 해석해야 합니다. 따라서 credit_limit과 관련된 매개변수와 상호작용 항을 더하면, 회귀분석을 사용해 그룹별로 추정된 효과를 얻을 수 있습니다. 이는 그룹별로 하나의 효과를 각각 추정할 때와 결과가 동일합니다.

```
In [27]: (model.params[model.params.index.str.contains("credit_limit:")]
             + model.params["credit_limit"]).round(9)

Out[27]: credit_limit:C(credit_score1_buckets)[T.200]     0.000007
         credit_limit:C(credit_score1_buckets)[T.400]     0.000005
         credit_limit:C(credit_score1_buckets)[T.600]     0.000003
         credit_limit:C(credit_score1_buckets)[T.800]     0.000002
         credit_limit:C(credit_score1_buckets)[T.1000]    0.000000
         dtype: float64
```

이 모델의 그룹별 예측값을 시각화하면, 그룹마다 별도의 회귀 모델을 적합시킨 것처럼 보입니다. 각 선은 절편뿐만 아니라 기울기도 다릅니다. 또한, 포화모델에는 매개변수(자유도)가 더 많으며, 이는 다른 모든 조건이 동일할 때 분산이 더 큼을 의미합니다. 다음 그래프를 보면 이 맥락과 맞지 않는 기울기가 음인 선이 나타납니다. 하지만 이 기울기는 통계적으로 유의하지 않으며, 해당 그룹에서의 작은 표본 크기 때문에 발생한 잡음일 가능성이 높습니다.

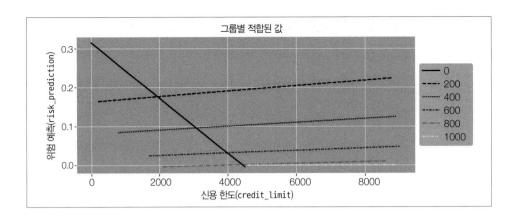

그룹별 적합된 값

4.7.4 분산의 가중평균과 회귀분석

포화회귀모델과 그룹별 계산 결과가 동일하다면, 중요한 의문점이 하나 떠오릅니다. 상호작용항 없이 default ~ credit_limit + C(credit_score1_buckets) 모델을 실행하면 단일 효과, 즉 하나의 기울기 매개변수만 얻게 됩니다. 이 효과 추정값은 그룹별 효과를 추정하고 그룹 크기를 가중치로 사용하여 평균한 결과와 다르다는 점이 중요합니다. 즉, 회귀분석은 여러 그룹의 효과를 합친 것이지만, 표본 크기를 기준으로 한 가중평균은 아닙니다. 그렇다면 무엇일까요?

몇 가지 설명이 될 만한 시뮬레이션 데이터를 사용해서 이 질문에 답해보겠습니다. 여기서는 두 개의 다른 그룹에서 데이터를 시뮬레이션할 것입니다. 첫 번째 그룹은 크기가 1,000이며 평균 처치효과가 1입니다. 두 번째 그룹은 크기가 500이고 평균 처치효과가 2입니다. 추가로, 첫 번째와 두 번째 그룹의 처치효과의 표준편차는 각각 1과 2입니다.

```
In [28]: np.random.seed(123)

         # std(t)=1
         t1 = np.random.normal(0, 1, size=1000)
         df1 = pd.DataFrame(dict(
             t=t1,
             y=1*t1, # ATE = 1
             g=1,
         ))
```

```
# std(t)=2
t2 = np.random.normal(0, 2, size=500)
df2 = pd.DataFrame(dict(
    t=t2,
    y=2*t2, # ATE = 2
    g=2,
))

df = pd.concat([df1, df2])
df.head()
```

	t	y	g
0	−1.085631	−1.085631	1
1	0.997345	0.997345	1
2	0.282978	0.282978	1
3	−1.506295	−1.506295	1
4	−0.578600	−0.578600	1

그룹별 효과를 각각 추정하고 그룹 크기를 가중치로 사용한 평균 결과인 ATE는 약 1.33(1 *
1000 + 2 * 500 / 1500)입니다.

```
In [29]: effect_by_group = df.groupby("g").apply(regress, y="y", t="t")
         ate = (effect_by_group *
                 df.groupby("g").size()).sum() / df.groupby("g").size().sum()
         ate

Out[29]: 1.333333333333333
```

그러나 그룹을 통제하면서 y를 t에 회귀하면 매우 다른 결과가 나타납니다. 그룹 2의 표본이
그룹 1의 절반임에도 결합한 효과는 그룹 2의 효과에 더 가깝습니다.

```
In [30]: model = smf.ols("y ~ t + C(g)", data=df).fit()
         model.params

Out[30]: Intercept    0.024758
         C(g)[T.2]    0.019860
```

```
t              1.625775
dtype: float64
```

이는 회귀분석이 그룹 효과를 결합할 때 표본 크기를 가중치로 사용하지 않기 때문입니다. 대신, 회귀분석은 각 그룹에서 처치의 분산에 비례하는 가중치를 사용합니다. 회귀분석은 처치 변동성이 큰 그룹을 선호합니다. 처음에는 다소 이상하게 들릴 수 있지만, 생각해보면 많은 의미가 있습니다. 한 그룹 내에서 처치가 별로 변하지 않으면 그 효과를 어떻게 확신할 수 있을까요? 처치가 많이 변할수록 결과에 미치는 영향이 더 분명해집니다.

요약하면, 여러 그룹이 있고 각 그룹 내에서 처치가 무작위 배정된 경우, 조건부 원칙(보정 공식, 3.4절 참고)에 따르면 효과는 각 그룹 내 효과의 가중평균입니다.

$$ATE = E\left\{\left(\frac{\partial}{\partial t}E\left[Y_i \mid T = t, Group_i\right]\right)w\left(Group_i\right)\right\}$$

사용하는 방법에 따라 다른 가중치를 적용할 수 있습니다. 회귀분석에서는 $w(\text{Group}_i) \propto \sigma^2(T)|Group$를 사용하지만, $w(Group_i) = N_{Group}$와 같이 표본 크기를 가중치로 사용하여 그룹 효과에 직접 가중치를 부여할 수 있습니다.

NOTE 더 알아보기

이러한 차이를 알아야 회귀분석의 내부 메커니즘을 이해할 수 있습니다. 회귀분석이 분산에 따라 그룹 효과에 가중치를 부여한다는 사실은 최고의 연구자라도 끊임없이 상기해야 할 내용이죠. 2020년, 계량경제학 분야에서는 이중차분법에 관한 르네상스가 일어났습니다(자세한 내용은 4부에서 다룹니다). 이 문제의 핵심은 회귀분석이 표본 크기가 아닌 분산에 따른 효과에 가중치를 부여한다는 것이었습니다. 이에 관해 더 알고 싶다면 앤드루 굿맨 베이컨의 논문[8]이나 이 책의 4부를 확인해보기 바랍니다.

4.7.5 평균 제거와 고정효과

모델에 더미변수를 포함시켜 그룹 간 다르게 처치 배정하는 방법을 살펴보았습니다. 하지만 FWL 정리는 특히 더미변수가 있는 상황에서 그 진가를 발휘합니다. 그룹이 많을 때, 각 그룹

---

8 Andrew Goodman-Bacon. (2021). Difference-in-differences with variation in treatment timing. *Journal of Econometrics*, vol 225(2), pp 254-277.

에 더미를 추가하려면 번거롭고 연산 과정이 복잡하죠. 그리고 대부분이 0인 많은 열을 생성하게 됩니다. 이 문제는 더미변수에 대해, FWL 정리를 적용하고 회귀분석이 처치를 직교화하는 방법을 이해하면 더 쉽게 해결할 수 있습니다.

FWL 정리에서 편향 제거 단계는 공변량에서 처치를 예측하는 과정을 포함합니다. 여기서는 공변량이 더미변수입니다.

```
In [31]: model_deb = smf.ols("credit_limit ~ C(credit_score1_buckets)",
                              data=risk_data_rnd).fit()
         model_deb.summary().tables[1]
```

	coef	std err	t	P>|t|	[0.025	0.975]
Intercept	1173.0769	278.994	4.205	0.000	626.193	1719.961
C(credit_score1_buckets)[T.200]	2195.4337	281.554	7.798	0.000	1643.530	2747.337
C(credit_score1_buckets)[T.400]	3402.3796	279.642	12.167	0.000	2854.224	3950.535
C(credit_score1_buckets)[T.600]	4191.3235	280.345	14.951	0.000	3641.790	4740.857
C(credit_score1_buckets)[T.800]	4639.5105	291.400	15.921	0.000	4068.309	5210.712
C(credit_score1_buckets)[T.1000]	5006.9231	461.255	10.855	0.000	4102.771	5911.076

더미변수는 기본적으로 그룹 평균과 비슷한 역할을 수행하므로, 더미변수가 포함된 모델을 활용하면 그룹 평균에 대한 값을 예측할 수 있습니다. credit_score1_buckets=0이면 credit_score1_buckets=0 그룹의 평균 신용 한도를 예측하고, credit_score1_buckets=1이면 credit_score1_buckets=1 그룹의 평균 신용 한도(해당 그룹의 계수 1173.0769와 절편 2195.4337을 더한 3368.510638)를 예측합니다. 이 값들은 정확히 각 그룹의 평균값입니다.

```
In [32]: risk_data_rnd.groupby("credit_score1_buckets")["credit_limit"].mean()

Out[32]: credit_score1_buckets
         0       1173.076923
         200     3368.510638
         400     4575.456498
         600     5364.400448
         800     5812.587413
         1000    6180.000000
         Name: credit_limit, dtype: float64
```

더미변수를 활용하면 처치를 잔차화하고 싶을 때 훨씬 더 간단하고 효과적인 방법으로 할 수 있음을 의미합니다. 먼저 각 그룹별로 평균 처치를 계산합니다.

```
In [33]: risk_data_fe = risk_data_rnd.assign(
             credit_limit_avg = lambda d: (d
                                          .groupby("credit_score1_buckets")
                                          ["credit_limit"].transform("mean"))
         )
```

그런 다음 처치에서 해당 그룹의 평균을 빼서 잔차를 구합니다. 이 방식은 처치의 평균을 제거하므로 종종 처치에 대해 평균 제거de-meaning한다고 합니다. 회귀식 내에서 이를 수행하려면 수학 연산자 I(...)로 감싸주면 됩니다.

```
In [34]: model = smf.ols("default ~ I(credit_limit-credit_limit_avg)",
                         data=risk_data_fe).fit()
         model.summary().tables[1]
```

	coef	std err	t	P)|t|	[0.025	0.975]
Intercept	0.0935	0.003	32.121	0.000	0.088	0.099
I(credit_limit − credit_limit_avg)	4.652e−06	2.05e−06	2.273	0.023	6.4e−07	8.66e−06

여기서 얻은 매개변수 추정값은 모델에 더미변수를 추가해서 얻은 값과 동일합니다. 이 둘은 수학적으로 동등equivalent하기 때문입니다. 이렇게 그룹 내에서 변하지 않는 고정된 모든 요인을 통제한 모델을 **고정효과**fixed effect모델이라고 합니다. 이 방법은 4부에서 자세히 살펴볼 패널데이터를 사용한 인과추론 논문[9]에서 비롯되었습니다.

같은 논문에서 제시된 또 다른 아이디어는 회귀 모델 안에 그룹별 평균 처치를 포함시키는 것입니다. 회귀분석은 추가된 변수들로부터 처치를 잔차화하므로, 해당 접근법의 결과는 더미변수를 모델에 추가한 방식과 거의 동일합니다.

----

9 Yair Mundlak. (1978). On the Pooling of Time Series and Cross Section Data. *Journal of the Econometric Society*, vol. 46(Iss. 1), pp. 69–85.

```
In [35]: model = smf.ols("default ~ credit_limit + credit_limit_avg",
                          data=risk_data_fe).fit()
         model.summary().tables[1]
```

	coef	std err	t	P>|t|	[0.025	0.975]
Intercept	0.4325	0.020	21.418	0.000	0.393	0.472
credit_limit	4.652e−06	2.02e−06	2.305	0.021	6.96e−07	8.61e−06
credit_limit_avg	−7.763e−05	4.75e−06	−16.334	0.000	−8.69e−05	−6.83e−05

실제 사례: 마케팅 믹스 모델링

광고가 매출에 미치는 영향을 측정하기는 어렵습니다. 일반적으로 광고를 볼 사람을 무작위로 선정할 수 없기 때문입니다. 마케팅 믹스 모델링marketing mix modeling(MMM)은 광고 업계에서 랜 덤화의 대안으로 널리 사용하는 방법입니다. 복잡해 보이는 이름과 달리, MMM은 마케팅 매 출을 마케팅 전략 지표와 몇 가지 교란 요인에 회귀한 것에 불과합니다. 예를 들어 TV, 소셜 미 디어, 검색 광고 예산이 제품 매출에 미치는 영향을 알고 싶다면 각 실험 대상 i가 하루인 회귀 분석을 실행하면 됩니다.

$$Sales_i = \delta_0 + \beta_1 TV_i + \beta_2 Social_i + \beta_3 Search_i$$
$$+ \delta_1 CompetitorSales_i + \delta_2 Month_i + \delta_3 Trend_i + e_i$$

효과가 좋은 달에 마케팅 예산을 늘렸을 수 있다는 점을 고려하여, 회귀 모델에 추가 통제변수 를 포함해서 이 교란 요인을 보정할 수 있습니다. 예를 들어, 경쟁사의 매출, 각 월에 대한 더미 변수, 추세 변수 등을 포함할 수 있습니다.

4.8 누락 변수 편향

3장에서 공통 원인(교란 요인)이 처치와 결과 간의 추정 관계를 편향시킬 수 있다고 설명했습 니다. 따라서 회귀 모델에 이러한 요인들을 포함해서 다뤄야 합니다. 그리고 회귀분석은 교란 편향에 대해 고유한 관점을 줍니다. 이전까지 이야기한 모든 내용은 여전히 유효하지만, 중요 한 점은 회귀분석은 교란편향에 대해 더 정확하게 다룰 수 있게 해준다는 것이죠. 예를 들어, 신용 한도가 채무불이행률에 미치는 영향을 추정할 때, 임금이 유일한 교란 요인이라고 가정하겠 습니다.

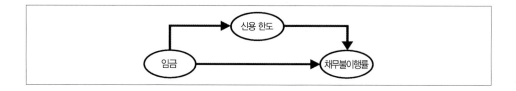

이 경우, 교란 요인을 포함하는 모델을 추정해야 합니다.

$$default_i = \beta_0 + \beta_1 lines_i + \beta_2 wage_i + e_i$$

만약 다음처럼 교란 요인이 누락된 축소모델을 추정하면 어떻게 될까요?

$$default_i = \beta_0 + \beta_1 lines_i + e_i$$

이 모델을 통해 나온 결과 추정값은 편향됩니다.

```
In [36]: short_model = smf.ols("default ~ credit_limit", data=risk_data).fit()
         short_model.params["credit_limit"]

Out[36]: -2.401961992596885e-05
```

신용 한도가 높아지면 채무불이행률이 낮아지는 것처럼 보이지만, 이는 현실적으로 타당하지 않으며, 앞서 보았듯 여러분도 알고 있는 사실입니다. 하지만, 아직 모르는 부분은 해당 편향의 크기를 정확하게 파악할 수 있다는 것이죠. 회귀분석을 통해 누락 변수 편향^{omitted variable bias}(OVB)은 **1) 누락 변수가 포함된 전체 모델의 회귀계수 더하기, 2) 결과에 미치는 누락 변수의 효과 곱하기, 3) 누락 변수를 포함된 변수에 회귀하는 모델의 회귀계수**로 정의할 수 있습니다. 복잡해 보일 수 있으니, 조금씩 설명해보겠습니다. 우선, T에 대한 Y의 단순회귀분석은 실제 인과 매개변수 τ에 편향을 더한 결과입니다.

$$\frac{Cov(T,Y)}{Var(T)} = \tau + \beta'_{omitted} \, \delta_{omitted}$$

이 편향식은 결과에 대한 누락 교란 요인의 회귀계수 $\beta'_{omitted}$와 처치에 대한 누락 변수의 회귀계수 $\delta_{omitted}$를 곱한 값이죠. 다음 코드는 누락 변수 편향의 공식을 구현하여, 앞서 얻은 편향된 매개변수 추정값을 확인할 수 있게 해줍니다.

```
In [37]: long_model = smf.ols("default ~ credit_limit + wage",
                               data=risk_data).fit()

         omitted_model = smf.ols("wage ~ credit_limit", data=risk_data).fit()

         (long_model.params["credit_limit"]
          + long_model.params["wage"]*omitted_model.params["credit_limit"])

Out[37]: -2.4019619925968762e-05
```

4.9 중립 통제변수

이제 회귀분석을 통해, 교란 요인을 보정하는 방법에 익숙해졌나요? 교란 요인 X를 보정하면서 처치 T가 Y에 미치는 영향을 알고 싶다면 모델에 X를 포함하면 됩니다. 또 다른 방법으로는 X를 사용해 T를 예측한 후 잔차를 구하고, 이 잔차를 편향 제거된debiased 처치로 사용해도 같은 결과를 얻을 수 있습니다. 즉, X를 고정한 상태에서 Y를 잔차에 회귀하면 T와 Y의 관계를 알 수 있죠.

그렇다면 X에 어떤 변수들을 포함해야 할까요? 다른 변수들을 추가해 보정하는 게 좋다고 모든 변수를 회귀 모델에 포함시키는 것은 바람직하지 않습니다. 이전 장에서 본 것처럼, 공통 효과(충돌부)나 매개자는 선택편향을 유발할 수 있으므로 포함시키지 않는 것이 좋습니다. 하지만 회귀분석에서 고려해야 할 다른 유형의 통제변수가 있습니다. 일부 변수가 무해해 보이지만, 실제로는 해로울 수 있는 통제변수들입니다. 이러한 통제변수는 회귀분석 추정에서 편향에 영향을 미치지 않는다는 점에서 중립적neutral이라고 합니다. 하지만, 분산에는 심각한 영향을 줄 수 있습니다. 회귀 모델에 특정 변수를 포함할 때는 편향–분산 트레이드오프bias–variance tradeoff가 존재한다는 점을 명심해야 합니다. 예를 들어, 다음과 같은 DAG를 고려해보죠.

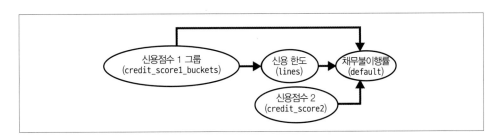

모델에 credit_score2를 포함해야 할까요? 포함하지 않으면 지금까지와 동일한 결과를 얻을 겁니다. credit_score1_buckets를 보정하기 때문에 이 결과는 편향되지 않았죠. 그런데 꼭 포함할 필요는 없더라도 credit_score2를 포함하면 어떤 결과가 나오는지 살펴봅시다. 다음 결과를 credit_score2를 포함하지 않았을 때와 비교해보세요. 무엇이 달라졌나요?

```
In [38]: formula = "default~credit_limit+C(credit_score1_buckets)+credit_score2"
         model = smf.ols(formula, data=risk_data_rnd).fit()
         model.summary().tables[1]
```

	coef	std err	t	P>|t|	[0.025	0.975]
Intercept	0.5576	0.055	10.132	0.000	0.450	0.665
C(credit_score1_buckets)[T.200]	−0.0387	0.055	−0.710	0.478	−0.146	0.068
C(credit_score1_buckets)[T.400]	−0.1032	0.054	−1.898	0.058	−0.210	0.003
C(credit_score1_buckets)[T.600]	−0.1410	0.055	−2.574	0.010	−0.248	−0.034
C(credit_score1_buckets)[T.800]	−0.1161	0.057	−2.031	0.042	−0.228	−0.004
C(credit_score1_buckets)[T.1000]	−0.0430	0.090	−0.479	0.632	−0.219	0.133
credit_limit	4.928e−06	1.93e−06	2.551	0.011	1.14e−06	8.71e−06
credit_score2	−0.0007	2.34e−05	−30.225	0.000	−0.001	−0.001

먼저 credit_limit의 매개변수 추정값이 조금 더 커졌습니다. 하지만 표준오차가 감소했다는 점이 더 중요합니다. credit_score2가 결과 Y를 잘 예측하고 선형회귀의 잡음 제거 단계에 기여하기 때문입니다. FWL의 마지막 단계가 credit_score2를 포함하므로 $\tilde{Y}$의 분산이 감소하고 이를 $\tilde{T}$에 회귀하면 더 정확한 결과를 얻을 수 있습니다.

이는 선형회귀의 매우 흥미로운 특징입니다. 선형회귀분석은 교란 요인을 보정하는 데 사용할 수 있을 뿐만 아니라 잡음을 줄이는 데도 사용할 수 있습니다. 예를 들어, 완전히 무작위 배정된 A/B 테스트 데이터가 있다면 편향을 크게 걱정할 필요가 없습니다. 하지만 여전히 회귀분석은 잡음을 줄이는 도구로 활용할 수 있습니다. 즉, 결과를 예측할 수 있고 선택편향을 유발하지 않는 변수를 포함하면 됩니다.

NOTE 잡음 제거 기법

다른 잡음 제거 방법도 있습니다. 마이크로소프트에서 개발하여 여러 IT 회사에서 사용하는 CUPED[10]
가 가장 잘 알려져 있습니다. CUPED 기본 개념은 FWL 정리의 잡음 제거 과정과 매우 비슷합니다.

4.9.1 잡음 유발 통제변수

통제변수는 잡음을 줄일 수도 있지만, 반대로 잡음을 늘릴 수도 있습니다. 조건부 무작위 실험을 다시 생각해보겠습니다. 이번에는 신용 한도가 채무불이행률이 아닌 소비에 미치는 영향을 추정하려고 합니다. 이전 예제에서처럼 credit_score1이 주어졌을 때 신용 한도는 무작위로 배정되었습니다. 하지만 이번에는 credit_score1이 교란 요인이 아니라고 가정해봅시다. credit_score1은 처치의 원인이지만 결과의 원인은 아닙니다. 이 데이터 생성 과정의 인과 그래프는 다음과 같습니다.

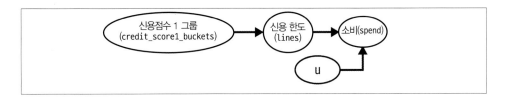

이는 신용 한도가 소비에 미치는 인과효과를 얻으려고 credit_score1을 보정할 필요가 없음을 의미합니다. 인과효과 추정을 위해 단순회귀만으로 충분하며, 처치 반응 함수의 오목성을 반영하려고 제곱근 함수를 적용했습니다.

```
In [39]: spend_data_rnd = pd.read_csv("data/spend_data_rnd.csv")

         model = smf.ols("spend ~ np.sqrt(credit_limit)",
                         data=spend_data_rnd).fit()

         model.summary().tables[1]
```

---

10 Ron Kohavi, H et al. (2013). Improving the Sensitivity of Online Controlled Experiments by Utilizing Pre-Experiment Data. *Microsoft*, WSDM 13.

	coef	std err	t	P>|t|	[0.025	0.975]
Intercept	2153.2154	218.600	9.850	0.000	1723.723	2582.708
np.sqrt(credit_limit)	16.2915	2.988	5.452	0.000	10.420	22.163

하지만 credit_score1_buckets를 포함하면 어떻게 될까요?

```
In [40]: model = smf.ols("spend~np.sqrt(credit_limit)+C(credit_score1_buckets)",
                         data=spend_data_rnd).fit()

         model.summary().tables[1]
```

	coef	std err	t	P>|t|	[0.025	0.975]
Intercept	2367.4867	556.273	4.256	0.000	1274.528	3460.446
C(credit_score1_buckets)[T.200]	−144.7921	591.613	−0.245	0.807	−1307.185	1017.601
C(credit_score1_buckets)[T.400]	−118.3923	565.364	−0.209	0.834	−1229.211	992.427
C(credit_score1_buckets)[T.600]	−111.5738	570.471	−0.196	0.845	−1232.429	1009.281
C(credit_score1_buckets)[T.800]	−89.7366	574.645	−0.156	0.876	−1218.791	1039.318
C(credit_score1_buckets)[T.1000]	363.8990	608.014	0.599	0.550	−830.720	1558.518
np.sqrt(credit_limit)	14.5953	3.523	4.142	0.000	7.673	21.518

표준오차가 증가하여 인과 매개변수의 신뢰구간이 넓어졌습니다. 4.7.4절에서 보았듯이 OLS는 처치의 분산이 큰 그룹을 선호하기 때문이죠. 그러나 처치를 설명하는 공변량을 통제하면 효과적으로 처치에 대한 분산을 줄일 수 있습니다.

4.9.2 특성 선택: 편향–분산 트레이드오프

현실적으로 보면, 대체로 공변량이 처치에 영향을 주지만 결과에는 영향을 주지 않는 경우를 거의 찾아보기 어렵습니다. 대부분의 경우, T와 Y 모두에 영향을 주는 교란 요인이 있을 것이며, 이들은 서로 다른 정도로 영향을 미칠 것입니다. [그림 4-3]처럼 X_1은 T의 강력한 원인이지만 Y의 약한 원인이고, X_3은 Y의 강력한 원인이지만 T의 약한 원인입니다. 반면, X_2는 화살표의 굵기가 나타내듯이, X_1과 X_3 중간 수준의 원인에 해당합니다.

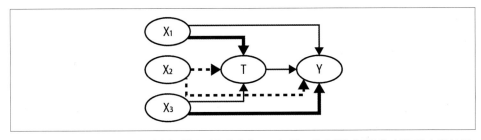

그림 4-3 편향을 제거하는 것보다 처치에 대한 분산을 설명하는 X_1과 같은 교란 요인은 추정량에 더 해로울 수 있습니다.

보았듯이, 공변량은 보정해야 하는 교란 요인이므로 모든 편향을 제거하려면 모든 공변량을 포함해야 합니다. 하지만 처치의 원인인 공변량을 보정하면 인과 추정량의 분산이 증가합니다. 우리는 지금 진퇴양난의 상황에 빠진 것이죠.

[그림 4-3]의 인과 그래프에 따라 데이터를 시뮬레이션해봅시다. 여기서 실제 ATE는 0.5입니다. 모든 교란 요인을 통제하면서 이 효과를 추정하면, 추정값의 표준오차가 너무 크므로 제대로 된 결론을 내릴 수 없습니다.

```
In [41]: np.random.seed(123)

         n = 100
         (x1, x2, x3) = (np.random.normal(0, 1, n) for _ in range(3))
         t = np.random.normal(10*x1 + 5*x2 + x3)

         # ate = 0.05
         y = np.random.normal(0.05*t + x1 + 5*x2 + 10*x3, 5)
         df = pd.DataFrame(dict(y=y, t=t, x1=x1, x2=x2, x3=x3))

         smf.ols("y~t+x1+x2+x3", data=df).fit().summary().tables[1]
```

	coef	std err	t	P>|t|	[0.025	0.975]
Intercept	0.2707	0.527	0.514	0.608	−0.775	1.316
t	0.8664	0.607	1.427	0.157	−0.339	2.072
x1	−7.0628	6.038	−1.170	0.245	−19.049	4.923
x2	0.0143	3.128	0.005	0.996	−6.195	6.224
x3	9.6292	0.887	10.861	0.000	7.869	11.389

교란 요인 중 하나가 처치의 강력한 예측자^{predictor}이고 결과의 약한 예측자임을 알면, 모델에서 제외할 수 있습니다. 이 예에서는 X_1이 해당합니다. 이렇게 하면 추정값이 편향될 수 있음에 주의하세요! 하지만 분산을 크게 줄인다면 지불할 가치가 있는 대가일 수도 있습니다.

```
In [42]: smf.ols("y~t+x2+x3", data=df).fit().summary().tables[1]
```

	coef	std err	t	P>|t|	[0.025	0.975]
Intercept	0.1889	0.523	0.361	0.719	−0.849	1.227
t	0.1585	0.046	3.410	0.001	0.066	0.251
x2	3.6095	0.582	6.197	0.000	2.453	4.766
x3	10.4549	0.537	19.453	0.000	9.388	11.522

기본적으로, 모델에 더 많은 교란 요인을 포함(보정)할수록 인과 추정값의 편향은 줄어듭니다. 하지만 결과 예측력은 약한 반면, 처치 예측력이 강한 변수를 포함하면 편향이 감소하는 대신 분산이 증가한다는 치명적인 대가가 뒤따릅니다. 즉, 분산을 줄이기 위해 약간의 편향 증가를 감수해야 할 수도 있습니다. 그리고 모든 교란 요인이 동일한 영향을 주는 것이 아님을 명심해야 합니다. 물론, 모든 교란 요인은 T와 Y에 영향을 끼친다는 공통점이 있습니다. 하지만 처치를 잘 설명하고 결과를 거의 설명하지 않는다면 보정 대상에서 배제해야 합니다. 이는 회귀분석에만 해당되는 것이 아니라, 5장에서 배울 성향점수 가중치와 같은 다른 편향 보정 방법에도 동일하게 적용됩니다.

안타깝게도 인과추론에서 처치를 설명하는 데 교란 요인의 영향이 어느 정도 약해야 해당 변수를 제거할 수 있는지에 대한 기준은 아직 명확히 정립되지 않았습니다. 하지만 이러한 편향–분산 트레이드오프가 존재한다는 사실을 알면 선형회귀의 매커니즘을 이해하고 설명하는 데 도움이 될 것입니다.

4.10 요약

4장에서는 회귀분석에 대해 배웠습니다. 하지만 머신러닝 책에서 보통 보는 관점과는 매우 다릅니다. 여기서 회귀분석은 예측 도구가 아닙니다. 그리고 R^2를 단 한 번도 언급하지 않은 것에 주목하세요! 오히려 이번 장에서 다룬 회귀분석은 주로 교란 요인을 보정하는 방법으로 사용되며 때로는 분산 감소 기법으로도 쓰입니다.

이 장의 핵심은 조건부 독립성이 유지될 때 직교화를 이용해 처치가 무작위로 배정된 것처럼 보이게 할 수 있다는 점입니다. 수학적으로는 $Y_t \perp T \mid X$ 일 때 T를 X에 회귀하고 잔차를 구하여 X로 인한 교란편향을 보정할 수 있습니다. 이러한 잔차는 편향 제거된 처치로 볼 수 있습니다.

이 접근법은 FWL 정리를 활용하여 발전되었으며, 이 정리에 따르면 다중회귀분석은 다음과 같이 세 단계로 나누어 설명할 수 있습니다.

1. **편향 제거 단계**: 처치 T를 교란 요인 X에 대해 회귀하여 처치 잔차 $\tilde{T} = T - \hat{T}$를 구합니다.
2. **잡음 제거 단계**: 결과 Y를 교란 요인 X에 대해 회귀하여 결과 잔차 $\tilde{Y} = Y - \hat{Y}$를 구합니다.
3. **결과 모델 단계**: 결과 잔차 $\tilde{Y}$를 처치 잔차 $\tilde{T}$에 대해 회귀하여 T가 Y에 미치는 인과효과의 추정값을 구하는 결과 모델입니다.

4장의 다른 모든 내용은 FWL 정리를 기반으로 합니다. 비선형 처치 반응 함수의 이해, 범주형 변수를 사용한 회귀분석에서의 가중평균 구현 방법, 회귀분석에서 좋은 통제변수와 나쁜 통제변수의 역할에 대한 설명까지 이 정리에서 파생된 내용입니다.

CHAPTER 5

성향점수

4장에서는 선형회귀분석을 사용하여 교란 요인을 보정하는 방법을 배웠습니다. 더불어 편향 보정에 매우 유용한 방법인 직교화를 활용한 편향 제거라는 개념을 소개했습니다. 5장에서는 또다른 편향 제거 방법 중 하나인 성향점수 가중치propensity weighting를 배웁니다. 이 방법은 직교화처럼 잔차를 생성하는 대신, 처치 배정 메커니즘을 모델링하고 모델 예측을 사용하여 데이터를 재조정reweight합니다. 또한 4장에서 배운 원리와 성향점수 가중치를 결합한 이중 강건성double robustness도 알아봅니다.

이번 장에서 다룰 내용은 이진binary이나 이산형discrete 처치가 있을 때 특히 적합합니다. 하지만 처치가 연속형일 때도 성향점수 가중치를 사용할 수 있는 확장된 방법도 소개합니다.

5.1 관리자 교육의 효과

IT 회사에서는 유능한 개인 기여자individual contributor(IC)들이 관리직 경로로 전환하는 것이 일반적입니다. 하지만 관리직은 IC로서의 재능과는 다른 기술이 필요할 때가 많아서 이러한 전환은 쉽지 않죠. 이는 새로운 관리자뿐만 아니라 그들이 관리하는 팀원들에게도 큰 부담을 줄 수 있습니다.

한 대형 다국적 기업이 새로운 관리자들을 대상으로 교육 프로그램에 투자해서 이 전환의 고통을 덜어주기로 했습니다. 또한, 회사는 교육의 효과를 측정하려고 관리자들을 무작위로 프로그램에 참여시키려고 했죠. 프로그램에 등록된 관리자의 직원들과 등록되지 않은 관리자의 직원들에 대한 참여점수를 비교하려는 목적이었습니다. 무작위 배정을 활용한 간단한 비교로, 교육의 평균 처치효과를 알 수 있었습니다.

안타깝게도 이 프로그램에 대한 상황은 그렇게 간단하지 않았습니다. 교육 프로그램에 배정된 일부 관리자는 참석하지 않았으며, 참석 대상이 아닌 관리자 중에서도 교육을 받은 이들이 있었습니다. 그 결과, 계획한 무작위 실험 연구가 관측연구observational study와 매우 유사해졌죠.

> **NOTE 불응**
>
> 실험 대상이 의도한 처치를 받지 못하는 것을 불응non-compliance이라고 합니다. 자세한 내용은 11장에서 도구변수를 다룰 때 살펴보겠습니다.

이제 이 데이터를 다루는 분석가는 교란 요인을 보정하여 실험군과 대조군을 비교할 수 있도록 해야 합니다. 이를 위해, 회사 관리자에 관한 데이터와 그들을 설명하는 몇 가지 공변량이 다음과 같이 주어졌습니다.

```
In [1]: import pandas as pd
        import numpy as np

        df = pd.read_csv("data/management_training.csv")
        df.head()
```

	department_id	intervention	engagement_score	...	last_engagement_score	department_size
0	76	1	0.277359	...	0.614261	843
1	76	1	−0.449646	...	0.069636	843
2	76	1	0.769703	...	0.866918	843
3	76	1	−0.121763	...	0.029071	843
4	76	1	1.526147	...	0.589857	843

처치변수는 관리자의 교육 프로그램 참여 여부인 intervention이고 관심 있는 결과변수는 해당 관리자와 일하는 직원의 표준화된 평균 참여점수인 engagement_score입니다. 이 데이터의 공변량은 다음과 같습니다.

- department_id: 부서 고유 식별자

- tenure: 관리자의 근속기간(관리자로서 근무한 기간만이 아니라, 직원으로서 근무한 기간 전체)

- n_of_reports: 관리자가 담당한 보고서 수

- gender: 관리자 성별에 대한 범주형 변수

- role: 회사 내 직군

- department_size: 부서의 직원 수

- department_score: 같은 부서의 평균 참여점수

- last_engagement_score: 이전 참여도 조사에서 해당 관리자의 평균 참여점수

관리자 교육 프로그램 참여와 직원 참여도 간의 인과관계를 추정할 때 이 공변량 중 일부 또는 전부를 조절함으로써 편향을 줄이거나 완전히 제거할 수 있습니다.

> **NOTE 시뮬레이션 데이터**
>
> 예제에 사용한 데이터셋은 수전 애티[Susan Athey]와 슈테판 와거[Stefan Wager]의 연구[1]에서 사용한 데이터입니다.

5.2 회귀분석과 보정

성향점수 가중치로 넘어가기 전, 회귀분석을 사용해 교란 요인을 보정해봅시다. 일반적으로 새로운 것을 배울 때는 신뢰할 수 있는 기준 모델인 회귀분석과 비교해보면 좋습니다. 여기서의 목표는 성향점수 가중치 추정값이 회귀 추정값과 같은지 확인하는 것입니다.

우선, 실험군과 대조군을 단순 비교하면 다음과 같은 결과를 얻을 수 있습니다.

```
In [2]: import statsmodels.formula.api as smf

        smf.ols("engagement_score ~ intervention",
                data=df).fit().summary().tables[1]
```

---

1 Athey S, Wager S. (2019). Estimating treatment effects with causal forests: An application. *arXiv preprint arXiv:1902.07409.*

	coef	std err	t	P>|t|	[0.025	0.975]
Intercept	-0.2347	0.014	-16.619	0.000	-0.262	-0.207
intervention	0.4346	0.019	22.616	0.000	0.397	0.472

그러나 처치가 완전히 무작위로 배정되지 않았으므로 해당 결과는 편향되었을 것입니다. 데이터에 있는 공변량을 보정하여 다음 모델을 추정해 편향을 줄일 수 있습니다.

$$engagement_i = \tau T_i + \theta X_i + e_i$$

여기서 X는 모든 교란 요인과 절편을 위한 상수 열을 포함합니다. 또한 성별과 직군 변수는 모두 범주형이므로, OLS 수식 내에서 C()로 묶어야 합니다.

```
In [3]: model = smf.ols("""engagement_score ~ intervention
        + tenure + last_engagement_score + department_score
        + n_of_reports + C(gender) + C(role)""", data=df).fit()

        print("ATE:", model.params["intervention"])
        print("95% CI:", model.conf_int().loc["intervention", :].values.T)

Out[3]: ATE: 0.2677908576676856
        95% CI: [0.23357751 0.30200421]
```

여기서 효과 추정값이 이전에 얻은 추정값보다 훨씬 작음을 알 수 있습니다. 이는 긍정 편향positive bias이 있음을 나타내며, 이미 직원 참여도가 높은 관리자가 교육 프로그램에 더 많이 참여했을 가능성이 높다는 의미입니다. 이제 서론은 충분히 다루었으니, 성향점수 가중치가 정확히 무엇인지 살펴보겠습니다.

5.3 성향점수

성향점수 가중치는 성향점수propensity score라는 개념을 중심으로 이루어지며, 이는 교란 요인 X를 직접 통제할 필요 없이 조건부 독립성 $(Y_1, Y_0) \perp T \mid X$ 을 만족할 수 있다는 깨달음에서 비롯되었습니다. 교란 요인을 통제하는 대신, $E[T|X]$를 추정하는 균형점수balancing score를 통제해도

충분합니다. 이 균형점수는 종종 처치의 조건부 확률($P(T|X)$)이나 **성향점수**($e(x)$)라고 부릅니다.

성향점수는 차원 축소 기법으로 볼 수도 있습니다. 고차원일 수 있는 X를 조건부로 설정하는 대신, 성향점수를 조건부로 두고 X로 유입되는 뒷문 경로를 차단할 수 있으며, 수식으로는 $(Y_1, Y_0) \perp T \mid P(x)$로 표현할 수 있습니다.

그 이유를 밝히는 증명이 있고 복잡하지는 않지만, 이 책의 범위를 약간 벗어납니다. 여기서는 좀 더 직관적인 방법으로 문제에 접근해보겠습니다. 성향점수는 처치 받을 조건부 확률이죠? 따라서 X를 처치 T로 변환하는 일종의 함수라고 생각하면 됩니다.

성향점수는 공변량 X와 처치 T 중간에 있으며, 인과 그래프로 표현하면 다음과 같습니다.

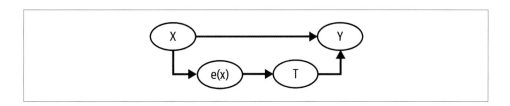

이 그래프에서 $e(x)$를 알면, X만으로는 T에 관한 추가 정보를 얻을 수 없습니다. 즉, $e(x)$를 통제하면 곧 X를 직접 통제할 때와 동일한 효과가 나타납니다.

관리자 교육 프로그램의 관점에서 생각해보세요. 직원 참여가 높은 관리자일수록 교육에 참여할 가능성이 더 높으므로 처음에는 실험군과 대조군을 비교할 수 없습니다. 그러나 실험군과 대조군에서 각각 한 명씩 총 두 명의 관리자를 뽑되 처치 받을 확률이 동일하다면, 두 그룹은 비교할 수 있습니다. 만약 두 관리자가 처치 받을 확률이 똑같다면, 그중 한 명이 처치 받고 다른 한 명이 받지 않은 유일한 이유는 순전히 우연에 의한 것입니다. 성향점수가 동일한 상황에서 처치는 사실상 무작위 배정된 것과 같다고 볼 수 있죠.

5.3.1 성향점수 추정

실제 성향점수 $e(x)$는 알 수 없는 이상적인 값입니다. 처치 배정 메커니즘이 비결정적이지만 알려진 조건부 무작위 실험에서 이를 얻을 수 있죠. 그러나 현실에서는 처치 배정 메커니즘을 대부분 알 수 없으며, 실제 성향점수 $e(x)$를 추정값으로 대체해야 합니다.

앞서 교육 프로그램 예시에서는 이진 처치이므로 $e(x)$를 추정할 때 로지스틱 회귀[logistic regression]를 사용하면 좋습니다. statsmodels로 로지스틱 회귀 모델을 적합시키려면 ols 메서드를 logit으로 바꾸면 됩니다.

```
In [4]: ps_model = smf.logit("""intervention ~
        tenure + last_engagement_score + department_score
        + C(n_of_reports) + C(gender) + C(role)""", data=df).fit(disp=0)
```

다음 절에서 많이 사용하게 되니 추정된 성향점수를 데이터프레임에 저장해주세요.

```
In [5]: data_ps = df.assign(
            propensity_score = ps_model.predict(df),
        )

        data_ps[["intervention", "engagement_score", "propensity_score"]].head()
```

	intervention	engagement_score	propensity_score
0	1	0.277359	0.596106
1	1	−0.449646	0.391138
2	1	0.769703	0.602578
3	1	−0.121763	0.580990
4	1	1.526147	0.619976

NOTE 성향점수와 머신러닝

머신러닝 모델을 사용하여 성향점수를 추정할 수도 있습니다. 하지만 머신러닝을 사용할 때 특히 두 영역에서 더 주의를 기울여야 합니다. 첫째, 머신러닝 모델에서 보정된 확률[calibrated probability] 예측값이 나오는지 확인해야 합니다. 이 과정에서는 sklearn의 보정 모듈을 사용할 수 있습니다. 둘째, 과적합[overfitting]에서 오는 편향을 피하려면 아웃 오브 폴드[out of fold](OOF) 방식의 예측을 사용해야 합니다. 아웃 오브 폴드 방식을 사용하기 위해, 모델 선택 모듈의 cross_val_predict 함수를 사용할 수 있습니다.

5.3.2 성향점수와 직교화

이전 장에서 배운 FWL 정리에 따르면, 선형회귀도 성향점수 추정과 매우 비슷하며, 편향 제거 단계에서 $E[T|X]$를 추정합니다. 즉, OLS는 성향점수 추정과 매우 비슷하게 처치 배정 매커니즘을 모델링합니다. 이는 선형회귀에서 교란 요인 X를 보정하기 위해, 성향점수 $\hat{e}(X)$를 사용할 수 있음을 의미합니다.

```
In [6]: model = smf.ols("engagement_score ~ intervention + propensity_score",
                        data=data_ps).fit()
        model.params["intervention"]

Out[6]: 0.26331267490277066
```

이 접근법으로 얻은 ATE 추정값은 처치 및 교란 요인 X를 사용하여 선형회귀 모델을 적합시킨 결과와 매우 유사합니다. 두 접근법 모두 단순히 처치를 직교화하므로 전혀 놀랄만한 일은 아닙니다. 유일한 차이점은 OLS는 선형회귀분석을 사용하여 T를 모델링하지만, 이 성향점수 추정값은 로지스틱 회귀분석을 사용하여 얻어진다는 점입니다.

5.3.3 성향점수 매칭

성향점수를 통제하는 또 다른 접근 방식은 매칭 추정량^{matching estimator}입니다. 이 방법은 관측 가능한 특징이 비슷한 실험 대상의 짝을 찾아 실험군과 대조군을 비교합니다. 데이터 과학에서 매칭의 종류는 다양하나, 이 절에서는 K=1인 K 최근접 이웃^{k-nearest-neighbors}(KNN) 알고리즘 형태의 매칭을 다뤄보겠습니다. 먼저, 성향점수를 유일한 특성으로 사용하여 실험군에 KNN 모델을 적합시키고 대조군의 Y_1을 대체하는 데 사용합니다. 다음으로, 대조군에 KNN 모델을 적합시키고 실험군의 Y_0을 대체합니다. 두 경우 모두 대체된 값은 성향점수에 기반하여 매칭된 실험 대상의 결과죠.

```
In [7]: from sklearn.neighbors import KNeighborsRegressor

        T = "intervention"
        X = "propensity_score"
        Y = "engagement_score"
```

```
treated = data_ps.query(f"{T}==1")
untreated = data_ps.query(f"{T}==0")

mt0 = KNeighborsRegressor(n_neighbors=1).fit(untreated[[X]],
                                             untreated[Y])

mt1 = KNeighborsRegressor(n_neighbors=1).fit(treated[[X]], treated[Y])

predicted = pd.concat([
    # 대조군 knn 모델을 통해 실험군의 짝을 찾기
    treated.assign(match=mt0.predict(treated[[X]])),

    # 실험군 knn 모델을 통해 대조군의 짝을 찾기
    untreated.assign(match=mt1.predict(untreated[[X]]))
])

predicted.head()
```

	department_id	intervention	engagement_score	...	department_size	propensity_score	match
0	76	1	0.277359	...	843	0.596106	0.557680
1	76	1	−0.449646	...	843	0.391138	−0.952622
2	76	1	0.769703	...	843	0.602578	−0.618381
3	76	1	−0.121763	...	843	0.580990	−1.404962
4	76	1	1.526147	...	843	0.619976	0.000354

각 실험 대상에 짝이 지어졌다면, 다음과 같이 ATE를 추정할 수 있습니다.

$$\widehat{ATE} = \frac{1}{N} \sum \left\{ \left(Y_i - Y_{jm}(i) \right) T_i + \left(Y_{jm}(i) - Y_i \right) \left(1 - T_i \right) \right\}$$

여기서 $Y_{jm}(i)$는 실험군에 속한 대상 i에 짝지어진 대상의 결과를 나타냅니다.

```
In [8]: np.mean((predicted[Y] - predicted["match"])*predicted[T]
             + (predicted["match"] - predicted[Y])*(1-predicted[T]))

Out[8]: 0.28777443474045966
```

매칭 추정량의 편향

성향점수에만 매칭을 적용할 필요는 없습니다. 대신, 성향점수 추정값인 $\hat{P}(T \mid X)$를 구성하는 데 사용한 원래 특성 X에 바로 매칭[2]할 수 있습니다. 그러나 매칭 추정량은 편향될 수 있으며, X의 차원이 클수록 편향이 커집니다. 차원이 높아질수록 데이터가 희소해지고 매칭의 정확성이 더 떨어집니다. 대조군과 실험군에 대한 기대 결과 함수를 각각 $\mu_0(X)$와 $\mu_1(X)$라 했을 때, 편향은 기대 결과와 매칭 결과 사이의 불일치discrepancy입니다. 즉, 실험군에 대한 편향은 $\mu_0(X_i) - \mu_0(X_{jm})$, 대조군의 편향은 $\mu_1(X_{jm}) - \mu_1(X_i)$가 됩니다. 여기서 X_{jm}은 짝지어진 대상의 공변량입니다.

즉, 편향을 피하고 매칭을 사용하기 위해서는 다음과 같이 편향 보정식을 적용해야 합니다.

$$
\begin{aligned}
\widehat{ATE} = \frac{1}{N} \sum \Big\{ & \Big(Y_i - Y_{jm}(i) - \big(\hat{\mu}_0(X_i) - \hat{\mu}_0(X_{jm}) \big) \Big) T_i \\
& + \Big(Y_{jm}(i) - Y_i - \big(\hat{\mu}_1(X_{jm}) - \hat{\mu}_1(X_i) \big) \Big) \big(1 - T_i \big) \Big\}
\end{aligned}
$$

여기서 $\widehat{\mu_1}$와 $\widehat{\mu_0}$는 선형회귀분석과 같은 방법으로 추정할 수 있습니다.

개인적으로 필자는 매칭 추정량을 크게 선호하지 않습니다. 그 이유는 첫째, 편향될 가능성이 있고, 둘째, 분산을 추정하기 어렵고, 셋째, 데이터 과학 활용 경험에 비추어보았을 때 KNN에 다소 회의적이기 때문입니다. 특히 KNN은 X가 고차원인 경우, 대체로 효율이 크게 떨어집니다. 이 마지막 문제는 성향점수만으로 매칭한다면 문제가 되지 않지만, 처음 두 가지 문제는 여전히 남습니다. 그럼에도 불구하고 매칭 추정량을 다룬 이유는 해당 방법이 많이 알려져 있기 때문입니다.

NOTE 더 알아보기

게리 킹Gary King과 리처드 닐슨Richard Nielsen의 연구[3]는 성향점수 매칭 문제에 관한 더 전문적인 내용을 다룹니다.

---

2 옮긴이_ 성향점수 추정에 사용된 원래의 특성 X에 직접 매칭하는 방법을 정확 매칭(exact matching)이라고 합니다. 이 정확 매칭의 한계(엄격한 기준으로 인한 매칭 대상의 제한과 표본 크기 감소)를 극복하기 위해 고안된 방법이 완화된 정확 매칭(CEM, Coarsened Exact Matching) 입니다.

3 Gary King & Richard Nielsen. (2019). Why Propensity Scores Should Not Be Used for Matching. *Political Analysis*, 27, 4, pp. 435–454.

5.3.4 역확률 가중치

성향점수 매칭(PSM) 이외에도 성향점수를 활용하는 역확률 가중치^{inverse propensity weighting}(IPW)[4]
도 널리 사용합니다. 이 방법은 처치의 역확률^{inverse probability}에 따라 데이터의 가중치를 재조정
하여 해당 데이터에서 처치가 무작위 배정된 것처럼 보이게 할 수 있습니다. 이를 위해 표본에
$1/P(T = t | X)$ 가중치를 부여하여, 모든 실험 대상이 처치 t를 받았을 경우와 비슷한 유사 모집
단^{pseudo-population}을 생성합니다.

$$E\big[Y_t\big] = E\left[\frac{\mathbf{1}(T = t)Y}{P(T = t \mid X)} \right]$$

이는 증명하기 복잡하지 않지만, 이 책에서는 더 직관적으로 접근하겠습니다. 예를 들어, 모든
관리자가 교육받았을 때의 평균 참여도(Y_1)의 기댓값을 알고 싶다고 가정해봅시다. 이 값을 구
하기 위해, 실험군을 처치 받을 확률의 역수(역확률)로 조정합니다. 이는 처치 받을 확률이 매
우 낮은데도 처치 받은 대상에게 높은 가중치를 부여합니다. 즉, 실질적으로 드문 처치 사례에
더 많은 가중치를 줍니다.

이해가 되시죠? 실험군에 속한 대상이 처치 받을 확률이 낮다면, 해당 대상은 대조군과 매우
비슷하게 보입니다. 흥미롭지 않나요? 처치 받은 대상이 받지 않은 것처럼 보인다면, 대조군이
처치 받았을 때 어떤 일이 일어났을지 $Y_1 | T = 0$에 관한 매우 유용한 정보를 제공할 수 있습니
다. 그렇기 때문에 이 대상에 높은 가중치를 부여합니다. 마찬가지로 대조군에 속한 대상이 실
험군과 매우 유사하다면 $Y_0 | T = 1$의 좋은 추정값이 될 수 있으므로 이 대상에 더 많은 가중치
를 부여합니다.

다음은 각 점의 크기가 가중치인 관리자 교육 데이터의 IPW 과정에 관한 그래프입니다.

---

4   옮긴이_ 역확률 가중치나 역성향점수 가중치라고 표현하지만, 이 책에서는 역확률 가중치로 통일해서 표기하겠습니다. 성향점수 매칭과
     역확률 가중치 두 방법 모두 성향점수를 잘못 계산하면, 이후의 인과효과 추정이 잘못될 가능성이 높아진다는 점을 염두에 두세요.

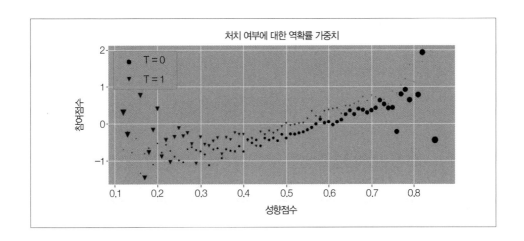

$\hat{e}(X)$가 낮을 때, 교육받은 관리자($T = 1$)의 높은 가중치에 주목해주세요. 교육받지 않은 것처럼 보이는 교육받은 관리자에게 높은 중요도를 부여합니다. 반대로, $\hat{e}(X)$ 가 높거나 $\hat{P}(T = 0 \mid X)$ 가 낮을 때 교육받지 않은 관리자는 높은 가중치를 받습니다. 이 경우에는 교육받은 것처럼 보이는 교육받지 않은 관리자에게 높은 중요도를 부여하고 있음을 알 수 있습니다. 즉, 교육받은 관리자 그룹(실험군)처럼 보이는 교육받지 않은 관리자 그룹(대조군)을 매우 중요하게 생각하는 것이죠.

성향점수로 평균 잠재적 결과를 알아낼 수 있다면, 이를 통해 ATE를 구하는 것도 가능합니다.

$$ATE = E\left[\frac{\mathbf{1}(T = 1)Y}{P(T = 1 \mid X)}\right] - E\left[\frac{\mathbf{1}(T = 0)Y}{P(T = 0 \mid X)}\right]$$

데이터에서 두 기댓값에 대한 추정을 매우 간단한 코드로 구현할 수 있습니다.

```
In [9]: weight_t = 1/data_ps.query("intervention==1")["propensity_score"]
        weight_nt = 1/(1-data_ps.query("intervention==0")["propensity_score"])
        t1 = data_ps.query("intervention==1")["engagement_score"]
        t0 = data_ps.query("intervention==0")["engagement_score"]


        y1 = sum(t1*weight_t)/len(data_ps)
        y0 = sum(t0*weight_nt)/len(data_ps)


        print("E[Y1]:", y1)
        print("E[Y0]:", y0)
```

```
        print("ATE", y1 - y0)

Out[9]: E[Y1]: 0.11656317232946772
        E[Y0]: -0.1494155364781444
        ATE 0.2659787088076121
```

결과적으로 공변량 X를 보정하지 않고 단순히 얻은 결과보다 ATE가 더 작음을 다시 확인할 수 있습니다. 또한, 역확률 가중치를 바탕으로 얻은 결과는 OLS 결과와 매우 비슷하니, 오류가 없는지 점검하는 데 좋은 방법이 됩니다. ATE 식을 다음과 같이 단순화할 수 있다는 점도 주목해주세요.

$$ATE = E\left[Y \frac{T - e(x)}{e(x)(1 - e(x))} \right]$$

물론 이 ATE 추정값도 이전 결과와 같습니다.

```
In [10]: np.mean(data_ps["engagement_score"]
                  * (data_ps["intervention"] - data_ps["propensity_score"])
                  / (data_ps["propensity_score"]*(1-data_ps["propensity_score"])))

Out[10]: 0.26597870880761226
```

회귀분석과 역확률 가중치

앞서 언급한 수식을 통해, 역확률 가중치(IPW)가 회귀분석과 어떻게 다른지에 대한 이해를 돕습니다. 회귀분석에서는 다음과 같은 방식으로 처치효과를 추정합니다.

$$\tau_{ols} = \frac{E[Y(T - E[T \mid X])]}{E[Var(T \mid X)]}$$

회귀분석으로 구한 효과를 염두에 두고, 확률 p를 갖는 베르누이 확률변수의 분산이 $p(1 - p)$임을 기억해보세요. 따라서 역확률 가중치는 다음과 같은 방식으로 처치효과를 추정합니다.

$$\tau_{ipw} = E\left[\frac{Y(T - E[T \mid X])}{Var(T \mid X)} \right]$$

두 식이 비슷하다고 느끼시나요? $1/E[Var(X|T)]$는 상수이므로, 이를 기댓값 안으로 옮겨 회귀 추정량을 다시 작성해서 더 명확하게 살펴보죠.

$$\tau_{ols} = E\left[\frac{Y(T - E[T \mid X])}{E[Var(T \mid X)]}\right] = E\left[\frac{Y(T - E[T \mid X])}{Var(T \mid X)} \star W\right]$$

여기서 $W = Var(T|X)/E[Var(T|X)]$입니다.

이제 IPW 추정량의 기댓값 안에 있는 부분은 X로 정의한 그룹의 효과(CATE)를 식별합니다. 따라서 IPW와 OLS의 차이점은 IPW는 각 표본에 1을 가중치로 부여하지만, 회귀분석은 처치의 조건부 분산으로 그룹 효과에 가중치를 부여한다는 점입니다. 이는 지난 장에서 배운 내용과 일치하는데, 처치의 변동이 큰 부분에 회귀분석이 더 큰 가중치를 더 부여한다는 것이죠. 따라서 회귀분석과 IPW는 다르게 보이지만, 가중치 부여 방식을 제외하고는 거의 동일합니다.

5.3.5 역확률 가중치의 분산

안타깝게도 역확률 가중치의 표준오차를 계산하는 일은 선형회귀만큼 간단하지 않습니다. IPW 추정값의 신뢰구간을 얻는 가장 간단한 방법은 부트스트랩^{bootstrap} 방법입니다. 이 방법을 사용하면 데이터를 반복적으로 복원추출해서 여러 IPW 추정값을 구할 수 있습니다. 그다음 이 추정값의 2.5번째와 97.5번째 백분위수를 계산하여 95% 신뢰구간을 얻을 수 있습니다.

IPW 추정 과정을 재사용할 수 있는 함수로 구현하겠습니다. 여기서는 statsmodel을 sklearn으로 대체하는 점에 주목해주세요. statsmodel의 logit 함수는 sklearn의 로지스틱 회귀 모델보다 느리므로, 패키지 변경으로 시간을 절약할 수 있습니다. 또한 patsy의 dmatrix 함수를 사용해서 statsmodel에서 제공하는 공식의 편리함을 누릴 수 있습니다. 이 함수는 지금까지 사용했던 것과 같은 R 스타일 수식을 기반으로 특성 행렬$^{feature\ matrix}$을 만들어줍니다.

```
In [11]: from sklearn.linear_model import LogisticRegression
         from patsy import dmatrix

         # IPW 추정량을 계산하는 함수를 정의
         def est_ate_with_ps(df, ps_formula, T, Y):
```

```
            X = dmatrix(ps_formula, df)
            ps_model = LogisticRegression(penalty="none",
                                          max_iter=1000).fit(X, df[T])
            ps = ps_model.predict_proba(X)[:, 1]

            # ATE 계산
            return np.mean((df[T]-ps) / (ps*(1-ps)) * df[Y])
```

NOTE 확률 예측

기본적으로 **sklearn**의 분류기classifier는 $\hat{P}(Y \mid X) > 0.5$ 로직에 따라 0 또는 1인 예측값을 반환합니다. 모델에 대한 확률값을 얻으려면 **predict_proba** 메서드를 사용해야 합니다. 이 메서드는 두 개의 열로 된 행렬을 출력하며, 첫 번째 열은 $\hat{P}(Y = 0 \mid X)$이고 두 번째 열은 $\hat{P}(Y = 1 \mid X)$입니다. 이 경우 두 번째 열인 $\hat{P}(Y = 1 \mid X)$만 필요하므로 [:, 1]로 인덱싱해야 합니다.

이 함수를 사용하는 방법은 다음과 같습니다.

```
In [12]: formula = """tenure + last_engagement_score + department_score
         + C(n_of_reports) + C(gender) + C(role)"""
         T = "intervention"
         Y = "engagement_score"

         est_ate_with_ps(df, formula, T, Y)

Out[12]: 0.2659755621752663
```

ATE를 계산하는 깔끔한 함수가 생겼으니, 이를 부트스트랩 과정에 적용해보겠습니다. 먼저 연산 속도를 높이기 위해 리샘플링resampling을 실행하겠습니다. 데이터프레임 메서드인 .sample (frac=1, replace=True)을 호출하여 부트스트랩 표본을 얻습니다. 그다음 이 표본을 앞서 만든 함수에 전달합니다. 여기서는 부트스트랩 코드를 더 일반화하려고 est_fn이라는 인자를 사용하는 추정량 함수를 포함했습니다. 이 함수는 데이터프레임을 입력으로 받아 추정값을 단일 숫자로 반환합니다. 여기서는 4개의 병렬처리(n_jobs=4)를 설정했지만, 컴퓨터의 코어 수에 따라 자유롭게 설정하세요.

이 추정량을 여러 번 실행하되, 부트스트랩 표본마다 한 번씩 실행하여 추정값의 배열^{array}을 생성합니다. 마지막으로 95% 신뢰구간을 얻으려면 해당 배열의 2.5 및 97.5 백분위수를 계산합니다.

```
In [13]: from joblib import Parallel, delayed # 병렬처리에 사용하는 라이브러리

        def bootstrap(data, est_fn, rounds=200, seed=123, pcts=[2.5, 97.5]):
            np.random.seed(seed)

            stats = Parallel(n_jobs=4)(
                delayed(est_fn)(data.sample(frac=1, replace=True))
                for _ in range(rounds)
            )

            return np.percentile(stats, pcts)
```

필자는 코드에서 함수형 프로그래밍^{functional programming}을 자주 사용합니다만, 이는 모든 사람에게 익숙하지 않을 수 있습니다. 그래서 partial 함수부터 시작해서, 몇 가지 함수형 패턴을 설명해보겠습니다.

---

partial 함수

partial은 주어진 함수와 해당 함수의 일부 인수들을 받아서, 이 인수들이 미리 적용된 새로운 함수를 만들어줍니다. 이렇게 만들어진 함수는 원래 함수와 비슷하지만, 이미 일부 인수들이 적용된 상태로 반환됩니다.

```
def addNumber(x, number):
    return x + number

add2 = partial(addNumber, number=2)
add4 = partial(addNumber, number=4)

add2(3)
>>> 5

add4(3)
>>> 7
```

---

partial을 사용하여 est_ate_with_ps 함수를 호출하고 그 안의 수식, 처치, 결과 인수를 부분적으로 적용해봅시다. 이로써 데이터프레임만을 입력으로 받고 ATE 추정값을 출력하는 함수를 얻습니다. 그 후, 이 함수를 이전에 만든 부트스트랩 함수에 est_fn 인수로 전달하여 신뢰구간을 구합니다.

```
In [14]: from toolz import partial

         print(f"ATE: {est_ate_with_ps(df, formula, T, Y)}")

         est_fn = partial(est_ate_with_ps, ps_formula=formula, T=T, Y=Y)
         print(f"95% C.I.: ", bootstrap(df, est_fn))

Out[14]: ATE: 0.2659755621752663
         95% C.I.:  [0.22654315 0.30072595]
```

이 95% 신뢰구간은 앞서 선형회귀분석을 사용하여 얻은 것과 거의 비슷합니다. 그리고 큰 가중치가 적용되면 성향점수 추정량의 분산이 크게 증가함을 이해해야 합니다. 큰 가중치를 가진다는 것은 몇몇 실험 대상이 최종 추정값에 큰 영향을 미친다는 의미입니다. 즉, 최종 추정값에 큰 영향을 주는 소수의 대상들이 바로 분산 증가의 원인이 됩니다.

성향점수가 높은 부분에 대조군의 실험 대상이 적거나, 성향점수가 낮은 부분에 실험군의 대상이 적은 경우 큰 가중치를 가집니다. 이는 반사실적 결과 $Y_0 | T = 1$과 $Y_1 | T = 0$을 추정할 대상이 적어지므로, 결과에 잡음이 많을 수 있습니다.

실제 사례: 인과적 콘텍스트 밴딧

콘텍스트 밴딧contextual bandit은 강화학습의 한 종류로, 선택적 의사결정 정책을 학습하는 것이 목표입니다. 콘텍스트 밴딧은 샘플링sampling과 추정이라는 두 가지 구성 요소로 이루어집니다. 첫 번째, 샘플링 요소는 아직 탐색되지 않은 영역에서 데이터 수집과 최적의 처치 배정의 균형을 맞춥니다. 두 번째, 추정 요소는 사용 가능한 데이터로 최적의 처치를 찾으려고 노력합니다.

추정 구성 요소는 최적의 처치 배정 메커니즘을 학습하려는 인과추론 문제로 쉽게 구성할 수 있습니다. 여기서 **최선**은 최적화하려는 결과 Y의 기댓값으로 정의됩니다. 알고리즘의 목표가 최적의 방식으로 처치를 배정하는 것으로, 알고리즘이 수집하는 데이터는 무작위가 아닌 교란된confounded 데이터입니다. 따라서 콘텍스트 밴딧에 인과적 접근 방식을 사용하면 상당한 개선 효과를 얻을 수 있습니다.

의사결정 과정이 확률적이라면 각 처치를 배정할 확률을 얻을 수 있으며, 이는 바로 성향점수 $e(x)$가 됩니다. 그다음 이 성향점수를 사용하여 이미 처치가 선택되고 관측된 결과가 있는 과거 데이터를 재조정할 수 있습니다. 이렇게 재조정된reweighted 데이터는 교란 요인이 없어야 하며, 그에 따라 최적의 처치를 학습하기 훨씬 쉬워집니다.

5.3.6 안정된 성향점수 가중치

실험군에 $1/P(T=1|X)$만큼의 가중치를 주면 원래 표본 크기와 같지만 모든 대상이 처치 받은 것처럼 행동하는 유사 모집단을 만듭니다. 즉, 가중치의 합이 원래 표본 크기와 거의 같음을 의미합니다. 마찬가지로, 대조군에 $1/P(T=0|X)$만큼의 가중치를 부여하면 모든 대상이 처치 받지 않은 것처럼 행동하는 유사 모집단을 만듭니다.

머신러닝 관점에서, IPW를 중요도 샘플링importance sampling의 응용으로 바라볼 수 있습니다. 중요도 샘플링에는 원본 분포 $q(x)$[5]의 데이터가 있지만 목표 분포target distribution인 $p(x)$에서 샘플링하고 싶을 때 $q(x)$의 데이터를 $p(x)/q(x)$로 재조정하는 방식을 사용합니다. 이를 IPW에 적용하면, 실험군에 $1/P(T=1|X)$의 가중치를 주는 것은 $P(T=1|X)$ 분포에서 나온 데이터를 사용하고 이 데이터를 사용해 $P(T=1)=1$로 재구성하는 것을 의미합니다. 여기서 처치 확률이 단순히 1이기 때문에, 더 이상 X에 종속이지 않습니다. 또한, X가 Y에 영향을 줄 경우 $P(T=1|X)$는 편향될 수 있다는 점에 유의해야 합니다. 이렇게 IPW 과정은 재조정된 표본이 마치 원래 표본에서 모든 대상이 처치 받은 것처럼 행동하는 이유를 설명해줍니다.

이를 이해하는 또 다른 방법은 실험군과 대조군의 가중치 합이 원래 표본 크기에 얼마나 가까운지를 확인하는 것입니다.

---

5 옮긴이_ 이 책에서는 원본 분포(origin distribution)라고 소개했지만, 일반적으로는 표본을 얻기 쉬운 제안 분포(proposal distribution) 라고도 합니다. 중요도 샘플링은 결국 구하기 어려운 목표 분포의 기댓값을 추정하는 것이 목표입니다. 그리고 중요도 샘플링으로 구한 추정량의 분산을 최소화하는 제안 분포를 선택하는 것이 중요합니다.

```
In [15]: print("Original Sample Size", data_ps.shape[0])
         print("Treated Pseudo-Population Sample Size", sum(weight_t))
         print("Untreated Pseudo-Population Sample Size", sum(weight_nt))

Out[15]: Original Sample Size 10391
         Treated Pseudo-Population Sample Size 10435.089079197916
         Untreated Pseudo-Population Sample Size 10354.298899788304
```

이 방법은 가중치가 너무 크지 않다면 괜찮습니다. 하지만 처치 확률이 매우 낮다면 $P(T|X)$의 값이 매우 작아져 계산상의 문제가 발생할 수 있습니다. 이를 해결하는 간단한 방법은 처치의 주변확률^{marginal probability}인 $P(T = t)$를 사용하여 가중치를 안정화하는 것입니다.

$$w = \frac{P(T = t)}{P(T = t \mid X)}$$

이 가중치를 사용하면 작은 분모가 작은 분자와 균형을 이루므로, 확률이 낮은 처치에 큰 가중치가 적용되지 않습니다. 또한, 이전에 얻은 결과가 바뀌지 않지만 계산적으로 더 안정적입니다.

게다가 안정된^{stabilized} 가중치는 실험군과 대조군의 유효 크기^{effective size}(가중치의 합)가 각각 원래 실험군과 대조군의 유효 크기와 일치하는 유사 모집단을 재구성합니다. 중요도 샘플링과 비교해보면 안정된 가중치를 사용함으로써 처치는 X에 따라 분포 $P(T = t|X)$가 달라지지만, 주변확률 $P(T = t)$를 재구성할 수 있습니다.

```
In [16]: p_of_t = data_ps["intervention"].mean()

         t1 = data_ps.query("intervention==1")
         t0 = data_ps.query("intervention==0")

         weight_t_stable = p_of_t/t1["propensity_score"]
         weight_nt_stable = (1-p_of_t)/(1-t0["propensity_score"])

         print("Treat size:", len(t1))
         print("W treat", sum(weight_t_stable))

         print("Control size:", len(t0))
         print("W treat", sum(weight_nt_stable))
```

```
Out[16]: Treat size: 5611
         W treat 5634.807508745978
         Control size: 4780
         W treat 4763.116999421415
```

즉, 앞에서 다룬 안정화^{stabilization}는 원래 성향점수의 균형을 이루려는 속성을 동일하게 유지합니다. 이전과 정확히 동일한 ATE 추정값이 나오는지 확인해봅시다.

```
In [17]: nt = len(t1)
         nc = len(t0)

         y1 = sum(t1["engagement_score"]*weight_t_stable)/nt
         y0 = sum(t0["engagement_score"]*weight_nt_stable)/nc

         print("ATE: ", y1 - y0)

Out[17]: ATE:  0.26597870880761176
```

5.3.7 유사 모집단

이미 유사 모집단을 언급했지만, 이 개념을 더 명확히 파악하면, IPW가 편향을 제거하는 방법을 더 깊이 이해할 수 있습니다. 먼저 $P(T|X)$의 관점에서 편향이 무엇을 의미하는지 생각해봅시다. 처치가 10%의 확률로 무작위 배정되었다면, 처치는 X에 독립적이며 $P(T|X) = P(T) = 10\%$임을 알 수 있습니다. 따라서 처치가 X와 독립이라면 X에서 오는 교란편향이 없고 보정할 필요가 없습니다. 이러한 편향이 있다면 일부 실험 대상은 처치 받을 확률이 더 높습니다. 예를 들어, 이미 참여도가 높은 팀의 열정적인 관리자가 그렇지 않은 관리자보다 교육받을 가능성인 $e(T)$가 더 높을 수 있습니다.

처치 여부에 따라서 $\hat{e}(x)$ 분포를 시각화하면, 관리자들이 교육(처치)받을 확률이 동일하지 않으므로(처치는 무작위가 아님) 교육받은 사람들의 $\hat{e}(x)$가 더 높을 것입니다. 다음 그림의 왼쪽 그래프에서 $\hat{e}(x)$의 처치 분포가 오른쪽으로 약간 이동된 모습을 볼 수 있죠.

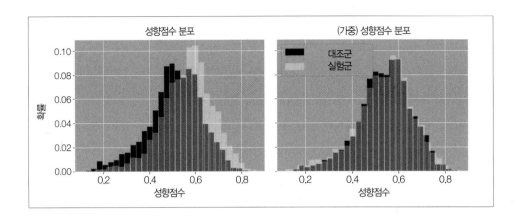

오른쪽의 그래프와 비교해보면, $\hat{e}(x)$가 낮은 영역에서의 실험군은 가중치가 증가하고 대조군은 감소합니다. 반대로, $\hat{e}(x)$가 높은 영역에서 실험군의 가중치가 낮아지고 대조군은 가중치가 높아집니다. 이러한 보정 때문에 두 분포가 겹치게 됩니다. 이는 가중치가 적용된 데이터에서 실험군과 대조군이 처치 받거나 받지 않을 확률이 같다는 것을 의미합니다. 즉, 관측되지 않은 교란 요인이 없다고 가정할 때, 처치 배정은 비로소 무작위적인 것처럼 보이게 됩니다.

또한, 이 그래프는 IPW가 하는 역할을 보여줍니다. 실험군의 결과인 $Y\,|\,T = 1$을 취하고 $\hat{e}(x)$가 낮으면 가중치를 높이고 $\hat{e}(x)$가 높으면 가중치를 낮춰서 $Y_1\,|\,T = 0$이 어떤 형태인지 알아내려고 하는 것이죠. 마찬가지로, 대조군 표본에 $1/(1\,-\,P(T = 1))$만큼 재조정함으로써, $Y_0\,|\,T = 1$를 파악하려는 시도를 할 수 있습니다.

5.3.8 선택편향

이 예시를 통해, 성향점수 가중치를 사용하여 공통 원인을 보정함으로써 실험군과 대조군을 서로 비슷하게 만드는 과정을 보았습니다. 즉, 교란편향을 이해하고 보정하는 방식에서 성향점수 가중치 활용법을 살펴본 것이죠. 그뿐만 아니라 IPW는 선택 문제[selection issue]를 보정하는 데도 사용할 수 있습니다. 실제로 호르비츠[Horvitz]와 톰슨[Thompson]은 1952년에 처음 이 맥락에서 IPW 추정량을 소개했습니다. 이러한 이유로 IPW 추정량을 호르비츠–톰슨 추정량[Horvitz–Thompson estimator]으로 볼 수도 있습니다.

예를 들어 앱에 대한 고객 만족도를 알고 싶다고 가정해봅시다. 그래서 1에서 5까지의 척도로 제품을 평가하는 설문을 보냅니다. 하지만, 일부 고객은 응답하지 않았으므로 분석 결과가 편향될 수 있다는 문제가 있습니다. 만약 미응답자 대부분이 앱에 불만족한 고객이라면, 설문 결과는 인위적으로 부풀려질 수 있죠.

이를 보정하기 위해 고객의 공변량(예: 나이, 소득, 앱 사용량)이 주어지면 응답률 R, $P(R = 1 | X)$를 추정할 수 있습니다. 그다음 응답자에게 $1 / \hat{P}(R = 1)$ 만큼의 가중치를 부여합니다. 이는 $\hat{P}(R = 1)$이 낮은 미응답자와 유사한 응답자에게 높은 가중치를 부여합니다. 이로써 설문 응답자는 자신뿐만 아니라 비슷한 고객을 대표하여 원래 모집단처럼 행동하지만, 마치 모두가 설문에 응답한 것처럼 보이는 유사 모집단을 생성합니다.

(자주는 아니지만) 때로는 교란편향과 선택편향을 동시에 마주해야 합니다. 이 경우, 선택편향과 교란편향에 두 가중치의 곱을 사용할 수 있습니다. 이 곱은 매우 작을 수 있으므로 교란편향 가중치를 주변확률 $P(T = t)$로 안정화하면 좋습니다.

$$W = \frac{\hat{P}(T = t)}{\hat{P}(R = 1 | X)\hat{P}(T = t | X)}$$

5.3.9 편향–분산 트레이드오프

필자는 처음 성향점수를 배울 때, 데이터 과학자로서 '와, 이건 정말 대단하다! 인과추론 문제를 예측 문제로 바꿀 수 있겠구나. $e(x)$만 잘 예측하면 모든 문제가 해결될 거야!'라고 생각했습니다. 하지만 실제로는 그렇게 간단하지 않습니다. 언뜻 보면, 처치 배정 메커니즘을 더 잘 추정할수록 인과 추정값이 더 좋아질 것 같지만 그렇지 않습니다.

4.9.1절에서 잡음 유발 통제변수에 관해 배운 내용을 기억하시나요? 여기에도 같은 논리가 적용됩니다. T를 잘 예측하는 공변량 X_k이 있다면 이 변수는 $e(x)$에 대한 정확한 모델을 제공할 것입니다. 그러나 해당 변수가 Y의 원인이 아니라면 이는 교란 요인이 아니며 IPW 추정값의 분산만 높일 것입니다. 예를 들어, T에 대해 매우 정확한 모델이 있다고 생각해봅시다. 이 모델은 모든 실험군에서 매우 높은 $\hat{e}(x)$(처치 대상임을 정확하게 예측)를, 모든 대조군에서 매우 낮은 $\hat{e}(x)$(처치 받지 않은 대상임을 정확하게 예측)를 출력할 것입니다. 이렇게 하면 $Y_1 | T = 0$을 추정할 수 있는 $\hat{e}(x)$가 낮은 실험군이 없고, 반대로 $Y_0 | T = 1$를 추정할 수 있는 $\hat{e}(x)$가 높은 대조군이 남지 않습니다.

반면에 처치가 무작위 배정된다면 어떨까요? 이 경우 $\hat{e}(x)$의 예측력은 0이 되어야 합니다! 관리자 교육 예시에서 무작위 배정 시, $\hat{e}(x)$가 높은 관리자가 $\hat{e}(x)$가 낮은 관리자보다 교육에 참여할 가능성이 더 높지 않습니다. 하지만 예측력이 없다 하더라도 이것이 처치효과를 추정하기에는 가장 최선입니다.

보시다시피 IPW에는 편향–분산 트레이드오프가 존재합니다. 일반적으로 성향점수 모델이 더 정확할수록 편향이 작아집니다. 그러나 $e(x)$에 대해 매우 정확한 모델은 매우 부정확한 효과 추정값을 생성할 수 있습니다. 즉, 편향을 통제할 수 있을 정도로 정밀하게 모델을 만들되, 너무 과도하면 분산 문제가 발생합니다.

> **NOTE 잘라내기**
>
> IPW 추정량의 분산을 줄이는 한 가지 방법은 성향점수를 항상 특정 수준 이상으로 유지하는 것입니다. 예를 들어, 너무 큰 가중치(예: 100 이상)를 피하려 1% 이상으로 설정하는 것이죠. 마찬가지로, 가중치가 너무 크지 않도록 제한하는(자르는trimming) 방법도 있습니다. 가중치가 제한된 IPW는 더 이상 편향되지 않지만, 분산 감소가 뚜렷하면 평균제곱오차mean square error가 낮아질 수 있습니다.

5.3.10 성향점수의 양수성 가정

편향–분산 트레이드오프[6]는 두 가지 인과추론 가정인 조건부 독립(비교란성unconfoundedness)과 양수성 관점에서 바라볼 수 있습니다. 예를 들어, 더 많은 변수를 추가하여 $e(x)$에 대한 모델을 더 정교하게 만들수록 조건부 독립성 가정을 만족하는 방향으로 나아갈 수 있죠. 그러나 동시에 양수성 가정의 타당성이 떨어지게 됩니다. 그 이유는 대조군에서 멀리 떨어진 낮은 $\hat{e}(x)$ 영역에 처치가 집중되고, 그 반대도 마찬가지이기 때문입니다.

IPW 재구성은 재조정할 수 있는 표본이 있을 때만 가능합니다. 성향점수가 낮은(대조군이 될 확률이 높은) 영역에 처치 받은 표본이 없다면 해당 영역에서 Y_1을 재구성하는 재조정은 불가능합니다. 이는 IPW 측면에서 양수성 가정이 위배되었다고 볼 수 있죠. 또한 양수성이 완전히 위배되지 않았더라도, 일부 실험 대상의 성향점수가 매우 작거나 크면 IPW는 큰 분산에서 오는 문제를 겪게 됩니다.

---

6 옮긴이_ 편향–분산 트레이드오프를 '양수성–비교란성 트레이드오프'라고도 부릅니다.

다음 시뮬레이션 데이터를 고려해서 더 직관적으로 이해해봅시다. 여기서 실제 ATE는 1입니다. 그러나 X는 T와 Y의 관계를 교란합니다. X가 클수록 Y는 작아지지만 처치 받을 가능성은 높아집니다. 따라서 실험군과 대조군 간의 평균 결과를 단순 비교하면 하향 편향downward bias 되고 심지어 음수가 될 수도 있죠.

```
In [18]: np.random.seed(1)

         n = 1000
         x = np.random.normal(0, 1, n)
         t = np.random.normal(x, 0.5, n) > 0

         y0 = -x
         y1 = y0 + t   # 실제 ATE = 1

         y = np.random.normal((1-t)*y0 + t*y1, 0.2)

         df_no_pos = pd.DataFrame(dict(x=x,t=t.astype(int),y=y))

         df_no_pos.head()
```

	x	t	y
0	1.624345	1	−0.526442
1	−0.611756	0	0.659516
2	−0.528172	0	0.438549
3	−1.072969	0	0.950810
4	0.865408	1	−0.271397

이 데이터에서 성향점수를 추정하면, 일부 실험 대상(x 값이 높음)은 성향점수가 거의 1에 가까워 처치 받을 가능성이 매우 높습니다. 반대로, 일부 실험 대상(x 값이 낮음)은 처치 받을 가능성이 거의 없습니다. 이는 다음 그림의 가운데 그래프에서 확인할 수 있습니다. 실험군과 대조군의 성향점수 분포 사이에 겹치는 부분이 없으므로 문제가 됩니다. $e(x)$가 거의 0에 가까운 곳에서 대조군 분포의 상당 부분이 모여있지만, 해당 영역을 재구성할 실험군이 없습니다. 결과적으로, 데이터의 상당 부분에서 $Y_1|T = 0$의 좋은 추정값을 얻지 못하게 됩니다.

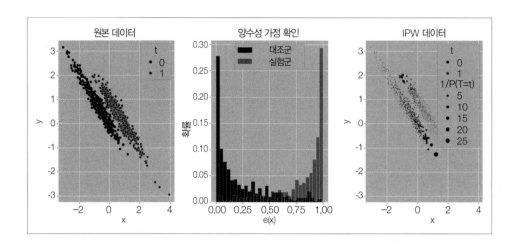

세 번째 그래프에서 보았듯이, 오른쪽 대조군($e(x)$가 높음)은 가중치가 매우 큽니다. 왼쪽 실험군($e(x)$가 낮음)에서도 비슷한 상황이 발생합니다. 지금까지 배웠듯이, 가중치가 크면 일반적으로 IPW 추정량의 분산을 증가시킵니다.

'큰 분산'과 '양수성 가정 위배'라는 이 두 가지 문제를 종합하면, IPW 추정량이 데이터에서 ATE가 1이 되지 못하는 것을 볼 수 있습니다.

```
In [19]: est_fn = partial(est_ate_with_ps, ps_formula="x", T="t", Y="y")
         print("ATE:",  est_fn(df_no_pos))
         print(f"95% C.I.: ", bootstrap(df_no_pos, est_fn))

Out[19]: ATE: 0.6478011810615735
         95% C.I.:  [0.41710504 0.88840195]
```

이 문제는 단순히 큰 분산만의 문제가 아닙니다. 물론 이 추정값의 95% 신뢰구간이 넓지만, 이보다 더 중요한 문제가 있습니다. 특히 신뢰구간의 상한이 실제 ATE인 1보다 현저히 낮아보인다는 것이죠.

양수성 가정의 위배는 IPW 추정량만의 문제가 아닙니다. 그러나 IPW는 양수성 문제에 선명하게 다가갈 수 있습니다. 예를 들어, 처치변수의 성향점수 분포(앞선 그림의 중간 그래프)를 그려보면 양수성 가정을 잘 만족하는지 시각적으로 확인할 수 있습니다.

실제로 IPW 추정량과 선형회귀분석을 비교해보겠습니다. 회귀분석은 양수성 가정 위배에 그다지 명확하지 않습니다. 대신, 실제 데이터가 전혀 없는 영역까지 외삽할 것입니다. 매우 운이 좋은 상황에서는 이 방법이 효과적일 수도 있습니다. 예를 들어, 다음과 같이 간단한 시뮬레이션 데이터에서는 회귀분석이 실제 데이터가 없는 처치 및 대조 영역에서 Y_0과 Y_1을 모두 올바르게 외삽하므로 ATE가 1인 것을 찾을 수 있지만, 이는 예외적인 경우입니다.

```
In [20]: smf.ols("y ~ x + t", data=df_no_pos).fit().params["t"]

Out[20]: 1.0165855487679483
```

회귀분석은 잠재적 결과의 평활도smoothness[7]에 대한 $E[Y|T, X]$의 모수적인parametric 가정으로 양수성 가정을 대체할 수 있습니다. 선형모델이 조건부 기댓값을 잘 반영한다면, 양수성 가정이 유지되지 않는 영역에서도 ATE를 구할 수 있습니다. 반면, IPW는 잠재적 결과의 형태에 대해 아무런 가정도 하지 않습니다. 따라서 외삽이 필요한 경우, IPW를 활용하여 ATE를 정확하게 추정하기 어려울 수 있습니다.

5.4 디자인 vs. 모델 기반 식별

앞서 성향점수 가중치를 사용하여 처치효과를 추정하는 방법을 배웠습니다. 회귀분석과 함께 비실험 데이터에서 편향을 제거하는 가장 중요한 두 가지 방법인 성향점수 매칭(PSM)과 역확률 가중치(IPW)를 다뤘죠. 하지만 회귀분석 또는 역확률 가중치 중에서 언제 어떤 방법을 사용해야 좋을까요?

이 선택은 **모델 기반**model-based **식별**과 **디자인 기반**design-based **식별**[8]에 관한 논의를 내포합니다. 모델 기반 식별은 처치 및 추가 공변량을 조건부로 설정하고 잠재적 결과에 대한 모델 형태로 가정하는 것을 포함합니다. 이러한 관점에서 목표는 추정에 필요한 누락된 잠재적 결과를 대체

---

7 옮긴이_ 평활도 또는 연속성은 조건부 기댓값 함수의 특성을 나타냅니다. 예를 들어 특정 임곗값 c가 있다고 가정하겠습니다. 여기서 평활도는 X의 값이 c 근처에서 변할 때, 조건부 기댓값 함수가 연속적으로(또는 부드럽게) 변화한다는 것을 의미합니다. 이론적으로, 이러한 평활도는 임곗값이 외생적(exogenous)인데, 이는 임곗값이 변할 때 관련된 다른 잠재적 결과에 아무런 변화가 없다는 것을 의미합니다. 평활도 가정은 배정변수에 대한 정렬 없음(no sorting) 또는 정밀한 조작 없음(no manipulation with precision) 가정이라고도 불리며, 11.9절 회귀 불연속 설계에서도 필요한 가정입니다.

8 옮긴이_ 이 책에서와 같이, 처치 배정 메커니즘에 기반한 인과추론 접근을 디자인 기반 식별이라고 하기도 하지만, 통계적 모델링이 아닌 연구 디자인(예: 자연 실험, 준실험 등)에 기반한 인과추론을 디자인 기반 식별(인과추론)이라고 부르기도 합니다.

하는 것입니다.

반면, 디자인 기반 식별은 처치 배정 메커니즘에 대한 가정을 합니다. 4장에서 회귀분석은 두 가지 전략에 모두 부합하는 방법임을 살펴보았습니다. 회귀분석은 직교화 관점에서 보면 디자인 기반이고, 잠재적 결과 모델의 추정량 관점에서는 모델 기반입니다. 이 장에서는 순수하게 디자인 기반인 IPW를 배웠고, 9장에서는 순전히 모델 기반인 통제집단합성법^{synthetic control method}을 배웁니다.

따라서 디자인 기반 식별과 모델 기반 식별 중 하나를 선택하려면 어떤 유형의 가정이 더 편한지 다음과 같이 2가지 질문을 해야 합니다. 처치가 어떻게 배정되었는지 잘 이해하고 있나요? 잠재적 결과 모델을 올바르게 지정하는 더 좋은 방법이 있나요?

5.5 이중 강건 추정

만약 확신이 없다면 앞서 배운 두 가지 식별 방법을 모두 선택할 수도 있습니다! 이중 강건^{doubly robust}(DR) 추정은 모델 기반과 디자인 기반 식별을 모두 결합하여, 적어도 둘 중 하나가 정확하기를 기대하는 방법입니다. 이번 절에서는 성향점수와 선형회귀분석을 결합하는 방법을 살펴보겠습니다. 이 방법은 두 가지 중 하나만 정확하게 지정해도 효과가 있습니다. 이번 절에서는 잘 알려진 이중 강건 추정량을 소개하고 이 방법이 훌륭한 이유를 설명하겠습니다.

일반적으로 반사실 Y_t의 이중 강건 추정량은 다음과 같이 표현할 수 있습니다.

$$\hat{\mu}_t^{DR}(\hat{m}, \hat{e}) = \frac{1}{N} \sum \hat{m}(X) + \frac{1}{N} \sum \left[\frac{T}{\hat{e}(x)} (Y - \hat{m}(X)) \right]$$

$\hat{m}(X)$는 $E[Y_t|X]$에 대한 모델이며(예: 선형회귀), $\hat{e}(x)$는 $P(T|X)$의 성향점수입니다. 앞의 식이 이중 강건한 이유는 $\hat{m}(X)$이나 $\hat{e}(x)$ 모델 중 하나만 올바르게 지정하면 되기 때문입니다.

성향점수 모델이 잘못되었지만, 결과 모델 $\hat{m}(X)$가 정확하다고 가정해봅시다. 이 경우 두 번째 항은 $E[Y - \hat{m}(X)] = 0$이므로 0에 수렴합니다. 따라서, 결과 모델인 첫 번째 항만 남게 됩니다.

다음으로, 결과 모델은 부정확하지만 성향점수 모델은 정확한 시나리오를 고려해보겠습니다.

이를 위해서, 앞의 식[9]을 약간 대수적으로 변형하겠습니다.

$$\hat{\mu}_t^{DR}(\hat{m}, \hat{e}) = \frac{1}{N} \sum \frac{TY}{\hat{e}(X)} - \frac{1}{N} \sum \left[\frac{T - \hat{e}(X)}{\hat{e}(X)} \hat{m}(X) \right]$$

이제 좀 더 명확해졌나요? 성향점수 모델이 정확하다면 $T - \hat{e}(x)$는 0으로 수렴할 것입니다. 그러면 첫 번째 항인 IPW 추정량만 남게 됩니다. 그리고 성향점수 모델이 정확하므로 이 추정량 역시 정확할 것입니다. 즉, 이중 강건 추정량의 장점은 어느 모델이 맞든 수렴한다는 점입니다.

앞의 추정량은 평균 반사실적 결과인 Y_t를 추정합니다. 평균 처치효과를 추정하려면 $E[Y_0]$와 $E[Y_1]$ 각각에 두 추정량을 함께 사용하고 그 차이를 계산하면 됩니다.

$$ATE = \hat{\mu}_1^{DR}(\hat{m}, \hat{e}) - \hat{\mu}_0^{DR}(\hat{m}, \hat{e})$$

이중 강건성에 대한 이론을 이해했으니 이를 코드로 구현하겠습니다. 모델 $\hat{e}$와 $\hat{m}$이 각각 로지스틱 회귀와 선형회귀일 필요는 없지만, 일단 시작하기에 매우 좋은 후보들이죠. 다시 patsy의 dmatrix를 사용하여 R 스타일 공식으로 공변량 행렬 X를 만들겠습니다. 다음으로, 로지스틱 회귀분석을 사용하여 성향점수 모델을 적합시켜 $\hat{e}(x)$를 얻습니다. 그다음은 결과 모델 부분입니다. 처치 변형variant별로 하나의 선형회귀를 적합시켜, 실험군과 대조군 각각에 대해 두 모델을 만듭니다. 각 모델은 특정 처치 유형의 데이터셋 부분 집합에 적합되지만, 전체 데이터셋에 대한 예측을 합니다. 예를 들면, 대조군에 대한 모델은 $T = 0$인 데이터에만 적합되지만 모든 데이터에 대해 예측합니다. 이 예측은 Y_0에 대한 추정값입니다.

마지막으로 두 모델을 결합하여 $E[Y_0]$과 $E[Y_1]$ 모두의 이중 강건 추정량을 구성합니다. 방금 본 공식을 코드로 구현하면 다음과 같습니다.

```
In [21]: from sklearn.linear_model import LinearRegression

         def doubly_robust(df, formula, T, Y):
             X = dmatrix(formula, df)

             ps_model = LogisticRegression(penalty="none",
```

---

9 옮긴이_ 이러한 이중 강건 추정량을 IPW에 덧붙인 식(augmentation)이 추가되었다고 하여 Augmented IPW(AIPW)라고 부릅니다.

```
                                    max_iter=1000).fit(X, df[T])
        ps = ps_model.predict_proba(X)[:, 1]


        m0 = LinearRegression().fit(X[df[T]==0, :], df.query(f"{T}==0")[Y])
        m1 = LinearRegression().fit(X[df[T]==1, :], df.query(f"{T}==1")[Y])


        m0_hat = m0.predict(X)
        m1_hat = m1.predict(X)

        return (
            np.mean(df[T]*(df[Y] - m1_hat)/ps + m1_hat) -
            np.mean((1-df[T])*(df[Y] - m0_hat)/(1-ps) + m0_hat)
        )
```

관리자 교육 데이터에서 어떻게 작동하는지 살펴봅시다. 이 데이터를 부트스트랩 함수에 전달하여 이중 강건 ATE 추정값에 대한 신뢰구간을 만들 수 있습니다.

```
In [22]: formula = """tenure + last_engagement_score + department_score
         + C(n_of_reports) + C(gender) + C(role)"""
         T = "intervention"
         Y = "engagement_score"

         print("DR ATE:", doubly_robust(df, formula, T, Y))

         est_fn = partial(doubly_robust, formula=formula, T=T, Y=Y)
         print("95% CI", bootstrap(df, est_fn))

Out[22]: DR ATE: 0.27115831057931455
         95% CI [0.23012681 0.30524944]
```

보시다시피, 결과는 앞서 본 IPW 및 회귀 추정량과 꽤 비슷합니다. 이는 이중 강건 추정량이 정상적으로 작동함을 의미합니다. 하지만 이 예시는 이중 강건 추정의 강력함을 제대로 보여주지 못합니다. 따라서 이중 강건성이 왜 그렇게 흥미로운지 이해를 돕기 위해 간단하지만 새로운 두 가지 예를 살펴보겠습니다.

5.5.1 처치 모델링이 쉬운 경우

첫 번째 예시는 처치 배정을 모델링하기 매우 쉽지만, (잠재적) 결과 모델은 조금 더 복잡한 경우입니다. 구체적으로, 처치는 다음 성향점수에 따라 주어진 확률로 베르누이 분포를 따른다고 가정해봅시다.

$$e(x) = \frac{1}{1 + e^{-(1+1.5x)}}$$

이 식은 로지스틱 회귀분석이 가정하는 형태와 정확히 일치하므로 이를 추정하기는 매우 쉬울 것입니다. 또한 $P(T|X)$를 쉽게 모델링할 수 있으므로 IPW 점수는 2인 실제 ATE를 찾는 데 아무런 문제가 없어야 합니다. 반면에 결과 Y는 조금 더 복잡하므로 회귀분석으로 모델링하기 어려울 수 있습니다.

```
In [23]: np.random.seed(123)

         n = 10000
         x = np.random.beta(1,1, n).round(2)*2
         e = 1/(1+np.exp(-(1+1.5*x)))
         t = np.random.binomial(1, e)

         y1 = 1
         y0 = 1 - 1*x**3
         y = t*(y1) + (1-t)*y0 + np.random.normal(0, 1, n)

         df_easy_t = pd.DataFrame(dict(y=y, x=x, t=t))

         print("True ATE:", np.mean(y1-y0))

Out[23]: True ATE: 2.0056243152
```

다음 두 그래프는 이 데이터 형태를 보여줍니다. 두 번째 그래프에서 볼 수 있는 데이터의 효과 이질성^{heterogeneity}을 주목해봅시다. x 값이 낮을 때는 효과가 0이고 x가 증가함에 따라 비선형적으로 증가함을 볼 수 있습니다.[10] 이렇게 효과 이질성이 존재할 때는 회귀 모델이 제대로 작동하기 어려울 수 있습니다.

---

10 옮긴이_ $Y(1)$은 x에 따라 일정하지만, $Y(0)$는 감소합니다. 따라서 처치효과 $Y(1)-Y(0)$는 x가 증가함에 따라 커집니다.

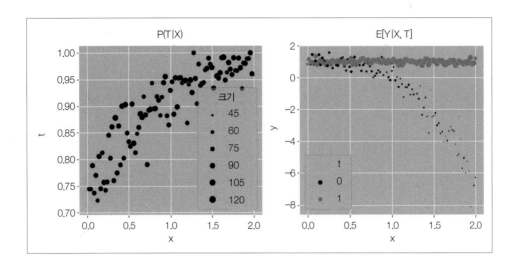

이제 이 데이터에서 회귀 모델이 어떻게 작동하는지 살펴봅시다. 다시 한번 $\hat{m}_1$ 과 $\hat{m}_0$ 을 각각 적합시키고 전체 데이터셋인 $N^{-1}\Sigma(\hat{m}_1(x)-\hat{m}_0(X))$ 에서 각각의 예측값들의 평균을 취함으로써 ATE를 추정합니다.

```
In [24]: m0 = smf.ols("y~x", data=df_easy_t.query("t==0")).fit()
         m1 = smf.ols("y~x", data=df_easy_t.query("t==1")).fit()
         regr_ate = (m1.predict(df_easy_t) - m0.predict(df_easy_t)).mean()

         print("Regression ATE:", regr_ate)

Out[24]: Regression ATE: 1.786678396833022
```

예상대로 회귀 모델은 실제 ATE인 2를 추정하지 못했습니다. 원본 데이터에 대한 예측값을 시각화하면 그 이유를 알 수 있습니다. 바로 회귀 모델이 대조군에서의 곡률^{curvature}을 제대로 포착하지 못했기 때문입니다.

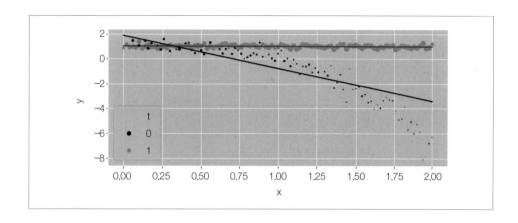

그렇다고 해서 회귀 모델로 ATE를 정확하게 추정할 수 없다는 의미는 아닙니다. 데이터의 실제 곡률을 알면 정확하게 모델링할 수 있습니다.

```
In [25]: m = smf.ols("y~t*(x + np.power(x, 3))", data=df_easy_t).fit()
         regr_ate = (m.predict(df_easy_t.assign(t=1))
                     - m.predict(df_easy_t.assign(t=0))).mean()

         print("Regression ATE:", regr_ate)
Out[25]: Regression ATE: 1.9970999747190072
```

하지만 현실에서는 데이터 생성 과정을 정확히 알 수 없습니다. 따라서 회귀분석은 잘 작동하지 않을 가능성이 높은 방법이죠. 반면, IPW는 어떤지 살펴봅시다. 처치 배정을 모델링하기가 쉬우므로 IPW가 이 데이터에서 잘 적용될 것으로 예상됩니다.

```
In [26]: est_fn = partial(est_ate_with_ps, ps_formula="x", T="t", Y="y")
         print("Propensity Score ATE:", est_fn(df_easy_t))
         print("95% CI", bootstrap(df_easy_t, est_fn))

Out[26]: Propensity Score ATE: 2.002350388474011
         95% CI [1.80802227 2.22565667]
```

이제 IPW가 얼마나 정확하게 ATE를 추정하는지 주목해주세요.

드디어 이중 강건 추정값을 확인해볼 시간입니다. 이중 강건 추정은 두 모델($P(T|X)$와 $E[Y_t|X]$) 중 하나만 정확하면 되며, 두 모델 모두 정확할 필요는 없습니다. 이 데이터에서 $P(T|X)$ 모델은 정확하고 $E[Y_t|X]$ 모델은 정확하지 않을 것입니다.

```
In [27]: est_fn = partial(doubly_robust, formula="x", T="t", Y="y")
         print("DR ATE:", est_fn(df_easy_t))
         print("95% CI", bootstrap(df_easy_t, est_fn))

Out[27]: DR ATE: 2.001617934263116
         95% CI [1.87088771 2.145382]
```

예상대로, 이중 강건 추정값은 여기에서도 정확하게 ATE를 추정했습니다. 하지만 더 주목할 점은 순수 IPW 추정값에 비해 95% 신뢰구간이 더 좁다는 점입니다. 이는 해당 데이터에서 이중 강건 추정값이 더 정밀함을 의미합니다. 이 간단한 예시는 $E[Y_t|X]$가 잘못되어도 $P(T|X)$를 모델링하기가 쉬울 때, 이중 강건 추정이 어떻게 잘 수행되는지 보여줍니다. 그렇다면 반대는 어떨까요?

5.5.2 결과 모델링이 쉬운 경우

다음 예제에서는 $E[Y_t|X]$보다 $P(T|X)$가 모델링하기 더 복잡한 경우를 살펴봅니다. 결과 함수는 단순히 선형이지만 $P(T|X)$는 비선형임을 주목해주세요. 그리고 여기서 실제 ATE는 −1입니다.

```
In [28]: np.random.seed(123)

         n = 10000
         x = np.random.beta(1,1, n).round(2)*2
         e = 1/(1+np.exp(-(2*x - x**3)))
         t = np.random.binomial(1, e)

         y1 = x
         y0 = y1 + 1 # 실제 ATE는 -1
         y = t*(y1) + (1-t)*y0 + np.random.normal(0, 1, n)

         df_easy_y = pd.DataFrame(dict(y=y, x=x, t=t))
```

```
          print("True ATE:", np.mean(y1-y0))

Out[28]: True ATE: -1.0
```

이전과 같이 시각화를 통해 $P(T|X)$의 복잡한 함수 형태와 $E[Y_t|X]$의 단순함을 확인하겠습니다.

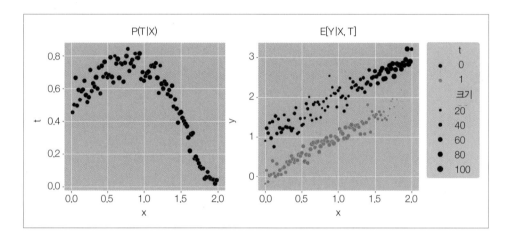

이 데이터를 사용하면 성향점수 모델링이 상대적으로 복잡하므로, IPW는 실제 ATE를 제대로 추정하기 어렵습니다.

```
In [29]: est_fn = partial(est_ate_with_ps, ps_formula="x", T="t", Y="y")
         print("Propensity Score ATE:", est_fn(df_easy_y))
         print("95% CI", bootstrap(df_easy_y, est_fn))

Out[29]: Propensity Score ATE: -1.1042900278680896
         95% CI [-1.14326893 -1.06576358]
```

하지만 이 데이터에서 회귀 모델은 ATE를 정확하게 추정할 수 있죠.

```
In [30]: m0 = smf.ols("y~x", data=df_easy_y.query("t==0")).fit()
         m1 = smf.ols("y~x", data=df_easy_y.query("t==1")).fit()
         regr_ate = (m1.predict(df_easy_y) - m0.predict(df_easy_y)).mean()
```

```
          print("Regression ATE:", regr_ate)

Out[30]: Regression ATE: -1.0008783612504342
```

이중 강건 추정은 모델 중 하나만 올바르게 지정하면 되므로 여기서도 실제 ATE를 구할 수 있습니다.

```
In [31]: est_fn = partial(doubly_robust, formula="x", T="t", Y="y")
         print("DR ATE:", est_fn(df_easy_y))
         print("95% CI", bootstrap(df_easy_y, est_fn))

Out[31]: DR ATE: -1.0028459347805823
         95% CI [-1.04156952 -0.96353366]
```

이 두 가지 예를 살펴보며 이중 강건 추정이 왜 매우 흥미로운지 더 명확하게 이해했기를 바랍니다. 중요한 점은 이중 강건 추정이 정확도를 높일 2번의 기회를 제공한다는 것이죠. $P(T|X)$는 모델링하기 어렵지만 $E[Y_t|X]$는 모델링하기 쉬울 때가 있습니다. 반대도 마찬가지입니다. 어떤 상황이든, $P(T|X)$와 $E[Y_t|X]$ 모델 중 하나만 하나만 정확하게 모델링할 수 있다면 충분합니다. 이것이 바로 이중 강건 추정의 진정한 힘입니다.

NOTE 더 알아보기

여기서 다룬 이중 강건(DR) 추정량은 여러 추정량 중 하나일 뿐입니다. 예를 들어, 이 장에서 다룬 DR 추정량을 사용하되 가중치를 $\hat{e}(x)$로 설정하여 회귀 모델에 적용할 수 있습니다. 또는 회귀 모델에 $\hat{e}(x)$를 추가하는 방법도 있습니다. 흥미롭게도, 선형회귀 자체는 $e(x) = \beta X$를 모델링하는 DR 추정량입니다. βX가 확률 모델처럼 0과 1 사이의 값을 가지지 않으므로 그다지 좋은 DR 추정량은 아니지만, 여전히 DR 추정량이라고 볼 수 있습니다. 다른 DR 추정량을 자세히 알아보려면 2008년에 로빈스 등이 쓴 논문[11]을 참고하세요.

---

11 Robins J., Sued M., Lei-Gomez Q., & Rotnitzky A. (2007). Comment: Performance of Double-Robust Estimators When "Inverse Probability" Weights Are Highly Variable. *Statistical Science*, vol. 22(no. 4), pp. 544–559.

5.6 연속형 처치에서의 일반화 성향점수

지금까지는 성향점수의 처치가 불연속인 경우에 사용하는 방법만 설명했습니다. 연속형 처치 continuous treatment를 다루지 않은 이유는 이산형보다 연속형 처치가 다루기 훨씬 더 복잡하기 때문입니다. 인과추론에서도 이 문제에 대한 확실한 해결책은 없습니다.

4장에서는 연속형 처치에 대해 처치 반응의 함수 형태를 가정함으로써 문제를 해결할 수 있었죠. 예를 들어 $y = a + bt$(선형 형태)나 $y = a + b\sqrt{t}$ (제곱근 형태)와 같은 형태를 가정한 다음 OLS로 추정할 수 있습니다. 하지만 성향점수 가중치에서 모수적 반응 함수와 같은 것은 존재하지 않습니다. 그리고 잠재적 결과는 재조정하여 평균을 구하는 비모수적 방식으로 추정됩니다. T가 연속형일 때 잠재적 결과 Y_t는 무한히 많이 존재합니다. 또한 연속형 변수의 확률은 항상 0이므로 이 시나리오에서는 $P(T = t|X)$를 추정할 수 없습니다.

이러한 문제를 해결하는 가장 간단한 방법은 연속형 처치를 이산화discretize하는 것이죠. 이 방법 이외에, 일반화 성향점수generalized propensity score(GPS)를 사용하는 방법도 있습니다. 기존의 성향점수를 약간 변경하면 어떤 유형의 처치에도 적용할 수 있습니다. 이 방법이 어떻게 작동하는지 다음 예제에서 살펴보겠습니다.

은행은 대출 금리가 고객 대출 상환기간(월 단위)에 어떤 영향을 미치는지 알고 싶어 합니다. 직관적으로, 금리가 대출 상환기간에 미치는 영향은 음수여야 합니다. 사람들은 이자 지불을 최소화하려고 고금리 대출을 가능한 한 빨리 상환하고 싶어 하기 때문입니다.

은행은 금리를 무작위로 배정해서 이 질문에 답할 수 있지만, 이는 금전적으로나 시간적으로 큰 비용이 소모되는 방법입니다. 대신 은행은 이미 보유한 데이터를 사용하려고 합니다. 은행은 금리가 두 가지 머신러닝 모델(ml_1과 ml_2)에 따라 배정되었음을 압니다. 또한 은행의 데이터 과학자들이 현명하게도 금리 결정 과정에 임의의 가우스 잡음Gaussian noise[12]을 추가하여 정책이 비결정적이고 양수성 가정을 위배하지 않도록 했습니다. 관측(비무작위) 금리 데이터에는 교란 요인인 ml_1, ml_2 그리고 결과변수인 상환기간(duration) 정보가 있으며, 이는 데이터프레임 df_cont_t에 저장되었습니다.

---

12 옮긴이_ 가우스 잡음은 가우스 분포(Gaussian distribution)를 따르는 잡음이고 가우스 분포는 우리가 흔히 아는 정규분포를 의미합니다. 이는 백색 잡음이라고 불리기도 합니다.

```
In [32]: df_cont_t = pd.read_csv("./data/interest_rate.csv")

         df_cont_t.head()
```

	ml_1	ml_2	interest	duration
0	0.392938	0.326285	7.1	12.0
1	−0.427721	0.679573	5.6	17.0
2	−0.546297	0.647309	11.1	12.0
3	0.102630	−0.264776	7.2	18.0
4	0.438938	−0.648818	9.5	19.0

목표는 금리와 상환기간 사이의 관계가 편향되지 않도록 ml_1과 ml_2를 보정하는 것입니다. 아무것도 보정하지 않고 단순히 추정하면 양의 처치효과를 얻게 됩니다. 이미 다뤘던 것처럼, 이는 사업적으로 의미가 없는 편향된 결과일 수 있습니다.

```
In [33]: m_naive = smf.ols("duration ~ interest", data=df_cont_t).fit()
         m_naive.summary().tables[1]
```

	coef	std err	t	P>|t|	[0.025	0.975]
Intercept	14.5033	0.226	64.283	0.000	14.061	14.946
interest	0.3393	0.029	11.697	0.000	0.282	0.396

ml_1과 ml_2를 모델에 포함해서 보정할 수 있지만, 재조정을 통해 동일한 문제를 어떻게 다루는지 살펴봅시다. 가장 먼저 해결해야 할 문제는 연속형 변수가 어디서나 확률이 0이라는 사실입니다. 즉, $P(T = t) = 0$입니다. 이는 확률이 밀도 아래의 면적으로 표현되고 한 점의 면적은 항상 0이기 때문에 발생합니다. 가능한 해결책 중 하나는 조건부 확률 $P(T = t|X)$ 대신 조건부 밀도함수 $f(T|X)$를 사용하는 것입니다. 그러나 이 접근법은 처치 분포를 정해야 한다는 또 다른 문제가 있습니다.

단순화를 위해, 여기서 처치는 정규분포에서 추출되었다고 가정하겠습니다($T \sim N(\mu_i, \sigma^2)$). 정규분포는 다른 분포를 근사하는 데 사용할 수 있으므로 꽤 합리적인 선택입니다. 또한 이분산이 아닌 등분산 σ^2를 가정합니다.

정규분포의 확률밀도함수는 다음과 같습니다.

$$f(t_i) = \frac{\exp\left(-\frac{1}{2}\left(\frac{t_i - \mu_i}{\sigma}\right)^2\right)}{\sigma\sqrt{2\pi}}$$

이제 이 조건부 정규분포의 매개변수인 평균과 표준편차를 추정해야 합니다. 이를 수행하는 가장 간단한 방법은 OLS를 사용하여 처치변수를 적합시키는 것입니다.

```
In [34]: model_t = smf.ols("interest~ml_1+ml_2", data=df_cont_t).fit()
```

그다음 적합된 값을 μ_i로 사용하고 잔차의 표준편차를 σ로 사용합니다. 이렇게 하면 조건부 밀도의 추정값을 얻을 수 있습니다. 그다음 주어진 처치에 해당하는 조건부 밀도를 평가해야 합니다. 이를 위해 바로 다음 코드에서 밀도함수의 x 인수에 T를 전달합니다.

```
In [35]: def conditional_density(x, mean, std):
             denom = std*np.sqrt(2*np.pi)
             num = np.exp(-((1/2)*((x-mean)/std)**2))
             return (num/denom).ravel()


         gps = conditional_density(df_cont_t["interest"],
                                   model_t.fittedvalues,
                                   np.std(model_t.resid))
         gps

Out[35]: array([0.1989118, 0.14524168, 0.03338421, ..., 0.07339096, 0.19365006,
                0.15732008])
```

또한, scipy에서 정규분포 함수를 불러올 수 있습니다.

```
In [36]: from scipy.stats import norm

         gps = norm(loc=model_t.fittedvalues,
                    scale=np.std(model_t.resid)).pdf(df_cont_t["interest"])
         gps
```

```
Out[36]: array([0.1989118, 0.14524168, 0.03338421, ..., 0.07339096, 0.19365006,
                0.15732008])
```

> **NOTE** 정규분포 넘어서기
>
> 처치가 정규분포가 아닌 다른 분포를 따른다면 일반화선형모델generalized linear model(glm)을 사용하여 이를
> 적합시킬 수 있습니다. 예를 들어, T가 푸아송 분포Poisson distribution에 따라 배정된 경우, 다음 코드처럼
> 일반화 성향점수의 가중치를 만들 수 있습니다.
>
> ```python
> import statsmodels.api as sm
> from scipy.stats import poisson
>
> mt = smf.glm("t~x1+x2",
>              data=df, family=sm.families.Poisson()).fit()
>
> gps = poisson(mu=m_pois.fittedvalues).pmf(df["t"])
>
> w = 1/gps
> ```

회귀분석에서 일반화 성향점수의 역수를 가중치로 사용하면 편향을 보정할 수 있습니다. 이제
금리가 상환기간에 미치는 음의 영향을 발견해서 이 결과가 사업적으로 더 타당함을 알 수 있죠.

```python
In [37]: final_model = smf.wls("duration~interest",
                               data=df_cont_t, weights=1/gps).fit()

         final_model.params["interest"]

Out[37]: -0.6673977919925854
```

아직 개선할 수 있는 부분이 한 가지 더 있으며, 이를 통해 일반화 성향점수를 더 직관적으로
이해할 수 있습니다. 이 점수를 사용하여 가중치를 구성하면 일반적으로 처치 가능성이 낮은
포인트에 더 큰 중요도를 부여할 수 있습니다. 구체적으로, 적합된 처치 모델에서 잔차가 큰 실
험 대상에 높은 가중치를 할당합니다. 또한 정규분포의 지수적 특성 때문에 가중치는 잔차의

크기에 따라 기하급수적으로 증가합니다.

예를 들어, ml_1과 ml_2를 모두 사용하지 않고 ml_1만 사용하여 금리를 적합시킨 경우를 가정해보겠습니다. 이렇게 단순화하면 모두 한 그래프에 시각화할 수 있습니다. 다음 그래프에서는 가중치 결과를 보여줍니다. 첫 번째 그래프는 원본 데이터를 교란 요인 ml_1에 따라 색상으로 구분하여 보여줍니다. ml_1 점수가 낮은 고객은 일반적으로 대출 상환기간을 길게 선택합니다. 또한, ml_1 점수가 낮은 고객에게는 더 높은 금리가 배정됩니다. 결과적으로 금리와 상환기간 간의 관계에는 상향 편향이 존재합니다.

두 번째 그래프는 처치 모델의 적합된 값을 보여줍니다. 이와 함께, 해당 모델에서 얻은 일반화 성향점수로 구성된 가중치도 함께 표시됩니다. 가중치는 적합된 선에서 멀어질수록 커지는 모습을 볼 수 있습니다. 이는 일반화 성향점수가 가능성이 낮은 처치에 더 많은 가중치를 부여하기 때문입니다. 하지만, 가중치의 크기가 얼마나 커질 수 있는지에 유의해야 합니다. 일부 가중치는 1,000을 넘는 등 값이 매우 큽니다!

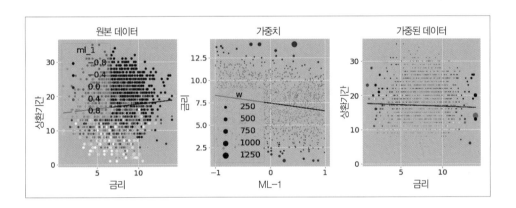

마지막 그래프는 가중치를 동일하게 유지하면서 금리와 상환기간의 관계를 보여줍니다. ml_1의 낮은 값에서 낮은 금리와 ml_1의 높은 값에서 높은 금리가 모두 드물게 나타나므로, 일반화 성향점수 가중치의 역수는 이러한 포인트에 높은 중요도를 부여합니다. 이로써 금리와 상환기간 간의 양의(편향된) 관계를 뒤집을 수 있습니다. 실질적으로 가중치가 큰 몇몇 데이터 포인트를 사용하므로 분산이 매우 크게 나타날 것입니다. 더욱이 이 데이터는 시뮬레이션으로 생성했기에, 실제 ATE는 −0.8임에도 불구하고 이전 추정값은 −0.66에 불과합니다.

주변밀도함수 $f(t)$로 가중치 안정화를 통해, 이 상황을 개선할 수 있습니다. 이산형 처치에서 가중치 안정화는 선택사항이었지만, 연속형 처치에서 일반화 성향점수를 사용할 때는 필수입니다. 그리고 $f(t)$ 추정에는 평균 처칫값을 사용하면 됩니다. 그다음 처치가 주어진 경우, 밀도함수에 대한 결과를 평가합니다.

이 방법으로 (거의) 원래 표본 크기에 해당하는 가중치 합(유효 크기)이 어떻게 생성되는지 주목해보세요. 중요도 샘플링 관점에서 생각하면 이 가중치들은 $f(t|x)$에서 $f(t)$로 이동하므로, 여기서는 처치가 x에 독립인 밀도함수를 의미합니다.

```
In [38]: stabilizer = norm(
             loc=df_cont_t["interest"].mean(),
             scale=np.std(df_cont_t["interest"] - df_cont_t["interest"].mean())
         ).pdf(df_cont_t["interest"])

         gipw =  stabilizer/gps

         print("Original Sample Size:", len(df_cont_t))
         print("Effective Stable Weights Sample Size:", sum(gipw))

Out[38]: Original Sample Size: 10000
         Effective Stable Weights Sample Size: 9988.19595174861
```

다시 한번 상황을 이해하기 위해 ml_1만 사용하여 $f(t|x)$를 적합시킨다고 가정해봅시다. 역확률 가중치는 처치 모델의 적합된 값에서 멀리 떨어진 포인트에 높은 중요도를 부여합니다. 그 이유는 $f(t|x)$의 밀도가 낮은 영역에 속하기 때문입니다. 그러나 이와 더불어, 안정화는 $f(t)$에서 멀리 떨어진 포인트(평균에서 멀리 떨어진 지점)에도 낮은 중요도를 부여합니다. 이에 따른 두 가지 결과가 나옵니다. 첫째, 안정된 가중치는 훨씬 작아져 분산이 작아집니다. 둘째, 이제 ml_1의 값이 낮고 금리가 낮은 포인트(그리고 그 반대의 경우)에 더 많은 중요도를 부여한다는 것이 더 분명해집니다. 첫 번째 그래프와 세 번째 그래프 사이의 색상 패턴 변화를 보고 이를 확인할 수 있습니다.

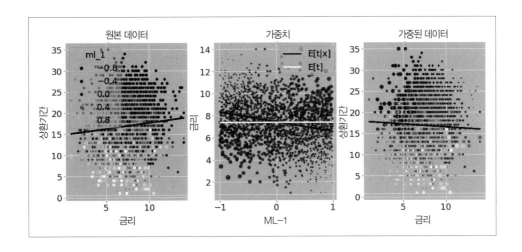

또한 이러한 안정된 가중치 덕분에 실제 ATE인 −0.8에 훨씬 더 가까운 추정값을 얻을 수 있습니다.

```
In [39]: final_model = smf.wls("duration ~ interest",
                               data=df_cont_t, weights=gipw).fit()

         final_model.params["interest"]

Out[39]: -0.7787046278134069
```

T가 이산형이라면 가중치 안정화는 큰 영향을 미치지 않았지만, 연속형 처치에서는 매우 중요합니다. 가중치 안정화는 추정하려는 실제 매개변숫값에 더 가까워지게 하고 분산도 크게 줄여줍니다. 95% 신뢰구간 계산 코드는 약간 반복적이므로 생략했지만, 이전과 마찬가지로 전체 과정을 함수로 감싸서 부트스트랩을 적용할 수 있습니다. 그러나 실제 결과를 직접 확인하기 위해 안정화를 적용했을 때와 적용하지 않았을 때의 95% 신뢰구간을 확인해보겠습니다.

```
95% CI, non-stable: [-0.81074164 -0.52605933]
95% CI, stable:     [-0.85834311 -0.71001914]
```

둘 다 실제 ATE인 −0.8을 포함하지만, 안정화를 적용했을 때 신뢰구간이 훨씬 좁음을 알 수 있습니다.

연속형 처치

처치를 예측하는 모델을 사용하여 처치효과를 추정하는 다른 방법들이 있습니다. 첫 번째, 회귀분석에 일반화 성향점수를 공변량으로 포함하는 방법입니다(히라노[Hirano]와 임번스[Imbens]가 제안했습니다). 두 번째, 처치 T를 적합시키고, 예측값인 $\hat{T}$를 기반으로 데이터를 세분화하고, 각 세분화된 그룹에서 처치를 결과에 회귀하고, 가중평균(가중치는 각 그룹의 크기)을 사용하여 결과를 합치는 방법도 있습니다(이마이[Imai]와 반 다이크[van Dyk]가 제안했습니다).

더 종합적인 방법을 알고 싶다면 더글러스 갈라게이트[Douglas Galagate]의 논문[13]을 확인해보세요.

또한 모든 것을 처음부터 직접 코딩하기를 원치 않는다면, 연속형 처치를 일반화 성향점수로 모델링하는 사이킷런[scikit-learn] 스타일의 API를 제공하는 파이썬 패키지 causal-curve도 참고하기를 바랍니다.

5.7 요약

인과추론에서 회귀분석 및 직교화와 함께, 역확률 가중치(IPW)는 편향을 보정하는 두 번째 핵심 방법입니다. 두 방법 모두 처치를 모델링해야 합니다. 이는 인과추론 문제에서 처치 배정 메커니즘을 생각하는 것이 얼마나 중요한지 알려줍니다. 각 방법은 처치 모델을 매우 독특한 방식으로 사용합니다. 직교화는 처치를 잔차화하여, 처치 모델링에 사용된 공변량 X와 선형 독립(직교)인 새로운 공간으로 투영합니다. 반면, IPW는 처치의 차원을 그대로 유지하지만, 데이터를 처치 성향점수의 역수로 재조정합니다.

$$w = \frac{P(T)}{P(T \mid X)}$$

이는 처치가 공변량 X에 독립인 분포 $P(T)$에서 추출된 것처럼 보이게 합니다. 이 공변량들은 처치 모델을 만드는 데 사용되었습니다.

[그림 5-1]은 두 가지 접근법을 간단하게 비교해 보여줍니다. 이 데이터에서 처치효과는 양수

---

13 Galagate D. (2016). Causal Inference with a Continuous Treatment and Outcome: Alternative Estimators for Parametric Dose–Response Functions with Applications. *University of Maryland, Department of Mathematics*; 2.

이지만, 색상 스키마로 표시된 x 때문에 교란됩니다. 첫 번째 그래프에는 t에 대한 y의 회귀선과 함께 원래 데이터가 포함되며, x에 따른 편향 때문에 기울기는 음수입니다. 다음 두 그래프는 직교화와 IPW가 매우 다른 아이디어를 사용하여 데이터의 편향을 제거하는 방법을 보여줍니다. 각각의 회귀선에서 볼 수 있듯이, 두 방법 모두 t가 y에 미치는 양의 인과효과를 찾을 수 있습니다.

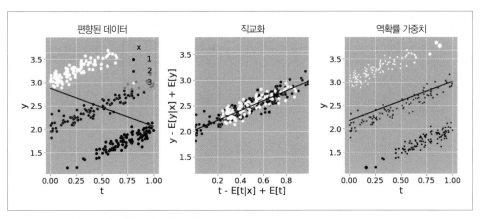

그림 5-1 직교화와 IPW가 편향을 제거하는 방법

두 방법 모두 데이터의 편향을 제거할 수 있다면, 어떤 방법을 선택해야 하는지에 관한 질문이 자연스럽게 생깁니다. 필자는 처치가 이산형일 때 IPW를 사용하는 것을 선호합니다. 특히, 이중 강건 접근법에서 결과 모델링과 함께 사용하면 좋습니다. 그러나 처치가 연속형일 때는 4장에서와 같은 회귀 모델링을 선호합니다. 연속형 처치일 때, 특정 처치 주변에는 데이터가 매우 적습니다. 따라서 처치 반응 함수에 대한 모수적 가정을 하지 않는 IPW와 같은 방법은 덜 매력적이죠. 반대로, 회귀 모델처럼 처치 반응 함수에 대한 평활도 가정을 하고, 특정 처치 주변의 인접 지점에서 데이터를 모아서 해당 처치 반응을 추론하는 방법이 더 생산적이라고 생각합니다.

물론, 일반화 성향점수와 같은 접근법을 이해하는 것도 매우 중요합니다. 이는 일반적으로 IPW에 관한 더 깊은 직관을 제공하기 때문입니다. 하지만 일반적으로 T가 연속형이라면 선형회귀분석과 같은 결과 모델을 사용하는 편이 더 나을 수 있습니다.

이질적 효과와 개인화

PART **3**

3부에서는 머신러닝과 2부에서 배운 내용을 활용해 개인화된 인과효과 추정까지 확장합니다.

6장에서는 이질적 처치효과heterogeneous treatment effect를 레스토랑 가격할인 사례와 함께 알아봅니다. 또한, 이질적 효과를 추정하고 검증하는 방법을 살펴봅니다. 7장에서는 6장에 이어 이질적 처치효과를 머신러닝을 통해 추정하는 방법인 메타러너metalearner를 소개합니다. 해당 장에서는 T 러너, X 러너, S 러너와 이중/편향 제거 머신러닝과 같은 방법들을 처치 개인화 측면에서 배웁니다.

CHAPTER 6

이질적 처치효과

이 장은 실무에서 인과추론을 적용할 때 가장 흥미로운 부분인 이질적 효과effect heterogeneity를 소개합니다. 이전까지는 처치의 평균적인 영향을 살펴보았죠. 지금부터는 처치가 사람마다 어떻게 다른 영향을 미치는지에 초점을 맞출 것입니다. 사실, 처치효과가 일정하지 않다는 생각은 간단하지만 놀랍도록 강력합니다. 즉, 어떤 대상이 처치에 더 잘 반응하는지 아는 것은 처치 대상을 결정하는 데 중요한 역할을 합니다. 그리고 이질적 효과는 개인화라는 중요한 개념에 대해, 인과추론으로 접근할 수 있는 길을 열어줍니다.

먼저 이론적 수준에서 이질적 효과를 이해하고, 이를 추정하는 데의 어려움과 이 어려움을 해결하기 위해 이미 배운 내용을 확장하는 방법을 살펴봅니다. 다음으로, 이질적 효과 추정이 데이터 과학자들에게 이미 익숙한 예측 문제와 얼마나 밀접하게 연결되어 있는지 알아볼 것입니다. 따라서, 교차 검증cross-validation과 모델 선택model selection의 아이디어가 이질적 처치 모델에도 여전히 적용됨을 확인할 것입니다. 그러나 이질적 효과 추정을 검증하는 일은 단순 예측 모델을 평가하는 일보다 훨씬 더 복잡하기 때문에, 이에 대한 몇 가지 새로운 방법을 살펴볼 것입니다.

그리고 이질적 효과를 활용한 의사결정 방법에 관한 몇 가지 지침과 사례로 이번 장을 마무리합니다. 완벽한 예시는 아니지만, 여러분의 비즈니스 문제 해결에 이러한 방법들을 적용하는 데 도움이 되기를 바랍니다.

6.1 ATE에서 CATE로

지금까지 처치에 대한 인과효과를 추정할 때마다 대부분 평균 처치효과인 ATE를 계산했습니다.

$$\tau = E\left[Y_1 - Y_0\right]$$

그리고 처치가 연속형일 때는 다음과 같습니다.

$$\tau = E\left[y'(t)\right]$$

여기서 $y'(t)$는 처치 반응 함수의 도함수입니다. 앞서 처치의 평균적인 효과를 밝혀내는 방법을 배웠습니다. 이는 ATE 추정이라는 인과추론의 핵심을 이해하는 데 중요한 기반이 됩니다. 따라서 ATE는 프로그램 평가로 불리는 의사결정 문제, 즉 전체 모집단에 처치 시행 여부를 결정할 때, 유용하게 쓰입니다.

이제 **누구에게** 처치해야 하는지에 관한 다른 유형의 결정을 내리는 방법을 배워봅시다. 그러려면 한 실험 대상에서 다른 대상으로 처치를 적용하는 결정이 바뀔 수 있도록 해야 합니다. 예를 들어, 어떤 고객에게 할인 쿠폰을 주면 유익하지만, 다른 고객에게는 그렇지 않을 수 있습니다. 왜냐하면 할인에 더 민감한 고객이 있기 때문입니다. 또는 백신 접종으로 더 큰 효과를 누릴 수 있는 그룹에 다른 그룹보다 먼저 백신을 제공하는 방식이 합리적일 수 있습니다. 이러한 상황에서 개인화가 핵심적인 역할을 합니다.

이러한 개인화를 위한 한 가지 방법은 이질적 효과를 고려해서 조건부 평균 처치효과(CATE)를 추정하는 것입니다. 각 실험 대상의 고유한 특성을 고려함으로써 특정 사례에 가장 효과적인 처치를 결정할 수 있죠.

$$E\left[Y_1 - Y_0 \mid X\right] \text{ 또는 } E\left[y'(t) \mid X\right]$$

X에 대한 조건부는 각 실험 대상이 공변량 X로 정의된 특성에 따라 처치효과가 다를 수 있음을 의미합니다. 여기에서 모든 대상이 처치에 동일하게 반응하지 않는다고 가정하고, 이러한 이질적 효과를 활용하려고 합니다. 이진 처치의 경우 알맞은 실험 대상에만 처치하고, 연속형 처치의 경우 각 대상에 맞는 최적의 처치 수준을 파악하는 것이 목표입니다.

예를 들어 은행에서 각 고객에게 제공할 대출 금액을 결정할 때, 모든 고객에게 큰 금액의 대출을 제공하는 것은 바람직하지 않을 수 있습니다. 일부 고객에게는 큰 금액의 대출이 합리적이겠지만, 대출 금액(처치)을 결정할 때는 신중해야 합니다. 예컨대 고객의 신용 점수에 따라 적절한 대출 금액을 결정할 수 있습니다. 물론, 은행처럼 큰 기관만이 개인화를 활용하는 것은 아닙니다. 다음과 같이 개인화 적용 사례는 매우 많습니다.

- 일 년 중 어떤 날에 판매해야 효과적일까요?
- 제품 가격은 얼마로 책정해야 할까요?
- 개인별로 어느 정도의 운동이 과한 운동일까요?

6.2 예측이 답이 아닌 이유

다음과 같이 다양한 고객과 처치(가격, 할인, 금리 등) 데이터가 있고, 처치를 개인화하려는(고객마다 다른 할인 제공) 상황을 생각해봅시다. 그리고 다음과 같이 처치와 결과 그래프에서 고객을 점으로 표시하겠습니다.

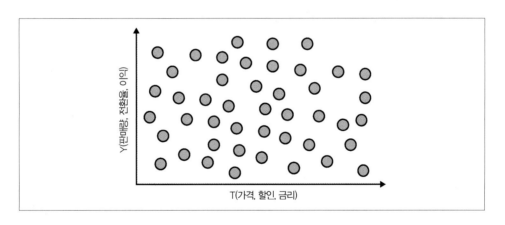

이 개인화 부분을 고객 세분화$^{customer\ segmentation}$ 문제로 생각할 수 있습니다. 이제 처치 반응에 따라 고객 그룹을 만들어 보겠습니다. 예를 들어, 할인에 잘 반응하는 고객과 할인에 잘 반응하지 않는 고객을 찾으려 하는 상황에서, 고객의 처치에 대한 반응은 조건부 처치효과 $\frac{\delta Y}{\delta T}$ 로 구할 수 있죠. 그래서 각 고객에 대해 이 값을 추정할 수 있다면, 처치에 잘 반응하는 고객(높은 처치효과)과 잘 반응하지 않는 고객을 그룹으로 나눌 수 있을 것입니다. 다음 그래프와 같이 고객을 다양한 그룹으로 분류할 수 있습니다.

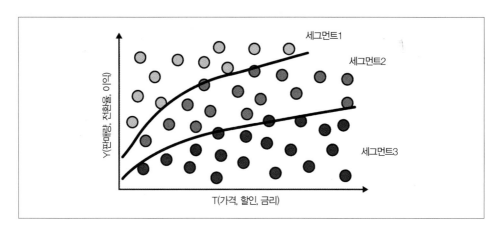

이제 그룹별 처치효과를 추정할 수 있습니다. 즉, 효과는 처치 반응 함수의 기울기이므로, 해당 기울기에 따라 그룹이 생긴다면 각 그룹에 속한 실험 대상들의 처치 반응은 다를 것입니다.

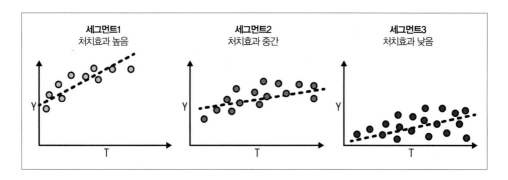

이를 기존 머신러닝 접근법과 비교해봅시다. 머신러닝은 각 실험 대상의 도함수 $\frac{\delta Y}{\delta T}$ 가 아닌 Y 를 예측하려고 할 것입니다. 이렇게 하면 기본적으로 y축에 따라 공간을 분할하게 되며, 예측 모델이 목표를 잘 근사할 것이라고 가정합니다. 그러나 이 방법으로는 처치효과가 다른 그룹들을 찾을 수 없습니다. 그래서 단순히 결과를 예측하는 것이 항상 의사결정에 도움이 되는 것은 아닙니다.

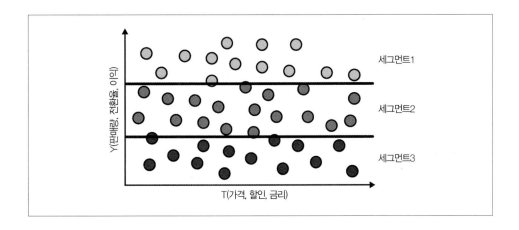

결과를 예측하는 대신 결과에 미치는 효과를 추정해야 하지만, 이는 다소 복잡한 문제입니다. 만약 $\frac{\delta Sales}{\delta Discount}$를 관측할 수 없다면, 이 기울기를 어떻게 예측할 수 있을까요?

정말 좋은 질문입니다. 원래 결과 Y와 달리 기울기(또는 변화율)는 기본적으로 개별 대상 수준에서 관측할 수 없습니다. 각 실험 대상의 개별 기울기를 확인하려면 다양한 처치 조건에서 실험 대상을 관측하고, 각 처치에 따른 결과의 변화를 계산해야 합니다.

$$\frac{\delta Y_i}{\delta T_i} \approx \frac{Y\left(T_i\right) - Y\left(T_i + \epsilon\right)}{T_i - \left(T_i + \epsilon\right)}$$

이제 인과추론의 근본적인 문제로 돌아왔습니다. 동일한 실험 대상을 다른 처치 조건에서 볼 수 없습니다. 그렇다면 어떻게 해야 할까요?

NOTE CATE와 ITE

조건부 평균 처치효과(CATE)는 개별 처치효과(ITE)와 다릅니다. 예를 들어 $x = 1$과 $x = 2$라는 두 그룹이 있고 각 그룹에는 4명의 실험 대상이 있다고 가정합니다. 이제 일반적인 치사율이 50%인 질병에 걸린 환자에게 신약이 미치는 효과를 알고 싶다고 해봅시다. $x = 1$ 그룹에서 신약은 어떤 환자에게는 해로워 사망에 이르게 하지만, 어떤 환자는 살립니다. $x = 2$ 그룹에서는 신약이 효과가 없으며 그중 1명이 사망합니다(질병의 치사율이 50%임을 기억하세요). 두 그룹 모두 CATE는 0.5이지만, 그 어떤 실험 대상의 ITE도 0.5가 아닙니다.

6.3 회귀분석으로 CATE 구하기

예상했듯이, 대부분의 응용 인과추론과 마찬가지로 답은 선형회귀에서 시작됩니다. 하지만 그 방향으로 나아가기 전에, 좀 더 구체적인 상황을 설정합시다. 예를 들어, 여러분이 전국적으로 운영되는 레스토랑 체인에서 일한다고 가정해봅시다. 이 사업에서 중요한 점은 고객에게 할인을 제공해야 하는 **적절한 시기**를 파악하는 것이죠. 따라서 이 회사는 3년 동안 전국적으로 실험을 진행하여, 6개의 체인점에서 무작위로 할인을 제공했습니다. 실험에서 얻은 데이터는 다음과 같습니다.

```
In [1]: data = pd.read_csv("./data/daily_restaurant_sales.csv")

        data.head()
```

	rest_id	day	month	weekday	...	is_nov	competitors_price	discounts	sales
0	0	2016-01-01	1	4	...	False	2.88	0	79.0
1	0	2016-01-02	1	5	...	False	2.64	0	57.0
2	0	2016-01-03	1	6	...	False	2.08	5	294.0
3	0	2016-01-04	1	0	...	False	3.37	15	676.5
4	0	2016-01-05	1	1	...	False	3.79	0	66.0

여기에서 목표는 할인을 제공하기 가장 좋은 시기를 파악하는 것입니다. 이 데이터에는 각 레스토랑과 요일 조합에 관한 행이 하나씩 있습니다. 이 책에서 사용한 다른 예제들과는 약간 다르죠? 대부분의 예제에서는 분석단위가 고객이었지만, 이제는 요일-레스토랑 조합입니다. 하지만 이전과 같은 추론 방법을 적용할 수 있습니다. 다만 이번에는 고객 대신 요일에 '처치'(할인 제공)를 하게 됩니다. 물론 매일 각 레스토랑에 다른 가격을 설정할 수도 있지만, 여기서는 문제를 단순화해서 모든 레스토랑에서 가격을 일관되게 유지하겠습니다.

이를 CATE 추정 문제로 생각할 수 있습니다. 각 날짜와 공변량에 대한 할인의 매출 민감도를 나타내는 모델을 만든다면, 다음과 같이 표현할 수 있습니다.

$$\frac{\partial}{\partial t} E[Sales(t) \mid X]$$

그다음 이 모델을 사용하여 할인 시기와 할인 폭을 결정할 수 있습니다.

NOTE CATE 식별

이 장에서는 평가 데이터셋evaluation set에서 처치가 무작위로 이루어지므로 식별 과정은 크게 걱정할 필요가 없습니다. 그러나 CATE를 추정하는 아이디어는 $E[Sales(t)|X] = E[Sales|T = t, X]$로 만드는 것에 기반합니다.

이제 상황이 더 구체화되었으니, 회귀분석이 어떻게 도움이 되는지 살펴보겠습니다. 지금은 관측할 수 없는 $\frac{\delta Y_i}{\delta T_i}$를 예측해야 하는 어려운 상황에 놓여 있습니다. 이 변화율을 목표로 삼아 머신러닝 알고리즘을 사용하는 것만으로는 해결되지 않습니다. 하지만 $\frac{\delta Y_i}{\delta T_i}$를 직접 관측하지 않고도 예측할 수 있지 않을까요?

예를 들어, 데이터에 다음과 같은 선형모델을 적용해봅시다.

$$y_i = \beta_0 + \beta_1 t_i + \beta_2 X_i + e_i$$

처치에 대해 미분하면 다음과 같은 결과를 얻을 수 있습니다.

$$\frac{\delta y_i}{\delta t_i} = \beta_1$$

처치가 무작위 배정되었다면 해당 회귀계수는 ATE가 되죠.

앞서 언급한 모델을 추정하여 $\widehat{\beta_1}$을 얻을 수 있으므로, **관측할 수 없는 기울기를 예측할 수 있다**고 할 수 있죠. 이 예시는 모든 대상에 대해 상수인 $\widehat{\beta_1}$을 예측하는 비교적 쉬운 예측입니다. 앞서 추정한 ATE도 의미가 있지만, 우리가 원하는 CATE는 아닙니다. 모든 실험 대상(일자와 레스토랑 조합)의 기울기 예측값이 동일하므로, 언제 할인을 해야 하는지 파악하는 데 도움이 되지 않습니다.

다음과 같이 간단한 변화를 주어 이를 개선해보겠습니다.

$$y_i = \hat{\beta_0} + \beta_1 t_i + \beta_2 X_i + \beta_3 t_i X_i + e_i$$

기울기 예측값은 다음과 같습니다.

$$\frac{\widehat{\delta y_i}}{\delta t_i} = \widehat{\beta_1} + \widehat{\beta_3} X_i$$

여기서 β_3은 특성 X에 대한 벡터 계수$^{\text{vector coefficient}}$입니다. 이제 원하는 결과에 점점 다가가고 있습니다! 각기 다른 X_i로 정의된 개별 대상마다 기울기 예측값이 다를 것입니다. 즉, X가 변함에 따라 기울기 예측값도 변합니다. 직관적으로, 처치와 공변량 간의 상호작용을 모델에 포함함으로써 해당 공변량에 따라 효과가 어떻게 변하는지 모델이 학습할 수 있습니다. 이것이 바로 회귀분석을 통해 CATE를 추정하는 방법입니다. 비록 직접 예측할 수는 없지만 CATE를 추정하는 데 도움이 됩니다.

이론은 이제 충분히 다루었으니, 파이썬으로 직접 구현해보겠습니다. 먼저, 공변량을 정의해야 합니다. 이 예제에서 공변량은 주로 날짜별 특성(월, 요일, 휴일 여부)입니다. 또한 각 레스토랑에서의 할인에 대한 고객 반응에 영향을 미칠 수 있는 경쟁업체의 평균 가격도 포함했습니다.

공변량을 정했다면, 해당 공변량과 처치의 상호작용 항을 포함해야 합니다. * 연산자가 이 작업을 수행하며, 덧셈과 상호작용 항을 생성합니다. 예를 들어, a*b 연산은 회귀 모델에 a, b와 a * b 항을 포함시킵니다. 즉, 다음과 같은 수식을 생성합니다.

$$sales_i = \beta_0 + \beta_1 discount_i + \beta_2 X_i * discount_i + \beta_3 X_i + e_i$$

```
In [2]: import statsmodels.formula.api as smf

        X = ["C(month)", "C(weekday)", "is_holiday", "competitors_price"]
        regr_cate = smf.ols(f"sales ~ discounts*({'+'.join(X)})",
                            data=data).fit()
```

NOTE * 연산자와 : 연산자

파이썬에서 곱셈 항만 원한다면 수식 안에 : 연산자를 사용하면 됩니다.

모델을 추정한 후에는 예측된 기울기를 매개변수 추정값으로부터 추출할 수 있습니다.

$$\widehat{\frac{\delta sales_i}{\delta discounts_i}} = \widehat{\beta_1} + \widehat{\beta_3} X_i$$

여기서 β_1은 할인에 대한 계수이고 β_3은 상호작용 항에 대한 계수입니다. 적합된 모델에서 해당 매개변수를 추출할 수도 있지만, 도함수 정의를 사용하면 기울기 예측값을 더 쉽게 얻을 수 있습니다.

$$\frac{\delta y}{\delta t} = \frac{y(t+\epsilon) - y(t)}{(t+\epsilon) - t}$$

도함수는 ϵ이 0으로 갈 때입니다. 그런데 ϵ을 1로 대체하면 이 정의를 근사할 수 있게 됩니다.

$$\frac{\delta y}{\delta t} \approx \hat{y}(t+1) - \hat{y}(t)$$

여기서 $\hat{y}$는 모델의 예측값을 의미합니다. 이는 선형모델이므로 해당 근사치는 정확하다고 볼 수 있죠.

요약하면, 모델을 활용해 두 가지 예측을 합니다. 하나는 원본 데이터를 그대로 사용한 예측, 다른 하나는 원본 데이터를 사용하지만 처치를 한 단위씩 증가시킨 예측입니다. 이 두 예측값의 차이가 CATE 예측값이 됩니다. 이를 코드로 구현하면 다음과 같습니다.

```
In [3]: ols_cate_pred = (
            regr_cate.predict(data.assign(discounts=data["discounts"]+1))
            -regr_cate.predict(data)
        )
```

이제 CATE 모델과 그 예측값을 구했습니다. 그러나 여전히 한 가지 해결해야 할 질문이 남아 있습니다. 이 모델의 성능은 어떨까요? 이 모델을 어떻게 평가할 수 있을까요? 이미 알고 있는 것처럼, 실제 처치효과가 개별 수준에서 관측되지 않기 때문에 실젯값과 예측값을 비교하는 것은 불가능합니다.

미시경제학에서는 이 장에 사용한 예를 **가격 차별**price discrimination이라고 합니다. 이름이 부정적으로 들리지만, 이는 단순히 기업이 더 큰 비용을 지불할 의사가 있는 소비자와 그렇지 않은 소비자를 구별해 더 큰 비용을 청구하는 것을 의미합니다.

가격 차별의 잘 알려진 예는 항공사가 항공권을 언제 구입하는지에 따라 항공료를 다르게 책정하는 경우입니다. 다음 주 항공편을 예약해야 하는 고객은 내년 항공편을 예약하는 고객보다 훨씬 더 큰 비용을 지불할 것으로 예상할 수 있죠. 이를 **시점간**intertemporal **가격 차별**이라고 하며, 이는 회사가 시점에 따라 고객의 가격 민감도를 구별할 수 있기 때문입니다. 항공권 사례는 이 장에서 본 레스토랑 예시와 매우 비슷합니다.

더 악명 높은 예는 같은 와인을 두 종류의 병에 담아, 하나는 프리미엄 와인으로 훨씬 더 비싼 가격에, 다른 하나는 평범한 와인으로 더 저렴하게 판매하는 경우입니다. 또한 학생들에게 반값 티켓을 제공하는 예도 있습니다. 이때 회사는 학생들의 평균 수입이 적으므로 지출할 수 있는 돈이 적음을 알고 반값 티켓을 제공합니다.

6.4 CATE 예측 평가하기

데이터 과학을 공부했다면, CATE 예측은 일반 머신러닝 예측과 유사한 방법론을 사용하지만, 처치효과의 개인별 차이를 추정하는 것이 목표입니다. 이는 교차 검증과 같은 기존 머신러닝에서 사용하는 많은 모델 평가 방법을 여기에도 적용할 수도 있지만, 일부 방법은 약간의 조정이 필요합니다.

따라서 기존 방식처럼 데이터를 훈련 데이터셋과 테스트 셋으로 나눠보겠습니다. 해당 데이터에는 날짜 변수가 있으므로 이를 바탕으로 분할하겠습니다. 훈련 셋으로는 2016년과 2017년의 데이터를, 테스트 셋으로는 2018년 이후의 데이터를 사용하겠습니다.

```
In [4]: train = data.query("day<'2018-01-01'")
        test = data.query("day>='2018-01-01'")
```

이전과 같이 CATE에 대한 회귀 모델을 다시 적합시키되, 추정에는 훈련 데이터만 사용하고 테스트 셋에서는 예측을 수행합니다.

```
In [5]: X = ["C(month)", "C(weekday)", "is_holiday", "competitors_price"]
        regr_model = smf.ols(f"sales ~ discounts*({'+'.join(X)})",
                            data=train).fit()

        cate_pred = (
            regr_model.predict(test.assign(discounts=test["discounts"]+1))
            -regr_model.predict(test)
        )
```

이 회귀 모델을 예측 머신러닝 모델과 비교해봅시다. 여기서 머신러닝 모델은 단순히 결과 Y를
예측하려고 할 것입니다.

```
In [6]: from sklearn.ensemble import GradientBoostingRegressor

        X = ["month", "weekday", "is_holiday", "competitors_price", "discounts"]
        y = "sales"

        np.random.seed(1)
        ml_model = GradientBoostingRegressor(n_estimators=50).fit(train[X],
                                                                  train[y])

        ml_pred = ml_model.predict(test[X])
```

또한 −1과 1 사이의 난수를 단순히 출력하는, 매우 나쁜 성능을 보이는 모델과도 비교해봅시
다. 의미가 없는 모델이지만, 주목할 만한 벤치마크로 활용할 수 있습니다. 궁극적으로는, 이
마지막 모델처럼 무작위로 처치를 배정할 때보다 CATE 모델을 사용해 처치를 배정할 때가 더
나은지 알고 싶은 것이죠.

편의상 모든 결과를 새로운 데이터프레임인 test_pred에 저장합니다.

```
In [7]: np.random.seed(123)

        test_pred = test.assign(
            ml_pred=ml_pred,
            cate_pred=cate_pred,
```

```
        rand_m_pred=np.random.uniform(-1, 1, len(test)),
    )
```

	rest_id	day	sales	ml_pred	cate_pred	rand_m_pred
731	0	2018-01-01	251.5	236.312960	41.355802	0.392938
732	0	2018-01-02	541.0	470.218050	44.743887	−0.427721
733	0	2018-01-03	431.0	429.180652	39.783798	−0.546297
734	0	2018-01-04	760.0	769.159322	40.770278	0.102630
735	0	2018-01-05	78.0	83.426070	40.666949	0.438938

모델을 준비했다면, 이제 모델을 평가하고 비교하는 방법을 찾아야 합니다. 특히, 참값^{ground} ^{truth}를 관측할 수 없다는 점을 고려해야 합니다. 곧 알게 되겠지만, 비록 개별 대상의 처치효과를 직접 추정할 수는 없어도 아주 작은 그룹 단위로는 추정이 가능합니다. 따라서, CATE 관점에서 모델 평가 방법을 찾으려면 그룹 수준의 지표를 활용해야 합니다.

6.5 분위수 효과 곡선

CATE 모델은 어떤 대상이 처치에 더 민감한지 찾아 처치를 더 효율적으로 배정하려는 필요성, 즉 개인화에 대한 열망에서 시작되었죠. 실험 대상을 민감도가 높은 순서부터 낮은 순서로 나열하는 것은 개인화를 하는 데 용이합니다. CATE 예측값을 가지고 있다면, 이 값에 따라 실험 대상을 순서대로 나열할 수 있고, 이것이 실제 CATE 순서와 일치하기를 기대할 수 있습니다. 안타깝게도, 이러한 순서는 개별 대상 수준에서 평가할 수 없습니다. 하지만 개별적 평가가 필요없다면 어떨까요? 대신, 이 순서에 따라 구분된 그룹들을 평가할 수 있지 않을까요?

먼저, 처치가 무작위로 배정되었다면, 교란편향을 걱정할 필요가 없습니다. 실험군과 대조군의 결과를 비교하면 되므로, 그룹에 대한 효과를 추정하기는 쉽습니다. 또는 더 일반적인 방법으로, 해당 그룹 내에서 T에 대한 Y의 단순회귀분석을 하면 됩니다.

$$y_i = \beta_0 + \beta_1 t_i + e_i \mid X = x$$

단순선형회귀분석을 사용해 다음과 같이 회귀계수를 추정할 수 있습니다.

$$\widehat{\beta_1} = \frac{\sum(t_i - \overline{t})y_i}{\sum(t_i - \overline{t})^2}$$

여기서 $\overline{t}$ 는 처치에 대한 그룹 표본평균이고, $\overline{y}$ 는 결과에 대한 그룹 표본평균입니다.

커리

커리 데코레이터curry decorator는 부분적으로 적용할 수 있는 함수를 만드는 방법입니다.

```python
@curry
def addN(x, N):
    return x+N

ad5 = addN(N=5)
ad13 = addN(N=13)

print(ad5(5))
>>> 10

print(ad13(5))
>>> 18
```

단순회귀의 기울기 매개변수 추정값을 구현할 때 커리 데코레이터를 사용할 수 있습니다. 이는 데이터프레임을 유일한 인수로 받는 함수를 생성할 때 특히 유용합니다.

```python
In [8]: from toolz import curry

        @curry
        def effect(data, y, t):
                return (np.sum((data[t] - data[t].mean())*data[y]) /
                        np.sum((data[t] - data[t].mean())**2))
```

이 함수를 전체 테스트 셋에 적용하면 ATE를 구할 수 있습니다.

```
In [9]: effect(test, "sales", "discounts")

Out[9]: 32.16196368039615
```

하지만 우리는 이 추정값이 아니라, 방금 적합된 모델들이 데이터를 세분화하여 처치에 더 민감한 대상과 덜 민감한 대상을 구분할 수 있는지 알고 싶습니다. 그러려면 모델의 예측값에 따라 데이터를 분위수quantile별로 세분화하고 각 분위수에서 효과를 추정할 수 있습니다. 각 분위수에서 추정된 효과가 순서대로 정렬되었다면, 해당 모델이 실제 CATE를 잘 정렬하는 데도 효과적임을 알 수 있습니다.

반응 곡선 형태

여기서 효과는 Y를 T에 회귀한 결과의 기울기 추정값으로 정의합니다. 이것이 적절한 효과 지표가 아니라고 생각한다면, 다른 지표들을 사용할 수도 있습니다. 예를 들어 반응 함수가 오목한 형태라고 생각하면, 효과를 $log(T)$나 $\sqrt{T}$에 대한 Y의 회귀 기울기로 정의할 수 있습니다. 만약 이진 결과라면, 선형회귀분석이 아닌 로지스틱 회귀의 매개변수 추정값을 사용하는 편이 더 적절합니다. 여기서 핵심은 T가 연속형이면 전체 처치 반응 함수를 단일 효과값으로 요약해야 한다는 점입니다.

이제 분위수별 효과를 계산하는 함수를 파이썬으로 구현하겠습니다. 이 함수는 먼저 pd.qcut을 사용하여 데이터를 q개의 분위수(기본적으로 10)로 나눕니다. 이 함수를 pd.Interval Index로 감싸서 pd.qcut이 반환한 각 그룹의 중간값을 추출합니다. 여기서는 결과가 더 잘 보이도록 반올림 처리했습니다.

다음으로 데이터에 분위수 그룹에 대한 열을 만든 후, 데이터를 그룹별로 분할하고 각 그룹의 효과를 추정합니다. 마지막 단계에서는 판다스의 .apply(...) 메서드를 사용합니다. 이 메서드는 데이터프레임을 입력으로 받고 숫자를 출력하는 f(DataFrame) -> float 형식의 함수를 사용합니다. 여기서 앞서 정의한 effect 함수가 쓰입니다. 결과와 처치 인수만 전달하여 이 함수를 호출하면, 데이터프레임이 유일하게 누락된 인수로 남아있는 부분적용된 effect 함수가 반환됩니다. 이것이 .apply(...) 메서드에 적합한 함수 형식입니다.

이 함수를 test_pred 데이터프레임에 적용한 결과는, 모델 예측의 분위수가 인덱스이고 값이 해당 분위수에서의 처치효과인 열입니다.

```
In [10]: def effect_by_quantile(df, pred, y, t, q=10):

             # 분위수에 대한 파티션 생성
             groups = np.round(pd.IntervalIndex(pd.qcut(df[pred], q=q)).mid, 2)

             return (df
                     .assign(**{f"{pred}_quantile": groups})
                     .groupby(f"{pred}_quantile")
                     # 분위수별 효과 추정
                     .apply(effect(y=y, t=t)))


         effect_by_quantile(test_pred, "cate_pred", y="sales", t="discounts")

Out[10]: cate_pred_quantile
         17.50    20.494153
         23.93    24.782101
         26.85    27.494156
         28.95    28.833993
         30.81    29.604257
         32.68    32.216500
         34.65    35.889459
         36.75    36.846889
         39.40    39.125449
         47.36    44.272549
         dtype: float64
```

앞의 결과에서 첫 번째 분위수에서의 추정 효과가 두 번째 분위수의 추정 효과보다 낮음을 확인할 수 있고, 두 번째 분위수의 추정 효과는 세 번째 분위수보다 낮습니다. 이는 CATE 예측이 실제로 효과 순서를 매긴다는 증거가 됩니다. 예측값이 낮은 날들은 할인에 대한 민감도도 낮으며 반대도 마찬가지입니다. 또한 각 분위수의 중간점 예측값(앞서 언급된 열의 인덱스)이 해당 분위수의 추정 효과에 매우 가깝습니다. 이는 CATE 모델이 실제 CATE의 순서를 매우 잘 반영할 뿐만 아니라 정확하게 예측함을 의미합니다. 즉, CATE에 대해 잘 보정된 모델을 가지고 있다는 뜻이죠.

다른 모델들도 적용해서 비교해보겠습니다. 같은 함수를 사용하지만, 예측 머신러닝 모델과 난수 모델을 입력으로 전달합니다. 다음 그래프는 앞서 정의한 세 모델에 대한 분위수별 효과를 나타냅니다.

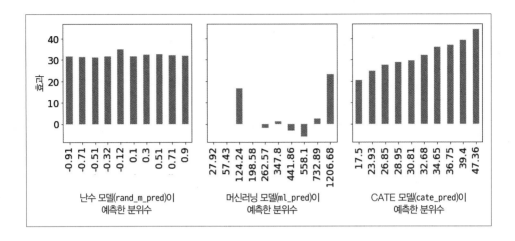

먼저 난수 모델(rand_m_pred)을 살펴봅시다. 각 그룹의 추정된 효과가 거의 비슷합니다. 그래프를 보면 할인에 민감한 날과 그렇지 않은 날을 구분하지 못하므로 개인화에 도움이 되지 않습니다. 모든 그룹의 효과는 단지 ATE에 불과합니다. 다음으로 조금 더 흥미로운 머신러닝 모델(ml_pred)을 살펴보죠. 판매 예측이 높거나 낮은 그룹 모두 할인에 더 민감한 것으로 보입니다. 이 모델은 정확히 순서를 정렬하지 않지만, 판매 예측이 매우 높거나 매우 낮을 때 더 많은 할인을 제공하는 방식으로 개인화에 활용할 수 있습니다.

마지막으로 회귀 모델(cate_pred)을 살펴보죠. CATE가 낮게 예측된 그룹은 높게 예측된 그룹보다 실제로 CATE가 낮았습니다. 분위수 효과 곡선의 계단 모양을 통해, 이 모델은 높은 효과와 낮은 효과를 잘 구분하는 것으로 보입니다. 즉, CATE 순서 정렬 측면에서 일반적으로 계단 모양이 가파를수록 더 나은 모델이라고 할 수 있습니다.

이 예제에서는 할인에 대한 민감도를 순서대로 나열하는 측면에서 어떤 모델이 더 나은지 분명하게 알 수 있습니다. 하지만 두 개의 괜찮은 모델이 있다면, 명확하게 비교하기 어려울 수 있습니다. 이처럼 시각적으로 검증하는 방법도 좋지만, 모델 선택(하이퍼파라미터 튜닝 hyperparameter tuning, 특성 선택feature selection)에 있어서 이상적인 방법은 아닙니다. 이상적으로는 모델 성능을 하나의 값으로 요약할 수 있어야 합니다. 이를 위해, 먼저 누적 효과 곡선cumulative effect curve을 알아보겠습니다.

6.6 누적 효과 곡선

분위수 그래프로 효과를 파악했다면 다음 단계는 쉽게 이해할 수 있습니다. 즉, 이 아이디어는 모델을 사용해서 그룹을 정의하고 각 그룹 내 효과를 추정하는 것입니다. 그러나 이번에는 그룹별로 효과를 추정하지 않고 한 그룹을 다른 그룹 위에 누적하는 형태로 진행합니다.

먼저, 데이터를 점수순으로 정렬해야 합니다. 보통 CATE 모델의 점수를 사용하지만, 다른 점수도 사용할 수 있습니다. 그런 다음 해당 정렬에 따라 상위 1%의 효과를 추정합니다. 다음 단계로, 1%를 추가하여 상위 2%의 효과를 계산하고, 그 후 상위 3%의 효과를 계산하는 식으로 계속 진행합니다. 결과적으로, 누적 표본에 따른 효과 곡선이 생성됩니다. 다음은 해당 과정을 구현하는 간단한 코드입니다.

```
In [11]: def cumulative_effect_curve(dataset, prediction, y, t,
                                      ascending=False, steps=100):
             size = len(dataset)
             ordered_df = (dataset
                           .sort_values(prediction, ascending=ascending)
                           .reset_index(drop=True))

             steps = np.linspace(size/steps, size, steps).round(0)

             return np.array([effect(ordered_df.query(f"index<={row}"), t=t, y=y)
                              for row in steps])

         cumulative_effect_curve(test_pred, "cate_pred", "sales", "discounts")

Out[11]: array([49.65116279, 49.37712454, 46.20360341, ...,
         32.46981935, 32.33428884, 32.16196368])
```

데이터를 정렬하는 데 사용한 점수가 실제 CATE의 순서를 잘 반영한다면, 해당 곡선은 매우 높게 시작해서 점차 ATE에 수렴하게 됩니다. 반면, 잘못된 모델은 ATE로 빠르게 수렴하거나 지속해서 그 주변에서 변동합니다. 앞서 만든 세 가지 모델의 누적 효과 곡선을 살펴보며 이를 이해해봅시다.

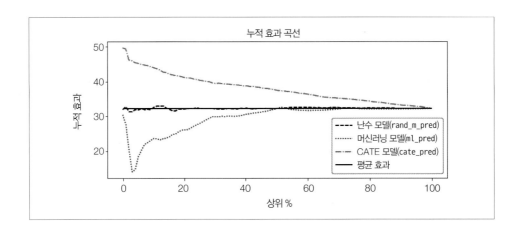

먼저, 회귀 CATE 모델은 매우 높게 시작하여 점차 ATE로 수렴합니다. 예를 들어, 이 모델에 따라 데이터를 정렬하면 상위 20%의 ATE는 약 42, 상위 50%의 ATE는 약 37, 상위 100%의 ATE는 단순히 전체 처치효과인 ATE가 됩니다. 반면, 난수를 출력하는 모델은 ATE 주변에서 만 변동할 것이고, 효과의 순서를 반대로 정렬하는 모델은 ATE 아래에서 시작할 것입니다.

NOTE 순서의 비대칭성

점수의 순서가 대칭적이지 않다는 점은 중요합니다. 즉, 점수의 순서를 뒤집는다고 해서 곡선이 ATE 선 주위로 단순히 뒤집어지지는 않습니다.

누적 효과 곡선은 분위수 효과 곡선보다 더 좋은 점이 있습니다. 바로 단일 숫자로 요약할 수 있다는 점이죠. 예를 들어, 곡선과 ATE 사이의 면적을 계산하여 서로 다른 모델을 비교할 수 있습니다. 면적이 클수록 더 좋은 모델임을 의미합니다. 하지만 여전히 단점도 있습니다. 이 방법을 사용하면 곡선의 시작 부분이 가장 큰 면적을 차지하는데, 바로 이 부분에서 표본 크기가 상대적으로 작기 때문에 불확실성이 가장 큽니다. 다행히도, 누적 이득 곡선cumulative gain curve으로 이 문제를 쉽게 해결할 수 있습니다.

6.7 누적 이득 곡선

누적 효과 곡선과 같은 논리를 적용하지만, 각 데이터 포인트에 누적 표본 N_{cum}/N을 곱하면 누적 이득 곡선을 얻을 수 있습니다. (좋은 모델의 경우) 곡선 시작 부분이 가장 높은 효과를 가지지만, 누적 효과 곡선 대비 작은 크기로 인해 규모가 축소됩니다.

코드를 보면, 이제 매 반복마다 효과에 (row/size)를 곱하는 부분이 추가되었습니다. 또한, 이 곡선을 ATE로 정규화할 수 있도록 선택할 수 있으므로 반복마다 효과에서 정규화 인수[normalizer]를 빼는 과정이 추가됩니다.

```
In [12]: def cumulative_gain_curve(df, prediction, y, t,
                                    ascending=False, normalize=False, steps=100):

             effect_fn = effect(t=t, y=y)
             normalizer = effect_fn(df) if normalize else 0

             size = len(df)
             ordered_df = (df
                           .sort_values(prediction, ascending=ascending)
                           .reset_index(drop=True))

             steps = np.linspace(size/steps, size, steps).round(0)
             effects = [(effect_fn(ordered_df.query(f"index<={row}"))
                         -normalizer)*(row/size)
                        for row in steps]

             return np.array([0] + effects)


         cumulative_gain_curve(test_pred, "cate_pred", "sales", "discounts")
Out[12]: array([ 0.        ,  0.50387597,  0.982917  , ...,  31.82346463,
         32.00615008, 32.16196368])
```

> **TIP** 더 알아보기
> 필자는 앞서 다룬 함수들을 처리할 수 있는 라이브러리[1]를 동료들과 함께 만들었습니다. 이 라이브러리를 사용하여 모든 커브와 해당 커브의 AUC를 fklearn causal 모듈에서 가져오면 됩니다.

---

1 *https://github.com/nubank/fklearn/tree/master/src/fklearn/causal*

```
from fklearn.causal.validation.auc import *
from fklearn.causal.validation.curves import *
```

다음 그래프에 세 가지 모델의 누적 이득 곡선과 정규화된 누적 이득 곡선이 있습니다. 여기서 CATE 순서 측면에서 더 나은 모델은 곡선과 ATE를 나타내는 점선 사이의 면적이 가장 큰 모델입니다.

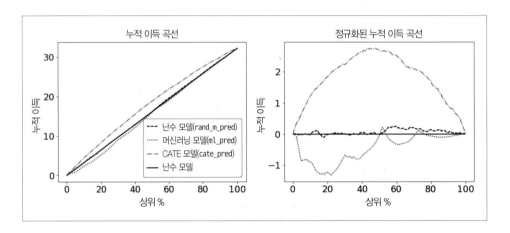

모델 성능을 하나의 값으로 요약하려면 정규화된 누적 이득 곡선의 값을 합하면 됩니다. 값이 가장 큰 모델이 CATE 순서 측면에서 가장 좋은 모델입니다. 다음은 지금까지 평가한 세 가지 모델의 곡선아래면적$^{area\ under\ the\ curve}$(AUC)입니다. 머신러닝 모델은 CATE를 역순으로 정렬하므로 영역이 음수임을 알 수 있습니다.

```
AUC for rand_m_pred: 6.0745233598544495
AUC for ml_pred: -45.44063124684
AUC for cate_pred: 181.74573239200615
```

요약하자면, 모델 성능을 단일 숫자로 표현하면 모델 선택을 자동화하는 데 큰 도움이 됩니다. 하지만 이 마지막 CATE 곡선이 마음에 들더라도 사용할 때 몇 가지 주의할 점이 있습니다.

첫째, 지금까지 본 모든 곡선에서 각 곡선 위의 점은 추정값이며, 참값이 아님을 명심해야 합니다. 이는 특정 그룹(때로는 매우 작은 그룹)에 대한 회귀계수의 추정값입니다. 회귀계수 추정값은 T와 Y의 관계가 올바르게 정해졌는지에 따라 달라집니다. 무작위 배정이 되었다고 해도, 처치와 결과 사이의 관계가 로그 함수일 때 선형으로 추정하면 잘못된 결과가 나올 수 있습니다. 처치 반응 함수의 형태를 안다면 효과 함수를 y~t가 아닌 y~log(t)의 기울기로 조정할 수 있습니다. 하지만 그러려면 형태를 정확히 알아야 합니다.

둘째, 이러한 곡선은 CATE를 정확히 추정하는 데 관심이 없고, **순서가 올바른지에만** 관심이 있습니다. 예를 들어, 모델의 예측값에서 −1,000을 빼더라도 누적 이득 곡선은 변하지 않습니다. 따라서 CATE에 대해 편향된 추정량이 있더라도 이 곡선에는 나타나지 않습니다. 처치의 우선순위를 정하는 데는 이 곡선만으로 충분합니다. 그러나 정확하게 CATE를 추정하는 것이 중요하다면, 이러한 곡선들은 오해를 불러일으킬 수 있습니다. 데이터 과학을 공부했다면, 누적 이득 곡선과 ROC 곡선을 비교해볼 수 있습니다. 마찬가지로, ROC-AUC가 좋은 모델이라고 해서 모델이 완벽하게 예측한다는 뜻은 아닙니다.

셋째이자 가장 중요한 점은, **앞서 언급한 모든 방법들에 교란이 없는 데이터가 필요**하다는 것입니다. 편향이 있으면 추정하는 효과(하위 그룹이나 ATE)가 잘못될 수 있습니다. 처치가 무작위 배정되지 않은 경우에도, IPW의 직교화 등을 사용하여 데이터를 편향을 제거한 후 이 평가 기법을 사용할 수 있습니다. 그러나 필자는 이에 조금 회의적이며, 적어도 평가 목적을 위해서라도 실험 데이터가 도움이 됩니다. 그렇게 하면 교란 요인의 개입을 걱정할 필요 없이 이질적 효과에 집중할 수 있습니다.

> **NOTE 더 알아보기**
>
> 앞서 배운 모델 평가를 위한 모든 곡선은 이진 처치일 때, 업리프트 모델링uplift modeling에 주로 적용되는 기존의 곡선을 확장하기 위한 데 목적이 있습니다. 이와 관련된 자료를 확인하고 싶다면, 피에르 구티에레즈Pierre Gutierrez와 장이브 제라르디Jean-Yves Gérardy의 논문[2]과 디비야트 마하잔 Divyat Mahajan 등의 논문[3] 을 추천합니다.

인과모델 평가는 여전히 발전 중인 연구 분야로서, 아직 해결해야 할 문제가 많습니다. 예를 들

2 Gutierrez P. & Gerardy J. (2016). Causal inference and uplift modeling a review of the literature. *JMLR*: Workshop and Conference Proceedings 67.

3 Mahajan D., Mitliagkas I., Neal B. & Syrgkanis V. (2022). Empirical Analysis of Model Selection for Heterogeneous Causal Effect Estimation.

어, 지금까지 제시한 곡선들은 모델이 CATE를 얼마나 잘 정렬하는지에 관한 정보만 제공합니다. 필자는 모델이 CATE를 정확히 예측하는지 확인하는 좋은 해결책을 찾지 못했습니다. 개인적으로 분위수 효과 곡선과 누적 이득 곡선을 함께 사용하는 방법을 선호합니다. 분위수별 효과 그래프가 모델의 보정 정도에 관한 아이디어를 제공하고, 누적 이득 곡선은 CATE의 순서 정렬 정도에 관한 정보를 주기 때문입니다. 그리고 정규화된 누적 이득 곡선은 시각화에 용이합니다.

하지만 이 방법이 완벽하지는 않습니다. 예측 모델에서 흔히 사용하는 R^2나 MSE 같은 요약 지표는 있지만, 안타깝게도 인과 모델링에 이와 유사한 지표는 없습니다. 그렇지만 목표 변환$^{\text{target transformation}}$이라는 개념이 있습니다.

6.8 목표 변환

실제 처치효과 $\tau(x_i)$를 관측할 수는 없지만, 기댓값에서 실제 처치효과를 근사하는 목표 변수를 만들 수는 있습니다.

$$Y_i^* = \frac{\left(Y_i - \hat{\mu}_y(X_i)\right)\left(T_i - \hat{\mu}_t(X_i)\right)}{\left(T_i - \hat{\mu}_t(X_i)\right)^2} = \frac{Y_i - \hat{\mu}_y(X_i)}{T_i - \hat{\mu}_t(X_i)}$$

여기서 μ_y는 결과에 대한 모델이고 μ_t는 처치에 대한 모델입니다. 이 목표의 흥미로운 점은 $E\left[Y_i^*\right] = \tau_i$이라는 것이죠. 분자가 Y와 T 사이의 공분산이고 분모가 T의 분산이라는 점에서 회귀계수의 공식과 매우 비슷해 보이지만, 기댓값을 사용하는 대신 실험 대상 수준에서 계산된다는 점이 다릅니다.

이 목표는 실제 처치효과를 근사하므로 평균제곱오차(MSE)와 같은 편차 지표를 계산하는 데 사용할 수 있습니다. CATE에 대한 모델이 개별 수준 효과 τ_i를 예측하는 데 효과적이라면, 이 목표에 대한 모델의 예측 MSE는 작아야 합니다.

그러나 여기서 문제가 있습니다. 이 목표는 처치의 평균값에 가까워지면 분모가 0에 가까워지는 경향이 있어 잡음이 매우 커집니다. 이 문제를 해결하려면 $T_i - \hat{\mu}_t(X_i)$가 작은 지점에 낮은 중요도를 부여하는 가중치를 적용하면 됩니다. 예를 들어, 실험 대상에 $\left(T_i - \hat{\mu}_t(X_i)\right)^2$로 가중치를 줄 수 있습니다.

다음과 같이 결과의 잔차를 처치 모델의 잔차로 나누면 됩니다.

```
In [13]: X = ["C(month)", "C(weekday)", "is_holiday", "competitors_price"]

         y_res = smf.ols(f"sales ~ {'+'.join(X)}", data=test).fit().resid
         t_res = smf.ols(f"discounts ~ {'+'.join(X)}", data=test).fit().resid

         tau_hat = y_res/t_res
```

이제 이를 사용하여 모든 모델의 MSE를 계산할 수 있습니다. 이전에 언급했듯이 가중치를 사용한다는 점을 주목해주세요.

```
In [14]: from sklearn.metrics import mean_squared_error

         for m in ["rand_m_pred", "ml_pred", "cate_pred"]:
             wmse = mean_squared_error(tau_hat, test_pred[m],
                                       sample_weight=t_res**2)
             print(f"MSE for {m}:", wmse)

Out[14]: MSE for rand_m_pred: 1115.803515760459
         MSE for ml_pred: 576256.7425385397
         MSE for cate_pred: 42.90447405550281
```

이 가중 MSE를 사용한 결과를 살펴보면, CATE를 추정하는 데 사용한 회귀 모델이 다른 두 모델보다 성능이 더 좋습니다. 또한 여기서 머신러닝 모델이 난수 모델보다 성능이 더 나쁘다는 점이 흥미롭죠. 머신러닝 모델은 τ_i가 아닌 Y를 예측하려고 하므로 예상할 수 있는 결과입니다.

결과가 효과와 상관관계가 있을 때만 Y를 예측하는 것이 처치효과의 순서 정렬이나 개별 수준 효과 τ_i를 예측하는 데 효과적입니다. 일반적으로 이러한 경우는 드물지만, 특정 상황에서는 발생할 수 있습니다. 그중 일부는 실무에서 흔히 볼 수 있으므로 조금 더 살펴보겠습니다.

6.9 예측 모델이 효과 정렬에 좋을 때

Y를 예측하는 모델이 CATE를 순서대로 정렬하는 데에도 좋을 경우, Y와 CATE $\tau(x_i)$ 사이에 상관관계가 있어야 합니다. 예를 들어, 레스토랑에서 고객이 할인에 더 민감하게 반응하는 날을 찾는 상황을 생각해봅시다. 매출이 높은 날에 사람들이 할인에 더 민감하게 반응한다면, Y를 예측하는 모델은 T가 Y에 미치는 효과의 순서도 잘 예측할 것입니다. 일반적으로 이러한 현상은 처치 반응 함수가 비선형일 때 발생할 수 있습니다.

6.9.1 한계 수확 체감[5]

처치 반응 함수가 오목하면 처치 단위가 늘어날수록 효과가 점점 줄어들게 됩니다. 이는 실무에서 매우 흔한 현상으로, 대부분은 포화점saturation point이 존재합니다. 예를 들어, 할인율을 100%

---

4 Miao, H et al. (2020). Intelligent Credit Limit Management in Consumer Loans Based on Causal Inference. *Ant Financial Services Group*, Papers 2007.05188, arXiv.org.

5 옮긴이_ 한계 수확 체감(marginal decreasing return)은 경제학에서 사용되는 용어로, 추가적인 투자나 노력이 특정 지점을 넘어서면 그로부터 얻는 추가적인 이득이 점점 줄어드는 현상을 말합니다. 예를 들어, 한 사업에 자본이나 노동을 계속 투입하면 처음에는 수익이 많이 증가하지만, 어느 정도 이상 투입하게 되면 추가 투입에 대한 수익 증가율이 점차 감소하게 됩니다. 이 개념은 경제학의 기본 원리 중 하나로, 자원 배분과 투자 결정에서 중요한 역할을 합니다.

로 설정하더라도 판매량은 높아지는 데 한계가 있습니다. 이는 생산할 수 있는 양을 제한하는 요인들 때문이죠. 또한, 마케팅의 경우 광고할 수 있는 고객 수는 한정되어 있으므로 마케팅 예산의 효과도 결국에는 정체될 것입니다.

한계(점진)적으로marginally 감소하는 처치 반응 함수의 모습은 다음과 같습니다.

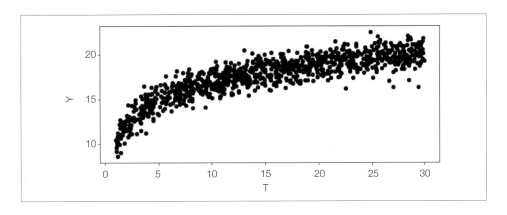

이 그래프에서 결과 Y를 잘 예측하는 모델이 CATE를 잘 정렬할 수 있는 이유를 쉽게 알 수 있습니다. 그 이유는 결과가 높을수록 효과가 낮기 때문입니다. 따라서 Y를 예측하는 모델로 예측값의 역순으로 실험 대상을 정렬하면, CATE 순서를 순조롭게 정렬할 수 있을 것입니다.

6.9.2 이진 결과

또 다른 일반적인 상황으로, 결과 Y가 이진값일 때 Y를 예측하는 모델이 CATE를 잘 정렬하는 데 유용할 수 있습니다. 여기서 $E[Y|T]$는 0과 1에서 평평해지는 S자 모양이 됩니다.

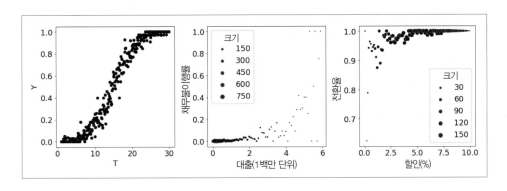

대부분의 비즈니스 적용 사례에서 데이터는 S자형 함수의 한쪽이나 다른 쪽 끝에 집중됩니다. 예를 들어, 금융업계에서는 대출 채무불이행 고객 비율이 극히 낮기 때문에 이 곡선의 왼쪽 부분에 주로 위치하게 되며, 이 부분은 지수 함수 형태가 됩니다. 결과적으로 고객의 대출 채무불이행을 예측하는 모델이 있다면, 예측값이 높은 고객일수록 처치에 더 민감하게 반응할 가능성이 높습니다. 직관적으로 보면, 이 고객들은 대출 채무불이행과 상환 사이의 분기점에 가까운 고객들입니다. 이들에게는 처치의 작은 변화가 결정적인 차이를 만들 수 있습니다.

또 다른 예시를 살펴보죠. 온라인 쇼핑몰에서 웹사이트를 방문하는 대부분의 고객이 구매(전환)한다고 가정해봅시다. 반대로 이 경우 S자형 곡선의 오른쪽에 해당합니다. 따라서 구매 전환을 예측하는 모델이 있다면, 이 모델이 할인과 같은 처치효과도 순서대로 정렬하는 데 유용할 수 있습니다. 전환 가능성이 높을수록 효과 크기는 작아집니다. 이는 S자형 곡선의 우측 부분이 이전에 언급한 수익이 점진적으로 감소하는 경우(한계 수확 체감)와 비슷하기 때문입니다.

일반적으로 이진 결과라면 중간값에 가까울수록, 즉 $E[Y|T]$ = 50%에 가까울수록 효과가 증가합니다.

실제 사례: 백신 우선순위 정하기

이진 결과를 통해 처치 반응 함수에 비선형성을 도입하는 방법을 살펴보았습니다. 이를 바탕으로 결과의 예측값을 바탕으로 처치를 배정하는 데 사용할 수 있습니다. 이 원리가 매우 흥미롭게 적용된 사례는 코로나19 팬데믹에서 볼 수 있습니다. 2021년에 세계는 처음으로 승인된 코로나19 백신을 일반 대중에게 공급했습니다. 당시 중요한 질문은 누가 먼저 백신을 맞아야 하는가였죠. 이는 예상대로 이질적인 처치효과 문제였습니다. 정책 입안자들은 가장 큰 혜택을 받을 사람들에게 먼저 백신을 접종하고자 했습니다. 이 상황에서의 처치효과는 사망이나 입원을 방지하는 것입니다. 그렇다면 백신 접종 시 사망이나 입원이 가장 많이 감소한 사람들은 누구일까요? 대부분의 국가에서는 노인과 기존 건강 문제가 있는 사람들이었습니다. 이들은 코로나19에 감염되면 사망할 가능성이 높은 그룹입니다. 또한 코로나19의 사망률은 50%보다 훨씬 낮아, 로지스틱 함수의 왼쪽 부분에 해당합니다. 채무불이행률 예시처럼, 이 왼쪽 영역에서는 코로나19에 걸렸을 때 사망할 확률이 높은 사람들, 즉 앞서 언급한 그룹에 처치하는 것이 합리적입니다. 과연 이것이 우연일까요? 필자는 건강 전문가가 아니므로, 제 설명이 틀릴 수도 있다는 점을 참고해주세요. 그러나 이 논리는 매우 타당해 보이지 않나요?

처치 반응 함수가 이진 결과처럼 비선형적이거나 결과가 한계(점진)적으로 감소하는 경우, 예측 모델은 CATE의 순서를 잘 정렬할 수 있습니다. 하지만 이것이 가장 좋은 모델임을 의미하지는 않으며, CATE를 직접 예측하는 목적으로 개발한 모델보다 성능이 좋다는 의미도 아닙니다. 이러한 모델은 처치효과의 순서를 정렬할 수는 있지만, 처치효과를 예측하지는 않습니다. 이는 처치에 대한 민감도에 따라 대상을 정렬하는 데 중요한 경우에만 적합합니다. 결정을 내리는 데 있어서 CATE를 정확히 추정하는 것이 중요하다면, 그룹별 추가 효과 추정이 필요할 것입니다.

> **NOTE 더 알아보기**
>
> CATE는 대체로 잡음이 많아서 종종 결과 예측이 CATE 예측보다 좋을 수 있습니다. 이에 관한 자세한 설명은 카를로스 페르난데스 로리아Carlos Fernández-Loría와 포스터 프로보스트Foster Provost의 논문[6]에서 확인할 수 있습니다.

마지막으로, CATE를 의사결정 과정에 어떻게 활용할 수 있는지 구체적으로 설명하겠습니다. 이미 활용 방법을 잘 알 수도 있지만, 의사결정에 필요한 (여러분이 생각하지 못한) 몇 가지 조언을 드리려고 합니다.

6.10 의사결정을 위한 CATE

이진 처치일 때 의사결정 과정은 매우 간단합니다. 본질적으로 중요한 것은 누가 처치에 긍정적으로 반응하는지입니다. 처치를 무한정으로 줄 수 있다면, CATE가 양수인 모든 사람에게 처치하면 됩니다. 만약 CATE를 예측하는 모델이 없지만 이전 절에서 논의한 예측 모델처럼 순서를 정할 수 있는 모델이 있다면, 모델 분위수 효과 곡선을 사용할 수 있습니다. 모델의 분위수별로 데이터를 나누고 각 분위수에서 처치효과를 추정한 다음, 효과가 여전히 양의 값을 보이는 지점까지 모든 대상에게 처치하면 됩니다.

처치를 무한정 줄 수 없다면, 추가 규칙을 설정해야 합니다. 단순히 긍정적인 효과가 있는 대상

---

6 Fernández-Loría, C., & Provost, F. (2019). Causal Classification: Treatment Effect Estimation vs. Outcome Prediction. *Journal of Machine Learning Research*. vol.23(Issue 1), pp. 2573-2607.

뿐만 아니라 CATE가 가장 높은 대상에도 처치해야 합니다. 예를 들어 처치 대상이 1,000명으로 제한된다면, CATE 순서에 따라 상위 1,000명을 선택하되, 모두 긍정적인 효과가 있는 경우에만 처치하는 것이 좋습니다.

처치가 연속형이거나 정렬된 경우에는 상황이 더 복잡해집니다. 이제 누구에게 처치를 할지뿐만 아니라 어느 정도의 처치를 줄지도 결정해야 합니다. 이는 사업의 특성에 따라 매우 다를 수 있습니다. 각 문제에는 최적화해야 할 고유한 처치 반응 함수가 있습니다. 따라서 구체적인 지침을 드리기는 어렵지만, 일반적인 예시를 들어 이해를 돕도록 하겠습니다.

레스토랑 체인에서 매일 얼마나 할인을 제공할지 결정하는 문제를 다시 고려해보겠습니다. 얼마나 할인을 제공할지 결정하는 일은 어떤 가격을 책정할지 결정하는 것($Price = Price_{base} * (1 - Discount)$)과 같습니다. 그렇다면 이 문제를 가격 최적화 문제로 재정의해보겠습니다. 모든 비즈니스 문제에는 비용(금전적이지 않을 수도 있지만)과 수익 함수가 존재합니다. 레스토랑의 수익이 다음과 같은 방정식으로 주어진다고 가정해봅시다.

$$Demand_i = 50 - \tau(X_i)Price_i$$
$$Revenue_i = Demand_i * Price_i$$

특정 날짜 i의 매출은 레스토랑에서 제공하는 식사 수(수요)에 가격을 곱한 값입니다. 그러나 특정 날짜에 사람들이 구매하려는 식사 수는 해당 날짜에 부과되는 가격에 반비례합니다. 그래서 $-\tau(X_i)Price_i$라는 항이 있는데, 여기서 $\tau(X_i)$는 해당 날짜에 고객이 가격 인상에 얼마나 민감한지를 나타냅니다(날짜별 특성인 X_i에 따라 달라짐에 주의하세요). 즉, 이 민감도는 가격이 수요에 미치는 CATE입니다.

τ의 다양한 값에 대한 수요 곡선을 그려보면, τ가 수요 곡선의 기울기임을 알 수 있습니다. 수요 곡선에 수익 곡선을 곱하면, 이차 곡선의 형태가 나타납니다. 고객들이 가격에 대해 덜 민감해지는 날($\tau = 1$)은 더 높은 가격에서 정점을 찍습니다.

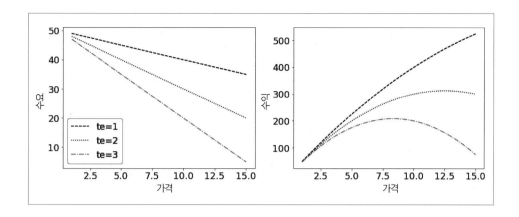

다음으로, 식사를 만드는 데 3달러가 든다고 가정해봅시다. 그러면 비용은 단순히 생산량인 q에 3을 곱한 값입니다.

$$Costs(q_i) = 3q_i$$

비용 방정식은 처치효과에 직접 의존하지 않지만, 생산량은 고객 주문량(즉, 수요)이라는 점을 기억해주세요. 그러면 가격이 높을수록 고객의 식사 수요가 줄어들기 때문에 비용이 낮아집니다.

마지막으로 수익과 비용을 모두 얻게 되면, 이를 결합하여 가격의 함수로 이익을 계산할 수 있습니다.

$$Profit_i = Demand_i * Price_i - Cost(Demand_i)$$

다른 τ_i값에 대한 가격별 이익을 시각화하면 각기 다른 최적 가격이 산출됨을 알 수 있습니다. τ_i가 낮을수록 가격 인상에 덜 민감해지며, 이는 레스토랑이 가격을 올려 더 많은 이익을 낼 수 있게 합니다.

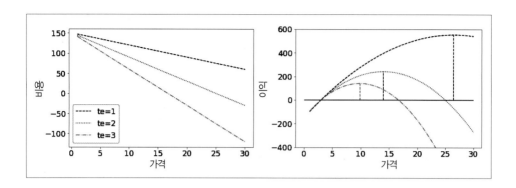

경제학자들은 이것이 기업의 잘 알려진 문제임을 금방 깨닫게 될 것입니다. 한계 비용을 한계 수익과 동일하게 설정하고 가격을 분리하면 이윤을 극대화하는 가격의 수치적 해답(P*)을 도출할 수 있습니다. 다음 수식에서 변수 P는 가격($Price$)을 의미합니다.

$$(P(50 - \tau(X)P))' = (3(50 - \tau(X)P))'$$

$$P^{\star} = \frac{3\tau(X) + 50}{2\tau(X)}$$

여기서 가격이 수요에 미치는 영향인 $\tau(X)$만 유일하게 알려지지 않았습니다. 따라서 CATE를 예측하는 모델을 사용하여 이를 추정할 수 있다면 해당 CATE 예측을 최적의 가격으로 변환할 수 있습니다.

다시 말하지만, CATE 예측은 수익 및 비용 곡선의 형태에 따라 크게 달라지며, 이는 다시 비즈니스에 따라 크게 달라집니다. 하지만 일반적으로 최적화하려는 거의 모든 처치에는 상승하는 값(수익)과 하락하는 값(비용)도 있습니다. 연속형 처치의 수준을 결정할 때 CATE를 사용하려면 이 두 가지 측면에 어떤 영향을 미치는지 이해하고 있어야 합니다.

> **모서리해**
>
> 드물지만 비즈니스를 최적화하는 처치 수준이 전혀 없거나 허용된 최대 수준일 수도 있습니다. 예를 들어, 지방 정부가 판매하는 제품의 가격 상한선을 정했다고 가정해보세요. 이 가격 상한이 수익을 극대화하는 가격보다 낮다면 최적의 가격은 정부가 허용하는 최대 가격이 될 것입니다. 이러한 상황은 드물지만, 숨겨진 비용을 고려하지 않을 때 모서리해$^{coner \ solution}$가 발생하는 경우가 대부분입니다 예를 들어, 교차 판매 이메일을 최적화할 때 이메일 발송 비용이 미미하므로 모든 사람에게 이메일을 보내야 한다고 생각할 수 있습니다. 그러나 고객의 피로도 측면에서 숨겨진 비용이 있습니다. 고객에게 지속해서 스팸을 보내면 결국 그들이 싫증을 내고 이메일 구독을 취소할 수 있으며, 이는 향후 이메일 채널에서 발생할 매출 손실로 이어질 수 있습니다. 이러한 숨겨진 비용은 고려하기 어렵지만, 그렇다고 존재하지 않는 것은 아닙니다. 실제로, 숨겨진 비용의 좋은 대체 지표를 찾는 일은 데이터 과학에서 매우 의미 있는 작업이 될 수 있습니다.

6.11 요약

이 장에서는 이질적 처치효과의 개념을 소개했습니다. 핵심 아이디어는 실험 대상 i마다 처치효과 τ_i가 다를 수 있다는 것이죠. 이 효과를 안다면 효과적으로 실험 대상에 처치를 배정할 수 있습니다. 안타깝게도 인과추론의 근본적인 문제로 인해 이 효과는 관측할 수 없습니다. 하지만 관측 가능한 실험 대상의 특성 $\tau(x_i)$에 따라 달라진다고 가정하면, 평균 처치효과(ATE) 추정에서 조건부 평균 처치효과(CATE)를 추정하여 개인화에 대한 진전을 이룰 수 있습니다.

$$CATE = \frac{\partial}{\partial t} E[Y(t) \mid X]$$

따라서 처치효과가 개별 대상 수준에서 관측되지 않더라도 그룹 효과를 추정할 수 있습니다. 이 그룹 효과를 추정하는 간단한 방법은 처치와 공변량 간의 상호작용 항을 포함하는 선형회귀분석을 사용하는 것입니다.

$$y_i = \beta_0 + \tau_0 T_i + \tau X_i T_i + \beta X_i + e_i$$

이 모델을 추정하면 다음과 같은 CATE 추정값을 얻을 수 있습니다.

$$\widehat{CATE} = \tau_0 + \tau X_i$$

다음으로, 교차 검증과 CATE 평가 방법을 결합해 CATE 추정값을 평가하는 몇 가지 개념을 살펴보았습니다. CATE는 단일 실험 대상에 대해 정의되지 않으므로 분위수 효과 곡선이나 누적 이득 곡선과 같은 그룹별 지표에 의존해야 했습니다. 그것만으로는 충분하지 않다면, 개별 처치효과에 근사하는 목표를 정의하고 이를 사용하여 MSE와 같은 편차 지표를 계산할 수도 있습니다.

마지막으로, 이 장에서 논의된 모든 내용은 데이터로부터 얻을 수 있는 통계적 추정량[statistical quantity]인 조건부 기댓값에서 인과 추정량인 CATE를 식별하는데 중점을 둡니다.

$$\frac{\partial}{\partial t} E[Y(t) \mid X] = \frac{\partial}{\partial t} E[Y \mid X, T = t]$$

랜덤화된 데이터가 없으면 추정할 수 있는 그룹 효과로서의 CATE 개념이 더 이상 유효하지 않게 됩니다. 이는 CATE 추정 문제에서 랜덤화된 데이터가 왜 중요한지를 설명해줍니다. 이는 처치효과의 다양성 모델을 평가하는 것에 있어서도 마찬가지입니다.

CHAPTER 7

메타러너

3부에서는 이질적 처치효과, 즉 실험 대상이 어떻게 처치에 따라 다르게 반응하는지를 식별하는 데 중점을 둡니다. 이산형 처치의 경우, 이질적 효과 프레임워크에서 추정하고 싶은 CATE는 다음과 같습니다.

$$\tau_i(x) = E\left[Y_i(1) - Y_i(0) \mid X\right] = E\left[\tau_i \mid X\right]$$

또는 연속형 처치의 경우 $E\left[\delta Y_i(t) \mid X\right]$가 되며, 이를 통해 실험 대상이 처치에 얼마나 민감한지 알고 싶을 것입니다. 이는 모든 대상에게 처치를 할 수 없고 처치의 우선순위를 정해야 하는 경우에 매우 유용합니다. 예를 들어 할인을 제공하고 싶지만 예산이 한정된 경우나, 어떤 대상에게는 처치효과가 긍정적이지만 다른 대상에는 부정적인 경우가 이에 해당합니다.

이전 장에서 상호작용 항을 포함한 회귀분석을 사용하여, CATE 추정값을 구하는 방법을 살펴보았습니다. 이제는 몇 가지 머신러닝 알고리즘을 섞어 CATE 추정을 해보겠습니다.

메타러너metalearner는 기존 예측 머신러닝 알고리즘을 활용해서 처치효과를 추정하는 간단한 방법입니다. 메타러너를 ATE 추정에 사용할 수 있지만, 일반적으로 고차원 데이터를 잘 처리하기 때문에 주로 CATE 추정에 사용합니다. 메타러너는 예측 모델을 인과추론에 재활용하는 역할을 합니다. 모든 예측 모델(선형회귀, 부스트 의사결정 트리boosted decision tree, 신경망neural network, 가우스 과정Gaussian process 등)은 이 장에서 설명하는 접근 방식을 사용하여 인과추론에 맞게 다시 활용할 수 있습니다. 따라서 메타러너의 효과적인 활용은 사용하는 머신러닝 방법에 크게 좌우됩니다. 그래서 여러 방법을 시도해보고 무엇이 가장 효과적인지 확인하는 것이 좋습니다.

7.1 이산형 처치 메타러너

온라인 소매업체의 마케팅 팀에서 일한다고 가정해봅시다. 목표는 어떤 고객이 마케팅 이메일을 잘 받는지 파악하는 것이죠. 해당 메일은 고객의 소비를 늘릴 잠재력이 있지만, 일부 고객은 마케팅 이메일 수신을 선호하지 않을 것입니다. 따라서 이 문제를 해결하기 위해, 이메일이 고객의 미래 구매량에 미치는 조건부 평균 처치효과를 추정하려고 합니다. 이 CATE 추정값을 바탕으로 누구에게 메일을 발송하면 효율적일지에 관한 비즈니스 전략을 세울 수 있습니다.

대부분의 비즈니스 적용 사례처럼, 고객에게 마케팅 이메일을 보낸 기록 데이터가 많이 있습니다. 이러한 풍부한 데이터를 사용하여 CATE 모델을 적합시킬 수 있습니다. 또한 마케팅 이메일을 무작위로 발송한 실험에서 얻은 몇 가지 데이터도 존재합니다. 실험에서 얻은 데이터가 너무 적어서, 이 소중한 데이터는 모델 평가에만 사용할 계획입니다.

```
In [1]: import pandas as pd
        import numpy as np

        data_biased = pd.read_csv("./data/email_obs_data.csv")
        data_rnd = pd.read_csv("./data/email_rnd_data.csv")

        print(len(data_biased), len(data_rnd))
        data_rnd.head()

Out[1]: 300000 10000
```

	mkt_email	next_mnth_pv	age	tenure	...	jewel	books	music_books_movies	health
0	0	244.26	61.0	1.0	...	1	0	0	2
1	0	29.67	36.0	1.0	...	1	0	2	2
2	0	11.73	64.0	0.0	...	0	1	0	1
3	0	41.41	74.0	0.0	...	0	4	1	0
4	0	447.89	59.0	0.0	...	1	1	2	1

실험 데이터와 관측 데이터에는 동일한 열이 있습니다. 여기서는 이메일 발송 여부인 처치변수(mkt_email)가 이메일을 받고 한 달 후의 구매금액인 결과변수(next_mnth_pv)에 미치는 영향을 알아보겠습니다. 이 열 이외에도 데이터에는 고객의 나이, 웹사이트에서 첫 구매 이후의 기간(고객 유지 기간), 각 카테고리에서 구매한 금액과 같은 다양한 공변량이 포함됩니다. 이러

한 공변량들에 따라 적합시키려는 이질적 처치가 결정됩니다.

CATE 모델 개발을 간소화하기 위해 처치, 결과, 공변량, 훈련 및 테스트 셋을 저장하는 변수를 생성할 수 있습니다. 이를 모두 갖추면, 대부분의 메타러너를 구성하는 일이 간단해집니다.

```
In [2]: y = "next_mnth_pv"
        T = "mkt_email"
        X = list(data_rnd.drop(columns=[y, T]).columns)

        train, test = data_biased, data_rnd
```

이제 모든 준비가 완료되었으니 첫 번째 메타러너인 T 러너를 살펴보겠습니다.

인과추론 라이브러리

대부분의 인과추론 패키지는 앞으로 설명할 메타러너들을 모두 구현해두었습니다. 그러나 간단하게 코딩할 수 있으므로 이 책에서는 외부 라이브러리에 의존하지 않고 처음부터 만드는 방법을 알려드리겠습니다. 또한 이 글을 쓰는 시점에 모든 인과추론 패키지는 초기 단계에 있기 때문에 어떤 패키지가 산업에서 우위를 차지할지 예측하긴 어렵습니다. 물론 그렇다고 해서 직접 확인해보지 말아야 한다는 뜻은 아닙니다. 필자가 특히 선호하는 두 가지 패키지는 마이크로소프트의 econml과 우버의 causalml입니다.

7.1.1 T 러너

범주형 처치를 다룰 때 첫 번째로 시도해 볼 메타러너는 T 러너입니다. T 러너는 매우 간단하며 잠재적 결과 Y_t를 추정하기 위해 모든 처치에 대해 하나의 결과 모델 $\mu_t(x)$를 적합시킵니다. 이진 처치에서는 추정해야 할 모델이 두 개뿐이므로 T 러너라고 불립니다.

$$\mu_0(x) = E[Y \mid T = 0, X]$$
$$\mu_1(x) = E[Y \mid T = 1, X]$$

이러한 모델을 만들면 각 처치에 대한 반사실 예측을 하고 다음과 같이 CATE를 추정할 수 있습니다.

$$\hat{\tau}(x)_i = \hat{\mu}_1\left(X_i\right) - \hat{\mu}_0\left(X_i\right)$$

[그림 7-1]은 T 러너에 관한 다이어그램입니다.

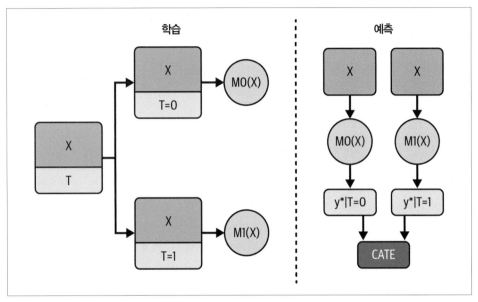

그림 7-1 T 러너가 각자 $T = 1$ 그리고 $T = 0$에서 머신러닝 모델을 학습합니다. 예측 시점에 두 모델을 모두 사용해서 실험군과 대조군의 차이를 추정합니다.

결과 모델로 부스트 회귀 트리$^{boosted\ regression\ tree}$를 사용해서 코드로 구현하겠습니다. 특히, 매우 인기 있는 회귀 모델인 **LGBMRegressor**를 적용해볼 것입니다. 또한 모델에 내장된 기본 하이퍼 파라미터를 사용하겠지만, 원한다면 이를 최적화할 수 있습니다.

```
In [3]: from lightgbm import LGBMRegressor

        np.random.seed(123)

        m0 = LGBMRegressor()
        m1 = LGBMRegressor()

        m0.fit(train.query(f"{T}==0")[X], train.query(f"{T}==0")[y])
        m1.fit(train.query(f"{T}==1")[X], train.query(f"{T}==1")[y]);
```

이제 두 개의 모델이 있으므로 테스트 셋에서 CATE 예측은 매우 쉬워집니다.

```
In [4]: t_learner_cate_test = test.assign(
            cate=m1.predict(test[X]) - m0.predict(test[X])
        )
```

6장에서 배운 개념인 상대 누적 이득 곡선과 AUC를 사용해서 모델을 평가하겠습니다. 이 평가 방법은 처치효과가 가장 높은 고객부터 가장 낮은 고객까지 고객을 올바르게 정렬했는지에만 관심이 있다는 점을 기억해주세요.

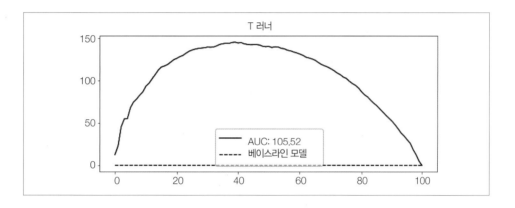

T 러너는 이 데이터셋에서 잘 작동합니다. 누적 이득 곡선에서 볼 수 있듯이, CATE에 따른 고객을 잘 정렬할 수 있는 것으로 보입니다.

일반적으로 T 러너는 단순한 모델이므로 처치가 이산형으로 주어진 상황일 때 처음 시도하기 좋습니다. 하지만 상황에 따라 정규화 편향^{regularization bias}이 발생하기 쉽습니다.

대조군은 많고 실험군의 데이터는 매우 적은 상황을 생각해봅시다. 이는 처치에 큰 비용이 들어가는 적용 사례에서 매우 흔한 상황이죠. 이제 결과 Y에 약간의 비선형성이 있지만, **처치효과는 일정**하다고 가정해보겠습니다. 이는 다음 이미지의 첫 번째 그래프에 나와 있습니다.

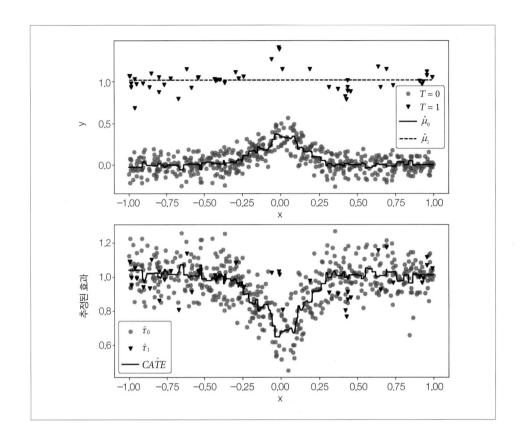

데이터가 이처럼 처치 받은 관측값이 그렇지 않은 관측값보다 매우 적은 경우, 과적합을 피하기 위해 $\hat{\mu}_1$ 모델은 단순해질 가능성이 큽니다. 반대로 $\hat{\mu}_0$ 모델은 더 복잡할 수 있지만, 데이터가 풍부하므로 과적합을 방지할 수 있죠. 중요한 것은 두 모델에 동일한 하이퍼파라미터를 사용하더라도 이런 상황이 발생할 수 있다는 점입니다. 예를 들어, 이전과 같은 값을 생성하기 위해 `min_child_samples=25`로 설정하고 다른 모든 매개변수를 기본값으로 설정한 `LGBM Regressor`를 사용했습니다. 많은 머신러닝 알고리즘은 `min_child_samples`처럼 데이터가 적을 때 자체적으로 정규화합니다. LGBM의 트리가 각 리프 노드[leaf node]에 최소 25개의 표본을 갖도록 강제하므로 표본 크기가 작다면 트리는 더 작아집니다.

자기 정규화[self-regularization]는 머신러닝 관점에서 많은 의미가 있습니다. 데이터가 적으면 더 단순한 모델을 사용해야 합니다. 실제로 앞의 이미지에서 두 모델 모두 각각의 표본 크기에 최적화되어 예측 성능이 상당히 좋습니다. 그러나 이 모델을 사용하여 CATE $\hat{\tau} = \mu_1(X) - \mu_0(X)$

를 계산하면, $\mu_0(X)$의 비선형성과 $\mu_1(X)$의 선형성의 차이 때문에 비선형 CATE(점선에서 실선을 뺀 값)가 됩니다. 하지만 이 예시에서는 실제 CATE가 1로 일정하므로, 잘못된 결과입니다. 앞 이미지의 두 번째 그래프에서 이 현상이 일어나는 것을 볼 수 있습니다.

즉, 표본이 많은 대조군 모델에서 비선형성을 포착할 수 있지만, 실험군 모델에서는 작은 표본 때문에 정규화되므로 비선형성을 포착할 수 없습니다. 물론 실험군 모델에 정규화를 덜 할 수도 있지만, 그러면 과적합의 위험이 있습니다. 지금 진퇴양난에 빠진 것 같은데요, 이 문제를 어떻게 해결할까요? 바로 여기에 X 러너가 등장합니다.

> **NOTE 더 알아보기**
>
> 앞에서 다룬 메타러너의 정규화 문제는 소렌 쿤젤$^{Sören\ R\ Künzel}$ 등이 쓴 논문[1]에서 자세히 다룹니다.

7.1.2 X 러너

X 러너는 T 러너보다 더 복잡하지만 구현 자체는 꽤 간단합니다. X 러너는 두 단계로 구성되며 성향점수 모델이 있습니다. 첫 번째 단계는 T 러너와 동일합니다. 먼저 표본을 실험군과 대조군으로 나누고 각 그룹에 대한 모델을 적합시킵니다.

$$\hat{\mu}_0(X) \approx E[Y \mid T = 0, X]$$
$$\hat{\mu}_1(X) \approx E[Y \mid T = 1, X]$$

여기서부터는 T 러너와 달라집니다. 두 번째 단계에서는 먼저 앞서 적합된 모델을 사용하여 누락된 잠재적 결과를 추정해야 합니다.

$$\hat{\tau}(X, T = 0) = \hat{\mu}_1(X, T = 0) - Y_{T=0}$$
$$\hat{\tau}(X, T = 1) = Y_{T=1} - \hat{\mu}_0(X, T = 1)$$

1 Künzel,S. R., Sekhon,J. S., Bickel, P. J., & Yu, Bin. (2019). Metalearners for estimating heterogeneous treatment effects using machine learning. *Proceedings of the National Academy of Sciences of the United States of America*, vol.116(issue 10).

그다음, 추정된 효과를 예측할 두 개의 추가 모델을 적합시킵니다. 이 두 번째 단계에서 모델들의 목적은 대조군과 실험군에서 CATE를 잘 근사하도록 예측하는 것입니다.

$$\hat{\mu}(X)_{\tau 0} \approx E[\tau(X) \mid T = 0]$$
$$\hat{\mu}(X)_{\tau 1} \approx E[\tau(X) \mid T = 1]$$

앞의 예시 데이터에서 $\hat{\tau}(X, T = 0)$와 $\hat{\tau}(X, T = 1)$은 두 번째 그래프의 데이터 포인트입니다. 다음 이미지에서는 이와 동일한 데이터를 예측 모델인 $\hat{\mu}(X)_{\tau 0}$ 및 $\hat{\mu}(X)_{\tau 1}$과 함께 다시 구현합니다. 비록 대조군 데이터가 더 많지만, $\hat{\tau}(X, T = 0)$이 **잘못되었음을 알 수 있죠**. 이는 매우 작은 표본에 적합된 $\widehat{\mu_1}$을 사용하여 모델이 구성되었기 때문입니다. 따라서, $\hat{\tau}(X, T = 0)$이 잘못되었으므로 그에 따른 $\hat{\mu}(X)_{\tau 0}$ 결과도 잘못될 가능성이 큽니다. 반대로 $\hat{\mu}(X)_{\tau 1}$은 아마도 정확할 것이며, 그 이유는 $\widehat{\mu_0}$ 모델을 사용하여 생성된 $\hat{\tau}(X, T = 1)$가 정확하기 때문입니다.

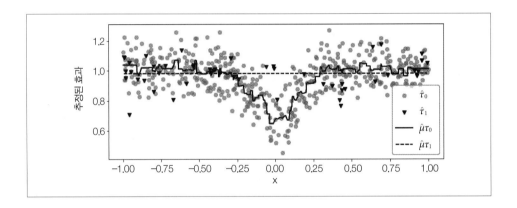

요약하면, 하나의 모델은 처치효과를 잘못 대체했기 때문에 부정확하고, 다른 하나의 모델은 그 값을 올바르게 대체했으므로 정확합니다. 이제 이 두 모델을 결합하는 방법이 필요한데, 정확한 모델에 더 많은 가중치를 부여해야 합니다. 이 과정에서 가중치 부여에 성향점수 모델을 사용할 수 있습니다. 이 모델을 사용하면 다음과 같이 두 개의 두 번째 단계의 모델을 결합할 수 있습니다.

$$\widehat{\tau(x)} = \hat{\mu}(X)_{\tau 0} \hat{e}(x) + \hat{\mu}(X)_{\tau 1}(1 - \hat{e}(x))$$

이 예에서는 처치 받은 대상이 매우 적으므로 성향점수 $\hat{e}(x)$가 매우 작아, 잘못된 CATE 모델 $\hat{\mu}(X)_{\tau_0}$에 매우 작은 가중치를 부여합니다. 반대로 $1-\hat{e}(x)$는 1에 가까우므로 올바른 CATE 모델 $\hat{\mu}(X)_{\tau_1}$에 더 많은 가중치를 부여합니다. 일반적으로 성향점수를 사용한 이 가중평균은 더 많은 데이터를 사용하여 학습된 $\hat{\mu}_t$ 모델에서 얻은 처치효과 추정값에 더 많은 가중치를 줍니다.

다음 그래프는 X 러너에서 추정된 CATE와 각 데이터 포인트에 할당된 가중치를 보여줍니다. 실질적으로 잘못된 데이터를 어떻게 배제하는지 주목해주세요.

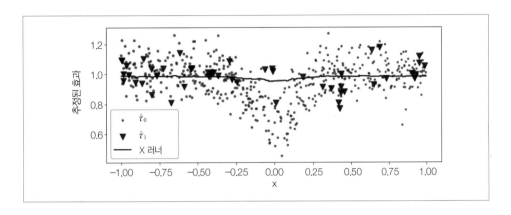

보시다시피 T 러너와 비교하면 X 러너는 비선형성에서 잘못 추정된 CATE를 보정하는 데 훨씬 더 나은 성능을 보입니다. 일반적으로 한 실험 대상의 집단이 다른 집단보다 훨씬 클 때 X 러너의 성능이 더 좋습니다.

이 내용을 한 번에 소화하기 어려울 수 있으므로 코드를 보면서 이해해보겠습니다. [그림 7-2]는 X 러너를 요약한 다이어그램입니다.

시도해볼 수 있는 또 다른 방법은 **도메인 적응 러너**domain adaptation learner입니다. 이는 X 러너이지만, 성향점수 모델을 사용하여 $\hat{\mu}_t(X)$를 추정하되 가중치는 $1/\hat{P}(T=t)$로 설정합니다.

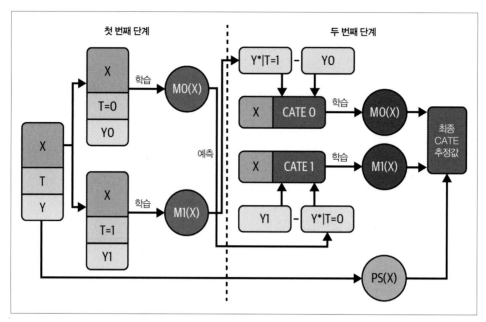

그림 7-2 X 러너는 두 가지 단계에서 머신러닝 모델과 성향점수 모델을 학습합니다. 예측 시, 두 번째 단계의 모델과 성향점수 모델만 활용합니다.[2]

앞서 배운 X 러너를 다음 코드로 확인해봅시다. 첫 번째 단계는 T 러너와 동일합니다. 만약 도메인 적응 러너에 성향점수를 사용하려면, 훈련 데이터를 $1/P(T=t)$로 재조정해야 합니다. 이제 코드 구현을 통해 이 성향점수를 적합시켜 보겠습니다.

```
In [5]: from sklearn.linear_model import LogisticRegression
        from lightgbm import LGBMRegressor

        # 성향점수 모델
        ps_model = LogisticRegression(penalty='none')
        ps_model.fit(train[X], train[T])



        # 첫 번째 단계 모델
        train_t0 = train.query(f"{T}==0")
        train_t1 = train.query(f"{T}==1")
```

----

2   옮긴이_ 첫 번째 단계에서의 M0(X), M1(X)는 두 번째 단계에서의 M0(X), M1(X)와 동일하게 표기되었지만 다른 모델입니다.

```
m0 = LGBMRegressor()
m1 = LGBMRegressor()
np.random.seed(123)

m0.fit(train_t0[X], train_t0[y],
       sample_weight=1/ps_model.predict_proba(train_t0[X])[:, 0])

m1.fit(train_t1[X], train_t1[y],
       sample_weight=1/ps_model.predict_proba(train_t1[X])[:, 1]);
```

그런 다음, 처치효과를 예측하고 예측된 효과에 대해 두 번째 단계 모델을 적합시킵니다.

```
In [6]: # 두 번째 단계 모델
        tau_hat_0 = m1.predict(train_t0[X]) - train_t0[y]
        tau_hat_1 = train_t1[y] - m0.predict(train_t1[X])

        m_tau_0 = LGBMRegressor()
        m_tau_1 = LGBMRegressor()

        np.random.seed(123)

        m_tau_0.fit(train_t0[X], tau_hat_0)
        m_tau_1.fit(train_t1[X], tau_hat_1);
```

마지막으로 이 모델을 모두 구축하면, 성향점수 모델을 사용하여 두 번째 단계 모델들의 예측 값을 결합하고 CATE를 얻습니다. 이 모든 과정을 테스트 셋에서 추정합니다.

```
In [7]: # CATE 추정 단계
        ps_test = ps_model.predict_proba(test[X])[:, 1]

        x_cate_test = test.assign(
            cate=(ps_test*m_tau_0.predict(test[X]) +
                  (1-ps_test)*m_tau_1.predict(test[X])
                 )
        )
```

이제 누적 이득 곡선 관점에서 X 러너의 성능을 살펴보겠습니다. 이 데이터셋에서는 실험군과 대조군의 크기가 거의 동일하므로 큰 차이는 없을 것입니다. 즉, X 러너가 해결하려는 문제는 여기서 발생하지 않을 수 있습니다.

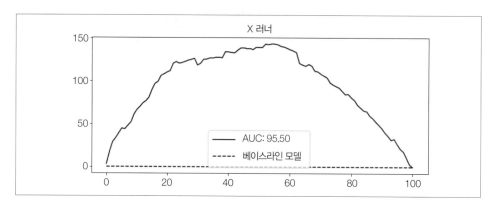

예상대로 X 러너의 성능은 T 러너와 크게 다르지 않죠? 오히려 곡선 아래 영역에서 약간 성능이 떨어집니다. 이러한 러너의 성능은 상황에 따라 달라질 수 있다는 점을 명심해주세요. 앞서 말했듯이, 이 특정 데이터에서는 실험군과 대조군 모두 X 러너가 해결하려는 문제 유형에 부딪히지 않을 만큼 표본 크기가 충분히 큽니다. 따라서 실험군과 대조군의 표본 크기 차이에서 오는 CATE의 부정확한 추정을 보완하는 X 러너의 장점이 나타나지 않을 것입니다.

7.2 연속형 처치 메타러너

연속형 처치의 경우, 메타러너를 적용하기 까다로워질 수 있습니다. 이전 장에서 사용했던 레스토랑 체인의 3년치 데이터를 사용해봅시다. 이 체인은 6개의 레스토랑에서 할인을 무작위로 제공했으며, 언제 더 많은 할인을 제공하면 좋을지 알고 싶어 합니다. 이 질문에 답하려면 고객이 어떤 날에 할인에 더 민감하게 반응하는지 이해해야 합니다. 레스토랑 체인이 이를 알게 되면, 할인을 더 많이 또는 적게 제공할 최적의 시기를 결정하는 데 도움이 될 것입니다.

이는 CATE를 추정해야 하는 문제로, 잘 추정한다면 회사는 예측된 CATE를 바탕으로 할인 정책을 결정할 수 있습니다. 예측된 CATE가 높을수록 고객이 할인에 더 민감하게 반응하므로, 할인율도 더 높아야 합니다.

```
In [8]: data_cont = pd.read_csv("./data/discount_data.csv")
        data_cont.head()
```

	rest_id	day	month	weekday	...	is_nov	competitors_price	discounts	sales
0	0	2016-01-01	1	4	...	False	2,88	0	79.0
1	0	2016-01-02	1	5	...	False	2,64	0	57.0
2	0	2016-01-03	1	6	...	False	2,08	5	294.0
3	0	2016-01-04	1	0	...	False	3,37	15	676.5
4	0	2016-01-05	1	1	...	False	3,79	0	66.0

이 데이터에서는 할인율이 처치이고 매출이 결과입니다. 또한 일련의 날짜 관련 특성들(월, 요일, 휴일 여부 등)도 포함합니다. 목표는 CATE 예측이므로 데이터셋을 학습 및 테스트 데이터셋으로 분할하는 것이 가장 좋습니다. 이 경우, 시간 차원을 활용하여 이러한 데이터셋을 구성할 수 있습니다.

```
In [9]: train = data_cont.query("day<'2018-01-01'")
        test = data_cont.query("day>='2018-01-01'")
```

이제 이 데이터를 바탕으로 어떤 메타러너가 연속형 처치를 다룰 수 있는지 살펴보겠습니다.

7.2.1 S 러너

가장 먼저 S 러너를 시도해보겠습니다. S 러너는 가장 기본적인 방식으로, 단일^{simple}(따라서 S 러너) 머신러닝 모델 $\hat{\mu}_s$를 사용하여 추정합니다.

$$\mu(x) = E[Y \mid T, X]$$

CATE 추정을 하려면, 결과 Y를 예측하려는 모델에 처치변수를 특성으로 포함하면 됩니다. 그게 전부입니다!

```
In [10]: X = ["month", "weekday", "is_holiday", "competitors_price"]
         T = "discounts"
```

```
        y = "sales"

        np.random.seed(123)
        s_learner = LGBMRegressor()
        s_learner.fit(train[X+[T]], train[y]);
```

하지만 이 모델은 처치효과를 직접 출력하지는 않고, 오히려 반사실 예측값을 구합니다. 즉, 다양한 처치에서의 예측을 할 수 있죠. 처치가 이산형인 경우에도 이 모델은 여전히 작동할 것이고, 실험군과 대조군의 예측값 차이가 CATE 추정값이 됩니다.

$$\hat{\tau}(x)_i = M_s\left(X_i, T=1\right) - M_s\left(X_i, T=0\right)$$

[그림 7-3]의 다이어그램은 S 러너를 설명합니다.

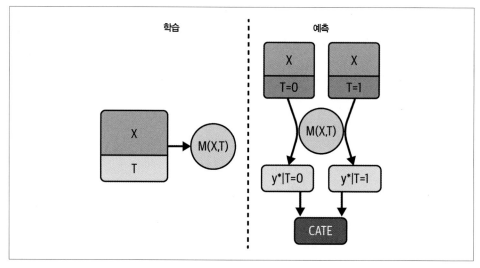

그림 7-3 S 러너는 단순히 특성 중의 하나로 처치를 포함하는 머신러닝 모델입니다.

연속형 처치는 약간의 추가 작업이 필요합니다. 먼저 처치의 그리드grid를 정의해야 합니다. 예시에서는 할인율이 0부터 약 40%까지 변하므로 [0, 10, 20, 30, 40] 그리드를 사용할 수 있습니다. 예측하고자 하는 데이터를 확장하여 각 행이 그리드의 각 처칫값을 한 번씩 복사해야 합니다. 이를 수행하는 가장 쉬운 방법은 그리드의 값이 있는 데이터프레임을 예측하려는 데이터(테스트 셋)에 교차 조인cross-join하는 것입니다. 판다스에서 상수 키를 사용하여 교차 조인을 할 수 있습니다. 이렇게 하면 원래 데이터의 각 행이 복제되어 처칫값만 변경됩니다. 마지막으로, 적합된 S 러너를 사용하여 이 확장된 데이터에서 반사실 예측을 할 수 있습니다. 다음은 이 모든 과정을 구현하는 간단한 코드입니다.

```
In [11]: t_grid = pd.DataFrame(dict(key=1,
                                     discounts=np.array([0, 10, 20, 30, 40])))

         test_cf = (test
                    .drop(columns=["discounts"])
                    .assign(key=1)
                    .merge(t_grid)
                    # 확장된 데이터에서 예측하기
                    .assign(sales_hat = lambda d: s_learner.predict(d[X+[T]])))

         test_cf.head(8)
```

	rest_id	day	month	weekday	...	sales	key	discounts	sales_hat
0	0	2018-01-01	1	0	...	251.5	1	0	67.957972
1	0	2018-01-01	1	0	...	251.5	1	10	444.245941
2	0	2018-01-01	1	0	...	251.5	1	20	793.045769
3	0	2018-01-01	1	0	...	251.5	1	30	1279.640793
4	0	2018-01-01	1	0	...	251.5	1	40	1512.630767
5	0	2018-01-02	1	1	...	541.0	1	0	65.672080
6	0	2018-01-02	1	1	...	541.0	1	10	495.669220
7	0	2018-01-02	1	1	...	541.0	1	20	1015.401471

앞 단계에서는 각 실험 대상(이 경우 날짜)에 대해 처치 반응 함수 $Y(t)$의 대략적인 버전을 추정했습니다. 몇몇 실험 대상(일)에 대한 곡선을 그려서 어떤 모습인지 확인해보겠습니다. 다음 그래프에서 크리스마스인 2018년 12월 25일에 추정된 반응 함수가 2018년 6월 18일보다 더 가파른 모습을 볼 수 있습니다. 이는 고객이 할인에 대해 6월의 특정 날보다 크리스마스에 더 민감함을 모델이 학습했음을 의미합니다.

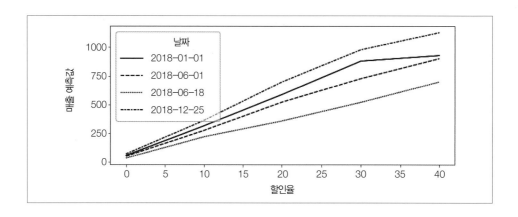

이러한 반사실 예측이 정확한지는 전혀 다른 문제입니다. CATE 예측을 하지 않았으니 6장에서 배운 평가 방법을 여기서는 사용할 수 없습니다. CATE 예측을 얻으려면 실험 대상 수준의 곡선을 처치효과를 나타내는 단일 숫자로 요약하는 방법이 필요합니다. 이번에도 선형회귀로 이를 수행해보겠습니다. 즉, 각 실험 대상에 대해 회귀분석을 하고, 그 결과에서 처치의 기울기 매개변수를 추출하여 CATE 추정값으로 활용해보죠.

기울기 매개변수만 신경 쓰면 되므로, 단순선형회귀 계수 공식을 사용하여 이 작업을 훨씬 효율적으로 수행할 수 있습니다.

$$\hat{\beta} = Cov(t, y) / Var(t)$$

이를 계산하는 코드를 살펴봅시다. 먼저, 개별 곡선을 기울기 매개변수로 요약하는 함수를 정의합니다. 그런 다음 확장된 테스트 데이터를 레스토랑 ID와 날짜별로 그룹화하고 각 그룹에 기울기 함수를 적용합니다. 이렇게 하면 인덱스가 rest_id와 day인 판다스 시리즈series가 생기며, 이 시리즈의 이름을 cate로 지정합니다. 마지막으로, 이 시리즈를 원래 테스트 셋(확장된 테스트 셋이 아닌)에 조인하여 각 날짜 및 레스토랑의 CATE 예측값을 얻습니다.

```
In [12]: from toolz import curry

         @curry
         def linear_effect(df, y, t):
             return np.cov(df[y], df[t])[0, 1]/df[t].var()
```

```
cate = (test_cf
        .groupby(["rest_id", "day"])
        .apply(linear_effect(t="discounts", y="sales_hat"))
        .rename("cate"))

test_s_learner_pred = test.set_index(["rest_id", "day"]).join(cate)

test_s_learner_pred.head()
```

rest_id	day	month	weekday	weekend	...	competitors_price	discounts	sales	cate
	2018-01-01	1	0	False	...	4.92	5	251.5	37.247404
	2018-01-02	1	1	False	...	3.06	10	541.0	40.269854
0	2018-01-03	1	2	False	...	4.61	10	431.0	37.412988
	2018-01-04	1	3	False	...	4.84	20	760.0	38.436815
	2018-01-05	1	4	False	...	6.29	0	78.0	31.428603

이제 CATE 예측값이 있으므로, 6장에서 배운 방법을 사용하여 모델을 평가할 수 있습니다. 여기서는 누적 이득 곡선을 활용하겠습니다.

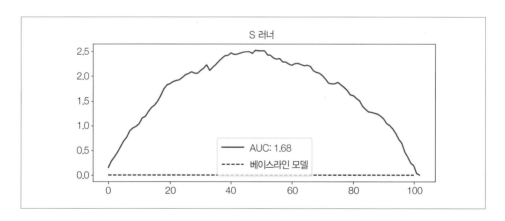

누적 이득 곡선에서 볼 수 있듯이, S 러너는 간단하지만 이 데이터셋에서 괜찮은 성능을 보여줍니다. 다시 말하지만, 이는 랜덤화된 데이터가 많고 상대적으로 쉬운 해당 데이터셋에 특화된 성능입니다. 실제로 S 러너는 그 단순함 때문에 어떤 인과 문제에도 처음 시도하기 좋은 선택이라고 생각합니다. 그 이유는 첫째, S 러너는 랜덤화된 데이터가 없어도 괜찮은 성능을 보이는 경향이 있습니다. 둘째, S 러너는 이진 및 연속형 처치 모두에 활용할 수 있기 때문입니다.

S 러너의 가장 큰 단점은 처치효과를 0으로 편향시키려는 경향이 있다는 것이죠. S 러너가 일반적으로 정규화 머신러닝 모델을 사용하므로 이 정규화는 추정된 처치효과를 제한할 수 있습니다.

다음 그래프는 빅터 체르노주코프Victor Chernozhukov 등이 작성한 논문[3]의 결과를 재현한 것입니다. 이 그래프는 20개의 공변량과 실제 ATE가 1인 이진 처치로 데이터를 시뮬레이션해서 만들었습니다. 그다음 S 러너를 사용하여 ATE를 추정했습니다. 이 시뮬레이션과 추정 단계를 500회 반복하고 추정된 ATE의 분포를 실제 ATE와 함께 시각화한 결과는 다음과 같습니다.

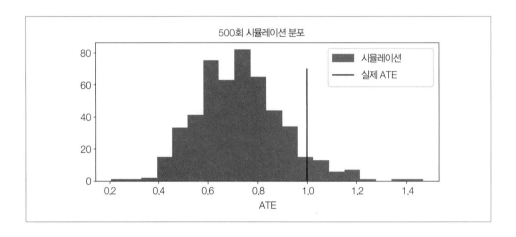

추정된 ATE의 분포가 실제 ATE보다 왼쪽에 편향되어 0으로 향하는 모습을 볼 수 있습니다. 즉, 실제 인과효과는 추정된 효과보다 더 큽니다.

더 안 좋은 점은 처치변수가 다른 공변량보다 결과를 설명하는 데 영향력이 매우 작다면, S 러너는 처치변수를 완전히 버릴 수 있다는 점입니다. 이는 여러분이 선택한 머신러닝 모델과 밀접한 관련이 있음에 유의해주세요. 그리고 정규화가 클수록 이 문제는 더 커집니다. 이 ATE 편향 문제를 해결하는 방법은 체르노주코프 등이 제안한 이중/편향 제거 머신러닝 또는 R 러너입니다.

---

3 Chernozhukov, V., Chetverikov, D., Demirer, M., Duflo, E., Hansen, C., Newey, W. (2017). Double/Debiased/Neyman Machine Learning of Treatment Effects. *AMERICAN ECONOMIC REVIEW*, vol 107(no. 5), pp. 261–65.

7.2.2 이중/편향 제거 머신러닝

이중/편향 제거double/debiased 머신러닝[4] 또는 R 러너는 FWL 정리의 정제된 버전으로 볼 수 있습니다. 이 개념은 결과와 처치의 잔차를 구성할 때 머신러닝 모델을 사용하는 매우 간단한 방법입니다.

$$Y_i - \hat{\mu}_y(X_i) = \tau \cdot (T_i - \hat{\mu}_t(X_i)) + \epsilon_i$$

여기서 $\hat{\mu}_y(X_i)$는 $E[Y|X]$를 추정하고, $\hat{\mu}_t(X_i)$는 $E[T|X]$를 추정합니다.

머신러닝 모델은 주어진 데이터를 매우 유연하게 학습하므로, FWL 스타일의 직교화를 유지한 채로 Y와 T의 잔차를 추정하면서 상호작용과 비선형성을 더 잘 포착할 수 있습니다. 즉, 정확한 처치효과를 얻으려고 공변량 X와 결과 Y 사이의 관계나 공변량 X와 처치 T 사이의 관계에 관한 모수적 가정을 할 필요가 없습니다. 관측되지 않은 교란 요인이 없다면, 다음과 같은 직교화 과정으로 ATE를 구할 수 있습니다.

1. 머신러닝 회귀 모델 μ_y를 사용하여 특성 X로 결과 Y를 추정합니다.
2. 머신러닝 회귀 모델 μ_t를 사용하여 특성 X로 처치 T를 추정합니다.
3. 잔차 $\tilde{Y} = Y - \mu_y(X)$와 $\tilde{T} = T - \mu_t(X)$ 를 구합니다.
4. 결과의 잔차를 처치 잔차에 회귀합니다. $\tilde{Y} = \alpha + \tau\tilde{T}$ 에서 τ는 인과 매개변수 ATE이며, OLS를 사용하여 추정할 수 있습니다.

머신러닝의 유연함과 강력함을 활용해 골치 아픈 관계의 복잡한 함수 형태를 포착할 수 있습니다. 그러나 이러한 유연성은 과적합의 가능성을 고려해야 함을 의미하므로 문제가 되기도 합니다. 체르노주코프 등의 논문은 과적합이 얼마나 문제가 될 수 있는지에 관한 심도 있는 설명을 제공하니 꼭 읽어보길 권장합니다. 하지만 여기서는 직관적으로 설명을 이어가겠습니다.

μ_y 모델이 과적합되었다고 가정하고 문제를 살펴보겠습니다. 그 결과로 잔차 $\tilde{Y}$ 가 실제보다 작아집니다. 이는 μ_y가 X와 Y 사이의 관계만 포착하는 것이 아님을 의미합니다. 그중 일부는 T와 Y 사이의 관계이며, μ_y가 T와 Y 사이의 관계 중 일부를 포착한다면 잔차 회귀 결과가 0에 편향될 것입니다. 즉, μ_y는 인과관계를 포착하며, 이를 최종 잔차 회귀에 남겨두지 않습니다.

이제 μ_t의 과적합 문제를 살펴보면, 이 모델은 T의 분산을 더 많이 설명함을 알 수 있습니다.

---

4 옮긴이_ 이중/편향 제거 머신러닝은 이중 머신러닝과 서로 통용되는 용어이므로 이 책에서는 함께 사용하겠습니다.

그 결과, 처치 잔차는 본래보다 작은 분산을 갖게 됩니다. 처치의 분산이 작다면 최종 추정량의 분산이 커집니다. 즉, 이는 거의 모든 대상에게 처치가 동일하거나 양수성 가정을 위배한 경우와 같습니다. 모든 실험 대상이 동일한 처치를 받는다면, 다른 처치를 받았을 때 어떤 일이 일어날지 추정하기가 매우 어렵습니다.

이는 머신러닝 모델을 사용할 때 겪는 문제점들입니다. 이러한 문제를 어떻게 해결할 수 있을까요? 해결책은 교차 예측$^{cross\ prediction}$과 아웃 오브 폴드 잔차에 있습니다. 모델을 적합하는 데 사용한 동일한 데이터에서 잔차를 구하는 대신, 데이터를 K개의 폴드^{fold}로 분할하고, 그중 K-1개의 폴드에서 모델을 추정한 후 남겨진 폴드에서 잔차를 얻습니다. 전체 데이터셋에 대한 잔차를 얻으려면 동일한 과정을 K번 반복합니다. 이 접근 방식을 사용하면 모델이 과적합되더라도 잔차를 의도적으로 0으로 만들지 않습니다.

이론적으로는 복잡해 보이지만, 코드로 구현하는 과정은 매우 쉽습니다. sklearn의 cross_val_predict 함수를 사용하여 어떤 머신러닝 모델에서도 아웃 오브 폴드 예측값을 얻을 수 있습니다. 다음은 몇 줄의 코드만으로 해당 잔차를 얻는 방법입니다.

```
In [13]: from sklearn.model_selection import cross_val_predict

        X = ["month", "weekday", "is_holiday", "competitors_price"]
        T = "discounts"
        y = "sales"

        debias_m = LGBMRegressor()
        denoise_m = LGBMRegressor()

        t_res =  train[T] - cross_val_predict(debias_m,train[X],train[T],cv=5)
        y_res =  train[y] - cross_val_predict(denoise_m,train[X],train[y],cv=5)
```

ATE에만 관심이 있다면 단순히 결과의 잔차를 처치의 잔차에 대해 회귀하면 됩니다(단, 잔차 추정 시 발생하는 분산을 설명하지 않으므로 표준오차는 신뢰하면 안 됩니다).

```
In [14]: import statsmodels.api as sm

        sm.OLS(y_res, t_res).fit().summary().tables[1]
```

	coef	std err	t	P>|t|	[0.025	0.975]
discounts	31.4615	0.151	208.990	0.000	31.166	31.757

하지만 이 장에서는 CATE에 초점을 맞추고 있습니다. 그렇다면 어떻게 이중 머신러닝에서 이 질적 처치효과를 반영하는 CATE를 얻을 수 있을까요?

이중 머신러닝으로 CATE 추정

이중 머신러닝 모델에서 CATE 예측값을 얻으려면 몇 가지 조정이 필요합니다. 기본적으로 인과 매개변수 τ가 실험 대상의 공변량에 따라 바뀌도록 해야 합니다.

$$Y_i = \hat{\mu}_y\left(X_i\right) + \tau\left(X_i\right)\left(T_i - \hat{\mu}_t(X_i)\right) + \hat{\epsilon}_i$$

$\hat{\mu}_y$ 와 $\hat{\mu}_t$ 는 각각 특성 X에서 결과와 처치를 예측합니다. 이 식을 재조정하면 오차에 관한 식으로 구성할 수 있습니다.

$$\hat{\epsilon}_i = \left(Y_i - \hat{\mu}_y\left(X_i\right)\right) - \tau\left(X_i\right)\left(T_i - \hat{\mu}_t(X_i)\right)$$

정말 대단한 식인데요, 이제 이 식을 **인과 손실 함수**causal loss function라고 부를 수 있기 때문입니다. 즉, 이 손실의 제곱을 최소화하면 원하는 CATE인 $\tau\left(X_i\right)$의 기댓값을 추정할 수 있습니다.

$$\hat{L}_n(\tau(x)) = \frac{1}{n}\sum_{i=1}^{n}\left(\left(Y_i - \hat{M}_y\left(X_i\right)\right) - \tau\left(X_i\right)\left(T_i - \hat{M}_t(X_i)\right)\right)^2$$

이는 R 러너가 최소화하려는 손실이므로 **R 손실**이라고도 부릅니다. 그렇다면 이 손실 함수를 어떻게 최소화할까요? 여러 가지 방법이 있지만, 여기에서는 가장 간단한 방법을 소개하겠습니다. 먼저, 잔차화된 처치와 결과를 사용하여 손실 함수를 다시 작성해서 표기를 간소화하겠습니다.

$$\hat{L}_n(\tau(x)) = \frac{1}{n}\sum_{i=1}^{n}\left(\tilde{Y}_i - \tau\left(X_i\right)\tilde{T}_i\right)^2$$

마지막으로 대수적 변형으로 $\tilde{T}_i$를 괄호 밖으로 빼내고 손실 함수의 제곱 부분에서 $\tau\left(X_i\right)$를 분리할 수 있습니다.

$$\hat{L}_n(\tau(x)) = \frac{1}{n}\sum_{i=1}^{n} \tilde{T}_i^2 \left(\frac{\tilde{Y}_i}{\tilde{T}_i} - \tau(X_i) \right)^2$$

앞의 손실을 최소화하는 것은 괄호 안의 항을 $\tilde{T}_i^2$ 로 가중치를 주어 최소화하는 것과 동일합니다. 다른 예측 머신러닝 모델도 이와 같은 과정을 수행할 수 있습니다.

혹시 눈치채셨나요? 이 식은 6.8절에서 평균제곱오차를 계산할 때 사용한 목표 변환입니다! 이제 이것이 작동하는 이유를 알려드리겠습니다. 이를 코드로 구현하는 것은 매우 간단합니다.

```
In [15]: y_star = y_res/t_res
         w = t_res**2

         cate_model = LGBMRegressor().fit(train[X], y_star, sample_weight=w)

         test_r_learner_pred = test.assign(cate = cate_model.predict(test[X]))
```

R 러너의 장점은 CATE 추정값을 직접 출력한다는 것입니다. S 러너에서 필요했던 모든 추가 단계가 필요 없습니다. 또한 다음 그래프에서 볼 수 있듯이, 누적 이득을 기준으로 CATE 순서를 매기는 데 상당히 훌륭한 성능을 보여줍니다.

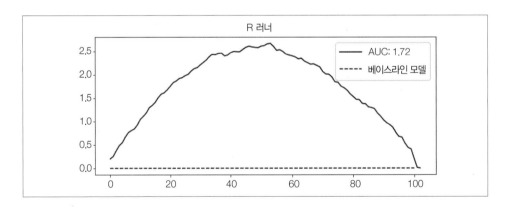

이 예제에서 이중/편향 제거 머신러닝은 S 러너와 비슷한 성능을 보입니다. 아마도 처치효과가 충분히 강력하므로 S 러너의 머신러닝 모델이 높은 중요성을 할당하기 때문일 것입니다. 또한 처치가 무작위로 배정되므로 이중 머신러닝의 μ_t 모델은 실제로 아무런 역할을 하지 않습니다.

따라서 다른 예제를 살펴보며 이중 머신러닝의 진정한 힘을 이해해봅시다.

이중 머신러닝에 대한 시각적인 직관

다음 시뮬레이션 데이터를 살펴보겠습니다. 이 데이터에는 두 개의 공변량(x_c는 교란 요인이고 x_h는 교란 요인이 아님)이 있습니다. 또한 x_h는 이질적 효과를 만들고, x_h에는 세 가지 값(1, 2, 3)만 존재합니다. 처치효과는 $t + tx_h$로 주어지므로 CATE는 각각 2, 3, 4입니다. 또한 x_h는 균등하게 분포되므로 ATE는 CATE의 단순평균, 즉 3입니다. 마지막으로, 교란 요인 x_c가 처치와 결과 모두에 비선형적으로 영향을 미치는 점에 주의하세요.

```
In [16]: np.random.seed(123)
         n = 5000

         x_h = np.random.randint(1, 4, n)
         x_c = np.random.uniform(-1, 1, n)

         t = np.random.normal(10 + 1*x_c + 3*x_c**2 + x_c**3, 0.3)
         y = np.random.normal(t + x_h*t - 5*x_c - x_c**2 - x_c**3, 0.3)

         df_sim = pd.DataFrame(dict(x_h=x_h, x_c=x_c, t=t, y=y))
```

다음은 해당 데이터에 관한 그래프입니다. 각 점 덩어리는 x_h로 정의된 그룹을 나타냅니다. 색상은 교란 요인 x_c의 값에 따라 나타냈으며 다음과 같이 비선형입니다.

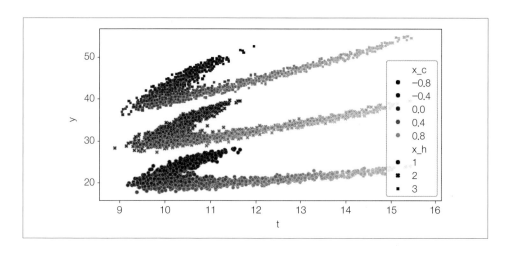

이제 이중 머신러닝이 이 데이터를 어떻게 다루는지 살펴보겠습니다. 먼저 잔차 $\tilde{T}$ 와 $\tilde{Y}$ 를 구합니다. 여기에는 데이터가 많지 않으므로 머신러닝 모델의 트리가 max_depth=3이도록 제한합니다. 편향 제거 모델에는 유일한 교란 요인인 x_c만 포함합니다. 그리고 잡음 감소 모델에는 결과에 영향을 미치는 두 가지 공변량이 포함되어 있으며, 이들을 포함시키면 잡음을 줄일 수 있습니다.

```
In [17]: debias_m = LGBMRegressor(max_depth=3)
         denoise_m = LGBMRegressor(max_depth=3)

         t_res = cross_val_predict(debias_m, df_sim[["x_c"]], df_sim["t"],
                                   cv=10)

         y_res = cross_val_predict(denoise_m, df_sim[["x_c", "x_h"]],df_sim["y"],
                                   cv=10)

         df_res = df_sim.assign(
             t_res =  df_sim["t"] - t_res,
             y_res =  df_sim["y"] - y_res
         )
```

이 잔차를 얻은 후에는 x_c에서 오는 교란편향이 제거되어야 합니다. 비록 비선형적이지만, 머신러닝 모델은 이 비선형성을 포착하고 모든 편향을 제거할 수 있어야 합니다. 따라서 $\tilde{Y}$ 를 $\tilde{T}$ 에 단순 회귀하면 정확한 ATE를 추정할 수 있습니다.

```
In [18]: import statsmodels.formula.api as smf

         smf.ols("y_res~t_res", data=df_res).fit().params["t_res"]

Out[18]: 3.045230146006292
```

다음으로 CATE 추정을 살펴봅시다. 다음 그림의 왼쪽 그래프는 잔차 간의 관계를 보여주며, 각 점을 교란 요인 x_c에 따라 색상으로 표시합니다. 이 그래프 색상에 패턴이 없음을 알 수 있듯이, 이 x_c에서 오는 모든 교란 요인이 제거되었음을 보여줍니다. 따라서 데이터는 마치 처치가 무작위 배정된 것처럼 보입니다.

오른쪽 그래프는 동일한 관계를 이질적 처치의 원인이 되는 변수인 x_h에 따라 색상으로 표시합니다. 낮은 기울기에서 볼 수 있듯이, 가장 어두운 점($x_h = 1$)은 처치에 덜 민감한 것으로 보입니다. 반대로 밝은 점($x_h = 3$)은 처치에 더 민감한 것처럼 보입니다. 이 그래프를 보며, 이러한 처치 민감도를 추출하는 방법을 생각해볼 수 있나요?

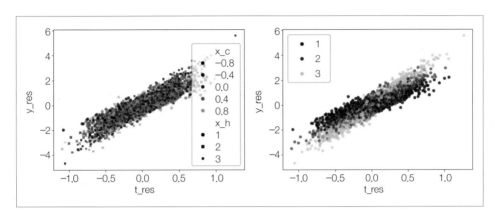

이 질문에 답하려면 두 잔차가 모두 0 주변으로 분포된 것에 주목해야 합니다. 즉, x_h로 정의된 모든 그룹의 기울기 선이 0을 지나야 함을 의미합니다. 이제 선의 기울기를 $\Delta y / \Delta t$로 추정할 수 있으며 이 선의 절편은 0이어야 하므로, 이는 y/t로 단순화할 수 있습니다. 따라서 이중 머신러닝의 Y^* 목표는 원점을 통과하고 절편이 0인 선의 기울기($\tilde{Y}/\tilde{T}$)로 볼 수 있습니다.

하지만 문제가 있습니다. $\tilde{T}$와 $\tilde{Y}$는 모두 평균이 0에 가깝습니다. 0에 가까운 숫자로 나누면 어떤 일이 벌어질까요? 결과가 매우 불안정해져서 엄청난 잡음이 발생할 수 있습니다. 여기서 가중치 $\tilde{T}^2$가 중요한 역할을 합니다. $\tilde{T}$ 값이 큰 점들에 더 많은 중요도를 부여해서 본질적으로 분산이 낮은 영역에 집중할 수 있게 됩니다. 이 방법이 효과가 있는지 확인하려면, x_h의 각 값에 대해 Y^*의 평균을 $\tilde{T}^2$로 가중치를 줘서 계산하면 됩니다. 이렇게 하면 $x_h = 1, 2, 3$에 대해 각각 2, 3, 4인 실제 CATE에 상당히 근사할 수 있습니다.

```
In [19]: df_star = df_res.assign(
             y_star = df_res["y_res"]/df_res["t_res"],
             weight = df_res["t_res"]**2,
         )

         for x in range(1, 4):
             cate = np.average(df_star.query(f"x_h=={x}")["y_star"],
```

```
                    weights=df_star.query(f"x_h=={x}")["weight"])

         print(f"CATE x_h={x}", cate)

Out[19]: CATE x_h=1 2.019759619990067
         CATE x_h=2 2.974967932350952
         CATE x_h=3 3.9962382855476957
```

$\tilde{T}$ 와 $\tilde{Y}$ 에 대한 다음 그래프에서도 앞에서 설명한 내용을 확인할 수 있습니다. 여기서도 x_h별로 색상을 표시하지만, 이번에는 $\tilde{T}^2$ 에 해당하는 가중치를 추가합니다. 그룹별 추정된 CATE를 수평선으로 표시했습니다.

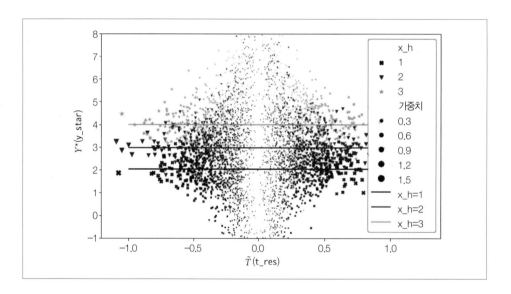

이 그래프는 가중치의 역할을 명확하게 보여줍니다. 그래프의 중앙에 가까워질수록 Y^*의 분산이 크게 증가합니다. y축의 범위를 제한해서 보이지 않지만, 실제로는 −2,000과 2,000까지 가는 데이터 포인트가 있습니다! 다행히도 이 점들은 모두 $\tilde{T} = 0$ 근처에 있으므로 가중치가 매우 작습니다. 이제 이중 머신러닝이 어떤 원리로 작동하는지 더 직관적으로 이해하셨나요?

트리 기반 및 신경망 러너

이 장에서는 존재하는 모든 메타러너를 나열하지 않았으며, 필자가 개인적으로 유용하다고 생각하는 몇 가지만 포함했습니다. 하지만 여기에 소개한 네 가지 러너 이외에도 언급할 가치가 있는 러너가 더 있습니다.

첫째, 수전 애티와 슈테판 와거는 수정된 결정 트리를 사용하여 이질적 효과에 관한 선구적인 연구를 많이 했습니다. econml과 causalml 같은 인과추론 라이브러리에서 트리 기반 CATE 러너를 찾을 수 있습니다. 이 글을 쓰는 시점에 필자는 이들을 성공적으로 사용해 본 적이 없어 이 장에 포함하지 않았습니다. 그리고 대부분 이 방법들이 순수하게 파이썬으로 구현되어 있어 대규모 데이터셋에서 학습하는 데 시간이 오래 걸립니다. 하지만 곧 더 빠른 구현 방법이 등장하여 트리 기반 러너가 흥미로운 옵션이 될 것으로 기대합니다. 트리 기반 러너를 더 알고 싶다면, 이를 구현한 인과추론 패키지의 문서를 참조하세요. 또한 스탠퍼드 비즈니스 스쿨의 애티와 와거가 제작한 'Machine Learning & Causal Inference: A Short Course'라는 훌륭한 온라인 강의 시리즈도 있습니다.

둘째, 신경망 기반 알고리즘을 사용해 볼 수 있습니다. 하지만 아직 초기 단계이고 아직은 가져오는 복잡성이 잠재적 이득에 비해 가치가 낮다고 생각합니다. 그래도 이 분야에 도전해보고 싶다면 알리시아 커스^{Alicia Curth}와 미하엘라 샤르^{Mihaela van der Schaar}의 논문[5] 또는 프레드릭 요한슨^{Fredrik Johansson}과 우리 샬리트^{Uri Shalit} 등의 논문[6]을 추천합니다.

7.3 요약

이 장에서는 그룹 수준의 처치효과 $\tau(x_i)$를 학습하는 아이디어를 확장해보았습니다. 회귀 모델에서 처치변수를 공변량 X와 상호작용하는 대신, 일반 머신러닝 모델의 용도를 변경해서 조건부 평균 처치효과(CATE)를 추정하는 방법, 즉 메타러너를 배웠습니다. 특히 범주형 처치에서만 작동하는 메타러너 2개와 모든 유형의 처치에서 작동하는 메타러너 2개 등 총 4개의 메타러너를 배웠죠.

5　Curth, A., & van der Schaar, M. (2021). Nonparametric estimation of heterogeneous treatment effects: From theory to learning algorithms. *In International Conference on Artificial Intelligence and Statistics*, pp. 1810–1818.

6　Johansson, F. D., Shalit, U., & Sontag, D. (2016). Learning Representations for Counterfactual Inference. *ICML 2016*, vol. 48, pp. 3020–3029.

먼저, T 러너는 각 처치 T에 대한 Y를 예측하기 위해 머신러닝 모델을 적합시킨 다음, 결과 모델 $\widehat{\mu_t}$ 를 사용하여 처치효과를 추정할 수 있습니다. 예를 들어, 이진 처치에 대한 효과는 다음과 같이 표현할 수 있습니다.

$$\hat{\tau}\left(X_i\right) = \widehat{\mu_1}\left(X_i\right) - \widehat{\mu_0}\left(X_i\right)$$

모든 처치 수준에 데이터가 많으면 T 러너가 잘 작동합니다. 하지만 데이터셋이 작으면 추정된 모델에 정규화 편향이 발생할 수 있습니다. 이 문제를 해결하기 위한 시도로, X 러너는 성향점수 모델을 사용하여 작은 표본에서 학습된 $\widehat{\mu_t}$ 의 중요도를 낮추려고 했습니다.

연속형 처치를 다루기 위해 $E[Y|T,X]$를 추정하는 S 러너를 배웠습니다. 즉, 특성으로 포함된 처치가 결과를 예측합니다. 이 모델은 처칫값에 대한 그리드가 주어지면 Y_t에 대한 반사실 예측을 하는 데 사용할 수 있습니다. 그 결과로 실험 대상에 특정한 처치 반응 함수가 생성되며, 이는 나중에 단일 기울기 매개변수로 요약되어야 합니다.

마지막으로 이중 머신러닝을 배웠습니다. 이 아이디어는 일반 머신러닝 모델과 아웃 오브 폴드 예측을 사용하여 각각 처치 잔차 $T - E[T|X]$와 결과 잔차 $Y - E[Y|X]$를 얻는 것이었습니다. 이는 FWL 직교화의 정제된 버전으로 이해할 수 있습니다. 이러한 잔차($\tilde{T}$ 와 $\tilde{Y}$)를 구하면 $\tau\left(x_i\right)$에 근사한 목표를 구성할 수 있습니다.

$$Y^{\star} = \tilde{Y} / \tilde{T}$$

가중치 $\tilde{T}^2$ 를 사용하면서 어떠한 머신러닝 모델로 해당 목표를 예측하면, 직접 CATE를 예측하는 머신러닝 모델을 만들 수 있습니다.

마지막으로, 이러한 모든 방법은 비교란성 가정에 의존한다는 점을 기억할 필요가 있습니다. CATE 추정에 사용하려는 알고리즘이 아무리 멋지게 들리더라도 편향을 제거하려면 데이터에 관련된 모든 교란 요인이 포함되어야 합니다. 특히, 비교란성 가정을 통해 조건부 기댓값의 변화율을 마치 처치 반응 함수의 기울기로 해석할 수 있습니다.

$$\frac{\partial}{\partial t} E[Y(t) \mid X] = \frac{\partial}{\partial t} E[Y \mid T = t, X]$$

패널데이터

PART **4**

4부에서는 인과추론에 시간 차원을 더한 패널데이터와 이를 활용한 다양한 기법에 대해 소개합니다.

8장에서는 이중차분법과 그에 대한 다양한 변형과 가정에 대해 다룹니다. 또한, 동일한 시점에 처치 받지 않은 일반적인 상황에서 사용할 수 있는 시차 도입 설계에 대해서 배웁니다. 9장에서는 마케팅 캠페인의 영향을 분석 예시와 함께 패널데이터에서 널리 사용되는 또 다른 방법인 통제집단합성법과 그 변형을 알아봅니다.

CHAPTER 8

이중차분법

3부에서는 이질적 처치효과 CATE에 대해 다뤘으니, 이제 ATE 추정으로 돌아가보겠습니다. 4부에서는 **인과추론에 패널데이터를 활용**하는 방법을 배우게 됩니다.

패널데이터는 시간에 따라 반복해서 관측되는 데이터 구조를 말합니다. 동일한 실험 대상을 여러 시간대에 걸쳐 관측하면 동일한 대상에 처치가 이루어지기 전과 후에 무슨 일이 일어나는지 알 수 있습니다. 따라서 패널데이터는 랜덤화가 불가능할 때 인과효과를 식별할 수 있는 좋은 대안이 될 수 있습니다. 관측 데이터를 가지고 있고 관측되지 않은 교란 요인이 존재할 가능성이 높다면, 패널데이터 방법은 처치효과를 식별하는 좋은 해결책입니다.

이 장에서는 인과추론에서 패널데이터가 중요한 이유를 살펴봅니다. 그다음 가장 잘 알려진 방법인 이중차분법과 이에 대한 다양한 변형 기법을 배웁니다. 그리고 오프라인 마케팅 캠페인의 효과를 파악하는 사례와 함께 이 모든 내용을 살펴봅니다.

> **NOTE** 데이터 구조
>
> 패널데이터나 종단longitudinal 설계와 달리, **횡단면**cross-sectional 데이터에는 각 실험 대상이 한 번만 나타나는 특징이 있습니다. 이 둘 사이에 놓인 세 번째 범주를 **반복**repeated **횡단면** 데이터라고 합니다. 이 데이터 유형은 여러 실험 대상을 여러 시간대에 걸쳐 반복적으로 측정하되, 매번 상이한 대상을 측정한 데이터를 의미합니다. 지금까지는 동일한 실험 대상을 여러 시간대에 반복해서 관측한 데이터(예: 레스토랑 할인이 판매에 미치는 효과)로 분석했습니다. 이러한 데이터는 단순화를 위해 횡단면 데이터로 취급했으며, 이를 **합동**pooled **횡단면**이라고도 합니다.

8.1 패널데이터

패널데이터를 이해하기 위해, 주로 마케팅 분야에서의 인과추론 적용 사례를 다루겠습니다. 특히 마케팅에서 무작위 실험을 진행하기는 쉽지 않습니다. 그 이유는 일반적으로 마케팅에서 누가 광고(처치)를 보는지 통제할 수 없기 때문입니다. 만약 새로운 사용자가 사이트를 방문하거나 앱을 다운로드할 때, 그 사용자가 캠페인을 보고 방문했는지 아니면 다른 이유로 방문했는지 알 방법이 없습니다. 고객이 마케팅 링크 중 하나를 클릭해서 제품을 구입했다는 사실을 알더라도, 해당 마케팅 링크가 없었다면 구입하지 않았을 고객인지는 알기 어렵습니다. 예를 들어, 어느 고객이 구글 검색 상단에 나오는 스폰서(광고) 링크를 클릭했다고 가정해보죠. 고객이 정말 그 제품을 원하는 상태였다면, 스폰서 링크가 없었다고 해도 스크롤을 조금 내려서 일반 링크를 클릭하여 해당 제품을 구입했을 수도 있습니다.

온라인 마케팅보다 오프라인 마케팅에서의 인과효과 추정은 훨씬 더 까다롭습니다. 도시에 광고판을 몇 개 배치해야 광고판 설치 비용을 초과하는 이익을 가져올 수 있을까요? 이 질문에 답하기 위해 마케팅 업계에서는 일반적으로 지역 실험geo-experiment을 실행합니다. 지역 실험은 특정 지역에서 마케팅 캠페인을 집행하고, 이를 마케팅하지 않은 다른 지역과 비교합니다. 이 실험 디자인에서는 패널데이터 방법이 특히 흥미롭습니다. 여러 시간대에 걸쳐 전체 지역(실험 대상)의 데이터를 수집할 수 있기 때문이죠.

이미 말했듯이, 패널데이터에는 여러 시간대 t에 걸친 여러 실험 대상 i이 있습니다. 일부 온라인 웹사이트에서 실험 대상은 사람이고 t는 날짜(일 또는 월)일 수 있지만 실험 대상이 반드시 개별적인 고객일 필요는 없습니다. 예를 들어, 오프라인 마케팅 캠페인에서 i는 제품 광고판을 설치할 도시가 될 수 있죠.

앞서 다룬 마케팅 사례를 데이터로 살펴보겠습니다. 다음 데이터프레임 mkt_data은 마케팅에 대한 패널데이터이며, 각 행은 (날짜-도시) 조합입니다.

```
In [1]: import pandas as pd
        import numpy as np

        mkt_data = (pd.read_csv("./data/short_offline_mkt_south.csv")
                    .astype({"date":"datetime64[ns]"}))

        mkt_data.head()
```

	date	city	region	treated	tau	downloads	post
0	2021-05-01	5	S	0	0.0	51.0	0
1	2021-05-02	5	S	0	0.0	51.0	0
2	2021-05-03	5	S	0	0.0	51.0	0
3	2021-05-04	5	S	0	0.0	50.0	0
4	2021-05-05	5	S	0	0.0	49.0	0

이 데이터프레임은 날짜와 도시별로 정렬되었으며, 관심 있는 결과변수는 다운로드 수입니다. 지금부터는 혼선을 방지하기 위해 t는 시간을, D는 처치변수를 나타내는 데 사용하겠습니다. 그리고 패널데이터에서는 처치를 개입이라고도 합니다. 두 용어를 같은 의미로 번갈아 가며 사용하겠습니다. 이 예시에서 마케팅 팀은 $D_i = 1$인 도시에서 오프라인 캠페인을 진행했습니다. 시간 차원에서 T는 기간의 수를, T_{pre}는 개입 이전 기간을 나타냅니다. 시간 벡터는 $t = \{1, 2, ..., T_{pre}, T_{pre} + 1, ..., T\}$로 생각할 수 있으며, 처치 후 기간인 $T_{pre} + 1, ..., T$는 개입 후[post intervention]라고 부릅니다. 표기법 간소화를 위해 $t > T_{pre}$일 때 1이고 그렇지 않으면 0인 더미변수 $Post$를 만들어 사용하겠습니다.

개입은 개입 후 기간($t > T_{pre}$)의 실험군($D = 1$)에만 발생합니다. 처치변수 및 개입 후에 대한 조합은 $W = D * \mathbf{1}(t > T_{pre})$ 또는 $W = D * Post$로 표기합니다. 다음은 마케팅 예시에서 개입 전후 기간에 대한 데이터프레임을 나타냅니다.

```
In [2]: (mkt_data
        .assign(w = lambda d: d["treated"]*d["post"])
        .groupby(["w"])
        .agg({"date":[min, max]}))
```

	date	
w	min	max
0	2021-05-01	2021-06-01
1	2021-05-15	2021-06-01

보시다시피, 개입 전 기간은 2021-05-01부터 2021-05-15까지이고, 개입 후 기간은 2021-05-15부터 2021-06-01까지입니다.

이 데이터셋에는 처치효과를 나타내는 τ 변수도 포함되어 있습니다. 즉, 시뮬레이션 데이터이기 때문에, 실제 처치효과를 알고 있습니다. 하지만 실제 데이터를 다룰 때 τ를 관측할 수는 없습니다. 그럼에도 불구하고 이 데이터셋에 해당 변수를 포함한 이유는, 앞으로 배울 패널데이터 방법들이 인과효과를 얼마나 잘 식별하는지 파악하기 위해서입니다.

이제 데이터를 더 잘 이해했고 새로운 표기법을 배웠으니, 목표를 더 명확하게 재정의하겠습니다. 처치 받은 도시들에서 오프라인 마케팅 캠페인 집행 후에 미친 영향을 이해하려고 합니다. 이를 수식으로 나타내보죠.

$$ATT = E\left[Y_{it}(1) - Y_{it}(0) \mid D = 1, t > T_{pre}\right]$$

이 ATT식은 캠페인 시작 후($t > T_{pre}$), 캠페인이 $D = 1$ 도시들에 캠페인이 미친 영향을 이해하는 데만 초점을 맞춥니다. $Y_{it}(1)$은 관측 가능하므로, 누락된 잠재적 결과 $E[Y(0) \mid D = 1, Post = 1]$을 대체함으로써 ATT를 추정할 수 있습니다.

[그림 8-1]에서는 관측된 결과를 실험 대상-시간 행렬로 표현할 때, 패널데이터가 특히 흥미로운 이유를 보여줍니다. 이 행렬은 개입 후 기간의 실험군에서만 $Y(1)$을 관측할 수 있고, 그 외 3개의 셀에서는 $Y(0)$을 관측할 수 있음을 보여줍니다. 이 3개의 셀을 통해서 누락된 잠재적 결과인 $E[Y(0) \mid D = 1, t > T_{pre}]$를 추정할 수 있습니다. 그리고 누락된 잠재적 결과를 구하기 위해, 개입 후 기간의 대조군 결과를 사용하여 실험 대상 간의 상관관계를 활용할 수 있으며, 개입 전 기간의 실험군 결과를 사용하여 시간 간 상관관계를 활용할 수도 있습니다.

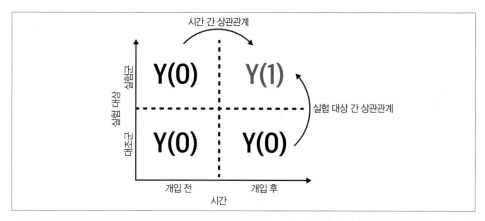

그림 8-1 패널데이터는 여러 기간에 걸쳐 동일 실험 대상을 관측함으로써, 대상 간 및 시간에 걸쳐 상관관계를 활용하여 누락된 잠재적 결과 $Y(1)$을 추정할 수 있습니다.

[그림 8-1]을 통해, 패널데이터를 사용하는 대부분의 적용 사례에서 ATT에 집중해야 하는 이유를 보여줍니다. 행렬을 통해 보았듯이, 실험군에 대한 반사실 $Y(0)$을 추정하기가 훨씬 더 쉽기 때문입니다. 반면 대조군에 대한 평균 처치효과average treatment effect on the control(ATC)를 구하기 위해 반사실 $Y(1)$을 추정하기는 어렵습니다. 그 이유는 해당 잠재적 결과을 관측할 수 있는 셀은 하나뿐이기 때문이죠.

이제 패널데이터에 대한 간략한 소개를 마쳤으니, 패널데이터를 활용하여 처치효과를 식별하고 추정하는 방법을 살펴보겠습니다.

8.2 표준 이중차분법

이중차분법(DID)의 기본 개념은 관측된 실험군 기준값에 대조군 결과 추세를 보정하여, 누락된 잠재적 결과인 $E[Y(0)|D=1, Post=1]$를 추정하는 것입니다.

$$E[Y(0)|D=1, Post=1] \quad = \underbrace{E[Y|D=1, Post=0]}_{\text{실험군 기준값}}$$

$$+\underbrace{(E[Y|D=0, Post=1]-E[Y|D=0, Post=0])}_{\text{대조군 결과 추세}}$$

$E[Y(0)|D=1, Post=1]$를 추정할 때, 앞의 수식에서 오른쪽의 기댓값을 표본평균으로 대체할 수 있습니다. $E[Y(0)|D=1, Post=1]$에 대한 식을 ATT에 대입하면, 말 그대로 차이의 차이difference in differences를 구할 수 있기 때문에 이를 DID 추정량이라고 부릅니다.

$$ATT \quad = (E[Y|D=1, Post=1]-E[Y|D=1, Post=0])$$
$$-(E[Y|D=0, Post=1]-E[Y|D=0, Post=0])$$

이러한 표준canonical 형태에서 DID 추정값은 다음 과정을 통해 쉽게 얻을 수 있습니다. 먼저, 데이터의 기간을 개입 전과 개입 후로 나눕니다. 그다음, 실험 대상을 실험군과 대조군으로 나눕니다. 마지막으로 네 개의 셀(개입 전 실험군/대조군, 개입 후 실험군/대조군) 모두의 평균을 계산합니다.

```
In [3]: did_data = (mkt_data
                    .groupby(["treated", "post"])
                    .agg({"downloads":"mean", "date": "min"}))

        did_data
```

treated	post	downloads	date
0	0	50.335034	2021-05-01
	1	50.556878	2021-05-15
1	0	50.944444	2021-05-01
	1	51.858025	2021-05-15

이 집곗값만 있으면 DID 추정값을 구할 수 있습니다. 다음 코드를 통해 살펴보면, 실험군의 기준값인 $E[Y|D = 1, Post = 0]$에 대해 did_data.loc[1]을 사용하여 실험군을 찾은 다음 .loc[0]를 덧붙여 개입 전 기간으로 인덱싱합니다. 그리고 대조군의 추세 $E[Y|D = 0, Post = 1] - E[Y|D = 0, Post = 0]$를 얻으려면, did_data.loc[0]을 사용해서 대조군을 찾고 .diff()로 차이를 계산한 후, 이어서 .loc[1]을 덧붙여 마지막 행으로 인덱싱합니다. 실험군 기준값에 대조군 추세를 보정하여 반사실 $E[Y(0)|D = 1, Post = 1]$의 추정값을 구합니다. 마지막으로 개입 후 기간의 실험군 평균 결과에서 이 반사실 추정값을 빼서 ATT를 구합니다.

```
In [4]: y0_est = (did_data.loc[1].loc[0, "downloads"] # 실험군 기준값
                 # 대조군 추세
                 + did_data.loc[0].diff().loc[1, "downloads"])

        att = did_data.loc[1].loc[1, "downloads"] - y0_est
        att

Out[4]: 0.6917359536407233
```

실험군과 개입 후 기간을 필터링하여 이 값을 실제 ATT와 비교하면, DID 추정값이 실제 ATT와 매우 비슷한 것을 확인할 수 있습니다.

```
In [5]: mkt_data.query("post==1").query("treated==1")["tau"].mean()

Out[5]: 0.7660316402518457
```

실제 사례: 최저임금과 고용

1990년대에 데이비드 카드David Card와 앨런 크루거Alan Krueger는 2 × 2 이중차분법을 사용해 최저임금 인상이 고용 감소로 이어진다는 전통적인 경제 이론에 도전했습니다. 이들은 뉴저지와 펜실베이니아의 패스트푸드 레스토랑에서 뉴저지 최저임금 인상 전후의 데이터를 조사했습니다.[1] 연구 결과, 최저임금 인상 때문에 고용이 감소했다는 증거를 찾을 수 없었습니다. 이 논문의 파급력은 엄청났으며, 여러 번 재검토된 결과 확실하게 입증되었습니다. 결국 이 논문의 영향력과 이중차분법의 대중화에 기여한 공로로, 데이비드 카드는 2021년에 노벨 경제학상을 받았습니다.

8.2.1 이중차분법과 결과 변화

8.2.1절부터 8.2.4절까지는 이중차분법에 대한 다양한 접근법을 알아봅니다. 가장 먼저 시간 차원에서 데이터를 구분하는 결과 변화 측면에서 접근해보겠습니다. 실험 대상 i에 대한 시간 경과에 따른 결과의 차이를 $\Delta y_i = E\left[y_i \mid t > T_{pre}\right] - E\left[y_i \mid t \le T_{pre}\right]$로 정의해봅시다. 그리고 시간과 실험 대상으로 되어있던 원래 데이터를 시간 차원이 구분된 Δy_i 가 포함된 데이터프레임으로 변환해보겠습니다.

```
In [6]: pre = mkt_data.query("post==0").groupby("city")["downloads"].mean()
        post = mkt_data.query("post==1").groupby("city")["downloads"].mean()

        delta_y = ((post - pre)
                    .rename("delta_y")
                    .to_frame()
                    # 처치 더미변수를 추가
                    .join(mkt_data.groupby("city")["treated"].max()))

        delta_y.tail()
```

---

1 옮긴이_ Card, David, and Alan B. Krueger. "Minimum Wages and Employment: A Case Study of the Fast-Food Industry in New Jersey and Pennsylvania." The American Economic Review 84, no. 4 (1994): 772–93.

city	delta_y	treated
192	0.555556	0
193	0.166667	0
195	0.420635	0
196	0.119048	0
197	1.595238	1

다음으로, 잠재적 결과 표기법을 사용하여 ATT를 Δy에 대하여 정의할 수 있습니다.

$$ATT = E\big[\Delta y_1 - \Delta y_0\big]$$

이중차분법은 Δy_0를 대조군 평균으로 대체하여 ATT를 식별할 수 있습니다.

$$ATT = E[\Delta y \mid D = 1] - E[\Delta y \mid D = 0]$$

이 기댓값들을 표본평균으로 대체하면, 이전에 얻었던 DID 추정값과 동일한 결과가 나옵니다.

```
In [7]: (delta_y.query("treated==1")["delta_y"].mean()
        - delta_y.query("treated==0")["delta_y"].mean())

Out[7]: 0.6917359536407155
```

이는 이중차분법의 가정인 $E\big[\Delta y_0\big] = E[\Delta y \mid D = 0]$를 잘 보여주는 흥미로운 접근법입니다. 이 접근법은 나중에 자세히 설명하겠습니다.

이중차분법에 대한 결과 변화를 시각적으로 이해해보죠. 다음 그래프에서는 이중차분법을 시간에 따라 관측된 실험군 및 대조군 결과와 추정된 실험군의 반사실적 결과를 함께 시각화했습니다. $E[Y(0) \mid D = 1]$의 DID 추정값은 점선으로 표시됩니다. 이 값은 대조군 추세를 실험군 기준값에 보정하여 얻은 결과입니다. 그리고 추정된 ATT는 처치 후 기간에 추정된 반사실적 결과 $Y(0)$와 관측된 결과 $Y(1)$의 차이(점과 x자 표시 사이의 차이)입니다.

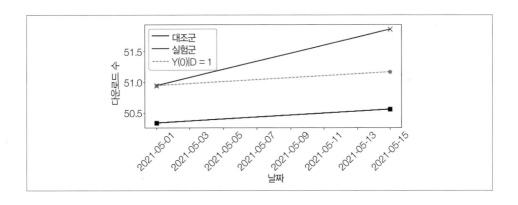

8.2.2 이중차분법과 OLS

이미 배웠듯이 평균을 집계하거나 결과 변화인 델타값을 구하여 이중차분법을 직접 구현할 수 있습니다. 하지만, 선형회귀를 통해 이중차분법을 제대로 이해할 필요가 있습니다. 예상대로 포화회귀모델(4.7.3절 참조)을 사용하여 앞서 구했던 것과 같은 DID 추정량을 얻을 수 있습니다. 먼저, 일별 데이터를 도시와 개입 전후 기간별로 그룹화합니다. 그다음 각 도시와 기간 조합의 일평균 다운로드 수를 계산하고 각 기간의 시작 날짜와 각 도시의 처치 여부도 함께 확인합니다. 참고로 시작 날짜는 추정량에 사용되지 않지만, 처치의 시작 시점을 아는 것은 추정량을 이해하는 데 도움이 됩니다.

```
In [8]: did_data = (mkt_data
                    .groupby(["city", "post"])
                    .agg({"downloads":"mean", "date": "min", "treated": "max"})
                    .reset_index())

        did_data.head()
```

	city	post	downloads	date	treated
0	5	0	50.642857	2021-05-01	0
1	5	1	50.166667	2021-05-15	0
2	15	0	49.142857	2021-05-01	0
3	15	1	49.166667	2021-05-15	0
4	20	0	48.785714	2021-05-01	0

이 기간별 도시 데이터셋을 사용하여 다음 선형모델을 추정할 수 있습니다.

$$Y_{it} = \beta_0 + \beta_1 D_i + \beta_2 Post_t + \beta_3 D_i Post_t + e_{it}$$

여기서 회귀계수 $\widehat{\beta_3}$ 는 DID 추정값입니다. 그 이유를 알아보려면, 먼저 β_0가 대조군 기준값이라는 점에 주목해봅시다. 여기서 β_0는 2021-05-15 이전 기간의 다운로드 수준입니다. 그리고 $\beta_0+\beta_1$은 개입 전의 실험군 도시 기준값이며, β_1은 단순히 실험군 도시와 대조군 도시 간의 기준값 차이입니다. 또한, 개입 후 대조군 도시의 다운로드 수준은 $\beta_0+\beta_2$로 표현할 수 있습니다. 그러면 β_2는 대조군의 추세이며, 이는 개입 전후 대조군이 얼마나 변했는지를 나타냅니다.

이 내용을 요약하면, β_1은 개입에 따른 효과를 측정하기 위해 실험군과 대조군 간의 차이를 나타내는 것이고, β_2는 시간이 지남에 따라 발생하는 개입 전후의 변화량을 나타냅니다. 따라서, 개입 후 실험군 도시의 다운로드 수준은 $\beta_0 + \beta_1 + \beta_2 + \beta_3$으로 표현됩니다. 여기서 β_3는 실험군과 대조군 간의 차이와 시간 추세를 모두 고려한 DID 추정량으로, 개입의 효과를 나타내는 증가분입니다.

```
In [9]: import statsmodels.formula.api as smf

        smf.ols(
            'downloads ~ treated*post', data=did_data
        ).fit().params["treated:post"]

Out[9]: 0.691735953640
```

8.2.3 이중차분법과 고정효과

이중차분법을 바라보는 세 번째 관점은 시간-대상 고정효과모델, 즉 이원고정효과(TWFE)를 사용하는 것입니다. 이 모델에서는 처치효과 τ, 개별 대상과 시간 고정효과인 α_i와 γ_t가 각각 존재합니다.

$$Y_{it} = \tau W_{it} + \alpha_i + \gamma_t + e_{it}$$

여기서는 깔끔한 수식 표현을 위해 $W_{it} = D_i Post_t$를 사용합니다.

이 모델을 추정하면 W와 관련된 매개변수 추정값이 앞서 얻은 DID 추정값과 일치하며 ATT 를 구할 수 있습니다. 이를 위해 4장에서 배운 것처럼 더미변수를 사용하거나 데이터 평균을 제거하는 방식으로 고정효과를 추정할 수 있습니다. 여기서는 더미변수를 사용하겠습니다. 코 드로 구현하기 위해, 도시 및 기간에 대한 더미변수를 C(city)와 C(post)로 포함합니다. 또한 실험군 더미와 처치 이후 더미를 곱하여 W를 만듭니다. 참고로 연산자 *는 두 항과 사이의 상 호작용과 각 변수에 대한 항을 생성한다는 점을 기억해주세요. 상호작용 항만 원할 때는 : 연 산자를 사용하면 됩니다.

```
In [10]: m = smf.ols('downloads ~ treated:post + C(city) + C(post)',
                     data=did_data).fit()

        m.params["treated:post"]

Out[10]: 0.691735953640
```

앞서 얻은 DID 추정값과 정확히 동일한 매개변수 추정값을 얻을 수 있습니다.

8.2.4 이중차분법과 블록 디자인

표준 이중차분법 설정에서는 개입 전/후 및 실험군/대조군으로 나뉜 4개의 데이터 셀만 있으 면 됩니다. 하지만 개입 전/후 기간을 하나의 블록으로 집계할 필요는 없습니다. 이렇게 블록 으로 집계되지 않은 경우, 표준 이중차분법은 이른바 블록 디자인block design을 필요로 합니다. 한 그룹은 처치 받지 않으며 다른 그룹은 **동일한 시간대**에 처치 받는 대상들로 구성됩니다. 즉, 다른 시점에 실험 대상에 개입이 이뤄지는 일은 허용되지 않습니다(다른 시점에 이뤄지는 방법 은 8.7절에서 배웁니다). 지금 다루는 마케팅 예제는 정확히 이러한 형식을 갖추었으므로 개입 전/후 기간으로 데이터를 집계할 필요 없이 그대로 사용하면 됩니다.

블록 디자인 관점에서의 이중차분법을 다음 그림에서는 이 블록 디자인을 시각화하여 시간에 따른 각 도시의 처치 배정을 보여줍니다. 이 방법을 통해, 개입 후 실험군과 대조군 간의 차이 가 변하는지 확인해봅시다.

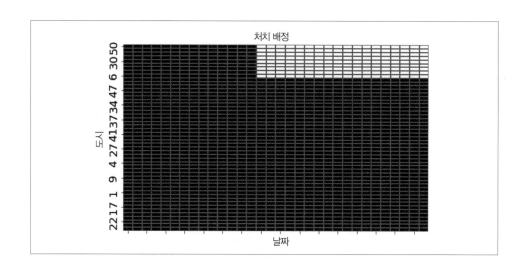

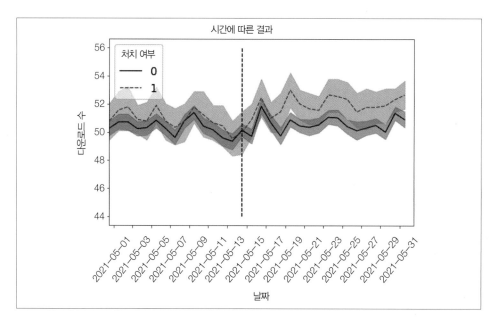

이렇게 집계되지 않은 데이터를 사용하여 추정할 때는 이전에 배운 공식을 동일하게 적용하면 됩니다. 즉, 다음과 같이 결과를 실험군과 처치 후 기간에 대한 더미변수 및 이들 간의 상호작용에 회귀할 수 있습니다.

```
In [11]: m = smf.ols('downloads ~ treated*post', data=mkt_data).fit()

         m.params["treated:post"]

Out[11]: 0.6917359536407226
```

또는 고정효과모델을 사용할 수도 있습니다.

```
In [12]: m = smf.ols('downloads ~ treated:post + C(city) + C(date)',
                     data=mkt_data).fit()

         m.params["treated:post"]

Out[12]: 0.691735953640
```

앞서 다양한 방법으로 동일한 DID 추정값을 얻는 방법을 살펴보았습니다. 이중차분법에 대한 다양한 시각을 배움으로써, 이중차분법을 깊게 이해할 수 있을 것입니다. 하지만 더 깊이 들여다보면, 회귀분석 결과에서 신뢰구간을 의도적으로 빼놓은 걸 확인할 수 있습니다. 이는 신뢰구간이 정확하지 않을 수 있기 때문이죠. 따라서, 패널데이터의 신뢰구간에 대해 살펴보겠습니다.

8.2.5 추론

바로 앞에서 신뢰구간이 정확하지 않을 수 있다고 말한 이유는 패널데이터에서의 추론이 굉장히 까다롭기 때문입니다. 최근 이 주제에 관한 연구가 많이 이루어지는데, 이는 아직 배워야 할 부분이 있는 분야라는 점을 의미하기도 합니다. 여기서 문제는 $N \cdot T$ 개의 데이터 포인트가 있지만 동일한 실험 대상이 여러 번 나타나므로, 이들이 독립적이고 동일하게 분포independent and identically distributed(iid)되지 않았다는 점입니다. 실제로 처치는 시간대가 아닌 실험 대상에 배정되므로, 실제 표본 크기는 $N \cdot T$ 가 아니라 N에 불과하다고 볼 수도 있습니다. 그런데 회귀분석에서는 표준오차를 계산할 때 표본 크기를 고려합니다.

이렇게 회귀분석에서 지나치게 낙관적인 표준오차를 보정하려면, 이를 실험 대상(예: 도시)별로 군집화cluster하면 됩니다.

```
In [13]: m = smf.ols(
             'downloads ~ treated:post + C(city) + C(date)', data=mkt_data
         ).fit(cov_type='cluster', cov_kwds={'groups': mkt_data['city']})

         print("ATT:", m.params["treated:post"])
         m.conf_int().loc["treated:post"]

Out[13]: ATT: 0.6917359536407017

Out[13]: 0    0.296101
         1    1.087370
         Name: treated:post, dtype: float64
```

군집표준오차^{clustered standard error}[2]는 기존 표준오차보다 신뢰구간이 더 넓은 것을 볼 수 있습니다.

```
In [14]: m = smf.ols('downloads ~ treated:post + C(city) + C(date)',
                     data=mkt_data).fit()

         print("ATT:", m.params["treated:post"])
         m.conf_int().loc["treated:post"]

Out[14]: ATT: 0.6917359536407017

Out[14]: 0    0.478014
         1    0.905457
         Name: treated:post, dtype: float64
```

또한 일별 데이터프레임인 mkt_data를, 실험 대상과 처치 전후 기간별 집계한 데이터로 대체할 때 신뢰구간이 어떻게 되는지 살펴봅시다.

```
In [15]: m = smf.ols(
             'downloads ~ treated:post + C(city) + C(date)', data=did_data
         ).fit(cov_type='cluster', cov_kwds={'groups': did_data['city']})
```

---

2 옮긴이_ 군집표준오차의 사용은 데이터의 군집 내 상관관계를 고려함으로써 신뢰구간을 넓힐 수 있습니다. 이 방법은 관측값들이 자연스럽게 형성된 군집 내에서 서로 상관되어 있을 때, 표준오차를 보다 정확하게 추정하기 위해 필요합니다. 군집표준오차를 계산함으로써, 군집 내의 변동성을 올바르게 반영하여 전체 표본의 변동성 추정값을 조정합니다. 이로 인해 일반적으로 표준오차가 증가하고, 결과적으로 신뢰구간이 넓어지는 경향이 있습니다.

```
        print("ATT:", m.params["treated:post"])
        m.conf_int().loc["treated:post"]

Out[15]: ATT: 0.6917359536407091

Out[15]: 0    0.138188
         1    1.245284
         Name: treated:post, dtype: float64
```

신뢰구간이 더 넓어졌습니다! 이는 표본 크기가 시간대가 아닌 실험 대상에 의해 결정되어야 한다는 걸 감안하더라도, 각 군집당 더 많은 시간대가 있으면 분산을 줄일 수 있음을 보여줍니다.

이후 다루게 될 이중차분법의 변형 방식들은 기존 방식으로 신뢰구간을 구하는 데 어려움이 따릅니다. 이러한 상황에서는 전체 추정 과정을 부트스트랩하는 방법을 고려할 수 있습니다. 여기서는 반복되는 실험 대상이 있으므로 동일 대상에 대한 모델의 오차가 상관될 것이라는 점에 주의해야 합니다. 따라서 전체 실험 대상으로 복원추출해야 합니다. 이 방법을 **블록 부트스트랩**block bootstrap이라고 하며, 이를 구현하려면 먼저 실험 대상을 복원추출하는 함수를 만들어야 합니다.

```
In [16]: def block_sample(df, unit_col):

            units = df[unit_col].unique()
            sample = np.random.choice(units, size=len(units), replace=True)

            return (df
                    .set_index(unit_col)
                    .loc[sample]
                    .reset_index(level=[unit_col]))
```

이 함수가 있으면 5장의 부트스트랩 코드를 수정하여 블록 부트스트랩을 구현할 수 있습니다.

```
In [17]: from joblib import Parallel, delayed

         def block_bootstrap(data, est_fn, unit_col,
                             rounds=200, seed=123, pcts=[2.5, 97.5]):
             np.random.seed(seed)
```

```
        stats = Parallel(n_jobs=4)(
            delayed(est_fn)(block_sample(data, unit_col=unit_col))
            for _ in range(rounds))

        return np.percentile(stats, pcts)
```

마지막으로, 이 함수를 사용하여 마케팅 데이터에 적용된 DID 추정량의 95% 신뢰구간을 계산하겠습니다. 결과적으로 블록 부트스트랩을 통해 신뢰구간은 이전에 실험 대상별 군집표준오차를 사용하여 얻은 구간과 매우 유사하죠. 이는 블록 부트스트랩 함수가 잘 작동하고 있다는 좋은 지표입니다.

```
In [18]: def est_fn(df):
            m = smf.ols('downloads ~ treated:post + C(city) + C(date)',
                        data=df).fit()
            return m.params["treated:post"]

        block_bootstrap(mkt_data, est_fn, "city")

Out[18]: array([0.23162214, 1.14002646])
```

신뢰구간을 구할 때, 부트스트랩이 매우 편리한 방법이지만 몇 가지 문제점이 있습니다. 예를 들어, 실험군의 수가 적으면 표본에 실험군이 포함되지 않을 수 있습니다. 필자는 패널데이터를 이용한 추론이 복잡한 주제이며 아직 명확한 해답이 없다고 생각합니다.

NOTE 더 알아보기

패널데이터의 추론을 자세히 알아보려면, 인과추론 분야의 뛰어난 연구자인 알베르토 아바디Alberto Abadie 등의 논문[3]을 참고해보세요. 또한 빅터 체르노주코프 등의 논문[4]에서처럼 몇 가지 대안적인 추론 방법을 확인하기를 권장합니다.

---

3 Abadie, A., Athey, S., Imbens G. W., Wooldridge J. M .(2022). When Should You Adjust Standard Errors for Clustering? *The Quarterly Journal of Economics*, vol.138(1), pp. 1–35.

4 Chernozhukov V., Wüthrich K., Zhu Y. (2021). An Exact and Robust Conformal Inference Method for Counterfactual and Synthetic Controls. *Journal of the American Statistical Association*, vol.116(536), pp.1849–1864.

8.3 식별 가정

인과추론은 통계적 도구와 가정 사이의 끊임없는 상호작용입니다. 이 장에서 통계 도구부터 시작하여 구체적인 예시와 함께 이중차분법이 어떻게 실험 대상과 시간 관계를 활용하여 처치효과를 추정하는지 설명했습니다. 이제 이중차분법을 사용할 때 종종 인식하지 못한 채로 어떤 가정을 했는지 좀 더 깊이 파고들 시간입니다.

8.3.1 평행 추세

이 책의 앞부분에서 횡단면 데이터를 다룰 때, 관측된 공변량을 조건부로 둔 경우 처치가 잠재적 결과와 독립이라는 핵심적인 식별 가정을 사용했습니다. 이중차분법은 이와 유사하지만 더 약한 가정인 **평행 추세**parallel trend를 가정합니다.

생각해보면, DID 추정량은 시간과 대상 간의 상관관계를 활용하는 것에 있어 상당히 직관적입니다. 만약 실험 대상만 있고 시간 차원이 없다면 대조군을 사용하여 실험군의 $Y(0)$을 추정해야 합니다. 반면, 시간 차원은 있지만 대조군이 없다면(모든 대상이 어느 시점에서 처치 받은 경우) 실험군의 과거 결과 $Y(0)$를 사용하여 처치 전후를 비교해야 합니다. 두 접근법 모두 강한 가정을 필요로 합니다. 정리하면, 1) 실험군과 대조군이 무작위 실험에서처럼 비교 가능해서 대조군의 결과가 $E[Y(0) \mid D = 1, Post = 1]$을 식별할 수 있거나, 2) 실험군의 결과가 시간에 따라 평탄해서 실험군의 과거 결과를 사용하여 $E[Y(0) \mid D = 1, Post = 1]$을 식별할 수 있다고 가정해야 합니다. 반면, **이중차분법은 처치가 없으면 평균적으로 실험군과 대조군의 결과 추세가 동일할 것**이라는 상대적으로 약한 가정을 합니다. 즉, 이는 비교 그룹간 $Y(0)$의 추세가 평행하다고 가정합니다.

$$E\left[Y(0)_{it=1} - Y(0)_{it=0} \mid D = 1\right] = E\left[Y(0)_{it=1} - Y(0)_{it=0} \mid D = 0\right]$$

평행 추세 가정은 관측할 수 없는 항 $E[Y(0)_{it=1} \mid D = 1]$이 포함되므로 검증할 수 없습니다. 하지만 이해를 돕기 위해 잠시 모든 시간대에서 잠재적 결과 $Y(0)$를 관측할 수 있다고 가정해봅시다. 다음 그래프에서는 이를 점선으로 표현했습니다. 이 그래프를 통해, 실험군과 대조군 모두에서 네 기간에 대한 잠재적 결과인 $Y(0)$를 볼 수 있습니다. 또한, 각 그래프에는 실험군과 대조군에서 관측된 데이터 네 개의 데이터 포인트와 처치를 받지 않았을 때 추정된 실험군의

DID 궤적을 점선으로 나타냈습니다. 이 점선과 처치 후 실험군 결과 사이의 차이가 ATT에 대한 DID 추정값입니다.

그러나 실제 ATT는 처치 후 실험군 결과와 회색 파선(관측 불가능한 실험군의 반사실적 결과인 $Y(0)$) 사이의 차이입니다.

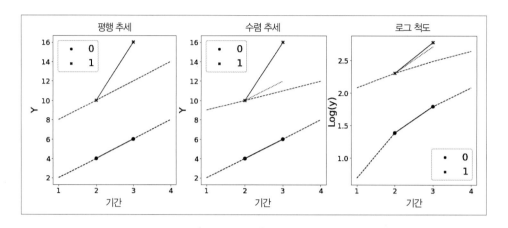

첫 번째 그래프에서 추정된 추세는 실제 $Y(0)|D = 1$의 추세와 일치합니다. 이 경우 평행 추세 가정을 만족하며, DID 추정량은 실제 ATT와 같아집니다. 두 번째 그래프에서 수렴하는 추세를 볼 수 있으며, 추정된 추세는 실제 $Y(0)|D = 1$의 추세보다 가파릅니다. 결과적으로 DID 추정값은 하향 편향됩니다. $E[Y(1)|D = 1, Post = 1]$와 추정된 추세 사이의 차이는 $E[Y(1)|D = 1, Post = 1]$와 관측할 수 없는 실제 $E[Y(0)|D = 1, Post = 1]$ 사이의 차이보다 작습니다.

마지막으로, 세 번째 그래프는 **평행 추세 가정이 척도에 따라 바뀔 수 있음을 보여줍니다.** 이 그래프는 단순히 첫 번째 그래프의 데이터를 가져와 결과에 로그 변환을 적용한 것이죠. 이 변환은 평행한 추세를 수렴하게 만듭니다. 따라서 이중차분법 적용 시, 척도 변환에 주의해야 합니다. 예를 들어, 같은 데이터라도 효과를 백분율 변화로 측정하고 싶은 경우, 결과를 백분율로 변환하면 추세가 엉망이 될 수 있습니다.

NOTE 더 알아보기

조너선 로스Jonathan Roth와 페드로 산타나Pedro Sant'Anna는 논문[5]에서 결과를 단조 변환monotonic

---

5 Roth J. & Sant'Anna P. (2023). When Is Parallel Trends Sensitive to Functional Form? *Econometrica*, vol.91(2), pp. 737–747.

평행 추세 가정을 독립성 가정과 연관지어 생각해볼 수도 있습니다. 독립성 가정은 실험군과 대조군에서 평균적으로 $Y(0)$의 수준이 동일하다고 가정하지만, **평행 추세 가정은 실험군과 대조군 간 $Y(0)$의 추세가 동일**하다고 가정합니다. 평행 추세 가정을 8.2.1절에서 배운 Δy로 표현할 수 있습니다.

$$\left(\Delta y_0, \Delta y_1\right) \perp T$$

처치가 무작위로 배정되지 않더라도 실험군과 대조군의 반사실 추세가 동일하다면, ATT를 식별할 수 있죠. 이것이 바로 패널데이터가 가지는 강력함입니다.

조건부 독립성 가정과 마찬가지로, 평행 추세 가정을 공변량 X에 따라 조건부로 둘 수 있습니다. 이중차분법에서 X를 조건부로 두면, 실험군과 대조군 추세가 같아질 수 있습니다. 참고로 8.5절에서 이중차분법에 공변량을 포함하는 방법을 살펴봅니다.

8.3.2 비기대 가정과 SUTVA

평행 추세 가정을 패널데이터에서의 독립성 가정으로 볼 수 있다면, 비기대[no anticipation] 가정은 SUTVA와 더 밀접하게 연관됩니다. SUTVA 위배는 실험군의 효과가 대조군으로 (또는 그 반대로) 영향을 미칠 때 발생한다는 점을 기억하시나요? 이중차분법에서도 마찬가지이며, 실험 대상뿐만 아니라 시간에 걸쳐서 SUTVA가 위배될 수 있습니다. 개입이 아직 이뤄지지 않은 기간에 파급 효과가 미리 나타나는 상황인 것이죠.

이중차분법에서 SUTVA 위배가 될 수 있는 예시를 한번 들어보겠습니다. 블랙 프라이데이가 휴대폰 판매에 미치는 영향을 한 번 떠올려보세요. 그러면, 많은 회사가 블랙 프라이데이 할인을 할 예정이며, 블랙 프라이데이 이전 기간은 이미 고객들이 제품을 찾는 시기임을 알게 됩니다. 이에 따라 블랙 프라이데이(처치)가 되기도 전에 판매량이 급증하는 모습을 볼 수 있을 것입니다.

시간적 파급 효과뿐만 아니라 실험 대상의 파급 효과도 걱정해야 합니다. 따라서 패널데이터 분석에서 SUTVA를 만족시키는 것은 까다롭습니다. 특히 실험 대상이 지리적 영역일 때 더욱 그렇습니다. 이는 사람들이 끊임없이 지리적 경계를 넘나들며 이동하므로 대조군도 처치의 영향을 받을 가능성이 높기 때문입니다.

공간적 파급 효과

패널데이터 연구와 마찬가지로, 공간적 파급 효과를 다루는 것은 인과추론 학계에서 여전히 연구 중인 분야입니다. 이 주제는 카일 버츠[Kyle Butts]의 논문[6]에서 다룬 바 있습니다. 이 논문은 읽기 어렵지 않고 여기서 제안하는 해결책을 구현하기도 쉽습니다. 기본 개념은 대조군이 실험군에 충분히 가깝다고 간주되면 값이 1인 더미변수 S를 사용하여, 이중차분법의 이원고정효과 공식을 확장하는 것입니다.

$$Y_{it} = \tau_{it} W_{it} + \eta_0 S_i \left(1 - W_{it}\right) + \eta_1 S_i W_{it} + \alpha_i + \gamma_t + e_{it}$$

8.3.3 강외생성

강외생성[strict exogeneity] 가정은 보통 고정효과모델에서의 잔차에 대한 가정입니다.

$$Y_{it} = \alpha_i + X_{it}\beta + \epsilon_{it}$$

강외생성은 다음과 같이 수식으로 표현할 수 있습니다.

$$E\left[\epsilon_{it} \mid X_{it}, \alpha_i\right] = 0$$

강외생성 가정은 더 강력한 가정이며 평행 추세를 내포합니다. 이 수식만 보면 이해하기 어려울 수 있으니, 이 가정이 함축하는 바를 세부적으로 설명하겠습니다.

1. 시간에 따라 변하는 교란 요인 없음
2. 피드백 없음
3. 이월 효과[carryover effect] 없음

---

6 Butts K. (2021). Difference-in-Differences Estimation with Spatial Spillovers. *arXiv.org, papers 2105.03737.*

DAG를 통해 이 가정을 시각적으로 확인해보겠습니다.

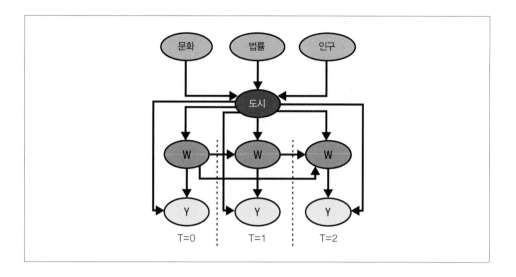

이제 이 가정이 실제로 무엇을 의미하는지 자세히 살펴보겠습니다.

8.3.4 시간에 따라 변하지 않는 교란 요인

먼저, 시간에 따라 변하지 않는 교란 요인부터 설명하겠습니다. 패널데이터에서 시간과 실험 대상의 상관관계를 활용할 수 있다는 것을 기억하시나요? 시간에 걸쳐 반복되는 관측값이 있으면, 관측되지 않는 **교란 요인이 존재해도 인과효과를 식별할 수 있다는 점**에 주목할 필요가 있습니다. 이 경우 해당 교란 요인이 시간에 따라 일정하다면 가능합니다. 마케팅 사례를 다시 살펴보며 이 내용을 이해해봅시다. 각 도시에는 고유한 문화, 법률, 인구 등이 있으며, 이 모든 변수는 처치 및 결과변수에 큰 영향을 줄 수 있습니다. 문화와 법률 같은 일부 변수는 정량화하기 어려우므로 고려해야 하지만 관측할 수 없는 교란 요인입니다. 하지만 이러한 변수를 측정할 수 없을 때, 어떻게 이를 고려해야 할까요?

이 문제를 해결하기 위한 방법은 실험 대상에 초점을 맞추고, 시간에 따른 대상의 변화를 추적함으로써, 시간에 걸쳐 고정된 모든 변수들을 통제하고 있음을 파악하는 데 있습니다. 즉, 측정되지 않은 시간 고정time-fixed 공변량을 포함하는 것이죠. 마케팅 예시에서, 특정 도시의 다운로드 수가 시간에 따라 증가한다면, 이는 (적어도 단기적으로는) 도시 문화의 변화 때문이 아닙니다. 그 이유는 해당 교란 요인이 시간에 따라 고정되어 있기 때문이죠. 핵심은 시간 고정 교란 요인은 측정 불가능하므로 통제할 수 없습니다. 그럼에도 실험 대상 자체를 통제하면, 해당 교란 요인을 통과하는 뒷문 경로를 여전히 차단할 수 있습니다.

다음 수식을 통해, 데이터의 평균 제거 과정에서 시간 고정 공변량이 어떻게 사라지는지 알 수 있습니다. 실험 대상 고정효과를 추가하는 방법은 더미변수를 추가하는 것 이외에 평균을 제거하는 방법(실험 대상별 결과 및 처치변수의 평균을 계산하여 원래 변수에서 빼기)도 있음을 기억해주세요.

$$\ddot{Y}_{it} = Y_{it} - \overline{Y}_i$$
$$\ddot{W}_{it} = W_{it} - \overline{W}_i$$

여기서 D_i는 시간에 고정된 변수이므로 $W_{it} = D_i Post_t$를 사용하여 처치변수를 표현하겠습니다. 평균 제거 이후, 관측되지 않은 U_i는 모두 사라집니다. 수식으로 보면 U_i는 시간에 걸쳐 일정하므로 $U_i = \overline{U}_i$가 되고, 따라서 모든 곳에서 $\ddot{U}_{it} = 0$이 됩니다. 요약하면, 실험 대상 고정효과는 시간에 걸쳐 일정한 변수를 모두 없애버립니다.

여기서는 실험 대상 고정효과에 초점을 맞추고 있습니다. 반대로, 실험 대상에 따라서는 고정되지만 시간에 따라 변하는 변수를 없애는 시간 고정효과에 대해서도 비슷한 논리를 적용할 수 있습니다. 이 마케팅 사례에서는 국가의 환율이나 인플레이션 같은 요소가 예가 될 수 있습니다. 이는 전국적인nationwide 변수이므로 모든 도시(실험 대상)에서 동일합니다.

물론 관측되지 않은 교란 요인이 시간과 실험 대상에 따라 변한다면 앞서 배운 방법을 적용하기 어려워집니다.

8.3.5 피드백 없음

앞서 본 DAG에서 또 다른 중요한 가정인 피드백 없음no feedback 가정이 포함되어 있습니다. 구체적으로, 과거 결과인 Y_{it-1}에서 현재 처치인 W_{it}으로 향하는 화살표가 없습니다. 즉, 피드백이 없다는 것을 의미하며, 이는 처치가 결과 경로에 따라 결정될 수 없음을 나타냅니다. 예를 들어, 시간에 따라 인덱싱된 처치 벡터 $W = (w_0, w_1, \ldots, w_T)$를 가정해보겠습니다. 이 시나리오에서는 전체 벡터가 한 번에 결정되어야 합니다. 이는 앞서 살펴본 것과 같이 특정 시간대에 처치가 시작되어 무기한으로 계속되는 블록 디자인 안에서는 타당할 수 있습니다. 그럼에도 피드백 없음 가정은 위배될 수 있습니다. 예를 들어, 마케팅 팀이 한 도시의 다운로드 수가 1,000건에 도달할 때마다 오프라인 마케팅 캠페인 진행을 결정했다고 가정해 봅시다. 이는 피드백 없음 가정을 위배하는 것이죠.

NOTE 순차적 무시 가능성

앞서 다룬 피드백 없음 가정처럼, 과거 결과를 조건부로 두고자 한다면 순차적 무시 가능성sequential ignorability 하에서의 방법을 살펴봐야 합니다. 안타깝게도 과거 결과나 시간 고정 교란 요인 중 하나만 통제할 수 있고, 두 요인 모두 다 통제할 수는 없습니다. 이 주제에 관한 자세한 내용은 논문[7]이나 미겔 A. 에르난과 제임스 M. 로빈스의 저서 『Causal Inference』(CRC Press, 2011)를 참조하시기 바랍니다.

8.3.6 이월 효과와 시차종속변수 없음

피드백 없음 가정을 넘어서, 앞의 DAG를 통해 **이월 효과가 없음**(과거 처치가 현재 결과에 영향을 주지 않음)에 대해 가정하는 것을 볼 수 있습니다. 그 이유는 과거 처치에서 현재 결과로 이어지는 화살표가 없기 때문입니다. 다행히도 이 가정은 모델 확장을 통해 처치의 시차lagged 버전을 포함시킴으로써 완화될 수 있습니다. 예를 들어, 기간 $t-1$의 처치가 기간 t의 결과에 영향을 준다면, 다음과 같이 모델을 구성할 수 있습니다.

$$Y_{it} = \tau_{it} W_{it} + \theta W_{it-1} + \alpha_i + \gamma_t + e_{it}$$

마지막으로, 그래프에 시차종속변수lagged dependent variable[8]가 없다고 가정합니다. 즉, 과거 결과가 현재 결과의 직접적인 원인이 되지 않는다는 의미입니다. 그런데 이 가정은 필수적이지 않으며, 과거 결과 Y에서 미래 결과 Y로 화살표를 추가해도 식별에 큰 문제가 되지 않습니다.

---

7 Xu, Y. (2021). Causal inference with time–series cross–sectional data: A reflection. *SSRN Electronic Journal*.

8 옮긴이_ 시차종속변수를 설명변수로 포함하고 있는 경우는 오차항과 설명변수 간 상관관계로 인한 내생성 문제가 존재할 수 있습니다. 따라서, 해당 변수가 존재한다면 적절히 통제해 모델을 구성해야 합니다.

8.4 시간에 따른 효과 변동

지금까지 표준 이중차분법 및 이에 대한 식별 가정을 살펴보았습니다. 이 내용을 바탕으로 이중차분법의 변형에 대해 조금 더 알아보겠습니다. 먼저 시간에 따른 효과 변동을 고려하는 접근법을 살펴봅시다. 앞서 결과 변화를 보여주는 그래프(8.2.4절 참고)를 다시 보면, 처치 직후에 실험군과 대조군 사이의 차이가 바로 커지지 않는 것을 볼 수 있습니다. 대신, 전체적인 처치효과가 나타나기까지는 어느 정도 시간이 필요하며, 처치효과가 즉각적이지 않음을 보여줍니다. 이 현상은 마케팅뿐만 아니라 개입이 포함된 다른 분야에서도 흔히 나타납니다. 그리고 처치효과가 완전히 나타나기 전의 기간을 포함하고 있으므로 최종 처치효과를 과소평가할 수 있습니다.

이 문제를 해결하는 간단한 방법 중 하나는 시간에 따른 ATT를 추정[11]하는 것입니다. 각 처치 이후 기간마다 더미변수를 만들 수도 있지만, 필자는 시간에 따른 효과를 얻기 위해 조금 더 직접적인 방식을 선호합니다. 즉, 모든 시간대를 반복하며, 마치 해당 시간대만이 처치 이후 기간인 것처럼 이중차분법을 적용하는 것이죠.

이 방법을 파이썬으로 구현하기 위한 함수는 다음과 같습니다.

```
In [19]: def did_date(df, date):
             df_date = (df
                        .query("date==@date | post==0")
                        .query("date <= @date")
                        .assign(post = lambda d: (d["date"]==date).astype(int)))
```

9 Imai K., Kim I. S. (2019). When Should We Use Unit Fixed Effects Regression Models for Causal Inference with Longitudinal Data? *American Journal of Political Science*, Vol. 63(2), pp. 467–490.

10 Xu, Y. (2021). Causal inference with time–series cross–sectional data: A reflection. *SSRN Electronic Journal*.

11 옮긴이_ 이러한 추정 모델을 Dynamic DID, Event Study Model, Relative Time Model 등 다양하게 부릅니다.

```
m = smf.ols(
    'downloads ~ I(treated*post) + C(city) + C(date)', data=df_date
).fit(cov_type='cluster', cov_kwds={'groups': df_date['city']})

att = m.params["I(treated * post)"]
ci = m.conf_int().loc["I(treated * post)"]

return pd.DataFrame({"att": att, "ci_low": ci[0], "ci_up": ci[1]},
                    index=[date])
```

먼저, 이 함수는 처치 전 기간과 인수로 받은 날짜만을 선택합니다. 그다음 인수로 받은 날짜와 같거나 그 이전인 날짜를 선택합니다. 인수로 받은 날짜가 처치 후 기간에 해당하면 이 필터는 아무것도 하지 않습니다. 인수로 받은 날짜가 처치 이전 기간에 속하면 이후 날짜들은 제외합니다. 이렇게 하면 처치 전 기간에도 이중차분법을 적용할 수 있습니다. 이를 위해, 해당 함수에 처치 후 기간을 지정된 날짜로 다시 할당하는 코드 한 줄을 추가합니다. 이제 처치 전 기간의 날짜를 전달하면, 이 함수는 마치 그 날짜가 처치 이후 기간에서 온 것처럼 처리하는데, 이는 시간 차원에서의 일종의 위약placebo 테스트와 같습니다. 마지막으로, 해당 함수를 통해 DID 모델을 추정해 ATT와 이 추정값에 대한 신뢰구간을 구합니다. 그다음 이 모든 결과를 단 한 줄로 데이터프레임에 저장합니다.

이 함수는 한 날짜에 대해서만 작동합니다. 가능한 모든 날짜에 대한 효과를 파악하려면, 해당 날짜들을 차례대로 반복하며 날짜별 DID 추정값을 구합니다. 이중차분법은 최소 두 개의 시간 대가 필요하기 때문에 첫 번째 날짜는 건너뛰어야 한다는 것에 주의하세요. 모든 결과를 리스트에 저장하고 나서 그 리스트에 pd.concat를 사용해 모든 결과를 하나의 데이터프레임으로 합칩니다.

```
In [20]: post_dates = sorted(mkt_data["date"].unique())[1:]

         atts = pd.concat([did_date(mkt_data, date)
                           for date in post_dates])

         atts.head()
```

	att	ci_low	ci_up
2021-05-02	0.325397	−0.491741	1.142534
2021-05-03	0.384921	−0.388389	1.158231
2021-05-04	−0.156085	−1.247491	0.935321
2021-05-05	−0.299603	−0.949935	0.350729
2021-05-06	0.347619	0.013115	0.682123

그런 다음 시간에 따른 효과 변동과 해당 신뢰구간을 시각화하겠습니다. 이 그래프는 처치 이후에 효과가 바로 증가하지 않음을 보여줍니다. 게다가 효과가 완전히 나타나기 전인 초기 기간을 빼면 ATT가 약간 더 높아 보이기도 하죠. 비교를 위해, 실제 효과인 τ도 함께 그려서 이 방법이 얼마나 효과를 잘 추정하는지 확인해보겠습니다.

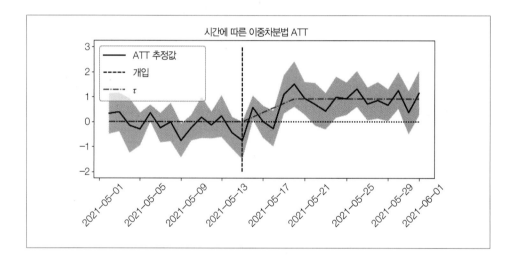

이 그래프의 처치 이전 기간을 주목해봅시다. 해당 기간 동안 추정된 효과들이 모두 0에 가까워, 처치 이전에는 실제로 어떠한 효과도 발생하지 않았음을 나타냅니다. 이 부분은 비기대 가정을 만족한다는 강력한 증거[12]라고 볼 수 있죠.

---

12 옮긴이_ 다만, 평행 처치 전 추세는 평행추세 가정의 필요조건이지만 충분조건은 아님에 주의해주세요.

8.5 이중차분법과 공변량

8.4절에서 배운 이중차분법의 변형 이외에도 모델에 처치 전의 공변량을 포함하는 방법이 있습니다. 이 방법은 평행 추세 가정을 만족하지 않지만, 공변량을 조건부로 두었을 때 해당 가정을 만족하는 경우에 유용하게 사용할 수 있습니다.

$$E\left[Y(0)_{it=1} - Y(0)_{it=0} \mid D=1, X\right] = E\left[Y(0)_{it=1} - Y(0)_{it=0} \mid D=0, X\right]$$

이전과 동일한 마케팅 데이터를 가지고 있지만, 이제 국가의 여러 지역에 대한 데이터가 있다고 가정해보겠습니다. 각 지역에 대한 실험군 및 대조군에 대한 결과를 시각화하면 흥미로운 점을 발견할 수 있습니다.

```
In [21]: mkt_data_all = (pd.read_csv("./data/short_offline_mkt_all_regions.csv")
                        .astype({"date":"datetime64[ns]"}))
```

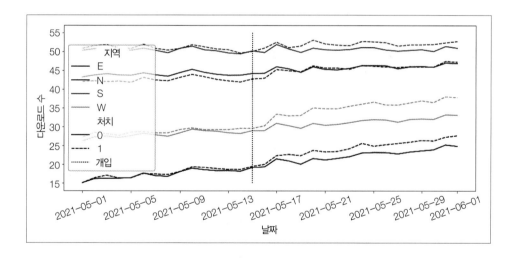

처치 이전 추세의 경우 **지역 내에서는** 평행하지만 지역 간에는 평행하지 않은 것처럼 보이죠. 따라서 여기서 단순히 이중차분법의 이원고정효과모델을 실행하면, ATT에 대한 편향된 추정값을 얻게 됩니다.

```
In [22]: print("True ATT: ", mkt_data_all.query("treated*post==1")["tau"].mean())

         m = smf.ols('downloads ~ treated:post + C(city) + C(date)',
                      data=mkt_data_all).fit()

         print("Estimated ATT:", m.params["treated:post"])

Out[22]: True ATT:  1.7208921056102682
         Estimated ATT: 2.068391984256296
```

편향 문제를 해결하기 위해 각 지역별 서로 다른 추세를 반드시 고려해야 합니다. 지역에 관한 추가 공변량을 회귀 모델에 포함하면 문제가 해결될 것이라고 생각할 수도 있지만, 그렇지 않습니다! 시간 고정 공변량의 효과가 대상 고정효과를 사용함으로써 사라진다는 것을 기억해주세요(8.3.4절 참조). 이는 관측할 수 없는 교란 요인뿐만 아니라 시간에 따라 일정하게 유지되는 지역 공변량에도 해당합니다. 결과적으로, 회귀 모델에 지역 공변량을 추가해봤자 아무 효과가 없으며, 이전과 같은 결과를 얻게 될 것입니다.

```
In [23]: m = smf.ols('downloads ~ treated:post + C(city) + C(date) + C(region)',
                      data=mkt_data_all).fit()
         m.params["treated:post"]

Out[23]: 2.071153674125536
```

이중차분법 모델에 처치 전 공변량을 올바르게 포함하려면 두 가지 핵심 부분인 실험군 기준값과 대조군 추세를 추정하는 방식으로 이중차분법이 작동한다는 점을 인지해야 합니다. 그다음 대조군 추세를 실험군 기준값에 투영합니다. 즉, 각 지역별 대조군 추세를 따로 추정해야 한다는 것을 의미합니다. 이 작업을 수행하는 지나친 방법 중 하나는 각 지역별 별도의 DID 회귀 모델을 적용하는 것이죠. 즉, 각 지역을 반복해서 추정하거나 전체 이중차분법 모델을 지역 더미변수와 상호작용하면 됩니다.

```
In [24]: m_saturated = smf.ols('downloads ~ (post*treated)*C(region)',
             data=mkt_data_all).fit()

atts = m_saturated.params[
       m_saturated.params.index.str.contains("post:treated")
```

```
       ]atts
Out[24]: post:treated              1.676808
post:treated:C(region)[T.N]      -0.343667
post:treated:C(region)[T.S]      -0.985072
post:treated:C(region)[T.W]       1.369363
dtype: float64
```

ATT 추정값은 기준 그룹(이 경우 동부 지역)을 기준으로 해석해야 한다는 점을 명심하세요. 따라서 북쪽 지역의 효과는 1.67−0.34, 남쪽 지역의 효과는 1.67−0.98입니다. 그다음 지역별 도시 수를 가중치로 사용하는 가중평균을 통해, 서로 다른 ATT를 집계합니다.

```
In [25]: reg_size = (mkt_data_all.groupby("region").size()
                      /len(mkt_data_all["date"].unique()))

         base = atts[0]

         np.array([reg_size[0]*base]+
                  [(att+base)*size
                    for att, size in zip(atts[1:], reg_size[1:])]
                  ).sum()/sum(reg_size)

Out[25]: 1.6940400451471818
```

앞서 지나치다고 말했지만 실제로는 아주 훌륭한 방법입니다. 그 이유는 구현하기 매우 쉽고 잘못될 여지가 적기 때문이죠. 하지만 몇 가지 문제가 있습니다. 예를 들어, 공변량이 많거나 연속형 공변량이 있을 경우, 이 방법은 실용적이지 않습니다. 그렇기 때문에 두 번째 방법을 알아둘 필요가 있습니다. 지역변수를 처치 여부 및 처치 후 더미변수 모두와 상호작용하는 대신, 처치 후 더미변수만 상호작용하면 됩니다. 이 모델은 각 지역 실험군의 추세(처치 전후 결과 수준)를 별도로 추정하지만, 실험군과 처치 후 기간에 대해서는 단일 절편 이동을 적합시킵니다.

```
In [26]: m = smf.ols('downloads ~ post*(treated + C(region))',
                      data=mkt_data_all).fit()

         m.summary().tables[1]
```

	coef	std err	t	P>|t|	[0.025	0.975]
Intercept	17.3522	0.101	172.218	0.000	17.155	17.550
C(region)[T.N]	26.2770	0.137	191.739	0.000	26.008	26.546
C(region)[T.S]	33.0815	0.135	245.772	0.000	32.818	33.345
C(region)[T.W]	10.7118	0.135	79.581	0.000	10.448	10.976
post	4.9807	0.134	37.074	0.000	4.717	5.244
post:C(region)[T.N]	−3.3458	0.183	−18.310	0.000	−3.704	−2.988
post:C(region)[T.S]	−4.9334	0.179	−27.489	0.000	−5.285	−4.582
post:C(region)[T.W]	−1.5408	0.179	−8.585	0.000	−1.893	−1.189
treated	0.0503	0.117	0.429	0.668	−0.179	0.280
post:treated	1.6811	0.156	10.758	0.000	1.375	1.987

post:treated에 관한 매개변수는 ATT로 해석할 수 있습니다. 이 값은 이전에 추정한 ATT와 정확히 동일하지 않지만 꽤 비슷합니다. 이 차이가 나타나는 이유는 회귀가 지역별 ATT를 지역 표본 크기가 아닌 분산에 따라 평균을 구했기 때문입니다. 즉, 회귀는 처치가 더 고르게 분포된(분산이 더 큰) 영역에 더 큰 가중치를 부여한다는 것을 의미합니다.

두 번째 접근 방식은 실행 속도가 훨씬 빠르지만, 상호작용하는 부분에 있어 신중해야 합니다. 따라서 필자는 정확히 무엇을 추정하고 있는지 잘 파악하고 있을 때 사용하는 것을 권장합니다. 또는 사용하기 전에 실제 ATT를 알고 있는 시뮬레이션 데이터를 만들어보고, 그 모델로 결과를 재현할 수 있는지 시도해보세요. 이어서, 각 지역별로 이중차분법을 적용하고 해당 결과의 평균을 구하는 방법은 매우 현명한 접근법임을 기억해주세요.

8.6 이중 강건 이중차분법

조건부 평행 추세 가정을 만족시키기 위해 처치 전 정보와 시간에 따라 변하지 않는 공변량을 결합하는 또 다른 방법인 이중 강건 이중차분법doubly robust diff-in-diff(DRDID)이 있습니다. 이 개념을 이해하기 위해 5장에서 배운 이중 강건 추정량의 아이디어를 활용할 수 있습니다. 하지만, 다음과 같이 몇 가지 조정이 필요합니다. 첫째, 이중차분법은 결과 변화량인 Δy 와 관련이 있으므로, 기본 결과 모델 대신 시간에 따른 델타 결과 모델[13]이 필요합니다. 둘째, ATT에만

---

13 옮긴이_ 이 장에서는 이중차분법의 결과 변화를 강조하기 위해 델타 결과 모델(delta outcome model)로 사용했으며, 일반적으로는 결과 모델이라고도 합니다.

관심이 있으므로 대조군을 바탕으로 실험군을 재구성해야 합니다. 지금부터 이중 강건 이중차분법을 구성하기 위한 단계별 과정에 대해 자세히 다루겠습니다.

8.6.1 성향점수 모델

이중 강건 이중차분법의 첫 단계는 처치 전 공변량을 활용하여 **실험 대상이 실험군에 속할 확률을 추정**하는 성향점수 모델 $\hat{e}(x)$ 입니다. 이 모델은 시간 차원을 고려하지 않으므로 추정을 위해서는 단지 한 시점의 데이터만 있으면 됩니다.

```
In [27]: unit_df = (mkt_data_all
                # 첫 번째 날짜 유지
                .astype({"date": str})
                .query(f"date=='{mkt_data_all['date'].astype(str).min()}'")
                .drop(columns=["date"])) # 혼선을 피하기 위한 날짜열 제외

         ps_model = smf.logit("treated~C(region)", data=unit_df).fit(disp=0)
```

8.6.2 델타 결과 모델

다음으로 Δy 에 대한 결과 모델이 필요하므로 먼저 델타 결과 데이터를 구성합니다. 이를 위해 처치 전후 기간의 평균 결괏값 차이를 계산합니다. 이 계산을 마치면, 전후 기간의 차이를 통해 시간 차원이 배제되었기 때문에 각 실험 대상별로 하나의 행이 남습니다.

```
In [28]: delta_y = (
             mkt_data_all.query("post==1").groupby("city")["downloads"].mean()
             - mkt_data_all.query("post==0").groupby("city")["downloads"].mean()
         )
```

이제 Δy 를 구했으므로 실험 대상 데이터셋에 다시 합치고 결과 모델을 적합시킵니다.

```
In [29]: df_delta_y = (unit_df
                       .set_index("city")
                       .join(delta_y.rename("delta_y")))
```

```
outcome_model = smf.ols("delta_y ~ C(region)", data=df_delta_y).fit()
```

8.6.3 최종 결과

마지막으로 앞서 다룬 성향점수 및 결과 모델을 결합할 차례입니다. 먼저 필요한 모든 데이터
를 하나의 데이터프레임으로 모으는 것부터 시작하겠습니다. 최종 추정량을 만들려면 실제
Δy, 성향점수, 그리고 델타 결과 예측값이 필요합니다. 이를 위해 결과 모델을 구축하는 데 사
용한 df_delta_y에서 시작하여 성향점수 모델 $\hat{e}(x)$ 과 결과 모델 $\hat{m}(x)$ 모두를 사용해 예측합
니다. 그 결과를 다음과 같이 실험 대상 수준의 데이터프레임으로 나타냅니다.

```
In [30]: df_dr = (df_delta_y
                  .assign(y_hat = lambda d: outcome_model.predict(d))
                  .assign(ps = lambda d: ps_model.predict(d)))

         df_dr.head()
```

city	region	treated	tau	downloads	post	delta_y	y_hat	ps
1	W	0	0.0	27.0	0	3.087302	3.736539	0.176471
2	N	0	0.0	40.0	0	1.436508	1.992570	0.212766
3	W	0	0.0	30.0	0	2.761905	3.736539	0.176471
4	W	0	0.0	26.0	0	3.396825	3.736539	0.176471
5	S	0	0.0	51.0	0	−0.476190	0.343915	0.176471

이제 이중 강건 이중차분법이 어떤 모습일지 생각해봅시다. 모든 이중차분법과 마찬가지로,
ATT 추정값은 실험 대상들이 처치 받았다면 나타날 추세와 대조군 하에서 나타날 추세 간의
차이입니다. 이들은 반사실 추정량이므로 각각 Δy_1 과 Δy_0 으로 표현하겠습니다. 요약하자면,
ATT는 다음과 같습니다.

$$\hat{\tau}_{DRDID} = \widehat{\Delta y_1}^{DR} - \widehat{\Delta y_0}^{DR}$$

대단하진 않지만 좋은 시작입니다. 이제부터는 Δy_D 값을 이중 강건하게 추정하는 방법을 생각

해 봅시다.

먼저 Δy_1 에 초점을 맞추겠습니다. 실험군의 반사실을 추정하기 위해 $y - \hat{m}(x)$ 를 성향점수의 역수로 가중치를 줌으로써 전체 모집단에 대한 y_1을 재구성합니다(5장 참조). 하지만 여기서는 ATT에만 관심이 있고 실험군에 대한 모집단이 있으니, 전체 모집단의 재구성은 필요하지 않습니다.

$$\widehat{\Delta y_1}^{DR} = 1/N_{tr}\sum_{i \in tr}(\Delta y - \hat{m}(X))$$

다른 항에서는 $1/(1 - \hat{e}(x))$ 가중치를 사용하여 대조군 하에서의 전체 모집단을 재구성합니다. 하지만 여기서 ATT를 구하는 것이 목적이므로 대조군 하에서 실험군 모집단을 재구성해야 합니다. 이를 위해서 다음 수식과 같이 실험군이 될 확률인 성향점수를 곱하면 됩니다.

$$w_{co} = \hat{e}(X)\frac{1}{1 - \hat{e}(X)}$$

가중치를 정의했으면 이를 사용하여 Δy_0 의 추정값을 구할 수 있습니다.

$$\widehat{\Delta y_0}^{DR} = \sum_{i \in co}w_{co}(\Delta y - \hat{m}(X))/\sum w_{co}$$

이로써 이중 강건 이중차분법에 대한 주요 내용을 다루었습니다. 대부분의 경우처럼, 수식보다는 코드로 구현했을 때 훨씬 더 이해하기 쉽고 간결합니다.

```
In [31]: tr = df_dr.query("treated==1")
         co = df_dr.query("treated==0")

         dy1_treat = (tr["delta_y"] - tr["y_hat"]).mean()

         w_cont = co["ps"]/(1-co["ps"])
         dy0_treat = np.average(co["delta_y"] - co["y_hat"], weights=w_cont)

         print("ATT:", dy1_treat - dy0_treat)

Out[31]: ATT: 1.6773180394442853
```

이 추정값은 실제 ATT 및 이전에 이중차분법에 공변량을 추가했을 때 얻은 ATT와 매우 비슷합니다. 이 방법의 장점은 정확한 추정을 위해 두 가지 접근법을 시도한다는 것입니다. 이중 강건 이중차분법은 성향점수 모델이나 결과 모델 중 하나만 정확해도 잘 작동합니다(두 모델 모두 정확할 필요는 없습니다). 이를 직접 확인해보려면, 필자는 ps 열이나 y_hat 열을 무작위로 생성된 열로 바꾸어 앞의 추정값을 다시 계산하는 것을 권장합니다. 그렇게 하면 최종 결과가 실제 결과와 여전히 비슷한 것을 확인할 수 있습니다.

> **NOTE** 더 알아보기
> 이중 강건 이중차분법은 산타나[Sant'Anna]와 자오[Zhao]의 논문[14]에서 제안되었습니다. 이 논문에는 패널데이터(모든 실험 대상이 동일한 경우)와 달리 횡단면 데이터(기간마다 실험 대상이 변경될 수 있는 경우)가 반복될 때 DRDID 추정량으로 추론하는 방법과 이중 강건성을 확보하기 위한 방법 등 더 많은 내용을 다룹니다.

횡단면 데이터로 이중 강건 추정했을 때와 마찬가지로, 이중 강건 이중차분법에 대한 신뢰구간을 얻으려면 앞서 구현한 블록 부트스트랩 함수를 사용하여 전체 과정(성향점수 모델, 델타 결과 모델)을 하나의 추정 함수에 모두 묶어 사용하면 됩니다.

8.7 처치의 시차 도입

지금까지 살펴본 데이터 유형은 블록 디자인을 기반으로 하여, 처치 전과 후 두 시기만을 다루었죠. 각 시기가 여러 날짜를 포함하고 있었지만, 결국 핵심은 동일 시점에 처치 받은 대상과 받지 않은 대상이 존재한다는 점이었습니다. 이런 블록 디자인은 이중차분법의 전형적인 사례로, 복잡한 계산 없이 표본평균을 비교하는 비모수적 방식으로 기준값과 추세를 추정할 수 있습니다. 그러나 이 방법은 경우에 따라 상당히 제한적일 수 있습니다. 만약 실험 대상이 서로 다른 시점에 처치 받는다면 어떻게 될까요?

패널데이터에서 훨씬 더 일반적인 상황은 처치에 대한 **시차 도입 설계**[staggered adoption design]로, 이

---

14 Sant'Anna, Pedro H. C., & Zhao, Jun. (2020). Doubly Robust Difference-in-Differences Estimators. *Journal of Econometrics*, vol. 219 (1), pp. 101–122.

는 여러 실험 그룹(G로 표기)이 있고 각 그룹이 다른 시점에 처치를 받거나 전혀 받지 않는 구조입니다. 이때 처치 받는 시점이 그룹을 구분하는 기준이므로, 이들을 코호트라고 부르는 것이 일반적입니다. 즉, t 시점에 처치 받는 그룹 G를 코호트 G_t라고 합니다.

앞서 살펴본 마케팅 데이터에 이를 적용해보면, 처치 받지 않는 코호트(G_∞)와 2021-05-15에 처치 받은 코호트($G_{05/15}$)에 대한 두 개의 코호트가 있었습니다. 하지만 이전에 2개의 코호트만 다뤘던 이유는 2021-06-01 이후 데이터를 고려하지 않았기 때문입니다. 이제 더 복잡한 상황을 다룰 준비가 되었으니, 2021-07-31까지 모든 지역의 도시에 대한 데이터가 포함된 mkt_data_cohorts 데이터프레임을 살펴보죠.

```
In [32]: mkt_data_cohorts = (pd.read_csv("./data/offline_mkt_staggered.csv")
                             .astype({
                                 "date":"datetime64[ns]",
                                 "cohort":"datetime64[ns]"}))

         mkt_data_cohorts.head()
```

	date	city	region	cohort	treated	tau	downloads	post
0	2021-05-01	1	W	2021-06-20	1	0.0	27.0	0
1	2021-05-02	1	W	2021-06-20	1	0.0	28.0	0
2	2021-05-03	1	W	2021-06-20	1	0.0	28.0	0
3	2021-05-04	1	W	2021-06-20	1	0.0	26.0	0
4	2021-05-05	1	W	2021-06-20	1	0.0	28.0	0

맨 위의 행만 보고 모든 데이터의 구조를 파악하기는 어렵지만, [그림 8-2]는 시간에 따른 처치 현황을 보여줍니다. 다음 그림을 통해 시차 도입 설계가 어떤 모습인지 확인할 수 있습니다.

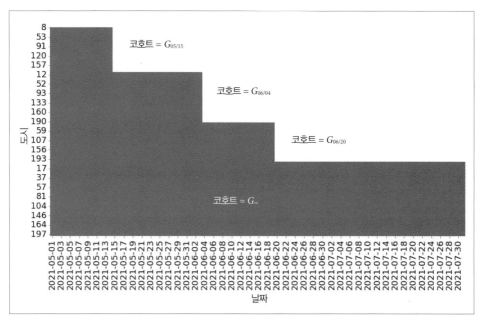

그림 8-2 시차 도입 설계에서는 점점 더 많은 실험 대상이 점진적으로 처치를 받습니다.

이전에는 2021-06-01까지의 데이터만 있었으므로 실험군이 작고 대조군이 큰 것처럼 보였습니다. 그러나 데이터를 확장해보면, 오프라인 마케팅 캠페인이 나중에 다른 도시들에도 진행되었다는 것을 알 수 있죠. 이제 총 4개의 서로 다른 코호트가 있는데, 이 중 3개는 처치 받은 그룹이고 하나는 처치를 전혀 받지 않은 그룹(이 데이터셋에서 코호트는 2100-01-01로 표시)입니다.

> **CAUTION** 블록 디자인과 마찬가지로, 시차 도입에서는 한 번 처치가 시작되면 그 상태가 영구적으로 유지된다고 가정합니다. 이 가정은 분석을 용이하게 진행하는 데 중요합니다. 패널데이터 분석에서 잠재적 결과는 각 시간대별 결과 경로를 나타내는 벡터 $D = (Y_{d1}, Y_{d2}, ..., Y_{dT})$로 정의되며, 처치효과는 이러한 경로들을 비교함으로써 정의됩니다. 즉, 처치를 시작하고 중단할 수 있다면 처치효과를 정의하는 방법은 약 2^T가지가 될 수 있음을 의미합니다.

하나씩 차근차근 진행하기 위해 일단은 공변량을 잠시 잊고 지금은 서부 지역에만 초점을 맞추겠습니다. 공변량을 다루는 방법은 이후에 살펴볼 예정이며, 지금은 시차 도입 문제의 한 부분에만 집중해보겠습니다.

```
In [33]: mkt_data_cohorts_w = mkt_data_cohorts.query("region=='W'")
         mkt_data_cohorts_w.head()
```

	date	city	region	cohort	treated	tau	downloads	post
0	2021-05-01	1	W	2021-06-20	1	0.0	27.0	0
1	2021-05-02	1	W	2021-06-20	1	0.0	28.0	0
2	2021-05-03	1	W	2021-06-20	1	0.0	28.0	0
3	2021-05-04	1	W	2021-06-20	1	0.0	26.0	0
4	2021-05-05	1	W	2021-06-20	1	0.0	28.0	0

각 코호트별로 시간에 따른 평균 다운로드 수를 시각화하면 다음과 같습니다. $G_{05/15}$의 결과는 2021-05-15 날짜 직후에 증가합니다. $G_{06/04}$와 $G_{06/20}$ 코호트도 마찬가지입니다. 한편, 대조군은 처치 전 실험군과 아름다울 정도로 평행한 추세를 보입니다. 주목해야 할 또 다른 점은 효과가 나타나기까지 일정 시간이 걸린다는 것이죠. 두 번째 그래프에서 볼 수 있듯이 코호트를 정렬하여 결과를 시각화하면 이 점이 더욱 명확해집니다.

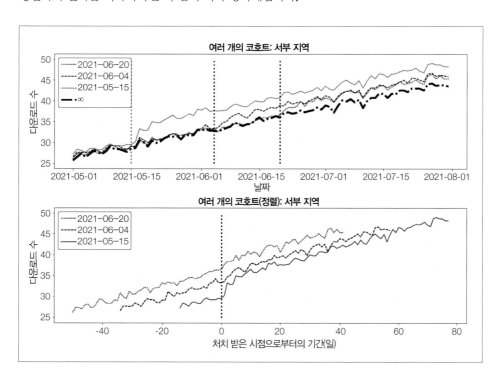

앞서 살펴본 데이터가 평행 추세 가정을 잘 만족하기 때문에, 마치 시뮬레이션 데이터처럼 보일 수 있습니다. 심지어 이중차분법이 아무런 문제 없이 실제 ATT를 쉽게 찾아낼 것이라고 생각할 수도 있죠. 자, 그럼 직접 확인해봅시다.

```
In [34]: twfe_model = smf.ols(
             "downloads ~ treated:post + C(date) + C(city)",
             data=mkt_data_cohorts_w
         ).fit()

         true_tau = mkt_data_cohorts_w.query("post==1&treated==1")["tau"].mean()

         print("True Effect: ", true_tau)
         print("Estimated ATT:", twfe_model.params["treated:post"])

Out[34]: True Effect:  2.2625252108176266
         Estimated ATT: 1.7599504780633743
```

ATE 결과를 보았듯이, 효과가 하향 편향된 것 같습니다! 이게 무슨 일인가요?

이 문제는 패널데이터에 관한 최근 연구에서 핵심적으로 다뤄지고 있습니다. 아쉽지만 이 장에서 자세한 설명을 하기보다는 이 문제를 간략하게 설명하고 추가 자료를 소개해 드리겠습니다. 앞서 살펴본 이중차분법 가정에 더해 시차 도입설계에서는 **시간에 걸쳐 효과가 동일하다는 가정**도 추가해야 한다는 점에 있습니다. 앞서 설명했듯이 이 데이터는 그렇지 않습니다. 효과가 나타나기까지는 일정 시간이 걸리므로 처치 직후에는 낮고 이후에는 점차 증가합니다. 이러한 시간에 따른 효과 변동 때문에 ATT 추정값에 편향이 발생합니다.

편향이 발생하는 이유를 이해하기 위해, 두 그룹의 도시들을 살펴봅시다. 첫 번째 그룹은 **이른 처치를 받은** 코호트로 2021-06-04에 처치 받았습니다. 두 번째 그룹은 **늦은 처치를 받은** 코호트이며, 2021-06-20에 처치 받았습니다. 방금 추정한 이원고정효과모델은 실제로 일련의 2×2 이중차분법 실행한 후 이를 최종 추정값으로 합칩니다. 이 중 한 번의 실행에서 모델은 늦은 처치를 받은 코호트를 대조군으로 사용하여 이른 처치를 받은 코호트의 처치효과를 추정합니다. 이는 늦은 처치를 받은 코호트가 아직 처치 받지 않은 코호트로 간주될 수 있기 때문에 타당한 접근입니다. 그러나 이 모델은 또한 이른 처치를 받은 코호트를 대조군으로 사용하여 늦은 처치를 받은 코호트의 효과를 추정합니다. 이 방법은 처치효과가 시간에 따라 변하지 않을 때만 적합하며, 다음 그래프에서 그 이유를 확인할 수 있습니다. 다음 그래프는 앞에서 다룬 두 가지 비교와 추정된 반사실인 Y_0을 모두 보여줍니다. 그리고 각 코호트의 역할이 그래프마다 바뀐다는 점에 주목해봅시다.

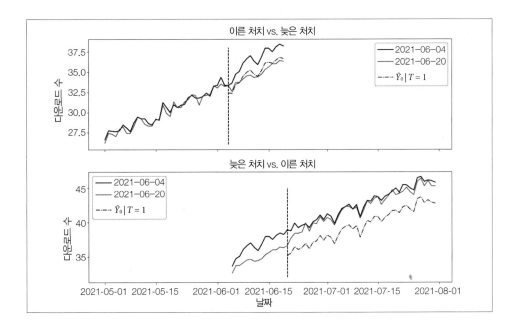

보시다시피 이른 처치 대 늦은 처치의 비교는 괜찮아 보입니다. 문제는 늦은 처치 대 이른 처치의 비교입니다. 여기서 대조군(코호트 $G_{06/04}$)은 이미 처치 받았는데도 대조군 역할을 합니다. 또한 처치효과가 시간에 따라 이질적이고 점진적으로 증가하므로 대조군(이른 처치 받음)의 추세는 코호트가 아직 처치 받지 않았다면 나타났을 추세보다 더 가파르게 나타납니다. 이러한 점진적 증가 효과로 인해 대조군 추세가 과대 추정되며, 이로 인해 ATT 추정값은 하향 편향됩니다. 따라서 처치효과가 시간에 따라 이질적인 경우 이미 처치 받은 코호트를 대조군으로 사용한다면 결과가 편향될 수 있습니다.

NOTE 더 알아보기

이미 언급했듯이 이원고정효과모델의 이러한 한계에 관한 최근 연구 결과가 많습니다. 더 자세히 알고 싶다면 필자는 앤드루 굿맨 베이컨의 논문[15]을 강력히 추천합니다. 문제 진단이 매우 깔끔하고 직관적이 며, 이해를 돕는 멋진 시각화 자료를 함께 제공합니다.

---

15 Goodman-Bacon A. (2021). Difference-in-differences with variation in treatment timing. *Journal of Econometrics*, vol 225(2), pp 254–277.

이제 문제의 원인을 파악했으니 해결책을 살펴봅시다. 문제의 핵심은 시간에 따른 이질적 효과이기 때문에 더 유연한 모델을 사용해 이질성을 충분히 반영할 수 있게 하는 방법이 해결책이 될 수 있습니다.

실제 사례: 개발도상국의 고등교육과 성장

최근 논문[16]에서 코아 부$^{Khoa Vu}$와 뚜아인 부타인$^{Tu-Anh Vu-Thanh}$은 베트남의 대학 수가 급격히 증가하는 현상을 분석하여 고등교육이 임금에 미치는 영향을 조사했습니다. 각 지방마다 고등교육 확대의 정도가 달랐기 때문에, 해당 사실을 바탕으로 이들은 이중차분법을 활용해 대학의 효과를 파악할 수 있었습니다.

본 연구진은 대학 개교 시기와 위치에 관한 데이터셋을 수집하여, 개인이 어떤 지역의 대학 개교에 노출되면(즉, 대학 교육에 대한 접근성이 좋아지면) 대학을 졸업할 확률이 30% 이상 증가하며 임금은 3.9%, 가계 지출은 14% 증가한다고 추정했습니다.

8.7.1 시간에 따른 이질적 효과

앞에서 보았듯이, 시간의 이질적 효과 문제에 대해 파악했습니다. 즉, 시간에 따라 효과가 변하는 시차 도입 데이터에 이원고정효과를 적용하면 편향이 발생한다는 것을 배웠죠. 이를 수식으로 표현하면, 다음과 같이 데이터 생성 과정에 다른 효과 매개변수를 갖고 있다는 것을 의미합니다.

$$Y_{it} = \tau_{it} W_{it} + \alpha_i + \gamma_t + e_{it}$$

하지만 해당 효과인 τ가 일정하다고 가정했습니다.

$$Y_{it} = \tau W_{it} + \alpha_i + \gamma_t + e_{it}$$

효과가 일정한 것이 문제라면 간단한 해결책은 각 시간과 실험 대상에 대해 다른 효과를 허용하는 것입니다. 이론적으로는 다음 공식을 사용하여 이 문제를 해결할 수 있습니다.

---

16 Vu, Khoa., & y Tu-Anh Vu-Thanh. (2022). Higher education expansion, labor market, and firm productivity in Vietnam. *https://sites.google.com/view/khoavu-umn/job-market-paper?authuser=0*

```
downloads ~ treated:post:C(date):C(city) + C(date) + C(city)
```

이제 문제가 해결되었나요? 글쎄요, 그렇지 않습니다. 나쁜 소식은 이 모델에 데이터 포인트보다 더 많은 매개변수가 있다는 것입니다. 날짜와 실험 대상이 상호작용하므로 각 기간에 대해 각 실험 대상마다 하나의 처치효과 매개변수를 갖게 됩니다. 하지만 이는 바로 표본 수와 같습니다! 여기서 OLS는 실행조차 되지 않을 것입니다.

따라서 모델의 처치효과 매개변수 수를 줄여야 합니다. 이를 위해 어떻게 실험 대상을 그룹화할 수 있을지 생각해볼까요? 조금만 고민해보면 코호트를 통해 실험 대상을 자연스럽게 그룹화할 수 있습니다! 전체 코호트의 효과는 시간에 따라 동일한 패턴을 따른다는 점을 알고 있습니다. 따라서 이렇게 실용적이지 않은 모델을 개선하는 자연스러운 방법은 다음과 같이 실험 대상이 아닌 코호트별로 효과를 변하도록 하는 것이죠.

$$Y_{it} = \tau_{gt}W_{it} + \alpha_i + \gamma_t + e_{it}$$

이 모델은 일반적으로 코호트 수가 실험 대상 수보다 훨씬 적기 때문에 더 적은 수의 처치효과 매개변수를 갖습니다. 드디어 모델을 실행할 수 있습니다.

```
In [35]: formula = "downloads ~ treated:post:C(cohort):C(date) + C(city)+C(date)"

         twfe_model = smf.ols(formula, data=mkt_data_cohorts_w).fit()
```

이 코드를 통해 각 코호트 및 날짜에 대해 하나씩, 여러 개의 ATT 추정값을 얻을 수 있습니다. 따라서 모델이 제대로 예측했는지 확인하려면 모델이 제시하는 개별 처치효과 추정값을 계산하고 그 결과의 평균을 구합니다. 그리고 처치 후 기간에 실험군의 실제 결과와 모델이 예측한 $\hat{y}_0$ 을 비교합니다.

```
In [36]: df_pred = (
             mkt_data_cohorts_w
             .query("post==1 & treated==1")
             .assign(y_hat_0=lambda d: twfe_model.predict(d.assign(treated=0)))
             .assign(effect_hat=lambda d: d["downloads"] - d["y_hat_0"])
         )
```

```
        print("Number of param.:", len(twfe_model.params))
        print("True Effect: ", df_pred["tau"].mean())
        print("Pred. Effect: ", df_pred["effect_hat"].mean())

Out[36]: Number of param.: 510
        True Effect:  2.2625252108176266
        Pred. Effect:  2.259766144685074
```

이 과정을 진행하면 마침내 많은 매개변수(무려 510개)가 포함된 모델을 얻지만, 실제 ATT를 구할 수 있습니다! 해당 ATT를 다음과 같이 시각화할 수 있습니다.

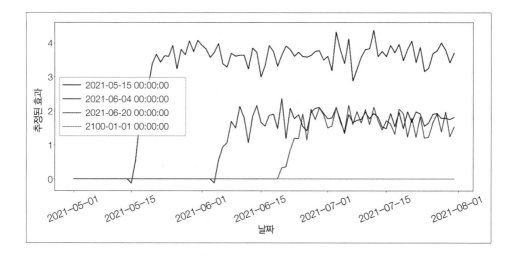

이 그래프를 통해, 시간에 따른 효과 변동에 대해 직관적으로 알 수 있습니다. 효과는 서서히 증가하고 시간이 지나도 일정하게 유지됩니다. 또한 모든 처치 전 기간과 결과적으로 처치 받지 않은 코호트에서는 효과가 0입니다. 이를 보고 앞서 구성한 모델에서 매개변수 수를 줄이는 방법을 생각해봅시다. 예를 들어, 코호트보다 큰 기간의 효과만 고려할 수 있습니다.

$$Y_{it} = \tau_{g,t \geq g} W_{it} + \alpha_i + \gamma_t + e_{it}$$

처치 전 날짜를 그룹화해야 하므로 많은 특성 엔지니어링이 필요하지만, 다행히 구현 가능합니다.

DID 모델에 공변량을 포함하는 문제처럼 이원고정효과의 편향에 대한 두 가지 해결책이 있습니다. 방금 본 방법은 이원고정효과모델을 실행할 때 상호작용하는 더미변수를 사용하는 것입니다. 또 다른 접근법은 문제를 여러 개의 2×2 이중차분법으로 나누고 각각을 개별적으로 계산한 후 결과를 합치는 것이죠. 이를 위해, 처치를 전혀 받지 않은 그룹을 대조군으로 사용하여 각 코호트에 대해 하나의 DID 모델을 추정합니다.

```
In [37]: cohorts = sorted(mkt_data_cohorts_w["cohort"].unique())

         treated_G = cohorts[:-1]
         nvr_treated = cohorts[-1]

         def did_g_vs_nvr_treated(df: pd.DataFrame,
                                  cohort: str,
                                  nvr_treated: str,
                                  cohort_col: str = "cohort",
                                  date_col: str = "date",
                                  y_col: str = "downloads"):
             did_g = (
                 df
                 .loc[lambda d:(d[cohort_col] == cohort)|
                             (d[cohort_col] == nvr_treated)]
                 .assign(treated = lambda d: (d[cohort_col] == cohort)*1)
                 .assign(post = lambda d:(pd.to_datetime(d[date_col])>=cohort)*1)
             )

             att_g = smf.ols(f"{y_col} ~ treated*post",
                             data=did_g).fit().params["treated:post"]
             size = len(did_g.query("treated==1 & post==1"))
             return {"att_g": att_g, "size": size}
```

17 Sun, L., & Abraham, S. (2020). Estimating Dynamic Treatment Effects in Event Studies With Heterogeneous Treatment Effects. *https://ssrn.com/abstract=3158747*

18 Wooldridge, J. M. (2021). Two-Way Fixed Effects, the Two-Way Mundlak Regression, and Difference-in-Differences Estimators. *https://ssrn.com/abstract=3906345*

```
atts = pd.DataFrame(
    [did_g_vs_nvr_treated(mkt_data_cohorts_w, cohort, nvr_treated)
     for cohort in treated_G]
)

atts
```

	att_g	size
0	3.455535	702
1	1.659068	1044
2	1.573687	420

그런 다음 결과를 가중평균으로 합치면 됩니다. 여기서 가중치는 각 코호트의 표본 크기($T * N$)입니다. 결과적으로 해당 추정값은 이전에 구한 추정값과 매우 비슷하죠.

```
In [38]: (atts["att_g"]*atts["size"]).sum()/atts["size"].sum()

Out[38]: 2.2247467740558697
```

또는 처치를 전혀 받지 않은 대상을 대조군으로 사용하는 대신, 아직 처치 받지 않은 대상을 사용함으로써 대조군의 표본 크기를 늘릴 수 있습니다. 이 경우 동일한 코호트에 대해 이중차분법을 여러 번 실행해야 하므로 조금 더 번거롭습니다.

NOTE 더 알아보기

이질적 효과 문제의 두 번째 해결책은 페드로 산타나 와 브랜틀리 캘러웨이[Brantly Callaway]의 논문[19]에서 영감을 받았습니다. 이 논문에서는 아직 처치 받지 않은 코호트를 대조군으로 활용하는 방법과 이중 강건 이중차분법을 활용하는 방법도 다룹니다.

----

19 Brantly, C., & Sant'Anna, P. (2021). Difference–in–Differences with multiple time periods. *Journal of Econometrics*, Elsevier, vol. 225(2), pp. 200–230.

8.7.2 공변량

이원고정효과의 편향 문제를 해결했으니 이제 남은 과정은 전체 데이터셋, 모든 기간, 시차 도입 설계, 모든 지역을 사용하는 방법을 살펴보고 모델에 공변량을 포함하는 것입니다.

여기서 특별히 새로운 내용은 따로 없습니다. 앞서 다뤘듯이 DID 모델에 공변량을 추가하기 위해, 공변량과 처치 후 더미변수를 상호작용시켰습니다. 여기서 시간의 경과를 표시하는 날짜 열은 처치 후 더미변수와 유사하다고 볼 수 있으므로 공변량을 해당 날짜 열과 상호작용시키면 됩니다.

```
In [39]: formula = """
         downloads ~ treated:post:C(cohort):C(date)
         + C(date):C(region) + C(city) + C(date)"""

         twfe_model = smf.ols(formula, data=mkt_data_cohorts).fit()
```

즉, 이 모델은 여러 매개변수를 추정하므로 개별 효과를 계산하고 계산하고 평균을 구하면 ATT를 추정할 수 있습니다.

```
In [40]: df_pred = (
             mkt_data_cohorts
             .query("post==1 & treated==1")
             .assign(y_hat_0=lambda d: twfe_model.predict(d.assign(treated=0)))
             .assign(effect_hat=lambda d: d["downloads"] - d["y_hat_0"])
         )

         print("Number of param.:", len(twfe_model.params))
         print("True Effect: ",  df_pred["tau"].mean())
         print("Pred. Effect: ", df_pred["effect_hat"].mean())

Out[40]: Number of param.: 935
         True Effect:  2.078397729895905
         Pred. Effect:  2.0426262863584568
```

시차 도입을 여러 개의 2×2 블록으로 세분화한 경우, 앞서 진행한 것처럼 각 DID 모델에 공변량을 개별적으로 추가할 수도 있습니다.

8.8 요약

패널데이터 방법은 인과추론 분야에서 빠르게 발전하며 큰 관심을 받고 있는 방법론 중 하나입니다. 이 방법은 시간 차원을 추가하면 대조군뿐만 아니라 실험군의 과거 데이터로부터 실험군에 대한 반사실을 추정할 수도 있다는 점에서 많은 가능성을 가지고 있습니다.

이 장에서는 다양한 이중차분법 적용 방법을 살펴보았습니다. 이중차분법은 기존의 비교란성 가정($Y_d \perp T \mid X$)를 조건부 평행 추세 가정으로 완화합니다.

$$\Delta Y_d \perp T \mid X$$

이 가정은 관측할 수 없는 교란 요인이 있는 경우 큰 도움이 됩니다. 패널데이터를 사용하면 이러한 교란 요인이 시간(동일한 실험 대상일 때) 또는 실험 대상(동일한 기간일 때)에 걸쳐 일정한 경우 ATT를 식별할 수 있습니다.

이중차분법의 강력함에도 불구하고 이에 따른 복잡성이 존재합니다. 표준 이중차분법 공식에서 벗어나면 모델링에 특별한 주의가 필요합니다. 2×2 이중차분법은 비모수 모델처럼 유연하지만, 보다 일반적인 시차 도입 설계에서는 이러한 이점을 기대하기 어렵습니다. 이 경우 추가적인 함수형 가정이 필요합니다.

이 장에서는 기본적인 2×2 이중차분법 사례를 넘어 이중차분법에 대한 다양한 확장 방법(공변량 추가, 시간에 따른 효과 변동, 시차 도입 설계 등)에 대해 배웠습니다. 하지만 이 분야가 빠르게 발전하고 있음을 감안하면, 앞으로 이 장의 내용을 뛰어넘는 새로운 발전이 있을 것입니다. 그럼에도 이 장은 필요할 때 빠르게 최신 동향에 적응할 수 있는 탄탄한 기초를 마련해 줄 것입니다.

CHAPTER 9

통제집단합성법

이전 장에서 인과관계 식별 시 패널데이터의 장점을 배웠습니다. 구체적으로는 실험 대상을 서로 비교할 수 있을 뿐 아니라 과거의 자신과 비교할 수 있다는 점이 보다 타당한 가정 하에서 반사실 Y_0의 추정을 가능하게 합니다. 또한 패널데이터를 활용하는 인과추론 도구 중 하나인 이중차분법과 이에 대한 다양한 변형도 배웠습니다. 이중차분법은 실험군과 대조군 간의 평행 추세를 가정함으로써, 실험군과 대조군 간의 Y_0 수준이 다르더라도 처치효과를 식별할 수 있습니다. 이 장에서는 패널데이터셋에 널리 사용되는 또 다른 방법인 통제집단합성법^{synthetic control} method에 대해 알아봅니다.

이중차분법은 기간 T보다 상대적으로 많은 실험 대상 N이 있는 경우 잘 작동하지만, 그 반대일 경우는 그렇지 못합니다. 이와 반대로 통제집단합성법은 아주 적은 수의 실험 대상, 심지어 처치 받는 대상이 하나일 때도 잘 작동하도록 설계되었습니다. 언뜻 보기에 어려워 보일 수 있지만, 통제집단합성법의 개념은 매우 간단합니다. 대조군을 결합해서 처치가 없을 때의 실험군과 비슷한 가상의 대조군^{synthetic control}**1**을 만드는 것이죠. 이렇게 해서 가상의 대조군이 잘 구성된다면, 반사실 $E[Y_0 | D = 1]$과 완벽하게 겹치므로 평행 추세 가정을 하지 않아도 됩니다.

이 장의 마지막 부분에는 이중차분법과 통제집단합성법을 결합해 사용하는 방법도 설명합니다. 이 결합된 추정량은 매우 강력하며, 특히 이중차분법과 통제집단합성법, 패널데이터 방법 전반에 관한 새로운 관점을 줄 것입니다.

---

1 옮긴이_ 통제집단합성법을 통해 만들어진 대조군을 가상의 대조군 또는 가상의 통제집단이라고 합니다. 이 책에서는 통일성 있게 가상의 대조군이라고 표기합니다.

9.1 온라인 마케팅 데이터셋

통제집단합성법 활용 사례로 온라인 마케팅 데이터셋을 사용할 것입니다. 온라인 마케팅은 오프라인 마케팅보다 추적이 더 용이하지만, 그렇다고 해서 인과추론에 어려움이 없지는 않습니다. 예를 들어, 온라인 마케팅은 고객의 행동을 더 잘 추적할 수 있게 해주며, 더 나은 어트리뷰션(기여도)attribution[2] 측정이 가능합니다. 즉, 고객이 어떤 유료 마케팅paid marketing 링크를 거쳐 제품에 도달했는지 알 수 있기 때문이죠. 하지만 이는 온라인 광고를 보지 않았다면, 어떤 결과가 발생했을지 알 수 있다는 것은 아닙니다. 광고를 본 뒤에야 방문한 고객들이 있다면, 그 광고는 실제로 추가 고객을 모객한 것일 수 있지만, 광고를 하지 않았어도 어차피 찾아올 고객이었을지도 모릅니다. 그런 고객이 유료 링크로 들어온 이유는 그저 그 링크가 페이지 상단에 있었기 때문일 수도 있죠.

어트리뷰션은 증분incrementality[3]과는 다르며 광고를 볼 수 있는 대상을 무작위로 배정할 수 없습니다. 따라서, 온라인 마케팅에서는 이전 장과 같이 전체 지역을 대상으로 일종의 패널데이터 분석을 수행하는 방법도 유용합니다. 지금 다룰 데이터는 이전 장과 크게 다르지 않습니다. 이 데이터도 도시를 실험 대상으로 하고 날짜를 시간 차원으로 하며, 도시에 대한 처치 여부를 표시하는 열과 개입 후 기간을 표시하는 열이 있습니다. 또한 해당 도시의 인구(2013년 기준으로 기록되어, 시간에 따라 고정됨) 및 주state와 같은 몇 가지 보조 정보에 대한 열도 포함합니다.

```
In [1]: import pandas as pd
        import numpy as np

        df = (pd.read_csv("./data/online_mkt.csv")
              .astype({"date":"datetime64[ns]"}))

        df.head()
```

---

[2] 옮긴이_ 어트리뷰션은 마케팅에서 앱 설치와 같이 전환(이 예시에서는 광고 클릭)에 대한 각 마케팅 활동의 성과 측정 지표입니다. 이를 통해 어떤 마케팅 채널이나 캠페인이 효과적이었는지 이해할 수 있으며, 마케팅 예산을 보다 효율적으로 배분하는 데 도움이 됩니다.

[3] 옮긴이_ 증분도 어트리뷰션과 같이 마케팅에 대한 성과분석을 위한 지표입니다. 그런데 어트리뷰션과 달리, 증분은 광고의 진정한 인과효과를 파악하기 위해 RCT를 활용합니다. 이는 광고에 노출된 실험군과 노출되지 않은 대조군 간의 행동 차이를 비교함으로써, 특정 마케팅 캠페인의 실제 효과를 측정합니다. 실무에서는 순증가분 또는 인크리멘털리티라고도 부릅니다.

	app_download	population	city	state	date	post	treated
0	3066.0	12396372	sao_paulo	sao_paulo	2022-03-01	0	1
1	2701.0	12396372	sao_paulo	sao_paulo	2022-03-02	0	1
2	1927.0	12396372	sao_paulo	sao_paulo	2022-03-03	0	1
3	1451.0	12396372	sao_paulo	sao_paulo	2022-03-04	0	1
4	1248.0	12396372	sao_paulo	sao_paulo	2022-03-05	0	1

여기서 결과변수는 일별 앱 다운로드 수이며, 처치변수는 해당 도시에 대한 마케팅 캠페인 집행 여부입니다. 그리고 마케팅 캠페인은 실험군에 해당하는 도시에 동시에 진행[4]되므로 단순한 블록 디자인을 가집니다. 여기서 실험군에 속하는 도시가 3개로 훨씬 적다는 점이 중요합니다.

```
In [2]: treated = list(df.query("treated==1")["city"].unique())
        treated

Out[2]: ['sao_paulo', 'porto_alegre', 'joao_pessoa']
```

데이터의 인구 열을 관심 있게 보았다면, 상파울루의 인구가 1,200만 명이 넘는다는 사실을 알 수 있습니다. 실제로 상파울루는 세계적으로도 매우 큰 도시입니다! 즉, 상파울루의 앱 다운로드 수가 다른 도시보다 훨씬 많고 상파울루의 다운로드 수에 맞춰 다른 도시들을 결합해 가상의 대조군을 구성하는 것이 어려움을 의미합니다. 이 문제는 상파울루에서 더 심해지지만, 일반적으로 각 시장의 크기가 다르기 때문에 시장 간 비교가 어렵습니다. 따라서 이 문제를 해결하는 일반적인 접근은 **시장 규모에 따라 결과를 정규화하는 것입니다.** 즉, 도시 인구수로 앱 다운로드 수를 나눠서 정규화된 결과를 만드는 것이죠. 이를 바탕으로 만들어진 새로운 결과인 app_download_pct는 시장 크기 대비 일별 다운로드 비율을 백분율로 나타냅니다.

```
In [3]: df_norm = df.assign(
            app_download_pct = 100*df["app_download"]/df["population"]
        )

        df_norm.head()
```

---

[4] 옮긴이_ 시차 도입이 필요하지 않은 데이터이지만, 8.7절에서 배운 점진적인 처치 도입에 대한 상황도 고려해보세요.

	app_download	population	city	state	date	post	treated	app_download_pct
0	3066.0	12396372	sao_paulo	sao_paulo	2022-03-01	0	1	0.024733
1	2701.0	12396372	sao_paulo	sao_paulo	2022-03-02	0	1	0.021789
2	1927.0	12396372	sao_paulo	sao_paulo	2022-03-03	0	1	0.015545
3	1451.0	12396372	sao_paulo	sao_paulo	2022-03-04	0	1	0.011705
4	1248.0	12396372	sao_paulo	sao_paulo	2022-03-05	0	1	0.010067

탐색적 자료 분석을 하다보면 2022-05-01에 해당 도시들을 대상으로 온라인 마케팅 캠페인이 시작되었음을 알 수 있습니다. 이 캠페인은 분석 기간 이후에도 계속 진행되었습니다.

```
In [4]: tr_period = df_norm.query("post==1")["date"].min()
        tr_period

Out[4]: Timestamp('2022-05-01 00:00:00')
```

이제 사용할 패널데이터 분석에 사용할 몇 가지 표기법을 복습해보겠습니다. 혼선을 방지하기 위해, 처치변수는 D로, 시간 변수는 t로 표기한다는 점을 기억해주세요. T는 기간의 수를 나타내며, T_{pre}는 개입 이전, T_{post}는 개입 이후 기간의 수입니다. 따라서 처치는 $D = 1$이고 $t > T_{pre}$일 때 이루어집니다. 표현 정리를 위해, 때때로 $t > T_{pre}$를 나타내는 개입 후 더미변수 $Post$를 사용할 수 있습니다. 처치 여부와 개입 후 더미변수의 조합은 $W_{it} = D_i * Post_t$로 표현됩니다.

그래프를 보며 해당 데이터 형태를 파악해보겠습니다. 다음 그래프는 실험군에 속한 세 도시의 평균 결과와 배경의 연한 회색으로 표시된 대조군 도시의 표본을 보여줍니다. 처치 후 기간의 시작은 수직 점선으로 표시됩니다.

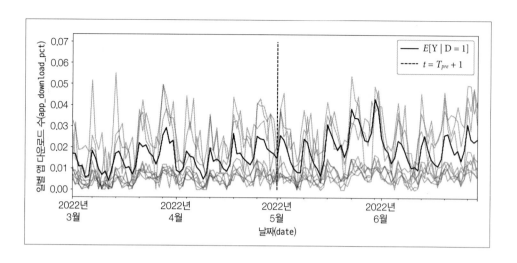

이 그래프에서는 개입 이후 실험군의 결과가 증가하는 모습을 볼 수 있지만, 마케팅 효과인지는 100% 명확하지 않습니다. 따라서, ATT를 추정하려면 먼저 반사실을 추정하고 이를 관측된 결과와 비교해야 합니다.

$$ATT = E[Y \mid D = 1,\ Post = 1] - E[Y_0 \mid D = 1,\ Post = 1]$$

보았듯이, 통제집단합성법이 필요한 이유가 바로 여기에 있습니다. 이는 **조건부가 아닌 과거 결과를 사용하여 반사실** $E[Y_0 \mid D = 1,\ Post = 1]$**을 추정하는 아주 현명한 방법**입니다.

9.2 행렬 표현

이전 장에서 패널데이터를 행렬로 나타낸 이미지를 보았습니다. 여기서 한 차원은 기간이고 다른 차원은 실험 대상을 나타냈죠. 이 행렬은 통제집단합성법에 직접적으로 적용되므로 다시 살펴보겠습니다. 이 행렬에서 행은 기간이고 열이 도시(실험 대상)라고 가정해보겠습니다. 이에 따라 다음과 같이 처치 배정을 4개의 블록으로 나타낼 수 있습니다.

$$W = \begin{bmatrix} 0_{pre,\,co} & 0_{pre,\,tr} \\ 0_{post,\,co} & 1_{post,\,tr} \end{bmatrix}$$

행렬의 첫 번째 블록(왼쪽 위)은 처치 이전 기간의 대조군, 두 번째 블록(오른쪽 위)은 처치 이전 기간의 실험군, 세 번째 블록(왼쪽 아래)은 처치 이후 기간의 대조군, 네 번째 블록(오른쪽 아래)은 처치 이후 기간의 실험군에 해당합니다. 처치 지표 w_{ti}는 처치 이후 기간의 실험군이 있는 블록(오른쪽 하단)을 제외한 모든 곳에서 0입니다.

이 처치 배정 행렬을 바탕으로 다음과 같은 관측된 잠재적 결과 행렬을 만들 수 있습니다.

$$
Y = \begin{bmatrix} Y(0)_{pre,\,co} & Y(0)_{pre,\,tr} \\ Y(0)_{post,\,co} & Y(1)_{post,\,tr} \end{bmatrix}
$$

처치 이후 기간이 아래에 있고 실험군이 오른쪽에 있는 것을 다시 확인할 수 있습니다. 목표는 $ATT = Y(1)_{post,\,tr} - Y(0)_{post,\,tr}$를 추정하는 것입니다. 그러려면 관측되지 않은 누락된 잠재적 결과 $Y(0)_{post,\,tr}$를 어떻게든 추정해야 합니다. 즉, 실험군이 처치 후 기간에 처치 받지 않았다면 어떻게 되었을지를 알아야 합니다. 이를 위해서는 나머지 세 블록 $Y(0)_{pre,\,co}$, $Y(0)_{pre,\,tr}$, $Y(0)_{post,\,co}$을 모두 활용하는 것이 가장 바람직합니다. 통제집단합성법이 이 행렬을 어떻게 활용하는지 설명하기 전에, 이 데이터를 행렬 형태로 구현하는 함수를 만들어보겠습니다.

다음 코드는 .pivot() 메서드를 사용해서 데이터프레임을 재구성합니다. 결과적으로 기간(날짜)별 하나의 행과 도시별 하나의 열을 가지며, 결과는 행렬에 대한 값이 됩니다. 그다음 행렬을 실험군과 대조군으로 나누고 이를 다시 개입 전과 개입 후 기간으로 나눕니다.

```
In [5]: def reshape_sc_data(df: pd.DataFrame,
                            geo_col: str,
                            time_col: str,
                            y_col: str,
                            tr_geos: str,
                            tr_start: str):

            df_pivot = df.pivot(time_col, geo_col, y_col)

            y_co = df_pivot.drop(columns=tr_geos)
            y_tr = df_pivot[tr_geos]

            y_pre_co = y_co[df_pivot.index < tr_start]
            y_pre_tr = y_tr[df_pivot.index < tr_start]

            y_post_co = y_co[df_pivot.index >= tr_start]
```

```
            y_post_tr = y_tr[df_pivot.index >= tr_start]

            return y_pre_co, y_pre_tr, y_post_co, y_post_tr
```

이 장 전체에서 이 4개의 블록 행렬 표현을 사용합니다. 작업 중 무엇을 다루고 있는지 잊었다면 이 함수로 돌아오세요. 다음과 같이 위에서 만든 **reshape_sc_data** 함수에 **df_norm** 데이터 프레임을 전달하면 행렬 형태의 Y를 반환합니다. 다음은 이 함수를 통해 나온 **y_pre_tr**의 첫 다섯 행입니다.

```
In [6]: y_pre_co, y_pre_tr, y_post_co, y_post_tr = reshape_sc_data(
            df_norm,
            geo_col="city",
            time_col="date",
            y_col="app_download_pct",
            tr_geos=treated,
            tr_start=str(tr_period)
        )

        y_pre_tr.head()
```

city date	sao_paulo	porto_alegre	joao_pessoa
2022-03-01	0.024733	0.004288	0.022039
2022-03-02	0.021789	0.008107	0.020344
2022-03-03	0.015545	0.004891	0.012352
2022-03-04	0.011705	0.002948	0.018285
2022-03-05	0.010067	0.006767	0.000000

9.3 통제집단합성법과 수평 회귀분석

통제집단합성법의 핵심 개념은 매우 간단합니다. 처치 이전 기간을 사용하여 대조군을 결합함으로써 실험군의 평균 결과를 잘 근사할 수 있는 방법을 찾는 것이죠. 수학적으로 이 개념을 최적화 문제로 접근할 수 있습니다. 여기서 각 실험 대상에 부여되는 가중치 ω_i 를 찾게 됩니다 ($w_{it} = Post_t * D_i$와 다름에 주의). 그리고 이 가중치들을 각 실험 대상의 결과에 곱했을 때

$(\omega_i y_i)$ 실험군의 결과와 비슷한 값을 얻을 수 있도록 하는 것이 최적화 목표입니다.

$$\hat{\omega}^{sc} = \underset{\omega}{\mathrm{argmin}} \left\| \overline{y}_{pre,\,tr} - Y_{pre,\,co}\,\omega_{co} \right\|^2$$

그리고 $E[Y(0)|D = 1,\ Post = 1]$을 추정하고 ATT 추정값을 구하기 위해 통제집단합성법 ($Y_{post,\,co}\,\omega_{co}$)을 사용할 수 있습니다.

통제집단합성법 개념이 다소 어렵게 느껴진다면, 이를 더 친숙한 도구인 선형회귀분석과 비교하여 설명하겠습니다. 회귀분석 역시 결과와 공변량 X의 선형 조합 간의 (제곱) 차이를 최소화하는 것을 목표로 하는 최적화 문제로 표현할 수 있음을 기억해주세요.

$$\beta^{\star} = \underset{\beta}{\mathrm{argmin}} \left\| Y_i - X_i'\beta \right\|^2$$

NOTE 결과 모델링

여기서는 5장의 이중 강건 추정을 다룰 때 보았던 잠재적 결과 모델링과 통제집단합성법 간의 유사점을 찾을 수 있습니다. 잠재적 결과 모델링에서도 대조군에서 추정된 회귀 모델을 만들어야 했죠. 그다음 해당 모델을 사용하여 실험군에 대해 관측되지 않은 잠재적 결과 Y_0를 추정했습니다. 마찬가지로, 이 아이디어는 통제집단합성법에서도 거의 동일합니다.

앞에서 보았듯이, 통제집단합성법과 선형회귀의 목표는 같습니다! 즉, 통제집단합성법은 **대조군의 결과를 특성으로 사용해서 실험군의 평균 결과를 예측하는 회귀**라고 볼 수 있죠. 개입 이전 기간만 사용하여 회귀분석을 통해 $E[Y_0|D = 1]$를 추정하는 것입니다.

OLS를 사용하여 가상의 대조군을 만들어보겠습니다. 공변량 행렬 X를 y_pre_co로 사용하고 y_pre_tr의 열 평균을 결과 Y로 사용하면 됩니다. 이 모델을 적합시키면, .coef_를 사용하여 가중치를 구할 수 있습니다.

```
In [7]: from sklearn.linear_model import LinearRegression

        model = LinearRegression(fit_intercept=False)
        model.fit(y_pre_co, y_pre_tr.mean(axis=1))
```

```
# 가중치 추출
weights_lr = model.coef_
weights_lr.round(3)

Out[7]: array([-0.65 , -0.058, -0.239,  0.971,  0.03 , -0.204,  0.007,  0.095,
                0.102,  0.106,  0.074,  0.079,  0.032, -0.5  , -0.041, -0.154,
               -0.014,  0.132,  0.115,  0.094,  0.151, -0.058, -0.353,  0.049,
               -0.476, -0.11 ,  0.158, -0.002,  0.036, -0.129, -0.066,  0.024,
               -0.047,  0.089, -0.057,  0.429,  0.23 , -0.086,  0.098,  0.351,
               -0.128,  0.128, -0.205,  0.088,  0.147,  0.555,  0.229])
```

각 대조군에 해당하는 도시마다 하나의 가중치가 있습니다. 일반적으로 회귀분석은 실험 대상이 많을 때(N이 클 때) 사용되며, 이로써 실험 대상을 행으로, 공변량을 열로 사용할 수 있습니다. 그러나 통제집단합성법은 상대적으로 실험 대상이 적지만 시간 범위가 더 긴 T_{pre}가 있을 때 잘 작동합니다. 즉, 통제집단합성법은 데이터를 뒤집어서, 실험 대상을 마치 공변량처럼 사용합니다. 따라서 통제집단합성법을 수평 회귀분석이라고도 합니다([그림 9-1] 참조).

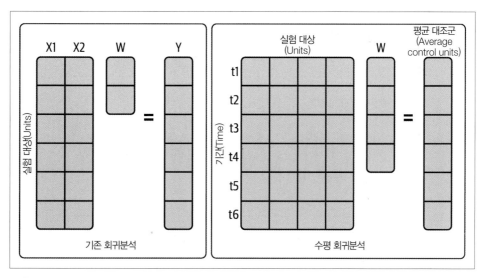

그림 9-1 기존 회귀분석에서 실험 대상은 왼쪽 그림처럼 행에 해당합니다. 하지만 수평 회귀분석에서는 행이 기간이고 실험 대상이 열에 해당합니다.

회귀계수(또는 가중치)를 추정하고 나면, 이를 사용하여 개입 전 기간뿐만 아니라 전체 기간의 $E[Y_0|D=1]$를 예측할 수 있습니다.

```
In [8]: # y0_tr_hat = model.predict(y_post_co)도 결과가 같음
        y0_tr_hat = y_post_co.dot(weights_lr)
```

여기서 `y0_tr_hat`은 가상의 대조군이라고 볼 수 있죠. 이는 처치 받지 않았을 때 실험군의 평균적인 행동을 근사하기 위한 대조군의 결합입니다.

NOTE 가상의 대조군 평균

실험군의 평균 결과를 재현하기 위해 하나의 가상의 대조군을 찾는 대신, 실험군 대상마다 개별적으로 가상의 대조군을 적합시킨 후, 이에 대한 평균을 구할 수도 있습니다.

```
model = LinearRegression(fit_intercept=False)
model.fit(y_pre_co, y_pre_tr)
y0_tr_hat = model.predict(y_co).mean(axis=1)
```

이 가상의 대조군 결과를 관측된 결과와 함께 시각화하면 다음과 같습니다.

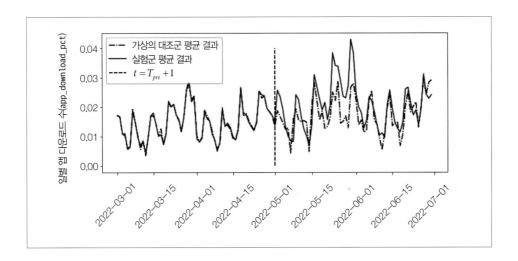

예측된 값(가상의 대조군)이 실험군의 실제 결과보다 낮음에 주목하세요. 실제 관측된 결과가, 처치 받지 않았다면 추정되었을 결과보다 더 높음을 의미합니다. 즉, 온라인 마케팅 캠페인이 긍정적인 효과를 가져왔음을 보여줍니다. 이처럼, 관측된 결과와 가상의 대조군에 대한 결과를

비교해서 ATT를 추정할 수 있습니다.

```
In [9]: att = y_post_tr.mean(axis=1) - y0_tr_hat
```

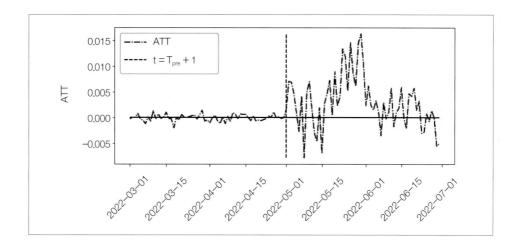

이 그래프에는 몇 가지 주목할 부분이 있습니다. 첫째, 효과가 정점에 이르기까지 일정 시간이 걸리며 그 후 점차 줄어든다는 점입니다. 마케팅에서는 광고를 본 후 사람들이 행동으로 옮기기까지 시간이 필요하므로 이러한 점진적 증가가 자주 관측됩니다. 그리고 효과가 사라지는 현상은 보통 시간이 지나면서 서서히 사라지는 신기 효과novelty effect 때문이라고 볼 수 있습니다.

둘째, 개입 이전 기간의 ATT 크기입니다. 이 시간대에서 ATT는 단순히 OLS 모델의 잔차(표본오차)로 해석할 수 있습니다. 개입 이전의 효과가 나타나는 것을 기대하지 않으므로, ATT가 0에 가까우면 좋다고 생각할 수 있습니다. 하지만, 개입 전 오차가 믿을 수 없을 정도로 낮다는 사실은 OLS 모델이 과적합되었을 수 있음을 의미합니다. 결과적으로, 반사실 $E[Y_0|D = 1, Post = 1]$을 추정해야 하는 표본 외out-of-sample 예측이 잘못되었을 수 있습니다.

종합해보면, 일반적으로 단순회귀는 가상의 대조군을 구성할 때 사용하지 않습니다. 상대적으로 많은 열(대조군의 도시들) 때문에 개입 후 기간에 일반화되지 않고 과적합되는 경향이 존재합니다. 이러한 이유로 원래 통제집단합성법은 단순회귀분석이 아니라 합리적이고 직관적인 제약조건을 부여하는 방법입니다. 그럼 이제부터 통제집단합성법이 어떤 제약조건을 설정하는지 자세히 살펴봅시다.

9.4 표준 통제집단합성법

표준^{canonical} 통제집단합성법 공식은 회귀 모델에 두 가지 제약조건을 부여합니다.

- 가중치는 모두 양수
- 가중치의 합은 1

두 가지 제약조건을 고려하면, 다음과 같은 최적화 함수로 나타낼 수 있습니다.

$$\hat{\omega}^{sc} = \underset{\omega}{\mathrm{argmin}} \left\| \overline{\mathbf{y}}_{pre,\,tr} - \mathbf{Y}_{pre,\,co}\omega_{co} \right\|^2$$
$$\text{s.t} \sum \omega_i = 1 \text{ and } \omega_i > 0 \;\; \forall i$$

제약조건의 목적은 가상의 대조군이 실험군에 대한 볼록 조합^{convex combination}이 되도록 하여 **외삽을 피하는 데**[5] 있습니다. 즉, 실험군에 속한 모든 대상의 결과가 대조군보다 크거나 작다면, 이 표준 공식으로는 $E[Y_0|D=1]$를 구하기 위한 가상의 대조군을 만들 수 없습니다. 이를 한계로 볼 수 있지만, 실제로는 보호 장치^{guardrail}로서의 역할을 하죠. 정리하면, 재구성하려고 하는 실험군이 대조군에 속한 대상들과 매우 다르기 때문에, 시도조차 해서는 안 된다는 점을 의미합니다.

표준 통제집단합성법을 파이썬으로 구현하는 과정은 다음과 같습니다. 먼저, 볼록 최적화 라이브러리(cvxpy.cvxpy)를 사용하여 해당 라이브러리의 cp.Minimize로 최적화 목표를 정의합니다. 그다음 통제집단합성법에서는 cp.Minimize(cp.sum_squares(y_co_pre@w - y_tr_pre))를 사용하여 제곱 오차를 최소화합니다. 그리고 모든 w가 음수가 아니며 np.sum(w)==1이 되도록하는 최적화 제약조건을 설정합니다.

다음 코드에서는 사이킷런의 표준 문서에 따라 통제집단합성법 모델을 구성합니다. 이를 위해 BaseEstimator와 RegressorMixin을 확장하고 .fit과 .predict 메서드를 정의하면 됩니다. check_X_y, check_array, check_is_fitted와 같은 나머지 코드는 따로 신경 쓰지 않아도 되는 몇 가지 표준검사로 볼 수 있습니다.

---

5 옮긴이_ 볼록 함수 최적화를 통해 가중치를 구하는 방법은 외삽을 방지함으로써 과적합의 위험을 감소시키기 위한 것입니다. 외삽을 피함으로써, 가능한 가중치의 범위를 제한하고, 주어진 조건에서만 만족하는 특정값을 찾을 수 있게 됩니다. 이는 모델의 일반화 능력을 향상시키고, 더 신뢰할 수 있는 추정값을 제공합니다.

```
In [10]: from sklearn.base import BaseEstimator, RegressorMixin
         from sklearn.utils.validation import (check_X_y, check_array,
                                               check_is_fitted)
         import cvxpy as cp

         class SyntheticControl(BaseEstimator, RegressorMixin):

             def __init__(self,):
                 pass

             def fit(self, y_pre_co, y_pre_tr):

                 y_pre_co, y_pre_tr = check_X_y(y_pre_co, y_pre_tr)

                 w = cp.Variable(y_pre_co.shape[1])

                 objective = cp.Minimize(cp.sum_squares(y_pre_co@w - y_pre_tr))
                 constraints = [cp.sum(w) == 1, w >= 0]

                 problem = cp.Problem(objective, constraints)

                 self.loss_ = problem.solve(verbose=False)
                 self.w_ = w.value

                 self.is_fitted_ = True
                 return self


             def predict(self, y_co):

                 check_is_fitted(self)
                 y_co = check_array(y_co)

                 return y_co @ self.w_
```

SyntheticControl 클래스를 정의했으면 이전에 사용한 LinearRegression과 거의 비슷하게 사용할 수 있습니다. 추정된 모델의 최종 손실loss을 저장하는 것에 주목하세요. 이 기능은 곧 보게 되겠지만 모델에 공변량을 추가할 때 유용합니다. 또한 모델이 적합된 후 .w_로 가중치를 확인할 수 있습니다.

```
In [11]: model = SyntheticControl()
         model.fit(y_pre_co, y_pre_tr.mean(axis=1))

         # 가중치 구하기
         model.w_.round(3)

Out[11]: array([-0.   , -0.   , -0.   , -0.   , -0.   , -0.   ,  0.076,  0.037,
                  0.083,  0.01 , -0.   , -0.   , -0.   , -0.   , -0.   , -0.   ,
                  0.061,  0.123,  0.008,  0.074, -0.   ,  0.   , -0.   , -0.   ,
                 -0.   , -0.   , -0.   , -0.   , -0.   ,  0.   , -0.   ,  0.092,
                 -0.   , -0.   ,  0.   ,  0.046,  0.089,  0.   ,  0.067,  0.061,
                  0.   , -0.   , -0.   ,  0.088,  0.   ,  0.086, -0.   ])
```

또 한 가지 흥미로운 점은 볼록성 제약조건$^{convexity\ constraint}$이 최적화 문제에 대한 희소^{sparse} 해결책(가중치가 0인 부분이 많음)을 준다는 점입니다. 즉, 최종 가상의 대조군을 만드는 데는 소수의 도시만 사용됩니다. 이 시점부터는 이전과 똑같은 과정으로 진행됩니다. 전체 데이터셋에 대한 예측을 통해 $E[Y_0|D = 1]$에 대한 가상의 대조군의 추정값을 얻은 다음, 이를 사용하여 ATT 추정값을 계산할 수 있습니다.

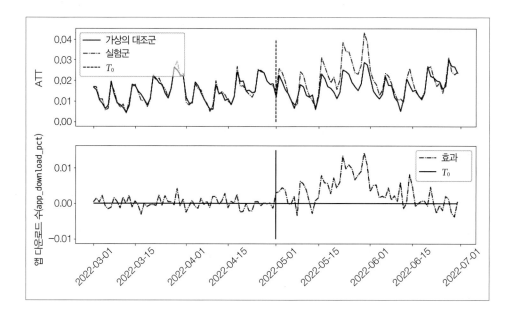

해당 ATT 그래프와 앞서 제약조건이 없는 회귀분석을 사용하여 얻은 그래프와 비교해봅시다. 결과적으로 정규화^{regularization}로 인해 학습(처치 전) 오차는 조금 더 커졌지만, ATT는 잡음이 줄어들었습니다.

NOTE 정규화 회귀분석$^{regularized\ regression}$

통제집단합성법이 사실상 수평 회귀분석에 불과함을 알게 되면, 이를 정규화하는 다른 방법을 고려할 수 있습니다. 대표적으로는 라소^{lasso}나 릿지^{ridge} 회귀분석을 활용할 수 있습니다. 하지만, 만약 실험 대상이 지역인 경우에는 지역 간 결과가 양의 상관관계인 경향이 있으므로 음의 가중치를 허용하지 않는 편이 좋습니다.

통제집단합성법에 대한 가정

이중차분법과 마찬가지로, 통제집단합성법을 사용할 때도 처치에 대한 비기대 가정을 만족하고 파급 효과도 없다고 가정해야 합니다. 두 방법의 주된 차이는 잠재적 결과 모델에 대한 매개변수 가정입니다. 이중차분법에서는 실험군의 Y_0 추세가 대조군 Y_0 추세와 평행하다고 가정해야 했죠. 반면, 통제집단합성법은 벡터자기회귀모델$^{vector\ autoregressive}$(VAR)이나 선형인자모델$^{linear\ factor\ model}$과 같이 잠재적 결과에 대해 더 유연한(그러나 더 복잡한) 모델을 허용합니다. 인자모델은 다음과 같이 표현됩니다.

$$Y_{0it} = \lambda_i' \mathbf{f_t} + e_{it}$$

$\lambda_1 = 1, f_1 = \beta_t$ 이고 $\lambda_1 = \alpha_i, f_1 = 1$ 이면, 이원고정효과모델($Y_{0it} = \alpha_i + \beta_t + e_{it}$)의 일반화 버전임을 알 수 있습니다.

알베르토 아바디$^{Alberto\ Abadie}$는 논문[6]에서 잠재적 결과가 벡터자기회귀모델이나 선형인자모델을 따르고 가상의 대조군이 실험군과 아주 비슷한 경우, 통제집단합성법이 ATT에 대해 편향되지 않은 추정값을 생성한다고 주장합니다. 실제로 이 통제집단합성법을 활용하여 가상의 대조군을 실험군과 가깝게 근사할 수만 있으므로 약간의 편향이 발생합니다.

---

6 Abadie, A. (2021). Using Synthetic Controls: Feasibility, Data Requirements, and Methodological Aspects. *Journal of Economic Literature*, vol. 59(2), pp. 391–425.

9.5 통제집단합성법과 공변량

일반적으로 통제집단합성법은 대조군의 처치 전 결과를 특성으로 사용해서 $\bar{Y}_{tr}$ 을 예측합니다. 그 이유는 우리가 활용할 수 있는 가장 예측력이 높은 특성이기 때문입니다. 그러나 공변량의 예측력이 좋다고 생각되면, 모델에 몇 가지 추가 공변량을 포함할 수 있습니다. 이 경우는 매우 드물기 때문에, 필요에 따라 이번 절은 건너뛰어도 됩니다.

다음과 같이 주요 경쟁사의 일별 다운로드 수 데이터를 수집하고 이를 시장 규모에 따라 정규화한 열인 comp_download_pct이 있습니다. 이 공변량이 $\bar{Y}_{tr}$ 을 잘 예측할 것으로 생각해 통제집단합성법 모델에 포함시키려고 합니다.

```
In [12]: df_norm_cov = (pd.read_csv("./data/online_mkt_cov.csv")
                        .astype({"date":"datetime64[ns]"}))

         df_norm_cov.head()
```

	app_ download	city	date	post	treated	app_download_ pct	comp_ download_pct
0	3066.0	sao_paulo	2022-03-01	0	1	0.024733	0.026280
1	2701.0	sao_paulo	2022-03-02	0	1	0.021789	0.023925
2	1927.0	sao_paulo	2022-03-03	0	1	0.015545	0.018930
3	1451.0	sao_paulo	2022-03-04	0	1	0.011705	0.015858
4	1248.0	sao_paulo	2022-03-05	0	1	0.010067	0.014548

수학적 표현으로 볼 때, 가중치 w_i가 y_{co}에만 곱해지는 것이 아니라 추가 공변량인 x_{co}에도 곱해져 $\bar{Y}_{tr}$ 를 근사화하도록 가상의 대조군을 구성하고자 합니다. 여기서 문제는 x_{co}와 y_{co}가 완전히 다른 척도에 있거나 한쪽이 다른 쪽보다 더 예측력이 좋을 수 있습니다. 따라서, 해당 최적화 문제를 풀기 전에 y_{co}를 포함한 각 공변량에 척도 인자$^{\text{scaling factor}}$ v를 곱해야 합니다. 이를 바탕으로 y_{co}를 또 다른 공변량으로 취급해서 공변량 X의 관점으로 목적함수를 다음과 같이 재구성하겠습니다.

$$\hat{w}^{sc} = \underset{\omega}{\mathrm{argmin}} \left\| \bar{\mathbf{y}}_{pre,\,tr} - \sum v_k^* \mathbf{X}_{k,\,pre,\,co} \omega_{co} \right\|^2$$
$$\text{s.t} \sum \omega_i = 1 \text{ and } \omega_i > 0 \ \forall i$$

하지만 이 목적함수가 최적의 v를 찾는 방법을 알려주지는 않습니다. 최적의 v를 찾기 위해서 전체 통제집단합성법을 또 다른 최적화 목적함수로 묶어야 합니다. 복잡하게 들리지만, 코드를 보면 훨씬 더 쉽게 이해할 수 있습니다. 먼저 두 공변량인 comp_download_pct와 app_download_pct($Y_{pre, co}$)에 대한 행렬 X를 생성합니다.

```
In [13]: from toolz import partial

         reshaper = partial(reshape_sc_data,
                            df=df_norm_cov,
                            geo_col="city",
                            time_col="date",
                            tr_geos=treated,
                            tr_start=str(tr_period))

         y_pre_co, y_pre_tr, y_post_co, y_post_tr = reshaper(
             y_col="app_download_pct"
         )

         x_pre_co, _, x_post_co, _ = reshaper(y_col="comp_download_pct")
```

그다음 각 공변량마다 하나씩 각 척도 인자 v의 리스트가 주어졌을 때, 가상의 대조군에 대한 가중치와 최적화 손실을 반환하는 함수를 만듭니다. 그리고 .loss_ 메서드를 사용하여 적합된 SyntheticControl 모델에서 목적 손실$^{objective\ loss}$을 확인할 수 있음을 기억하세요.

이 부분이 제대로 작동하는지 보려면, [1, 0]을 v로 전달하고 공변량 리스트로 [y_pre_co, x_pre_co]를 전달합니다. 여기서는 추가 공변량의 가중치가 0이므로 원래 가상의 대조군이 반환되어야 합니다.

```
In [14]: def find_w_given_vs(vs, x_co_list, y_tr_pre):
             X_times_v = sum([x*v for x, v in zip(x_co_list, vs)])

             model = SyntheticControl()
             model.fit(X_times_v, y_tr_pre)

             return {"loss": model.loss_, "w": model.w_}
```

```
        find_w_given_vs([1, 0],
                        [y_pre_co, x_pre_co],
                        y_pre_tr.mean(axis=1)).get("w").round(3)

Out[14]: array([-0.   , -0.   ,  0.   , -0.   , -0.   , -0.   ,  0.084,  0.039,
                0.085,  0.003, -0.   , -0.   , -0.   , -0.   , -0.   ,  0.   ,
                0.062,  0.121, -0.   ,  0.072, -0.   ,  0.   , -0.   ,  0.   ,
               -0.   , -0.   ,  0.   , -0.   , -0.   ,  0.   , -0.   ,  0.095,
                0.   , -0.   ,  0.   ,  0.022,  0.116, -0.   ,  0.068,  0.046,
               -0.   , -0.   , -0.   ,  0.088,  0.   ,  0.098, -0.   ])
```

마지막으로, 배열 v를 인수로 받아 최적화 손실을 반환하고 find_w_given_vs를 감싸는 함수를 만듭니다. 그다음 이 함수를 scipy의 minimize 함수에 전달하면, 이 함수는 반복적으로 최적의 v를 찾아서 반환합니다.

```
In [15]: from scipy.optimize import minimize

         def v_loss(vs):
             return find_w_given_vs(vs,
                                    [y_pre_co, x_pre_co],
                                    y_pre_tr.mean(axis=1)).get("loss")


         v_solution = minimize(v_loss, [0, 0], method='L-BFGS-B')
         v_solution.x

Out[15]: array([1.88034589, 0.00269853])
```

최적의 v를 활용해서, 공변량을 고려한 가상의 대조군 가중치를 얻기 위해 find_w_given_vs 함수로 돌아갈 수 있습니다. 하지만 여기서 주목할 점은 최종 결과가 공변량을 고려하지 않은 것과 크게 다르지 않다는 점이죠. 그 이유는 comp_download_pct 공변량에 대한 최적의 v는 매우 작고, app_download_pct보다 훨씬 더 크기가 작기 때문입니다.

```
In [16]: w_cov = find_w_given_vs(v_solution.x,
                                 [y_pre_co, x_pre_co],
                                 y_pre_tr.mean(axis=1)).get("w").round(3)
```

```
         w_cov

Out[16]: array([-0.   , -0.   ,  0.   , -0.   , -0.   , -0.   ,  0.078,  0.001,
                 0.033,  0.   , -0.   ,  0.034, -0.   , -0.   , -0.   ,  0.   ,
                 0.016,  0.047,  0.03 ,  0.01 , -0.   , -0.   ,  0.   ,  0.055,
                -0.   ,  0.   , -0.   ,  0.   ,  0.   ,  0.   , -0.   ,  0.046,
                 0.078,  0.007,  0.   ,  0.   ,  0.138,  0.   ,  0.022,  0.008,
                -0.   ,  0.201,  0.   ,  0.035,  0.   ,  0.161, -0.   ])
```

이 가중치를 사용해서 다음과 같이 $Y(0)$에 대한 예측을 하고 공변량을 고려한 최종 ATT 추정 값을 얻을 수 있습니다.

```
In [17]: y0_hat = sum([x*v for x, v
                        in zip([y_post_co, x_post_co], v_solution.x)]).dot(w_cov)

         att = y_post_tr.mean(axis=1) - y0_hat
```

다음 그래프는 공변량 없이 표준 통제집단합성법에서 얻은 ATT 추정값과 함께 공변량을 포함한 ATT 추정값을 보여줍니다. 보다시피 두 추정값은 매우 비슷한 것을 알 수 있죠.

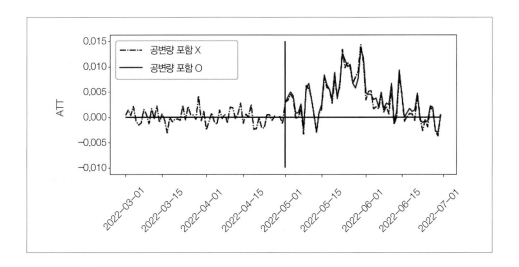

공변량을 포함하는 일은 어렵지 않지만, 상당히 복잡하죠. 이러한 이유와 $Y_{pre,co}$만으로도 Y_{tr}을 예측하기 충분하므로, 필자는 공변량을 추가하는 데 신경 쓰지 않는 편입니다. 하지만 매우 예측력 있는 공변량을 찾을 수도 있으니 해당 방법을 알아두는 것이 좋습니다.

일반 수평 회귀분석generic horizontal regression

공변량을 추가하는 더 간단한 방법은 중요하다고 판단되는 추가 시계열 정보를 $Y_{pre,co}$에 붙이면 됩니다. 이는 수평 회귀분석에서 공변량을 추가하는 것과 동일합니다.

$$\left[\mathbf{Y}_{pre,co} \mid \mathbf{X}_{pre,co} \right] \omega$$

하지만 이는 **대조군과 추가 시계열을 사용**하여 $E[Y(0)_{tr}]$를 추정하므로 엄밀하게는 통제집단합성법이 아닙니다. 그 이유는 실험 대상뿐만 아니라 연결한 추가 열 각각에 대해서도 가중치를 갖기 때문입니다.

9.6 통제집단합성법과 편향 제거

강력한 머신러닝 모델과 마찬가지로, 이러한 예측 방법은 특히 처치 이전 기간의 T_{pre} 수가 적다면 과적합이 발생하기 쉽습니다. 표준 통제집단합성법에 부여된 제약조건조차도 이 문제를 완전히 해결하지 못합니다. 이 때문에 통제집단합성법은 **편향될 수 있다고 알려져 있습니다.** 이를 이해하기 위해, ATT를 개입 이후 기간의 시간별 평균으로 재정의하겠습니다.

$$ATT = \frac{1}{T1} \sum_{t=T0+1}^{T} \left(\bar{Y}_{1t} - \bar{Y}_{0t} \right)$$

여기서 $T0$와 $T1$은 각각 개입 전후 기간의 크기를 나타내며, $\bar{Y}_{dt}$는 실험군의 평균 잠재적 결과입니다. 이렇게 하면 개입 후 개별 기간의 ATT에 대한 평균을 구하면 단일값이 되므로 다루기가 더 쉬워집니다. 이제 이 값을 추정값과 비교해서 통제집단합성법의 편향을 확인해봅시다. [그림 9-2]는 앞서 설명한 편향을 시각적으로 보여줍니다.

통제집단합성법 사양에 따라 많은 양의 데이터를 시뮬레이션한 결과는 다음과 같습니다. 여기서 몇몇 대조군의 가중평균으로 구성된 실험군도 포함되어 있습니다. 이 예시에서는 $N = 16$

이고 T_{pre} = 15이므로 수평 회귀분석에서 열이 행보다 더 많습니다. 또한 실제 ATT는 0이지만 통제집단합성법으로 얻은 ATT 추정값의 결과 분포는 0의 중앙에 있지 않으므로 편향되었음을 보여줍니다.

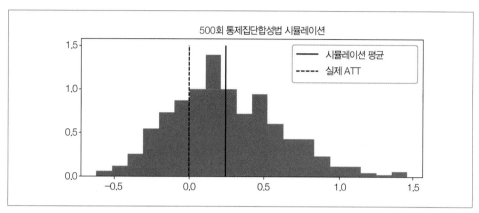

그림 9-2 통제집단합성법에서 결과 모델을 정확히 표현하는 경우가 드물기 때문에 이 추정량이 편향되었다고 볼 수 있습니다.

다행히도 7장의 이중/편향 제거 머신러닝에서, 과적합 편향을 해결하는 방법인 교차 예측(검증)cross-fitting을 배웠습니다. 이 방법은 다음과 같이 세 가지 단계로 구성되어 있습니다.

- **첫 번째 단계:** 개입 전 기간을 K개의 블록으로 나누며, 각 블록의 크기는 $min\{T_{pre}/K, T_{post}\}$로 설정합니다 (min 함수를 사용하는 이유는 곧 다룰 예정).
- **두 번째 단계:** 각 블록을 홀드아웃hold-out 셋으로 취급하고 $Y_{pre, co}^{-k}$ 와 $Y_{pre, tr}^{-k}$ 에 대한 통제집단합성법 모델을 적합시킵니다. 여기서 $-k$는 훈련 셋에서 블록을 삭제한다는 의미이며, 이 단계에서 $\hat{\omega}^{-k}$ 의 가중치를 줍니다.
- **세 번째 단계:** 홀드아웃 데이터 $Y_{pre, co}^{k}$ 를 사용하여 이 가중치로 표본 외 예측을 합니다. 홀드아웃 데이터에서 예측값과 관측값 사이의 평균 차이는 편향에 대한 추정값입니다.

편향을 수식으로 나타내면 다음과 같습니다.

$$\widehat{Bias}^{k} = avg\left(\mathbf{Y}_{pre, tr}^{k} - \mathbf{Y}_{pre, co}^{k}\hat{\omega}^{-k}\right)$$

이 편향 추정값은 다음과 같이 ATT 추정값을 보정하는 데 사용할 수 있습니다.

$$\widehat{ATT}^{k} = \mathbf{Y}_{post,\,tr} - \mathbf{Y}_{post,\,co}\,\hat{\omega}^{-k} - \widehat{Bias}^{k}$$

이렇게 하면 K개의 다른 ATT를 얻을 수 있고, 이에 대한 평균인 최종 ATT 추정값을 얻을 수 있습니다.

이제 이 과정을 파이썬 코드로 구현해보겠습니다. 여기서 블록을 정의하는 부분이 가장 까다롭습니다. 그래서 블록 나누는 과정을 이해하기 위해 [그림 9-3]의 간단한 예제를 살펴보겠습니다. 개입 전 기간 5개와 개입 후 기간 3개가 있고, K = 2 블록을 구성한다고 가정해보겠습니다.

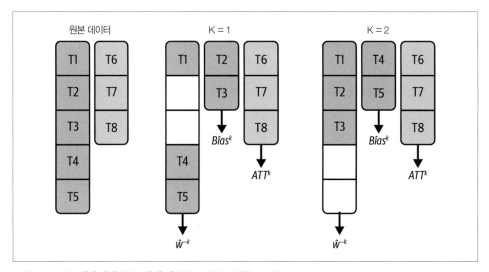

그림 9-3 교차 예측을 활용해서 편향을 추정하고 이를 보정할 수 있습니다.

1. **첫 번째 단계:** 여기서 블록 크기는 2.5인데, 이는 정수가 아니므로 2로 버림해야 합니다(앞에서 min을 사용한 이유기도 합니다). 이는 개입 이전 기간에서 크기 2의 블록 2개를 가져와야 합니다. 즉, 4(2×2)개의 기간을 가져와야 하지만, 실제로는 5개의 기간이 있죠. 따라서 개입 전 기간이 끝나는 시점부터 블록을 가져와서 첫 번째 기간이 제거되지 않도록 선택합니다. 이는 다소 제멋대로인 결정인 것처럼 보이지만, 전체 과정에 큰 영향을 미치지는 않습니다. 이 과정을 일반화해서, 개입 전 기간을 K로 나눌 수 있도록 잘라낼 수 있습니다.

2. **두 번째 단계:** 그다음 두 블록 각각에 대해 훈련 데이터셋에서 제외하고 통제집단합성법 모델을 추정하여 $\hat{\omega}^{-k}$ 를 얻습니다. 이 가중치를 사용하여 제외된 블록으로 이동하여 편향을 추정합니다

3. **세 번째 단계:** 마지막으로, 가중치와 편향 추정값을 모두 활용해서, 개입 후 기간의 ATT를 추정합니다.

설명은 조금 복잡하지만, 넘파이로 이러한 블록을 얻는 과정을 쉽게 구현할 수 있습니다. 먼저, 개입 전 기간의 끝인 y_pre_tr.index[-K*block_size:]로 인덱싱하여 정확히 K개의 블록이 있는 인덱스를 얻습니다. 그다음 np.split을 사용하여 해당 인덱스를 K개의 블록으로 나눕니다. 이렇게 하면 K개의 행을 가진 배열이 반환되며 각 행에는 각 반복 과정에서 제외하려는 인덱스가 포함됩니다. 이렇게 블록을 확보하면, 해당 과정을 반복하여 통제집단합성법 모델을 적합시키고 개입 후 기간의 편향과 ATT를 추정합니다. 그리고 최종 결과를 데이터프레임에 저장합니다.

```
In [18]: def debiased_sc_atts(y_pre_co, y_pre_tr, y_post_co, y_post_tr, K=3):

            block_size = int(min(np.floor(len(y_pre_tr)/K), len(y_post_tr)))
            blocks = np.split(y_pre_tr.index[-K*block_size:], K)

            def fold_effect(hold_out):
                model = SyntheticControl()
                model.fit(
                    y_pre_co.drop(hold_out),
                    y_pre_tr.drop(hold_out)
                )

                bias_hat = np.mean(y_pre_tr.loc[hold_out]
                                    - model.predict(y_pre_co.loc[hold_out]))

                y0_hat = model.predict(y_post_co)
                return (y_post_tr - y0_hat) - bias_hat


            return pd.DataFrame([fold_effect(block) for block in blocks]).T
```

이 함수를 (이미 피벗된) 마케팅 데이터에 적용하려면 실험군의 평균 결과를 알고 있어야 합니다. 이를 위해 모든 ATT 추정값이 있는 데이터프레임을 구성합니다. 이 데이터프레임은 K개의 열과 각 개입 후 기간에 대해 하나의 행을 가집니다.

```
In [19]: deb_atts = debiased_sc_atts(y_pre_co,
                                      y_pre_tr.mean(axis=1),
                                      y_post_co,
```

```
                               y_post_tr.mean(axis=1),
                               K=3)

        deb_atts.head()
```

date	0	1	2
2022-05-01	0.003314	0.002475	0.003228
2022-05-02	0.003544	0.002844	0.003356
2022-05-03	0.004644	0.003698	0.004744
2022-05-04	0.004706	0.002866	0.003630
2022-05-05	0.000134	−0.000541	0.000243

개입 후 각 기간별로 최종 ATT 추정값을 얻으려면 열의 평균을 deb_atts.mean(axis=1)로 구하거나, 전체 기간의 단일 ATT 값을 원하면 모든 열의 평균을 deb_atts.mean(axis=1). mean()로 구합니다. 그래프를 통해 편향 제거된 ATT를 표준 통제집단합성법 ATT와 비교해 보면, 일반적으로 편향 제거가 ATT 추정값을 약간 높인다는 점을 알 수 있죠.

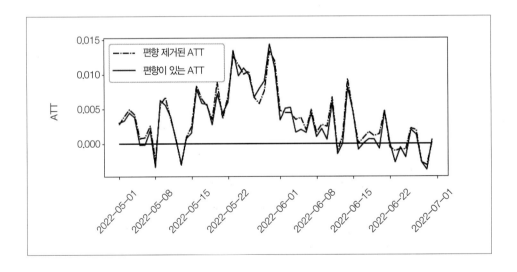

이 마케팅 데이터에서는 차이를 확인하기 어렵지만, 편향을 제거하는 과정을 포함하여 이전 시뮬레이션을 다시 수행함으로써 편향 제거의 중요성을 살펴보겠습니다. 이제 시뮬레이션에서 나온 ATT의 분포는 원래대로 평균이 0이 되었습니다. 아주 바람직한 결과 아닌가요?

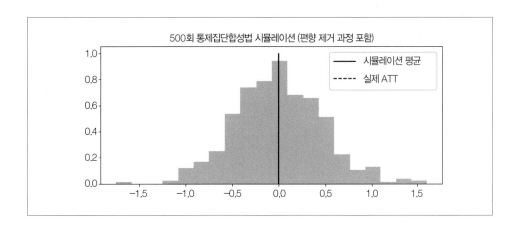

図 500회 통제집단합성법 시뮬레이션 (편향 제거 과정 포함)

9.7 추론

편향 제거 과정은 그 자체로 유용하지만, 이 과정이 중요한 또 다른 이유는 통제집단합성법을 통해 구한 ATT 추정값 주위에 신뢰구간을 설정할 수 있기 때문입니다. 통제집단합성법을 활용한 추론은 꽤 까다롭습니다. 그 이유는 가상의 대조군을 구성하기 위한 대조군이 매우 적거나 [7] 심지어 하나뿐인 경우가 많기 때문입니다. 이러한 이유로, 8장에서 다룬 블록 부트스트랩 방법은 통제집단합성법에 적합하지 않습니다. 많은 부트스트랩 표본이 모든 실험군을 제외해서 ATT가 정의되지 않기 때문입니다.

통제집단합성법에 대한 추론은 활발히 연구되며 빠르게 변화하고 있습니다. 지난 몇 년 동안 많은 접근 방법들이 제안되었습니다. 실험 대상을 부트스트랩하는 것은 문제가 있으므로, 대부분은 시간 차원을 순열^{permutation}하는 방법에 의존합니다. 필자는 이 방법 중 구현하기 매우 간단하고 계산 효율적인 방법을 선택했습니다. 특히 편향 제거 부분을 이미 거쳤다면, 이를 시작점으로 해당 방법을 사용하므로 계산 효율적입니다. 복습 차원에서 보면, 편향 제거를 통해 K개의 폴드와 각 개입 후 기간마다 하나의 ATT 추정값을 얻을 수 있습니다. 이 추정값들을 다음과 같이 데이터프레임의 열로 표현할 수 있습니다.

```
In [20]: deb_atts.head()
```

7　옮긴이_ 통제집단합성법은 실험군이 적은 경우에 주로 활용됩니다. 이를 위해 가능한 한 많은 대조군을 사용하여 가상의 대조군을 생성하려고 합니다. 그러나 대조군이 적다면, 가상의 대조군을 생성하는 데 필요한 데이터가 부족하여 정확한 추론을 하기 어렵습니다.

date	0	1	2
2022-05-01	0.003314	0.002475	0.003228
2022-05-02	0.003544	0.002844	0.003356
2022-05-03	0.004644	0.003698	0.004744
2022-05-04	0.004706	0.002866	0.003630
2022-05-05	0.000134	−0.000541	0.000243

이제 개입 후 기간의 전체 ATT 추정값에 대한 신뢰구간을 구해봅시다. 이를 위해 가장 먼저 필요한 것은 $\widehat{ATT}$ 입니다. 이 데이터프레임 행의 평균을 구하면, 각 K 폴드에 대해 단일 ATT 값을 얻을 수 있습니다. 그다음 해당 평균을 구하면 됩니다.

```
In [21]: atts_k = deb_atts.mean(axis=0).values
         att = np.mean(atts_k)

         print("atts_k:", atts_k)
         print("ATT:", att)

Out[21]: atts_k: [0.00414872 0.00260513 0.00318584]
         ATT: 0.003313226501636449
```

이 추론 단계에서는 각 ATT^k에 기반한 표준오차 추정값을 구성합니다.

$$\hat{\sigma} = \sqrt{1 + \frac{BlockSize * K}{T_{post}}} * \sqrt{\frac{1}{K-1} \sum_{k=1}^{K} (ATT^k - ATT)}$$

$$\widehat{SE} = \hat{\sigma} / \sqrt{K}$$

이를 코드로 구현할 때는 표본 표준편차를 사용해야 한다는 점에 주의해야 하며, np.std에 ddof=1을 전달합니다.

```
In [22]: K = len(atts_k)
         T0 = len(y_pre_co)
         T1 = len(y_post_co)
         block_size = min(np.floor(T0/K), T1)

         se_hat=np.sqrt(1+((K*block_size)/T1))*np.std(atts_k, ddof=1)/np.sqrt(K)
```

```
        print("SE:", se_hat)

Out[22]: SE: 0.0006339596260850461
```

이 표준오차를 사용하면, 귀무가설 $H_0 : ATT = 0$ 하에서 자유도가 $K - 1$인 점근[asymptotic] t 분포를 갖는 검정통계량 $\widehat{ATT} / \widehat{SE}$ 을 구할 수 있습니다. 즉, 해당 t 분포를 사용해서 신뢰구간을 만들 수 있습니다. 다음은 α=0.1인 90% 신뢰구간을 구하는 코드입니다.

```
In [23]: from scipy.stats import t
         alpha = 0.1

         [att - t.ppf(1-alpha/2, K-1)*se_hat,
          att + t.ppf(1-alpha/2, K-1)*se_hat]

Out[23]: [0.0014620735349405393, 0.005164379468332358]
```

이 표준오차 공식의 분모에서 K를 보고 매우 큰 숫자로 설정하고 싶은 유혹을 받을 수 있습니다. 그러나 큰 K 값은 더 좁은 신뢰구간을 제공하지만, 해당 신뢰구간의 포함 범위를 줄이는 대가로 이루어집니다. 특히 처치 전 기간의 수가 적을 때, 큰 K 값을 가진다면 $1-\alpha$의 신뢰구간이 $1-\alpha$보다 더 낮은 확률로 실제 ATT를 포함합니다. 이 경우 K를 3으로 설정하는 것이 바람직합니다. T_0가 N보다 매우 클 때는 신뢰구간의 길이를 줄이려고 더 큰 K 값을 시도해볼 수 있죠.

참고로 이 추론 방법은 시간에 따른 처치효과의 궤적에는 적용되지 않는다는 점이 중요합니다. 즉, 이 이론상 T_0와 T_1이 모두 상대적으로 커야 하므로 기간별 추론[per-period inference]에는 사용할 수 없습니다.

NOTE 더 알아보기

이 추론 방법은 빅터 체르노주코프 등이 쓴 논문[8]에서 제안되었습니다. 기간별 추론을 하려면, 같은 저자가 쓴 통제집단합성법을 위한 컨포멀[conformal] 추론을 제안하는 보완적인 논문[9]을 참고하세요.

---

8 Chernozhukov et. al. (2021). A t–test for synthetic controls. *arXiv:1812.10820*.

9 Chernozhukov et. al. (2021). An Exact and Robust Conformal Inference Method for Counterfactual and Synthetic Controls. *Journal of the American Statistical Association*, vol.116(536).

9.8 합성 이중차분법

이 장을 마무리하기 전, 통제집단합성법(SC)이 이중차분법(DID)과 어떻게 연관되는지에 대한 새로운 관점을 다뤄보겠습니다. 이 과정을 통해 두 방법을 하나의 합성 이중차분법synthetic difference-in-differences(SDID) 추정량으로 결합하는 방법을 배웁니다. 합성 이중차분법의 개념은 꽤 간단합니다. 먼저 가상의 대조군을 구성하고 이를 이중차분법에서 대조군으로 사용합니다. 합성 이중차분법 결과가 각 방법론보다 훨씬 더 흥미로운 이유는 다음과 같습니다. 첫째, $E[Y(0)_{it} \mid D = 1]$에 대한 가상의 대조군을 만들기 때문에, 이중차분법에 필요한 평행 추세 가정이 훨씬 더 타당해집니다. 둘째, 이중차분법을 사용함으로써 통제집단합성법은 실험군의 추세를 파악하는 데 집중할 수 있습니다. 그 이유는 실험군이 서로 다른 수준의 Y_0를 가질 수 있기 때문입니다. 합성 이중차분법을 본격적으로 다루기 전에, 먼저 이중차분법을 복습해보겠습니다.

9.8.1 이중차분법 복습

표준 이중차분법에서는 같은 기간에 모두 처치 받는 하나의 실험 블록과 처치 받지 않는 하나의 대조 블록이 있는 경우, 다음과 같이 이중차분법을 이원고정효과와 함께 표현할 수 있습니다.

$$\hat{\tau}^{\text{did}} = \underset{\mu,\alpha,\beta,\tau}{\text{argmin}} \left\{ \sum_{n=1}^{N} \sum_{t=1}^{T} \left(Y_{it} - \mu + \alpha_i + \beta_t + \tau W_{it} \right)^2 \right\}$$

여기서 τ는 관심 있는 ATT, α_i는 대상 고정효과, β_t는 시간 고정효과입니다. 이 공식에서 대상 고정효과는 각 실험 대상의 절편 차이를 나타내지만, 시간 고정효과는 실험군과 대조군 모두에 걸친 일반적인 추세를 나타냅니다. 앞서 다룬 것처럼, 이중차분법의 기본 가정은 실험군과 대조군이 동일한 Y_0 추세를 갖는 것입니다.

$$\Delta Y(d)_i \perp D$$

9.8.2 통제집단합성법 복습

마찬가지로 통제집단합성법 추정량을 앞의 이중차분법 식처럼 재구성하겠습니다. 흥미롭게도 통제집단합성법 추정량을 다음과 같이 최적화 문제를 푸는 식으로 작성할 수 있습니다.

$$\hat{\tau}^{sc} = \underset{\beta, \tau}{\arg\min} \left\{ \sum_{n=1}^{N} \sum_{t=1}^{T} \left(Y_{it} - \beta_t - \tau W_{it} \right)^2 \hat{\omega}_i^{sc} \right\}$$

여기서 대조군의 가중치 $\hat{\omega}_i^{sc}$ 는 이 장의 초반에서 살펴본 통제집단합성법의 목적함수를 최적화하여 얻습니다. 그리고 이 목적함수는 모든 실험 대상에 대해 정의되므로 대조군뿐만 아니라 실험군의 가중치도 고려해야 합니다. 여기서는 ATT에 관심이 있으므로, 이 가중치들은 균일가중치인 N_{tr}/N입니다.

두 공식을 비교하여 이 새로운 공식이 이전에 배운 공식과 실제로 같은지 검토하겠습니다. 먼저 지금까지 했듯이 통제집단합성법을 추정하고 ATT를 계산합니다.

```
In [24]: sc_model = SyntheticControl()
         sc_model.fit(y_pre_co, y_pre_tr.mean(axis=1))

         (y_post_tr.mean(axis=1) - sc_model.predict(y_post_co)).mean()

Out[24]: 0.0033467270830624114
```

그다음 행렬을 재구성하기 전, 해당 가상의 대조군 가중치를 원래 마케팅 데이터프레임에 추가합니다. 이를 위해 각 대조군 도시에 가중치를 매핑하는 실험 대상 가중치에 관한 데이터프레임을 다음과 같이 만듭니다.

```
In [25]: unit_w = pd.DataFrame(zip(y_pre_co.columns, sc_model.w_),
                               columns=["city", "unit_weight"])

         unit_w.head()
```

	city	unit_weight
0	ananindeua	−1.649964e−19
1	aparecida_de_goiania	−7.047642e−21
2	aracaju	4.150540e−19
3	belem	−3.238918e−19
4	belford_roxo	−5.756475e−19

그다음 도시를 키로 사용하여, 이 가중치 데이터프레임을 원래 마케팅 데이터프레임에 조인합니다. 이렇게 하면 가중치는 NaN으로 남게 되며, 해당 NaN 가중치를 처치 더미변수의 평균인 N_{tr}/N으로 채웁니다.

그리고 $D_i * Post_t$를 곱해서 W_{it} 변수를 만들어보겠습니다.

```
In [26]: df_with_w = (df_norm
                      .assign(tr_post = lambda d: d["post"]*d["treated"])
                      .merge(unit_w, on=["city"], how="left")
                      .fillna({"unit_weight": df_norm["treated"].mean()}))

        df_with_w.head()
```

	app_download	population	city	...	app_download_pct	tr_post	unit_weight
0	3066.0	12396372	sao_paulo	...	0.024733	0	0.06
1	2701.0	12396372	sao_paulo	...	0.021789	0	0.06
2	1927.0	12396372	sao_paulo	...	0.015545	0	0.06
3	1451.0	12396372	sao_paulo	...	0.011705	0	0.06
4	1248.0	12396372	sao_paulo	...	0.010067	0	0.06

마지막으로, 앞서 본 통제집단합성법 공식을 따라 시간 고정효과가 있는 가중 OLS를 활용합니다. 그리고 매우 작은 가중치를 가진 행들을 제거하는 것에 주의하세요. 그렇지 않으면 회귀 실행 시 오류가 발생할 수 있습니다.

```
In [27]: mod = smf.wls(
            "app_download_pct ~ tr_post + C(date)",
            data=df_with_w.query("unit_weight>=1e-10"),
            weights=df_with_w.query("unit_weight>=1e-10")["unit_weight"]
        )

        mod.fit().params["tr_post"]

Out[27]: 0.00334672708306243
```

실제로 여기에서 얻은 ATT는 이전에 얻은 것과 정확히 같고, 이는 두 통제집단합성법 공식이 서로 같음을 보여줍니다. 더 중요한 점은 새로운 통제집단합성법 공식을 이중차분법의 이원고정효과 공식과 비교하는 것이 더 쉽다는 점입니다. 그리고 통제집단합성법이 시간 고정효과는 있지만, 대상 고정효과는 없는 것처럼 보입니다. 반면 이중차분법은 시간 고정효과와 대상 고정효과가 모두 있지만 실험 대상 가중치는 없습니다. 따라서, 합성 이중차분법은 통제집단합성법과 이중차분법의 요소를 모두 포함해서 합치는 방법입니다.

$$\hat{\tau}^{\text{sdid}} = \underset{\mu,\alpha,\beta,\tau}{\operatorname{argmin}} \left\{ \sum_{n=1}^{N} \sum_{t=1}^{T} \left(Y_{it} - \left(\mu + \alpha_i + \beta_t + \tau W_{it} \right) \right)^2 \hat{\omega}_i \right\}$$

왜 실험 대상에만 가중치를 주는 것일까요? 합성 이중차분법에서 최종 목표는 $E[Y_0 | Post = 1, Tr = 1]$을 추정하는 것입니다. 실험 대상에게 가중치를 주는 목적은 대조군을 사용하여 실험 군과 비슷하게 만들기 위함입니다. 그리고 시간 차원도 있으므로 처치 전 기간의 가중치를 사용하여 처치 후 기간을 더 잘 근사할 수도 있습니다. 이렇게 하면 다음과 같이 합성 이중차분법 공식을 얻을 수 있습니다.

$$\hat{\tau}^{\text{sdid}} = \underset{\mu,\alpha,\beta,\tau}{\operatorname{argmin}} \left\{ \sum_{n=1}^{N} \sum_{t=1}^{T} \left(Y_{it} - \left(\mu + \alpha_i + \beta_t + \tau W_{it} \right) \right)^2 \hat{\omega}_i \hat{\lambda}_t \right\}$$

여기서 $\hat{\lambda}_t$ 는 시간 가중치입니다.

9.8.3 시간 가중치 추정하기

앞서 배웠듯이, 처치 전 기간의 실험군 평균 결과를 대조군 결과에 회귀해서 실험 대상에 대한 가중치를 구했었습니다.

$$\hat{\omega}_i^{sc} = \underset{\omega}{\operatorname{argmin}} \left\| \overline{\mathbf{y}}_{pre, tr} - \mathbf{Y}_{pre, co} \omega_{co} \right\|^2$$
$$\text{s.t} \sum \omega_i = 1 \text{ and } \omega_i > 0 \ \forall i$$

그리고 시간 가중치를 얻기 위해서는 $\mathbf{Y}_{pre, co}$를 전치^{transpose}하고 이를 **처치 후** 기간의 대조군 평균 결과에 회귀하면 됩니다.

$$\hat{\lambda}_t^{sc} = \underset{w}{\operatorname{argmin}} \left\| \overline{\mathbf{y}}_{post, co}' - \mathbf{Y}_{pre, co}' \lambda_{pre} \right\|^2$$
$$\text{s.t} \sum \lambda_i = 1 \text{ and } \lambda_i > 0 \ \forall i$$

하지만 여기에는 추가적인 문제가 있습니다. 통제집단합성법은 외삽을 허용하지 않으므로 결과에 어떤 종류의 추세라도 존재한다면 문제가 될 수 있습니다. 만약 이 경우라면, 평균적인 처치 후 기간은 모든 처치 전 기간보다 높거나 낮은 결과를 보일 것이고, 적합을 잘 시키기 위해서 외삽이 필요할 수 있습니다. 따라서, 합성 이중차분법 공식은 시간 가중치를 구할 때 절편 이동intercept shift λ_0을 허용합니다.

$$\hat{\lambda}_t^{sc} = \underset{w}{\text{argmin}} \left\| \overline{\mathbf{y}}'_{post,\,co} - \left(\mathbf{Y}'_{pre,\,co} \lambda_{pre} + \lambda_0 \right) \right\|^2$$
$$\text{s.t} \sum \lambda_i = 1 \text{ and } \lambda_i > 0 \quad \forall i$$

다행히도 SyntheticControl 코드를 수정하여 선택적으로 절편을 적합시키는 것은 꽤 쉽습니다. 이는 fit_intercept 파라미터를 사용하여 이루어집니다. 먼저 fit_intercept=True이면 항상 1이고 그렇지 않으면 0이 되는 절편 열을 만듭니다. 그리고 파이썬에서 True*1=1이라는 사실을 활용할 수 있습니다. 그다음 해당 열을 y_pre_co에 추가하고 이를 목적함수에 사용합니다. 또한, 제약조건을 만들 때 절편을 포함시키지 않도록 합니다. 마지막으로, 절편 매개변수를 제거하고 실험 대상의 가중치만 반환합니다.

코드에 상당한 반복이 있으므로, 전체 코드 대신 변경되는 부분만 확인해봅시다.

```
# 절편 추가
intercept = np.ones((y_pre_co.shape[0], 1))*self.fit_intercept
X = np.concatenate([intercept, y_pre_co], axis=1)
w = cp.Variable(X.shape[1])

objective = cp.Minimize(cp.sum_squares(X@w - y_pre_tr))
constraints = [cp.sum(w[1:]) == 1, w[1:] >= 0]

problem = cp.Problem(objective, constraints)

self.loss_ = problem.solve(verbose=False)
self.w_ = w.value[1:] # 절편 제거
```

이 문제를 해결하고 나면, 다음과 같이 시간 가중치를 추정하는 단계로 넘어갈 수 있습니다.

```
In [28]: time_sc = SyntheticControl(fit_intercept=True)
```

```
time_sc.fit(
    y_pre_co.T,
    y_post_co.mean(axis=0)
)

time_w = pd.DataFrame(zip(y_pre_co.index, time_sc.w_),
                       columns=["date", "time_weight"])

time_w.tail()
```

	date	time_weight
56	2022-04-26	−0.000011
57	2022-04-27	0.071965
58	2022-04-28	−0.000002
59	2022-04-29	0.078350
60	2022-04-30	0.000002

이후에 활용할 수 있도록 가중치를 데이터프레임에 저장해두겠습니다. 그리고 해당 가중치를 시각화해서 처치 전 기간이 처치 후 기간에서 대조군 평균 결과를 재구성하는 데 어떻게 사용되는지 확인할 수 있습니다.

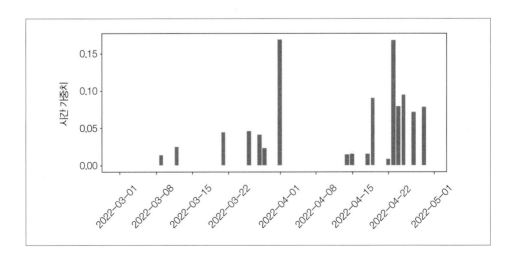

9.8.4 통제집단합성법과 이중차분법

앞선 과정을 통해 개입 전 기간 및 모든 실험 대상에 대한 가중치를 얻었습니다. 이제 이 가중치를 최종 추정량에 합치기만 하면 됩니다. 이전에 정의한 데이터프레임 df_with_w에서 date를 키로 사용하여 시간 가중치 데이터프레임에 조인합니다. time_w에는 개입 전 기간의 가중치만 있으므로, 개입 후 시간 가중치를 T_{post}/T로 채워야 합니다(균일하게 가중치를 적용). 마지막으로 λ_t와 ω_i를 모두 곱하면 완성됩니다.

```
In [29]: scdid_df = (
             df_with_w
             .merge(time_w, on=["date"], how="left")
             .fillna({"time_weight":df_norm["post"].mean()})
             .assign(weight = lambda d: (d["time_weight"]*d["unit_weight"]))
         )
```

이제 scdid_df 데이터와 가중회귀를 사용하여 이중차분법을 실행할 수 있습니다. 여기서 W_{it} = $D_i * Post_t$에 대한 매개변수 추정값은 구하고자 하는 ATT 추정값입니다.

```
In [30]: did_model = smf.wls(
             "app_download_pct ~ treated*post",
             data=scdid_df.query("weight>1e-10"),
             weights=scdid_df.query("weight>1e-10")["weight"]).fit()

         did_model.params["treated:post"]

Out[30]: 0.004098194485564245
```

합성 이중차분법을 이해하기 위해, 실험군에 대한 이중차분선과 가상의 대조군 추세를 사용하여 실험군 기준값으로 투영함으로써 얻은 반사실 추세(점선)를 시각화하겠습니다. 이 두 값의 차이는 방금 구한 ATT 추정값입니다. 또한 시간 가중치를 나타낸 두 번째 그래프를 보면, 합성 이중차분법이 대부분 개입 후 기간에 더 가까운 시간대를 활용하는 것을 볼 수 있습니다.

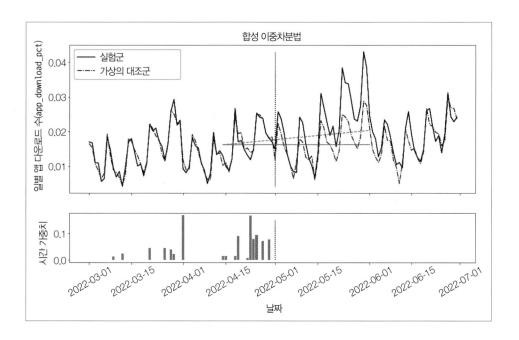

이 SDID 추정값은 약간 더 크지만 표준 통제집단합성법 ATT와 크게 다르지 않습니다. 그렇다면 합성 이중차분법이 더 흥미로운 이유는 무엇일까요? 첫째, 추정량에 대한 통제집단합성법 구성 요소는 이중차분법의 평행 추세 가정을 더 설득력 있게 만듭니다. 실험군을 모방하는 가상의 대조군을 만들면 평행 추세를 훨씬 쉽게 얻을 수 있습니다. 결과적으로 합성 이중차분법은 이중차분법과 통제집단합성법보다 편향이 더 낮은 경향을 보입니다. 둘째, 합성 이중차분법은 두 방법보다 분산이 더 낮은 경향이 있기 때문입니다.

원본 합성 이중차분법

앞서 다룬 합성 이중차분법 추정량은 드미트리 아르한겔스키[Dmitry Arkhangelsky] 등이 작성한 논문[10]에서 제안된 원본 합성 이중차분법 추정량의 간소화된 버전입니다. 이 논문은 실험 대상의 가중치에 약간 다른 최적화 목표를 제안합니다.

$$\hat{\omega}_i^{scdid} = \underset{\omega}{\mathrm{argmin}} \left\| \overline{\mathbf{y}}_{pre,\,tr} - \left(\mathbf{Y}_{pre,\,co}\omega_{co} + \omega_0 \right) \right\|_2^2 + \zeta^2 T_{pre} \left\| \omega_{co} \right\|_2^2$$
$$\text{s.t} \sum \omega_i = 1 \text{ and } \omega_i > 0 \;\; \forall i$$

---

10 Arkhangelsky et. al.(2021). Synthetic Difference-in-Differences. *AMERICAN ECONOMIC REVIEW*, vol. 111(no. 12), pp. 4088-4118.

첫째, 이 목표는 절편 이동을 허용합니다. 가상의 대조군이 실험군과 정확히 일치할 필요 없이 추세만 맞추면 됩니다. 그 이유는 나중에 이를 이중차분법 모델에 적용할 것이기 때문입니다. 둘째, 새로운 ζ 항을 포함한 실험 대상의 가중치에 L2 패널티를 추가합니다.

$$\zeta = \left(N_{tr} \star T_{post} \right)^{1/4} \sigma \left(Y_{it} - Y_{i(t-1)} \right)$$

ζ에 관한 복잡한 이론적 이유가 있지만, 추가적인 L2 패널티의 주요 목적은 단일 실험 대상에 과도하게 큰 가중치가 부여되지 않도록 하는 것이죠. 그 결과, 이러한 가중치는 표준 통제집단 합성법보다 실험 대상에 더 널리 분포되는 경향이 있습니다.

또한, 이 논문은 합성 이중차분법에 특화된 새로운 추론 과정을 제안합니다. 이것만으로도 충분히 살펴볼만하지 않을까요?

그러나, 절편 이동을 하는 경우 댓가가 따릅니다. 만약 절편 이동을 허용하면, 합성 이중차분법은 통제집단합성법에 관한 볼록성 제약조건을 제거합니다. 상황에 따라 합성 이중차분법은 가정에 더 유연하므로 좋다고 볼 수 있지만, 위험한 외삽을 허용하므로 그렇지 않다고 볼 수도 있죠.

9.9 요약

이 장에서는 $E[Y(0)_t | D = 1, Post = 1]$을 추정하는 모델 기반 접근법인 통제집단합성법을 배웠습니다. 이 방법은 처치 전 결과를 예측하기 위해 모델을 적합시키고, 해당 모델을 사용하여 처치 후 기간에 대해 예측을 합니다. 보통 이 시계열은 대조군 결과를 나타내며, 해당 접근법은 처치 전 기간에 대해 실험군 결과를 대조군 결과에 수평 회귀하는 것을 의미합니다.

$$\hat{\omega}^{sc} = \underset{\omega}{\arg\min} \left\| \overline{\mathbf{y}}_{pre,\, tr} - \mathbf{Y}_{pre,\, co} \omega_{co} \right\|_2^2$$

그 결과 대조군에 곱해질 때 가상의 대조군을 형성하는 일련의 가중치를 얻습니다. 이 가상의 대조군은 적어도 개입 전 기간의 실험군과 비슷한 대조군 조합입니다. 해당 근사가 정확하고 개입 후 기간에도 일반화된다면, 이를 사용하여 ATT를 추정할 수 있습니다.

$$\widehat{ATT} = \mathbf{Y}_{post,\,tr} - \mathbf{Y}_{post,\,co}\hat{\omega}_{co}$$

이처럼 기본적인 아이디어를 기반으로 개념을 확장시킬 수 있습니다. 예를 들어, 표준 통제집단합성법의 설정에서는 볼록화 제약조건인 모든 i에 대해 $\sum \omega_i = 1$와 $\omega_i > 0$ $\forall i$ 를 추가하거나 라쏘처럼 정규화 회귀분석을 사용할 수 있습니다. 즉, 개입 전 결과를 매우 예측 가능한 시계열에 대해 회귀하고 이 예측을 개입 후 기간으로 확장합니다.

> **NOTE 더 알아보기**
>
> 이칭Yiqing Xu은 통제집단합성법을 일반화하는 여러 논문과 이러한 접근법을 구현하는 라이브러리를 발표했습니다. 예를 들어 한 논문[11]에서는 이중차분법과 통제집단합성법에 대한 특징을 혼합하여, 통제집단합성법을 변화하는 처치 기간(시차 도입 설계)에 적용할 수 있게 일반화했습니다. 또 다른 논문[12]에서는 저자들이 반사실에 대한 베이지안 모델을 제안합니다.

실제 사례: causalimpact 라이브러리

구글 연구팀은 통제집단합성법의 핵심 개념을 활용하여 causalimpact 라이브러리를 개발했습니다. 이 라이브러리에서는 처치 받지 않은 다른 시계열 데이터를 바탕으로 베이지안 구조적 시계열 모델structural times-series model을 활용해 $E[Y(0)\,|\,D = 1]$에 대한 반사실 시계열을 추정합니다. 그리고 이 방법은 베이지안 방식이므로 불확실성에 대한 지표도 자연스럽게 제공합니다.

---

11 Xu, Y. (2017). Generalized Synthetic Control Method: Causal Inference with Interactive Fixed Effects Models. *Political Analysis*, Vol.25(Issue 1), pp. 57–76.

12 Pang, X., Liu, L., & Xu, Y. (2022). A Bayesian Alternative to Synthetic Control for Comparative Case Studies. *Political Analysis, Cambridge University Press*, vol. 30(2), pp. 269–288.

대안적 실험 설계

마지막으로 5부에서는 무작위 통제 실험이 어려운 상황에서 활용할 수 있는 대안적인 실험 설계 방법을 소개합니다.

10장에서는 지역 실험을 다룹니다. 실험군과 대조군 지역을 선정하는 방법과, 분석 대상이 적을 때 처치효과를 파악하기 위한 스위치백 실험을 진행하는 방법을 소개합니다. 11장에서는 불응non-compliance이 존재하는 실험을 다루고, 내생성endogeneity 문제를 해결하기 위한 방법인 도구변수instrumental variable와 불연속 설계에 대해 설명합니다. 12장에서는 인과추론에서 활발히 연구되고 있지만, 이 책에서는 다루지 못한 주제에 대해 설명하며 책을 마무리합니다.

CHAPTER 10

지역 실험과 스위치백 실험

4부에서는 시간에 따른 반복 관측을 활용하여 인과관계를 추론하는 방법을 배웠습니다. 이번 장에서는 동일한 문제를 다른 각도에서 접근해보겠습니다. 만약 패널데이터를 사용하여 처치효과를 식별해야 하는 대신, 해당 데이터를 수집하기 위한 실험을 설계해야 한다면 어떨까요? 5부에서는 간단한 A/B 테스트로는 해결할 수 없을 때 대안적 실험 설계 방법을 설명합니다.

예를 들어 이전 장의 마케팅 문제를 생각해보겠습니다. 마케팅 효과를 추론하는 것이 어려운 이유 중 하나는 아직 고객이 아닌 사람들을 무작위로 배정할 수 없기 때문입니다. 온라인 마케팅은 어트리뷰션 도구를 제공하지만, 어트리뷰션은 증분과 다릅니다. 한 가지 좋은 대안은 도시나 주와 같은 전체 시장을 실험군으로 하고 다른 시장은 대조군으로 남겨두는 지역 실험^{geo}^{experiment}을 수행하는 것입니다. 지역 실험은 4부에서 배운 기법을 적용할 수 있는 패널데이터를 바탕으로 합니다. 그러나 4부에서는 패널데이터가 이미 주어진 것으로 간주하고, 실험을 설계할 때 실험군과 대조군을 어떻게 최적으로 선정하는지에 대해 배우지 않았습니다. 이 장에서는 그러한 부분을 채워 나갈 것입니다. 먼저 첫 부분에서는 전체 시장(예: 국가, 주)이 처치 받았다면, 얻을 수 있는 효과에 근접한 추정값을 구하기 위해 지리적 실험군을 어떻게 선택하는지에 대해 배웁니다.

지역 실험의 주요 아이디어는 분석단위를 고객에서 도시나 주 단위로 확장하는 데 있습니다. 물론 도시 수보다 고객 수가 훨씬 많으므로 표본 크기 측면에서 대가가 따릅니다. 극단적으로는 도시를 무작위로 배정하는 것조차 불가능할 수 있습니다. 예를 들어, 현지에서만 사업을 운영하는 소규모 회사는 실험을 할 수 있는 시장이 적을 뿐만 아니라, 실험 대상이 하나뿐일 수도 있습니다. 다행히도 이 상황에서 스위치백 실험^{switchback experiment}이라는 해결책이 있습니다. 스위치백 실험은 이름처럼, 한 처치를 여러 번 켜고 끄는 방식을 포함합니다. 이 접근 방식은 처치 받을 실험 대상이 단 하나만 있을 때도 적용할 수 있습니다. 예를 들어 한 도시 내에서 소규모 음식 배달 서비스를 운영할 때, 배달 수수료 인상에 대한 영향을 파악하고 싶다고 가정해보겠습니다. 이 경우, 가격을 여러 번 인상하고 인하하여 일련의 전후 분석^{before-and-after analysis}을 수행할 수 있습니다. 이 장의 나머지 부분에서는 해당 개념과 스위치백 실험의 설계 방법에 대해 더 깊이 다룹니다.

10.1 지역 실험

지역 실험이 필요한 이유를 알아보기 위해, 9장에서 다룬 사례를 다시 살펴보겠습니다. 이번에도 실험 대상은 도시이고 시간 차원으로 날짜가 주어지며, 도시의 처치 여부에 대한 열과 개입 후 기간에 대한 열이 있습니다. 또한 해당 도시의 인구(2013년 기준으로 기록되어, 시간에 따라 고정됨) 및 주 정보와 같은 몇 가지 보조 정보를 포함하는 열도 있습니다. 여기서 결과인 앱 다운로드 수에 초점을 맞출 것입니다. 그리고 어느 도시에 처치할지 결정하는 것이 목표이므로 개입 후 기간은 분석에서 제외할 것입니다.

```
In [1]: import pandas as pd
        import numpy as np

        df = (pd.read_csv("./data/online_mkt.csv")
              .astype({"date":"datetime64[ns]"})
              .query("post==0"))

        df.head()
```

	app_download	population	city	state	date	post	treated
0	3066.0	12396372	sao_paulo	sao_paulo	2022-03-01	0	1
1	2701.0	12396372	sao_paulo	sao_paulo	2022-03-02	0	1
2	1927.0	12396372	sao_paulo	sao_paulo	2022-03-03	0	1
3	1451.0	12396372	sao_paulo	sao_paulo	2022-03-04	0	1
4	1248.0	12396372	sao_paulo	sao_paulo	2022-03-05	0	1

여기서 목표는 전체 시장을 대표할 수 있는 도시 그룹을 선택하는 것입니다. 이렇게 하면, 해당 도시들에 대한 처치를 통해 전체 시장(예: 국가)에 동일하게 처치를 주었을 때 예상되는 결과를 파악할 수 있습니다. 복잡한 방법을 적용하기 전에, 먼저 간단한 방법을 시도해봅시다. 만약 다루고 있는 지역적 실험 대상(예: 도시)들이 많다면, 간단한 A/B 테스트로도 충분할 수 있습니다. 즉, 도시들 중 일부를 무작위로 선택하여 실험군을 구성하기만 하면 됩니다. 이때 유일한 차이점은 분석단위가 사람(잠재 고객)에서 도시 전체로 바뀐다는 것이죠.

하지만 실험에 필요한 도시의 수를 판단하기는 여전히 쉽지 않습니다. 2장에서 배운 표본 크기 공식($n = 16\sigma^2 / \delta^2$)을 고려해봅시다. 예를 들어, 5%의 효과를 탐지하려면 실험을 위해 약 4만 개의 도시가 필요합니다.

```
In [2]: detectable_diff = df["app_download"].mean()*0.05
        sigma_2 = df.groupby("city")["app_download"].mean().var()

        np.ceil((sigma_2*16)/(detectable_diff)**2)

Out[2]: 36663.0
```

그러나 이 공식은 도시마다 결과에 대한 분산이 다르다는 점(인구가 많은 도시는 더 낮은 분산을 가짐)이나 동일한 실험 대상의 반복 관측을 통해 추정값의 정밀도를 높일 수 있다는 점을 고려하지 않습니다. 그렇다고 해도 4만 개의 도시가 필요한데, 이 데이터에는 50개밖에 없습니다. 이렇게 실험 대상이 부족할 때는 어떻게 해야 할까요?

다양한 실험 설계를 고려할 때, 결과를 어떻게 해석할지를 염두에 두는 것이 중요합니다. 예를 들어, 이중차분법을 적용하려는 경우 결과변수의 추세가 비슷한 도시 쌍을 찾고 각 쌍 내에서 무작위 배정할 수 있습니다. 여기서 한 도시는 실험군으로, 다른 도시는 대조군으로 사용됩니다. 그러나 이중차분법은 ATT를 추정한다는 점에 주의해야 합니다. 마케팅 캠페인을 전국적으로 진행하는 것과 같이 처치의 전반적인 효과를 알고 싶을 때, ATT 추정값으로는 이를 알아내지 못할 수 있습니다. 따라서 이 장에서는 전체 시장을 대표하는 실험군을 식별함으로써 실험의 외적 타당성을 극대화하는 방법에 대해 알아봅시다.

10.2 통제집단합성법 설계

지금까지 통제집단합성법을 통해 관심 있는 결과의 시계열을 가장 잘 근사하는 가상의 대조군을 찾아왔습니다. 그러니 이 방법의 용도를 바꿔, 모든 실험 대상의 평균 행동을 근사하는 가상의 실험군^{synthetic treatment unit}을 찾는 데 활용해보죠. 이를 위해 필요한 것은 다음과 같이 각 행이 기간이고, 각 열은 도시인 행렬 형태의 데이터 $Y_{T,n}$만 있으면 됩니다.

```
In [3]: df_piv = (df
                  .pivot("date", "city", "app_download"))

        df_piv.head()
```

city date	ananindeua	aparecida_de_goiania	aracaju	...	teresina	uberlandia	vila_velha
2022-03-01	11.0	54.0	65.0	...	68.0	29.0	63.0
2022-03-02	5.0	20.0	42.0	...	17.0	29.0	11.0
2022-03-03	2.0	0.0	0.0	...	55.0	30.0	14.0
2022-03-04	0.0	0.0	11.0	...	49.0	35.0	0.0
2022-03-05	5.0	5.0	0.0	...	31.0	6.0	1.0

이제 우리가 달성하려는 목표를 생각해봅시다. 먼저, 도시마다 평균에 기여하는 정도가 다르다는 점을 기억해주세요. 전체 평균을 구하려면 먼저 각 도시가 평균에 기여하는 정도를 알아야 합니다. 이는 도시 가중치 벡터 **f**로 표현할 수 있으며, 여기서 각 항목 i는 전체 시장에서 차지하는 도시 i의 비중을 나타냅니다.

```
In [4]: f = (df.groupby("city")["population"].first()
             /df.groupby("city")["population"].first().sum())
```

f를 정의하고 나면, 첫 번째 목표는 다음과 같은 가중치 벡터 **w**를 찾는 것입니다.

$$Y_{post}\mathbf{f} = Y_{post}\mathbf{w}$$

즉, 가중치 **w**와 결합했을 때 시장의 평균 결과를 제공하는 실험군 도시의 조합을 찾고자 합

니다. 앞의 식에서 봤을 때, 가장 확실한 해결책은 $\mathbf{f} = \mathbf{w}$ 로 설정하는 것입니다. 하지만 그렇게 하면 모든 도시가 실험군임을 의미하며, 그 결과 처치효과를 추정할 대조군이 없어집니다. 따라서 가중치 벡터 $\mathbf{w}$의 0이 아닌 요소 개수가 전체 도시 수인 N보다 작아야 한다는 제약조건을 추가해야 합니다. 즉, $|\mathbf{w}|_0 < N$ 입니다($|\cdot|_0$은 L0 노름^{norm}으로 0이 아닌 요소 개수입니다). 또한, 앞서 언급한 목표는 처치 후의 $\mathbf{Y}$ 값을 관측할 수 없기 때문에 해결 불가능합니다. 그래도 이 식을 이상적인 목표로 설정하고 어떻게든 이에 근사할 수 있는 방법을 찾아봅시다.

앞의 목표가 실험군 도시들을 찾는 것이었다면, 다음 목표는 첫 번째와 다른 도시 그룹을 찾는 것입니다. 이 그룹은 시장 평균을 대략적으로 반영할 수 있어야 하며, 처음에 선정한 도시들과는 구별되어야 합니다.

$$\mathbf{Y}_{post}\mathbf{f} = \mathbf{Y}_{post}\mathbf{v}$$
$$\text{s.t } w_i v_i = 0 \quad \forall i$$

두 목표를 합치면 0이 아닌 w와 0이 아닌 v의 요소는 각각 실험군 및 대조군 도시가 됩니다. 또한 이 두 번째 목표에서 동일한 도시를 실험군 및 대조군 도시로 동시에 사용할 수 없다는 제약조건이 추가됩니다. 하지만, 이 목표는 처치 후 기간을 고려하기 때문에 실현 가능하지 않습니다.

이제 이 불가능해 보이는 목표를 해결할 수 있는 방안을 고민해보겠습니다. 가장 먼저 할 일은 개입 전 기간을 살펴보는 것입니다. 이는 두 개의 서로 다른 도시 그룹을 찾아 각각의 가중평균이 시장 평균에 근접하도록 하는 것이죠. 이것만으로도 충분하지만, 실질적으로 몇 가지 제약조건을 추가해야 할 수도 있습니다. 예를 들어, 목표는 마케팅 캠페인을 전체 시장에 진행하기 전에 먼저 테스트하는 것이므로 많은 실험군 도시를 선정하고 싶지 않을 것입니다. 실험군 규모가 크면 거의 모든 대상이 처치 받으므로 테스트의 목적에 어긋날 수 있기 때문입니다.

게다가 많은 시장에서 도시의 규모는 지수 분포를 따르는 경향이 있으며, 소수의 도시가 시장의 거의 대부분을 차지합니다([그림 10-1] 참조). 이러한 상황에 표준 통제집단합성법을 사용하면 외삽이 허용되지 않으므로 가장 큰 도시를 포함할 수밖에 없습니다.

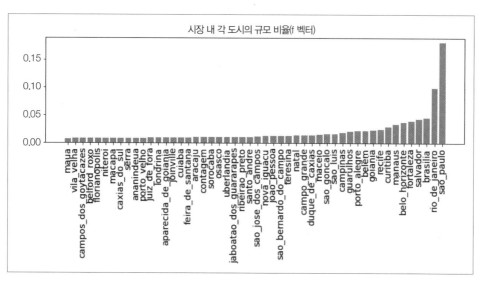

그림 10-1 대규모 도시의 수는 적지만, 소규모 도시의 수는 많습니다.

그 결과 통제집단합성법 모델에서 절편 이동을 허용하고 싶을 것입니다. 이러한 추가적인 요구 사항과 두 가지 목표를 종합하여 통제집단합성법에 제약조건을 추가하면 다음과 같은 목적함 수를 만들 수 있습니다.

$$\min_{w,v} \quad \left\| \mathbf{Y}_{pre}\mathbf{f} - \mathbf{Y}_{pre}\mathbf{w}_{tr} - \alpha_0 \right\|^2 + \left\| \mathbf{Y}_{pre}\mathbf{f} - \mathbf{Y}_{pre}\mathbf{v}_{co} - \beta_0 \right\|^2$$
$$\text{s.t} \quad \sum w_i = 1 \text{ and } \sum v_i = 1,$$
$$w_i, v_i \geq 0 \quad \forall i$$
$$w_i v_i = 0 \quad \forall i$$
$$|\mathbf{w}|_0 \leq m$$

해당 수식은 이해하기 복잡해 보일 수 있지만, 해당 목적함수를 순차적으로 설명하겠습니다. 먼저 가상의 실험군과 대조군 목표에 α_0과 β_0이라는 절편 항을 추가합니다. 그런 다음 몇 가지 제약조건을 추가합니다. 처음 두 제약조건은 기존 통제집단합성법에 뒤따르는 제약조건으로, 가중치의 합은 1이어야 하고 음수가 아니어야 합니다. 그다음 조건은 한 도시가 실험군과 대조 군에 동시에 속할 수 없다는 제약조건입니다. 마지막 조건은 실험군의 최대 도시 수 m에 대한 제약조건입니다.

cvxpy로 이 목적함수를 구현하기 전에, 안타까운 사실은 이 함수가 볼록하지 않다는 것입니다.

하지만 너무 걱정할 필요는 없습니다. 반드시 **최적의** 실험군 도시와 대조군 도시를 찾을 필요는 없습니다. 대신 **충분히 적절한** 도시 그룹을 찾아도 되며, 일반적으로 해당 그룹을 찾는 것은 꽤 쉽습니다. 단순함을 유지하면서 좀 더 적절한 최적화 코드를 구현하는 방법을 살펴봅시다.

10.2.1 무작위로 실험군 선택하기

먼저, 가장 간단한 방법인 무작위로 도시를 선택해보겠습니다. 이를 위해 먼저 몇 가지 상수를 정의해야 합니다. 근사치를 구하려는 시장 평균 $\mathbf{Y}_{pre}\mathbf{f}$, 가능한 모든 도시의 목록, 그리고 실험군 도시의 최대 수인 m입니다. 필자는 m을 5로 설정했지만, 이는 비즈니스의 상황에 따라 달라집니다. 예산상 최대 3개의 도시에만 처치할 수 있지만 얼마든지 해당 숫자를 변경할 수 있습니다.

```
In [5]: y_avg = df_piv.dot(f)
        geos = list(df_piv.columns)
        n_tr = 5
```

다음으로, 다섯 개의 도시를 무작위로 선택하여 실험군 후보로 얼마나 적절한지 살펴봅시다.

```
In [6]: np.random.seed(1)
        rand_geos = np.random.choice(geos, n_tr, replace=False)
        rand_geos

Out[6]: array(['manaus', 'recife', 'sao_bernardo_do_campo',
               'salvador', 'aracaju'], dtype='<U23')
```

이 도시들 모두 실험군이 될 수 있지만, 각 도시에 맞는 가중치를 찾아야 합니다. 가중치가 0인 도시가 있다면 다섯 개 도시를 모두 사용할 필요가 없습니다.

가중치를 구할 때는 이전 장에서 구현한 절편 이동을 허용하는 `SyntheticControl` 클래스를 사용하겠습니다. 여기서의 목표는 통제집단합성법을 통해 다섯 개 도시만으로 y_avg를 예측하는 것입니다.

```
In [7]: def get_sc(geos, df_sc, y_mean_pre):

            model = SyntheticControl(fit_intercept=True)
            model.fit(df_sc[geos], y_mean_pre)

            selected_geos = geos[np.abs(model.w_) > 1e-5]

            return {"geos": selected_geos, "loss": model.loss_ }


        get_sc(rand_geos, df_piv, y_avg)
Out[7]: {'geos': array(['salvador', 'aracaju'], dtype='<U23'),
         'loss': 1598616.80875266}
```

이 과정을 완료한 후에는 추정된 가중치를 확인하고 0에 너무 가깝지 않은 도시를 선택할 수 있습니다. 앞서 다룬 내용을 하나의 함수로 통합하면, 다양한 표본 도시에 시도하면서 어떤 것이 더 나은 결과를 가져오는지 확인할 수 있습니다. 이 과정에서 핵심은 통제집단합성법 모델에 대한 손실 함수를 최소화하는 것이므로, 이 손실 함수의 값도 정확히 기록하는 것이 중요합니다.

앞서 고른 다섯 개의 도시를 사용한 통제집단합성법 모델을 적합시키면, 그중 두 개의 도시만이 실험군으로 선택됩니다. 나머지 세 개의 도시는 다시 도시 후보군 집단에 추가하여 대조군을 만들 수 있습니다.

이제 다음 단계로 넘어가서 가상의 실험군과 가상의 대조군을 찾아봅시다.

```
In [8]: def get_sc_st_combination(treatment_geos, df_sc, y_mean_pre):

            treatment_result = get_sc(treatment_geos, df_sc, y_mean_pre)

            remaining_geos = df_sc.drop(
                columns=treatment_result["geos"]
            ).columns

            control_result = get_sc(remaining_geos, df_sc, y_mean_pre)

            return {"st_geos": treatment_result["geos"],
```

```
                "sc_geos": control_result["geos"],
                "loss": treatment_result["loss"] + control_result["loss"]}

    resulting_geos = get_sc_st_combination(rand_geos, df_piv, y_avg)
```

먼저, 이전과 마찬가지로 무작위로 선정된 도시들에 대해 get_sc를 처음으로 호출하면, 실험
군 도시와 가상의 실험군의 손실을 계산할 수 있습니다. 그다음 가상의 실험군에 포함되지 않
은 도시를 찾아, 남은 도시를 인수로 get_sc에 다시 전달합니다. 이 두 번째 get_sc 호출은 대
조군 도시와 가상의 대조군의 손실을 구합니다. 이 두 손실을 합치면 최소화하려는 총손실을
얻게 됩니다.

예상대로, 앞에서와 같은 다섯 개의 도시들로 get_sc_st_combination을 호출하면 이전과 동
일한 실험군을 얻을 수 있습니다.

```
In [9]: resulting_geos.get("st_geos")

Out[9]: array(['salvador', 'aracaju'], dtype='<U23')
```

흥미롭게도 실험군 도시와 대조군 도시를 합하면 전체 50개 도시 목록과 같습니다. 그러나 이
는 m이 작을 경우 예상되는 결과입니다.

```
In [10]: len(resulting_geos.get("st_geos")) + len(resulting_geos.get("sc_geos"))

Out[10]: 50
```

실험군이 없을 때 $(m = 0)$ 모든 도시를 대조군으로 선택하고 $\mathbf{v} = \mathbf{f}$ 로 설정하는 것이 해결책이
됩니다. 그리고 $m > 0$이지만 매우 작은 경우, 모든 도시들을 포함하고 가중치를 약간 조정하
는 것이 시장 평균을 모방하기 위한 최적의 선택이 될 수 있습니다. m이 작을 때 가상의 대조
군은 시장 평균을 잘 재구성하므로, 대부분의 손실은 가상의 실험군에서 발생합니다. 다음 그
래프[1]를 통해 볼 수 있듯이, 가상의 실험군은 제대로 적합되지 않았지만, 가상의 대조군은 시장
평균과 거의 비슷한 것을 볼 수 있죠.

....

1   옮긴이_ 가상 대조군의 점선과 시장 평균선이 매우 유사하므로, 점선이 보이지 않는 것처럼 나타나 있습니다.

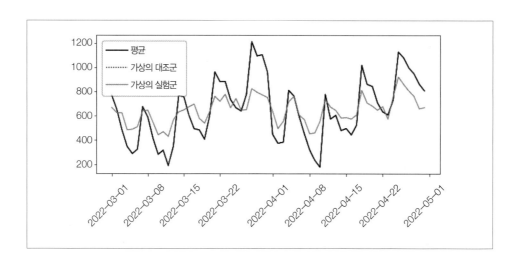

10.2.2 무작위 탐색

방금 얻은 결과를 개선하기 위해, 주어진 도시 수에 따른 총 손실을 최소화하는 방법을 고려해볼 수 있습니다. 이 과정에서는 다양한 도시 조합을 무작위 탐색^{random search}하고, 그 중 성능이 좋은 조합을 선택하는 간단한 방법을 사용하겠습니다. 구체적으로, 처음에는 1,000개의 5개 도시 조합을 생성하여 `geo_samples` 리스트에 저장한 후, 데이터와 평균 시장 결과 인수에 `get_sc_st_combination` 함수를 부분적으로 적용합니다. 이후, 이 함수를 1,000개의 도시 조합에 대해 병렬로 실행합니다.

```
In [11]: from joblib import Parallel, delayed
         from toolz import partial

         np.random.seed(1)
         geo_samples = [np.random.choice(geos, n_tr, replace=False)
                        for _ in range(1000)]

         est_combination = partial(get_sc_st_combination,
                                   df_sc=df_piv,
                                   y_mean_pre=y_avg)

         results = Parallel(n_jobs=4)(delayed(est_combination)(geos)
                                      for geos in geo_samples)
```

이 접근법이 최선은 아니지만 타당한 실험군 도시 집합을 만드는 데 효과적일 수 있습니다.

최적화

방금처럼 실험군 도시 선택 문제를 공식화하는 것은 아바디와 자오의 논문[2]에서 제시한 방식을 단순화한 것입니다. 이 논문에서는 열거enumeration를 사용하거나 최적화 제약이 있는 2차 프로그래밍 문제로 변환하는 방식을 제안합니다. 두 가지 접근 방식 모두 실행하는 데 상당한 시간이 걸리므로, 간단한 무작위 탐색만으로도 충분히 좋은 실험군 도시를 찾을 수 있는지 검토하는 것이 좋습니다.

필자도 이 문제에 유전 알고리즘genetic algorithm을 실험해보았으며, 같은 횟수로 반복했을 때 단순한 무작위 탐색보다 더 나은 결과를 얻는 경향을 확인했습니다. 또한 닉 두드첸코Nick Doudchenko 등의 논문[3]에서는 최적의 도시 집합을 선택하는 담금질 기법simulated annealing[4]을 제안합니다. 단순한 무작위 탐색만으로는 충분하지 않다면 이러한 알고리즘을 사용해보기 바랍니다.

선택한 실험군 도시를 살펴보면 이 모델이 단지 네 개의 도시만 선택했음을 알 수 있습니다. 이 중 상파울루와 같은 큰 도시가 포함되어 있는 것은 예상할 수 있죠. 큰 도시들은 전체 시장 평균에 큰 영향을 미치므로, 이들을 실험군에 포함시키면 전체 손실을 줄이는 데 도움이 됩니다. 만약 손실이 커지는 상황을 피하고 싶다면, 대조군에서 가장 큰 도시를 제외하면 됩니다.

```
In [12]: resulting_geos = min(results, key=lambda x: x.get("loss"))
         resulting_geos.get("st_geos")

Out[12]: array(['sao_paulo', 'florianopolis', 'recife', 'belem', 'sorocaba'],
               dtype='<U23')
```

---

2 Abadie, A., & Zhao, j. (2021). Synthetic Controls for Experimental Design. *arXiv.org, Papers 2108.02196.*

3 Doudchenko, N., Gilinson, D., Taylor, S., & Wernerfelt, N. (2019). Designing Experiments with Synthetic Controls. *Working paper.*

4 옮긴이_ 담금질 기법은 최적화 문제 해결을 위한 방법으로, 물리학의 금속 담금질 과정에서 영감을 받았습니다. 이 기법은 매우 다양한 최적화 문제에 적용될 수 있으며, 특히 전역 최적화를 요구하는 복잡한 문제에서 강력한 성능을 발휘합니다. 이 방법은 기존의 단순한 경사하강법(gradient descent)이나 지역 탐색 방법과 달리, 전역 최적화 문제에서 더 넓은 탐색 공간을 고려하여 보다 일반적이고 유연한 해결책을 제공합니다.

이렇게 구한 가상의 대조군과 실험군을 시각화하면, 이 간단한 방법이 얼마나 효과적으로 시장 평균을 잘 따라가는지 확인할 수 있습니다.

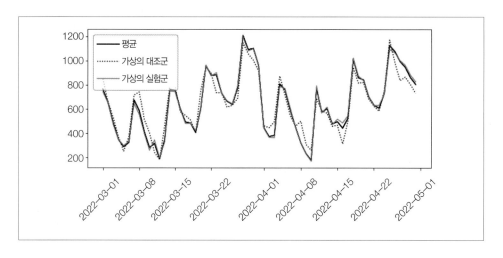

다른 실험 목표

가상의 실험군과 대조군의 손실의 합을 최소화하는 아이디어는 실험의 외적 타당성을 극대화하기 위한 것입니다. 시장 평균과 매우 유사한 실험군을 선택함으로써, 소규모 실험으로도 처치를 전국적으로 진행할 경우, 어떤 일이 일어날지 알기를 바랍니다. 하지만 이것이 실험의 유일한 목표는 아닙니다. 앞에서 소개한 두드첸코 등의 논문[5]에서는 표본 외 오차가 낮은 실험 대상의 집합을 선택하여 실험의 검정력을 극대화하는 데 초점을 맞춥니다. 후속 논문[6]에서는 실험군 선택을 혼합 정수 프로그래밍mixed-integer programming 공식으로 변환하여 효과 추정값의 RMSE를 최소화하는 실험 대상을 찾습니다.

마지막으로, 통제집단합성법을 사용하여 실험을 설계했더라도 반드시 이 방법으로 결과를 해석할 필요는 없습니다. 비록 그것이 합리적인 생각이라고 볼 수 있지만, 추정량의 분산을 줄일 수 있는 합성 이중차분법을 사용할 수도 있습니다. 하지만 그 결과로 얻은 추정량의 분산을 추

5 Doudchenko, N., Gilinson, D., Taylor, S., & Wernerfelt, N. (2019). Designing Experiments with Synthetic Controls. *Workingpaper*.

6 Doudchenko et,al. (2021). Synthetic Design: An Optimization Approach to Experimental Design with Synthetic Controls. *Advances in Neural Information Processing Systems 34*(NeurIPS 2021):8691-8701.

정할 때는 주의해야 합니다. 도시군을 무작위로 선택하지 않았으므로 다른 실험 대상으로 처치를 재배정하는 추론 과정은 유효하지 않습니다. 다행히도 이전 장에서 배운 t-검정은 실험 대상이 어떻게 선택되었는지를 가정하지 않으므로 여기서 사용할 수 있습니다.

10.3 스위치백 실험

통제집단합성법을 활용한 실험 설계는 적은 수의 실험 대상에서 최적의 실험군을 선택할 때 유용합니다. 그러나 이 방법을 사용하려면, 여전히 적당한 수의 실험 대상이 필요합니다. 그런데 만약 실험 대상이 1개 뿐이라면 어떻게 해야 할까요? 예를 들어 한 도시 내에서 운영하는 소규모 음식 배달 업체가 있다고 가정해보겠습니다. 이 회사는 음식 배달 시장의 수요와 공급을 조절하려고 동적 가격dynamic pricing 책정을 하고 있습니다. 배달 수수료 인상이 더 많은 운전기사를 끌어들이고 동시에 고객 수요를 조절함으로써 배달 시간에 어떤 영향을 미치는지 알고 싶어 합니다. 이 경우 기존의 A/B 테스트는 효과가 없습니다. 그 이유는 고객 절반에 대해 가격을 인상하면, 전체 수요 감소로 인해 드라이버가 늘어나, 대조군에도 혜택이 돌아갈 수 있기 때문입니다. 또한 이 회사는 한 도시에서만 있어서 통제집단합성법을 활용한 실험도 적용하기 어렵습니다. 그러나 이와 같은 상황에 맞는 실험 설계 방법이 있습니다.

가격이 원래 수준으로 돌아갔을 때 가격 인상의 효과가 금방 사라진다면, 여러 번 가격 인상을 반복하며 전후 비교를 할 수 있습니다. 이 방법을 **스위치백 실험**switchback experiment이라고 하며, 단 한 개나 아주 적은 수의 실험 대상이 있을 때 유용합니다. 하지만 이 방법을 사용하려면 처치에 대한 **이월 효과의 차수**lag[7]**가 작아야 합니다.** 즉, 처치가 끝난 후에도 장기간에 걸쳐 지속되지 않아야 합니다. 음식 배달의 경우를 예로 들면, 가격 인상 후 곧바로 공급이 증가하는 경향이 있습니다. 그리고 가격이 다시 원래 수준으로 돌아오면, 과잉된 공급은 몇 시간 내에 사라집니다. 따라서 이월 효과의 차수가 작으므로 스위치백 실험을 적용할 수 있습니다.

이번 장에서 스위치백 실험이 처음 소개되었으므로 실험 설계에 대해 논의하기 전, 한 가지 실험을 통해 스위치백 실험의 작동 원리를 파악해봅시다. 다음 데이터프레임은 120개의 기간 (각 기간은 1시간)으로 구성된 스위치백 실험의 데이터입니다. 이 실험에서는 각 **기간마다**

---

7 옮긴이_ 스위치백 실험에서 차수는 이월 효과가 이전 몇 기간 동안 지속되는지를 나타내는 지표입니다. 간단히 말해, 차수가 2라면 현재의 결과가 바로 이전 두 기간의 처치에 영향을 받는다는 것을 의미합니다.

50% 확률로 처치 여부를 무작위로 배정하게 됩니다. d 열은 그 시간에 가격 인상(처치)이 적용 되었는지를 보여주고, 배달시간인 delivery_time은 우리가 주목하는 결과입니다. 또한, 실제 로 관측되지 않지만 이해를 돕기 위해 세 개의 열을 추가했습니다. delivery_time_1은 가격 인상이 항상 적용됐을 때의 배달 시간, delivery_time_0은 가격인상이 항상 적용되지 않는 경우의 배달 시간입니다. 이 둘의 차이인 tau는 전체 처치효과를 나타내며, 스위치백 실험에서 우리가 관심을 갖는 인과 추정량입니다. 가격 인상이 배달 시간을 줄이는 효과가 있기 때문에, 이 효과는 음의 값으로 나타납니다. 그리고 이월 효과 때문에 처음 두 시간 동안의 효과는 상대 적으로 작게 나타납니다.

```
In [13]: df = pd.read_csv("./data/sb_exp_every.csv")
         df.head()
```

	d	delivery_time	delivery_time_1	delivery_time_0	tau
0	1	2,84	2,84	5,84	−3,0
1	0	4,49	1,49	6,49	−5,0
2	0	7,27	2,27	8,27	−6,0
3	1	5,27	2,27	8,27	−6,0
4	1	5,59	4,59	10,59	−6,0

[그림 10-2]는 관측된 결과(배달 시간)가 처치(가격 인상)를 항상 받았을 때와 전혀 받지 않았 을 때의 배달 시간 사이에서 변동하는 것을 보여줍니다. 더욱이, 동일한 처치를 연속해서 세 번 받은 경우, 실제로 관측된 결과는 처치를 항상 받았을 때와 같아집니다. 반면에 연속해서 3번 의 처치를 전혀 받지 않은 경우에는 처치를 전혀 받지 않았을 때의 결과와 같게 나타납니다.

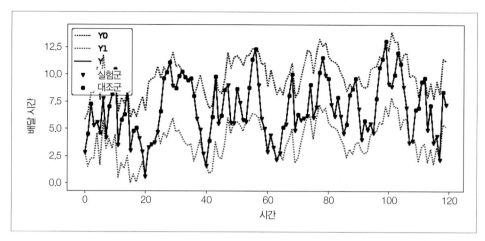

그림 10-2 스위치백 실험에서 관측된 결과는 항상 처치 받은 상태와 전혀 처치 받지 않은 상태의 잠재적 결과 사이에서 변동합니다.

$T = 20$에서 $T = 23$까지를 예로 들어보겠습니다. 이 구간에서는 우연히 가격 인상이 연속해서 세 번 이상 적용되었고, 그 결과 배달 시간은 가격 인상이 항상 적용되었을 때의 배달 시간과 일치합니다. 반대로, $T = 32$ 부근에서 처치가 연속해서 세 번 이상 적용되지 않는 것을 볼 수 있습니다. 그 때의 결과는 가격 인상이 전혀 적용되지 않았을 때의 결과와 일치하죠. 가격 인상이 연속해서 세 번 미만으로 적용되었을 경우, 관측된 배달 시간은 중간 정도에 위치합니다. 이 실험에서는 결과가 세 기간 동안의 처치에 의해 결정됩니다. 즉, 바로 직전의 처치뿐만 아니라 그 이전의 두 기간 동안의 처치에도 영향을 받습니다.

$$Y_t = f\left(d_{t-2}, d_{t-1}, d_t\right)$$

즉, 이월 효과의 차수는 2입니다.

현실에서는 관측된 결과만 알 수 있으므로 이러한 정보를 알 수 없습니다. 그래서 10.3.2절에서 이월 효과의 차수를 추정하는 방법에 대해 다룹니다. 따라서 지금은 스위치백 실험에 대한 기본적인 이해를 하는 데 집중해보겠습니다. 이를 바탕으로 스위치백 실험을 표현하기 위한 공식적인 표현을 살펴보겠습니다.

10.3.1 시퀀스의 잠재적 결과

처치효과는 이후 시간까지 영향을 준다는 점(이 경우에는 2개의 기간)을 감안하면, 스위치 백 실험에서는 잠재적 결과를 처치 벡터의 형태로 정의해야 합니다. 즉, $Y_t(\mathbf{D}) = Y_t([d_0, d_1, ..., d_T])$ 입니다. 다행히도 두 가지 가정으로 이를 단순화할 수 있습니다. 첫 번째는 처치에 대한 비기대 가정입니다. 이 경우 잠재적 결과는 현재와 과거의 처치에만 의존하고 미래의 처치에는 영향을 받지 않습니다. 그래서 $Y_t(\mathbf{D}) = Y_t([d_0, d_1, d_2, ..., d_t])$로 표현할 수 있습니다. 이월 기간 m의 크기를 안다면 $Y_t(\mathbf{D}) = Y_t([d_{t-m}, ..., d_t])$로 쓸 수 있습니다. 여기서는 $m = 2$이므로 잠재적 결과는 $Y_t(\mathbf{D}) = Y_t([d_{t-2}, d_{t-1}, d_t])$로 단순화되며, 가정이 전혀 없었을 때와 비교해보면 훨씬 간단해졌습니다.

이렇게 잠재적 결과를 정의했다면, 전체 처치효과를 다음과 같이 쓸 수 있습니다.

$$\tau_m = E\Big[Y_t\big(1_{t-m}, ..., 1_t\big) - Y_t\big(0_{t-m}, ..., 0_t\big)\Big]$$

이는 항상 처치를 받지 않는 상태에서 항상 받는 상태로 바뀌었을 때의 효과를 나타냅니다. $m = 2$인 경우, 이를 $E[Y_t(1,1,1) - Y_t(0,0,0)]$로 표현할 수 있습니다. 이러한 단순화 과정은 m의 값을 알아야만 가능하기 때문에, 지금부터는 m에 대해 집중해보겠습니다.

10.3.2 이월 효과의 차수 추정

도메인 지식을 활용하여 m의 상한선을 설정해보겠습니다. 예를 들어, 가격 인상 효과가 6시간 이상 지속되지 않는다는 것을 안다면, 이 경우 회귀로 다음 모델을 추정할 수 있습니다.

$$y_t = \alpha + d_t + d_{t-1}, ..., d_{t-K} + e_t$$

이 모델 추정 후, 매개변수 추정값의 크기와 유의성을 살펴봅시다. 이월 효과의 차수는 통계적으로 유의하고 결과에 큰 영향을 미치는 매개변수에 따라 결정됩니다.

여기에는 또 다른 가정이 적용됩니다. 바로 시차의 효과가 가산적[additive]이라는 것이죠.

$$Y_t = f\big(d_t, d_{t-1}, d_{t-2}\big) = \alpha + d_t + d_{t-1} + d_{t-2} + e_t$$

처치에 대한 시차를 만들려면, 판다스의 `.shift(lag)` 메서드를 사용하면 됩니다. 여기서 6개의 기간에 대한 시차를 만들기 위해, 생성하려는 새 열의 이름을 인수로 취하는 .assign(...) 메서드를 이용하여 새로운 열의 이름을 인수로 받습니다. 그리고 파이썬에서는 **와 딕셔너리를 사용하여 명명된 인수^{named argument}를 전달할 수 있다는 점을 기억하세요. 예를 들어, df.assign(a=1, b=1)은 df.assign(**{"a":1, "b":2})와 동일합니다.

```
In [14]: df_lags = df.assign(**{
            f"d_l{l}" : df["d"].shift(l) for l in range(7)
        })

        df_lags[[f"d_l{l}" for l in range(7)]].head()
```

	d_l0	d_l1	d_l2	...	d_l4	d_l5	d_l6
0	1	NaN	NaN	...	NaN	NaN	NaN
1	0	1.0	NaN	...	NaN	NaN	NaN
2	0	0.0	1.0	...	NaN	NaN	NaN
3	1	0.0	0.0	...	NaN	NaN	NaN
4	1	1.0	0.0	...	1.0	NaN	NaN

시차가 있는 데이터를 확보한 후에는 결과를 이전 시차들과 현재 처치(시차를 0으로 생각할 수 있음)에 회귀하면 됩니다. statsmodels에서는 NaN 값을 포함하는 행들을 제외시킨다는 점에 유의하세요.

```
In [15]: import statsmodels.formula.api as smf

        model = smf.ols("delivery_time ~" + "+".join([f"d_l{l}"
                                                for l in range(7)]),
                    data=df_lags).fit()

        model.summary().tables[1]
```

	coef	std err	t	P>|t|	[0.025	0.975]
Intercept	9.3270	0.461	20.246	0.000	8.414	10.240
d_l0	−2.9645	0.335	−8.843	0.000	−3.629	−2.300
d_l1	−1.8861	0.339	−5.560	0.000	−2.559	−1.213

d_l2	−1.0013	0.340	−2.943	0.004	−1.676	−0.327
d_l3	0.2594	0.341	0.762	0.448	−0.416	0.935
d_l4	0.1431	0.340	0.421	0.675	−0.531	0.817
d_l5	0.1388	0.340	0.408	0.684	−0.536	0.813
d_l6	0.5588	0.336	1.662	0.099	−0.108	1.225

시차 매개변수를 살펴보면, 두 번째 시차까지 유의한 것을 알 수 있습니다. 즉, 2개의 기간에 걸친 이월 효과가 있다는 것을 의미하죠. 흥미롭게도 회귀 모델에서 전체 효과 τ_m을 추정하기 위해, 이월 효과의 차수 m에 대해 정확히 알 필요는 없습니다. 회귀에 실제 m보다 많은 시차가 포함되어 있다면, 모든 시차 매개변수의 추정값을 합하면 됩니다.

$$\hat{\tau}_m = \sum_{l=0}^{lags} \hat{d}_{t-l}$$

분산을 구하기 위해, 각 시차의 분산을 합산합니다.

```
In [16]: ## 절편 제거
         tau_m_hat = model.params[1:].sum()
         se_tau_m_hat = np.sqrt((model.bse[1:]**2).sum())
         print("tau_m:", tau_m_hat)
         print("95% CI:", [tau_m_hat -1.96*se_tau_m_hat,
                           tau_m_hat +1.96*se_tau_m_hat])

Out[16]: tau_m: -4.751686115272022
         95% CI: [-6.5087183781545574, -2.9946538523894857]
```

여러 개의 시차를 사용하면, 전체 효과의 추정값이 다소 정확하지 않을 수 있습니다. 하지만 두 개의 시차만을 사용한다면 분산을 크게 줄일 수 있죠.

```
In [17]: ## 시차를 0, 1, 2로 선택
         tau_m_hat = model.params[1:4].sum()
         se_tau_m_hat = np.sqrt((model.bse[1:4]**2).sum())
         print("tau_m:", tau_m_hat)
         print("95% CI:", [tau_m_hat -1.96*se_tau_m_hat,
                           tau_m_hat +1.96*se_tau_m_hat])
```

```
Out[17]: tau_m: -5.8518568954422925
         95% CI: [-7.000105171362163, -4.703608619522422]
```

10.3.3 디자인 기반 추정

앞서 소개한 과정은 잠재적 결과 $Y_t(\mathbf{D})$ 의 모델 설정이 정확해야 한다는 가정을 전제로 합니다. 그런데, 이는 지금 다루고 있는 시계열 데이터에서 쉬운 작업이 아닙니다. 한 가지 대안은 처치가 어떻게 배정되었는지를 알면 적용 가능한 IPW(역확률 가중치)와 같은 방법을 통해 τ_m 을 추정하는 것이죠. 처치 배정 방식은 실험을 설계하는 회사가 통제하므로, 이 방법은 더 충족되기 쉬운 가정에 의존합니다. 여기서 필요한 것은 이월 효과의 차수인 m입니다.

IPW는 관측된 결과를 처치 확률의 역수인 $E\left[\hat{Y}_d\right] = N^{-1}\Sigma\left(Y_d\mathbf{1}(D=d)/P(D=d)\right)$ 을 곱해 잠재적 결과를 재구성합니다. 여기서도 IPW와 같은 방식을 사용하지만, 잠재적 결과가 처치 벡터로 정의되어 있다는 것을 고려해야 합니다. 예를 들어, 효과가 두 기간에 걸쳐 이월되는 경우 ($m = 2$), $Y_t(0,0,0)$와 $Y_t(1,1,1)$을 재구성하려면 연속적으로 3개의 동일한 처치가 나타날 확률을 계산해야 합니다. $m = 2$일 때 이는 $P(d_{t-2}=d,\ d_{t-1}=d,\ d_t=d)$이며 일반적으로는 다음과 같이 표현할 수 있습니다.

$$P\left(\mathbf{D}_{t-m:t}=\mathbf{d}\right)$$

여기서 $\mathbf{D}_{t-m:t}$ 는 현재 및 최근 m개 처치의 벡터이고 $\mathbf{d}$는 상수 처치 d의 벡터입니다. 여기서는 랜덤화(무작위 배정) 확률 p가 항상 50%인 경우에 중점을 두겠습니다. 즉, 각 랜덤화 지점에서 처치는 50%의 확률로 동일하게 유지되거나 전환됩니다. 실험 설계 측면에서 볼 때, 이는 처치 분산을 증가시키므로 실험의 검정력을 증가시킵니다. 추정의 관점에서 보면 $P\left(\mathbf{D}_{t-m:t}=\mathbf{1}\right) = P\left(\mathbf{D}_{t-m:t}=\mathbf{0}\right)$이 되도록 만드는 것입니다. 그러나 $P\left(\mathbf{D}_{t-m:t}=\mathbf{d}\right)$ 가 모든 곳에서 동일하다는 뜻은 아닙니다. 실제로 이 확률은 랜덤화 시점과 시퀀스^{sequence}에서의 위치에 따라 달라집니다. 음식 배달 예시에서, $p = 50\%$이고 처치는 모든 기간에 랜덤화되었습니다. 따라서 [1,1,1,1,1,1] 수열과 같이 세 번 연속으로 같은 처치를 관측할 확률은 [na,na, .5^3, .5^3, .5^3, .5^3]입니다. 그러나 세 번의 기간마다 랜덤화하면 같은 시퀀스의 실행 확률은 [na,na,.5, .5^2,.5^2,.5]가 됩니다. 그 이유는 $t = 4$, 5일 때, 현재 기간과 그 이전 두 기간을 포함하는 시차가 2인 창^{window}이 랜덤화 지점을 포함하기 때문입니다.

개념상으로는 쉽지만, 이를 코드로 구현하기는 쉽지 않습니다. 따라서, 넘파이를 사용한 기발한 배열 조작이 약간 필요합니다. 구체적인 이해를 돕기 위해, 세 기간마다 랜덤화하는 상황에서 $m + 1$개의 동일한 처치가 연속해서 관측될 확률을 계산해보겠습니다.

```
In [18]: rad_points_3 = np.array([True, False, False]*(2))
         rad_points_3

Out[18]: array([ True, False, False,  True, False, False])
```

첫 번째 단계는 랜덤화 지점으로부터 랜덤화 창randomization window을 식별하는 것입니다. True는 1로, False는 0으로 연산할 수 있으므로, 랜덤화 지점의 누적합을 계산하면, 이 지점들에서 값이 1씩 증가하는 것을 볼 수 있습니다.

```
In [19]: rad_points_3.cumsum()

Out[19]: array([1, 1, 1, 2, 2, 2])
```

이제 각 랜덤화 창을 동일한 정수의 시퀀스로 볼 수 있으며, 여기서는 각각 크기가 3인 두 개의 랜덤화 창이 있는 것이죠.

다음은 이월 창carryover window을 계산하는 단계로, 그 크기는 $m + 1$입니다. 이 사례에서 랜덤화 창은 이월 창과 같지만, 일반적으로는 같지 않습니다. 따라서 코드가 다른 m에 대해서 작동하도록 넘파이의 `sliding_window_view` 함수를 사용해 구현하겠습니다. 함수명에서 알 수 있듯이, 이 함수는 움직이는 창의 배열을 생성하되 처음 m개의 창이 완전하지 않아 제외된다는 점에 유의하세요.

```
In [20]: from numpy.lib.stride_tricks import sliding_window_view

         m = 2
         sliding_window_view(rad_points_3.cumsum(), window_shape=m+1)

Out[20]: array([[1, 1, 1],
                [1, 1, 2],
                [1, 2, 2],
```

```
           [2, 2, 2]])
```

이 창들에서 각 이월 창에 랜덤화 창이 몇 개나 포함되는지를 계산할 수 있습니다. 이는 단순히 각 이월 창에 포함된 서로 다른 숫자의 개수입니다. 안타깝게도 특정 축을 따라 고유한 요소를 세는 넘파이 함수는 없으므로 직접 함수를 만들어야 합니다. 그렇게 하려면, 배열의 연속된 항목들의 차를 계산하는 np.diff 함수를 사용할 수 있습니다.

```
In [21]: np.diff(sliding_window_view(rad_points_3.cumsum(), 3), axis=1)

Out[21]: array([[0, 0],
                [0, 1],
                [1, 0],
                [0, 0]])
```

마지막으로, 각 열을 합산한 후 1을 더하면 원래 배열의 각 지점에 해당하는 랜덤화 창의 개수가 반환됩니다. sliding_window_view에서 처음 m개의 창을 버리기 때문에 함수의 결과는 인덱스 2(T = 3)에서 시작함을 알 수 있습니다. 이 예제의 경우 T = 3에서 마지막 세 개의 항목에 한 개의 무작위 배정 창이 포함되고, T = 4일 때는 두 개의 랜덤화 창을 포함하는 식으로 계속됩니다. 혼동을 피하기 위해, 배열의 시작 부분에 m개의 np.nan을 앞에 추가합니다.

```
In [22]: n_rand_windows = np.concatenate([
             [np.nan]*m,
             np.diff(sliding_window_view(rad_points_3.cumsum(), 3),
                     axis=1).sum(axis=1)+1
         ])

         n_rand_windows

Out[22]: array([nan, nan,  1.,  2.,  2.,  1.])
```

이제 확률 벡터를 얻으려면 실험에 대한 확률(이 사례에서는 0.5)을 취하고 앞에서 구한 배열만큼 제곱하면 됩니다.

```
In [23]: p=0.5
         p**n_rand_windows

Out[23]: array([ nan, nan, 0.5, 0.25, 0.25, 0.5 ])
```

이 모든 과정을 하나의 함수로 정리하여 이 논리가 랜덤화 빈도가 다를 때 어떻게 작동하는지 확인해볼 수 있습니다. 예를 들어서 매 주기에 랜덤화를 하면 다음과 같습니다.

```
In [24]: def compute_p(rand_points, m, p=0.5):
             n_windows_last_m = np.concatenate([
                 [np.nan]*m,
                 np.diff(sliding_window_view(rand_points.cumsum(), m+1),
                         axis=1).sum(axis=1)+1
             ])
             return p**n_windows_last_m

         compute_p(np.ones(6)==1, 2, 0.5)

Out[24]: array([  nan, nan, 0.125, 0.125, 0.125, 0.125])
```

그리고 랜덤화 간격이 불규칙한 경우에도 마찬가지입니다.

```
In [25]: rand_points = np.array([True, False, False, True, False, True, False])
         compute_p(rand_points, 2, 0.5)

Out[25]: array([ nan, nan, 0.5, 0.25, 0.25, 0.25, 0.25])
```

하지만 앞서 다룬 과정은 모두 $P\left(\mathbf{D}_{t-m:t} = \mathbf{d}\right)$ 를 계산하는 과정일 뿐입니다. 잠재적 결과를 얻으려면 추정량의 나머지 부분도 살펴봐야 합니다.

$$\hat{Y}(\mathbf{d}) = \frac{1}{T-m} \sum_{t=m+1}^{T} Y_t \frac{\mathbf{1}\left(\mathbf{D}_{t-m:t} = \mathbf{d}\right)}{P\left(\mathbf{D}_{t-m:t} = \mathbf{d}\right)}$$

이 추정량은 최근 m개의 처치와 현재 처치가 모두 동일할 때마다 관측된 결과를 방금 배운 실행 확률로 곱해줍니다. 그런 다음 곱해진 결과의 평균을 구합니다.

앞서 구현한 코드에서 아직 분자의 지시 함수는 고려하지 않았습니다. 해당 함수는 최근 m +

1개의 처치가 d와 같을 때마다 true입니다. 다행히도 우리가 이미 아는 sliding_window_view를 사용하여 쉽게 진행할 수 있습니다. 먼저 처치 배열에 대한 $m + 1$개의 창을 생성합니다. 그런 다음 해당 창의 모든 요소가 처치와 동일한지 확인합니다. 다음은 이를 수행하는 함수입니다.

```
In [26]: def last_m_d_equal(d_vec, d, m):
             return np.concatenate([
                 [np.nan]*m,
                 (sliding_window_view(d_vec, m+1)==d).all(axis=1)
             ])

         print(last_m_d_equal([1, 1, 1, 0, 0, 0], 1, m=2))
         print(last_m_d_equal([1, 1, 1, 0, 0, 0], 0, m=2))

Out[26]: [nan nan  1.  0.  0.  0.]
         [nan nan  0.  0.  0.  1.]
```

이 함수를 처치 벡터 $[1,1,1,0,0,0]$에 적용하고 $m = 2$를 사용하여 현재 및 마지막 두 항목이 처치 받은 지점($d = 1$)을 찾는 경우 세 번째 항목에서만 1을 반환해야 합니다.

이제 이 모든 부분을 합쳐 스위치백 실험에 사용할 IPW 추정량을 만들 수 있습니다.

$$\hat{\tau} = \frac{1}{T-m} \sum_{t=m+1}^{T} \left\{ Y_t \left(\frac{\mathbf{1}\left(\mathbf{D}_{t-m:t}=\mathbf{1}\right)}{P\left(\mathbf{D}_{t-m:t}=\mathbf{1}\right)} - \frac{\mathbf{1}\left(\mathbf{D}_{t-m:t}=\mathbf{0}\right)}{P\left(\mathbf{D}_{t-m:t}=\mathbf{0}\right)} \right) \right\}$$

```
In [27]: def ipw_switchback(d, y, rand_points, m, p=0.5):

             p_last_m_equal_1 = compute_p(rand_points, m=m, p=p)
             p_last_m_equal_0 = compute_p(rand_points, m=m, p=1-p)

             last_m_is_1 = last_m_d_equal(d,1,m)
             last_m_is_0 = last_m_d_equal(d,0,m)

             y1_rec = y*last_m_is_1/p_last_m_equal_1
             y0_rec = y*last_m_is_0/p_last_m_equal_0

             return np.mean((y1_rec-y0_rec)[m:])
```

이제 이 함수를 사용하여 가격 인상 스위치백 실험에서 τ를 추정해보겠습니다. 기간마다 처치가 무작위로 배정되었음을 기억하세요. True 벡터인 np.ones(len(df))==1을 rand_points 인수에 전달하여 나온 추정값은 다음과 같습니다.

```
In [28]: ipw_switchback(df["d"],
                         df["delivery_time"],
                         np.ones(len(df))==1,
                         m=2, p=0.5)

Out[28]: -7.426440677966101
```

이렇게 구한 효과의 추정값은 앞서 OLS로 얻은 효과 추정값보다 약간 낮습니다. 즉, 가격 인상이 배달 시간을 더 줄인다는 것을 의미합니다. 또한 분산이 훨씬 더 크다는 점도 주목할 만합니다. 다음은 여러분의 데이터와 마찬가지로 500개의 스위치백 실험을 시뮬레이션하고, 전체 효과에 대한 OLS 및 IPW 추정값을 계산한 그래프입니다. 보시다시피 두 방법 모두 추정된 $\hat{\tau}$ 의 평균이 τ와 일치하므로 편향되지 않았지만, IPW 분포는 훨씬 더 넓게 퍼져 있습니다.

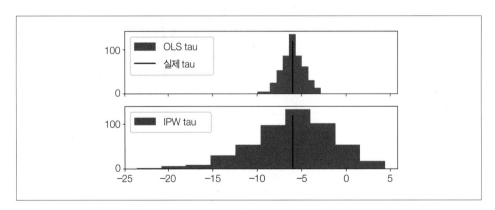

10.3.4 최적의 스위치백 설계

앞서 배웠듯이, 추정 관점에서 큰 분산은 바람직하지 않습니다. 그러나 스위치백 실험을 설계하는 상황이라면 아마도 가장 보수적인 입장에서 최악의 경우를 고려하거나 가능한 최소한의 가정을 하고 싶을 것입니다. 이러한 이유로 IPW 추정량을 사용하여 분산을 줄일 수 있는 실험을 설계하는 방안은 매력적입니다. 먼저 직관적인 수준에서 어떻게 할 수 있는지 생각해봅시다.

IPW 추정량 공식을 보면, 이 추정량은 $m + 1$개의 연속적인 처치가 동일한 시퀀스만 유지함을 알 수 있습니다. 즉, 하나 이상의 처치 배정이 있는 $m + 1$ 시퀀스를 모두 버립니다. 실험의 관측 결과와 잠재적 결과를 보여주는 그래프로 돌아가면, 이는 상위 및 하위 잠재적 결과 사이의 모든 데이터를 제거하는 것을 의미합니다. 따라서 더 많은 데이터를 사용하고 싶다면, 연속적으로 동일한 처치를 더 많이 확보하면 됩니다. 극단적으로는 모든 처치 시퀀스를 0이나 1로 설정할 수 있습니다. 이렇게 하면 사용 가능한 데이터를 최대화할 수 있지만, 처치의 분산이 감소하고 극단적인 경우에는 추정이 불가능해집니다. 따라서 추정량의 분산은 더 많은 유용한 데이터와 큰 처치 분산을 모두 가짐으로써 줄일 수 있기 때문에, 둘 사이의 균형을 찾아야 합니다.

직관적으로 이를 위한 한 가지 방법은 $m + 1$ 기간마다 랜덤화하는 것입니다. 지금 다루는 사례에서는 이월 효과의 차수가 2인 경우, 세 기간마다 랜덤화하면 됩니다. 이는 분산을 최소화하는 설계에 매우 가깝지만, 정확히 분산을 최소로 만들지는 않습니다. $m > 0$일 때, 대신 매 m 기간마다 랜덤화하고 실험 기간의 시작과 끝에서 크기가 m인 간격을 추가하면 이를 약간 개선할 수 있습니다.

$$\mathbb{T}^* = \{1, 2m+1, 3m+1, \ldots, (n-2)m+1\}$$

여기서 $\mathbb{T}^*$는 최적의 랜덤화 지점, m은 이월 효과의 차수, n은 $T/m = n$을 만족하는 4 이상의 정수입니다. 따라서 실험의 길이는 이월 차수로 나눌 수 있어야 하며 크기 m인 블록을 최소한 4개는 포함할 수 있을 만큼 충분히 길어야 합니다.

> **TIP** 이월이 없는 경우($m = 0$), 최적의 설계는 모든 데이터를 유지하면서 처치 분산을 최대화할 수 있는 모든 기간에 랜덤화하는 것입니다.

이를 이해하는 데 도움이 되는 몇 가지 예를 살펴보겠습니다. 먼저, $T = 12$이고 $m = 2$인 경우 $t = 1$에서 랜덤화하고 크기가 2인 간격을 남겨둔 후, $t = 3$에서 같은 식으로 $t = 5, 7, 9$에서 랜덤화하고 $t = 11$에서 최종적으로 크기가 2인 간격을 남깁니다.

```
In [29]: m = 2
         T = 12
         n = T/m
         np.isin(
             np.arange(1, T+1),
             [1] + [i*m+1 for i in range(2, int(n)-1)]
         )*1

Out[29]: array([1, 0, 0, 0, 1, 0, 1, 0, 1, 0, 0, 0])
```

$m = 3$이고 $T = 15$일 때는 $t = 1$에서 다시 랜덤화하고 $t = 4$에서 크기가 3인 간격을 둔 채, $t = 7, 10$에서 랜덤화하고, 마지막으로 $t = 13$에서 크기가 3인 간격을 남깁니다.

```
In [30]: m = 3
         T = 15
         n = T/m
         np.isin(
             np.arange(1, T+1),
             [1] + [i*m+1 for i in range(2, int(n)-1)]
         )*1

Out[30]: array([1, 0, 0, 0, 0, 0, 1, 0, 0, 1, 0, 0, 0, 0, 0])
```

흥미롭게도 위와 같이 최적 설계를 사용할 때 얻을 수 있는 분산 감소가 모델 가정을 하고 OLS를 사용하여 얻을 수 있는 분산 감소보다는 작습니다. 다음 그래프에서는 $T = 120$ 및 $m = 2$를 사용해 최적 설계, 직관적 설계(세 기간마다 랜덤화), 그리고 매 기간마다 랜덤화를 사용하여 500번의 실험을 시뮬레이션했습니다. 그런 다음 IPW 추정량을 사용하여 모든 실험의 효과를 추정했습니다. 보시다시피 분산 감소가 있지만 극적인 수준은 아닙니다.

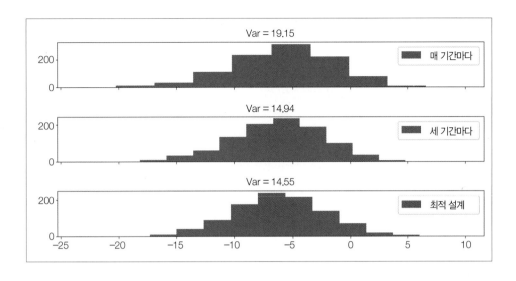

그래도 최적 설계는 구현하기가 간단하니, 이용하지 않을 이유가 없습니다.

10.3.5 강건한 분산

분산을 줄이는 방법에 관해서는 많이 이야기했지만, IPW 추정량의 분산을 추정하는 방법은 아직 다루지 않았습니다. 그 이유는 사실 분산이 실험 설계에 따라 달라지기 때문입니다. 이제 최적 설계를 설정했으니, 그에 따른 분산을 계산할 수 있습니다. 예를 들어, 음식 배달 회사가 첫번째 실험과 매우 유사한 두 번째 실험($T = 120$, $p = 0.5$)을 실행하는데, 이번에는 최적 설계에 따라 랜덤화 지점을 결정했다고 가정해보겠습니다.

```
In [31]: df_opt = pd.read_csv("./data/sb_exp_opt.csv")
         df_opt.head(6)
```

	rand_points	d	delivery_time
0	True	0	5.84
1	False	0	5.40
2	False	0	8.86
3	False	0	8.79
4	True	0	10.93
5	False	0	7.02

앞에서 언급한 IPW 함수는 매우 일반적이므로 여기에서 처치효과를 추정하는 데 사용할 수 있습니다.

```
In [32]: tau_hat = ipw_switchback(df_opt["d"],
                                   df_opt["delivery_time"],
                                   df_opt["rand_points"],
                                   m=2, p=0.5)

         tau_hat

Out[32]: -9.921016949152545
```

이제 분산을 살펴봅시다. 공식이 조금 복잡하지만, 하나하나 뜯어보고 나면 그렇게 복잡하지 않음을 알게 될 것입니다. 먼저 데이터를 $K = T/m$개의 블록으로 분할하여 각 블록의 크기가 m이 되도록 한 다음, 블록 k에서 결과의 합을 $\overline{Y}_k = \sum Y_{km+1:(k+1)m}$ 으로 정의합니다. 예를 들어, $Y = [1,1,1,2,2,3]$인 경우 $m = 2$, $k = \{1, 2\}$일 때, $\overline{Y} = \left[\sum Y_{3:4}, \sum Y_{5:6}\right] = [3,5]$ 가 됩니다. 이 때 첫 번째 블록이 버려짐을 알 수 있습니다. 이렇게 블록의 합을 정의했으므로 분산에 대한 보수적인 추정값은 다음과 같습니다.

$$\hat{\sigma}(\tau) = \frac{1}{(T-m)^2}\left\{8\overline{Y}_1^2 + \sum_{k=2}^{K-1}32\overline{Y}_k^2\mathbf{1}\left(d_{km+1} = d_{(k+1)m+1}\right) + 8\overline{Y}_K^2\right\}$$

이 식을 살펴보면 먼저, 분모는 표본 크기의 제곱입니다. 그런데 처음 m개를 버렸으므로 m을 빼야 합니다. 그리고 분자는 세 가지 주요 항으로 구성됩니다. 첫 번째 항과 마지막 항은 최적 설계의 시작과 끝에 남긴 간격을 고려하기 위한 것입니다. 중간에 있는 항은 지시 함수가 있어서 조금 더 복잡합니다. 이 함수는 두 개의 연속된 블록이 동일한 처치 받았을 때마다 1이 됩니다. 시작과 끝에 간격이 있기 때문에 첫 번째와 마지막 항에서 확실히 발생할 것이며, 이로 인해 그곳에서 지시 함수가 필요 없다는 점을 유의하세요.

이 공식을 코딩하려면 먼저 T가 m으로 나누어떨어지며, 그 몫이 4 이상이 되도록 해야 합니다. 그다음 `hsplit`과 `vstack` 함수를 사용합니다. 첫 번째 함수는 배열을 블록으로 분할하고, 두 번째 함수는 그 블록을 수직으로 쌓습니다. 한 가지 예제를 보여드리겠습니다.

```
In [33]: np.vstack(np.hsplit(np.array([1,1,1,2,2,3]), 3))

Out[33]: array([[1, 1],
                [1, 2],
                [2, 3]])
```

그런 다음 쌓인 배열의 열을 합산하여 $\bar{Y}$를 구할 수 있습니다.

처치 벡터를 사용하여 지시 함수에도 동일한 작업을 수행합니다. 실험 설계의 특성상 전체 처치 블록은 1이나 0이 될 것이므로 첫 번째 열만 가져와도 해당 블록에 어떤 처치가 배정되었는지 알 수 있습니다. 연속된 두 블록의 처치가 동일한지 확인하려면 diff 함수를 사용합니다. 그러면 블록이 하나 더 삭제됩니다. 다음 예시를 통해 살펴봅시다.

```
In [34]: np.diff(np.vstack(np.hsplit(np.array([1,1,0,0,0,0]), 3))[:, 0]) == 0

Out[34]: array([False,  True])
```

이제 전체 분산 함수를 살펴보겠습니다.

```
In [35]: def var_opt_design(d_opt, y_opt, T, m):

             assert ((T//m == T/m)
                     & (T//m >= 4)), "T must be divisible by m and T/m >= 4"

             # 첫 번째 블록 버리기
             y_m_blocks = np.vstack(np.hsplit(y_opt, int(T/m))).sum(axis=1)[1:]

             # 첫 번째 열의 값
             d_m_blocks = np.vstack(np.split(d_opt, int(T/m))[1:])[:, 0]

             return (
                 8*y_m_blocks[0]**2
                 + (32*y_m_blocks[1:-1]**2*(np.diff(d_m_blocks)==0)[:-1]).sum()
                 + 8*y_m_blocks[-1]**2
             ) / (T-m)**2
```

마지막으로, 이 함수를 사용하여 분산을 추정하고 효과 추정값에 신뢰구간을 구할 수 있습니다.

```
In [36]: se_hat = np.sqrt(var_opt_design(df_opt["d"],
                                         df_opt["delivery_time"],
                                         T=120, m=2))

        [tau_hat - 1.96*se_hat, tau_hat + 1.96*se_hat]

Out[36]: [-18.490627362048095, -1.351406536256997]
```

신뢰구간이 꽤 넓게 나왔습니다. 앞에서 OLS와 매 기간을 랜덤화한 설계를 사용한 경우보다 훨씬 넓습니다. 하지만 추가로 모델 가정을 하고 싶지 않다면 이러한 추가 분산은 감수해야 합니다. 또한 최적 설계를 따르더라도 OLS로 분석할 수 있습니다. 이 최적 설계가 OLS 분산을 최소화하지는 않지만, 기간마다 랜덤화할 때보다 더 정확한 추정값을 얻을 수 있습니다.

더 적은 가정으로 m 찾기

이 장에서 소개하는 최적의 스위치백 실험 설계, IPW 추정량 및 분산 추정량은 라보르 보지노프[lavor Bojinov] 등의 논문[8]에서 발췌했습니다. 이 논문은 T가 m으로 나누어떨어지지 않을 때도 작동하는, 더 일반적인 최적 설계 공식을 포함합니다. 이 공식은 훨씬 더 복잡하고, 회사에서 실험을 설계할 때는 T가 m으로 나눠 떨어지게 할 수 있기 때문에 이 책에서는 생략했습니다.

또한 이 논문에서는 이월 효과 m의 차수를 찾는 또 다른 과정을 제안합니다. 이 아이디어는 각기 다른 m 후봇값인 m_1, m_2에 대한 두 개의 최적 실험 e_1과 e_2를 실행하는 것을 기반으로 합니다. $m_1 < m_2$라고 가정해봅시다. 두 실험의 효과 추정값이 동일하다면 가설 $H_0 : m \leq m_1$ 을 기각할 수 없습니다. $m > m_1$이면 e_1이 e_2보다 효과에 관한 더 편향된 추정값을 반환할 것이기 때문입니다. 따라서 두 실험의 효과 추정값이 동일하다는 가설 $H_0 : \widehat{\tau_1} = \widehat{\tau_2}$ 을 기각하여 m을 찾을 수 있습니다.

솔직히 필자는 이 과정을 선호하지 않습니다. 실험이 엄청나게 길지 않는 한(T가 매우 크지 않은 한) 큰 분산 때문에 귀무가설을 기각하기란 매우 어렵습니다. 그래도 모델 기반 가정을 하고 싶지 않다면 앞서 설명한 OLS 방법의 대안이 될 수 있습니다.

8　Bojinov, I., Simchi-Levi, D. & Zhao, J. (2020). Design and Analysis of Switchback Experiments. *https://ssrn.com/abstract=3684168*

10.4 요약

이 장에서는 사용 가능한 실험 대상의 수가 다소 부족한 경우를 대비한 두 가지 대안적 실험 설계를 살펴보았습니다. 예를 들면, 실험 대상을 고객들에서 도시 전체로 실험 범위를 확대해야 하는 경우가 이에 해당하며, 온라인과 오프라인 마케팅 모두에서 이와 같은 상황이 발생합니다.

먼저 통제집단합성법 설계를 배웠습니다. 여기서 목표는 전체 실험 대상의 평균 행동을 근사하는 소규모 실험 대상 집단을 찾는 것입니다. 이를 위해, 다음 목적함수를 최적화하면 됩니다.

$$\min_{w,v} \quad \left\| \mathbf{Y}_{pre}\mathbf{f} - \mathbf{Y}_{pre}\mathbf{w}_{tr} - \alpha_0 \right\|^2 + \left\| \mathbf{Y}_{pre}\mathbf{f} - \mathbf{Y}_{pre}\mathbf{v}_{co} - \beta_0 \right\|^2$$
$$\text{s.t} \quad \sum w_i = 1 \text{ and } \sum v_i = 1$$
$$w_i, v_i \geq 0 \quad \forall i$$
$$w_i v_i = 0 \quad \forall i$$
$$|\mathbf{w}|_0 \leq m$$

여기서 $\mathbf{f}$는 각 실험 대상이 전체 평균에 기여하는 가중치이고, $\mathbf{w}$와 $\mathbf{v}$는 가상의 실험군과 대조군에 대한 가중치이며 m은 실험군의 최대 수에 대한 제약조건입니다.

통제집단합성법은 실험 대상의 수가 상대적으로 적을 때 매우 유용합니다. 이 방법을 사용하면 평균을 잘 재현하는 실험 대상에 처치할 수 있습니다. 또한 이월 효과의 차수가 커서 처치효과가 사라지는 데 오랜 시간이 걸리는 경우에도 적합한 방법입니다.

이월 효과의 차수가 작다면 스위치백 실험이 좋은 대안이 될 수 있습니다. 스위치백 실험은 동일한 실험 대상에 처치 배정과 미배정을 반복하면서 전후 비교를 여러 번 수행하는 방식입니다. 이 방식은 실험 대상이 매우 적거나 하나뿐인 경우에도 작동합니다.

스위치백 실험은 처치 확률(효과를 극대화하려면 50%로 설정하는 것이 좋습니다)과 랜덤화 지점 또는 랜덤화가 이루어지는 기간에 따라 정의됩니다. 이월 효과의 차수인 m이 0보다 큼을 안다면, 최적 설계는 $m + 1$ 기간마다 랜덤화하는 것이죠.

$$\mathbb{T}^* = \{1, 2m+1, 3m+1, \ldots, (n-2)m+1\}$$

여기서 $n = T/m$입니다. 이 방식이 작동하려면 실험 길이 T가 m으로 나누어떨어지고, 몫이 4 이상이 되도록 해야 합니다. 또한 이월 효과가 없는 경우($m = 0$) 최적 설계는 단순히 매 기간마다 랜덤화하는 설계입니다.

CHAPTER 11

불응과 도구변수

기업은 기존 고객층에게 제품이나 서비스를 제공하곤 합니다. 예를 들면, 소매업체는 고객에게 무료 배송을 포함한 구독 서비스를 제공하며, 스트리밍 회사는 추가 요금을 내고 광고가 없는 버전의 서비스를 제공할 수 있습니다. 그리고 은행은 특정 금액 이상을 소비하는 고객에게 다양한 혜택을 제공하는 프라임 신용카드를 제공하기도 하죠.

이 모든 예시에서 **고객은 추가 서비스를 선택하기 때문에** 해당 영향을 추론하기 어렵습니다. 참여 여부는 고객의 선택에 달려 있습니다. 따라서 참여한 고객과 그렇지 않은 고객의 Y_0가 다를 가능성이 높으므로, 서비스의 영향 평가를 복잡하게 만듭니다. 회사가 서비스나 제품의 **제공 여부를 무작위로 결정**하더라도 고객에게 이를 받아들이도록 강요할 수는 없습니다. 이를 **불응**^{non-compliance}이라고 하며, **처치를 배정받은 모든 사람이 처치 받지는 않음을 의미합니다.** 이 장에서는 이 문제를 대하는 방법과 불응 문제가 있는 실험을 설계할 때 고려해야 할 사항을 배울 예정입니다.

11.1 불응

의도된 처치에의 불응은 약학^{pharmaceutical science}에서 비롯되었습니다(불응을 다루는 도구 중 일부는 경제학에서 나왔지만요). 어떤 질병에 대한 신약 효과를 테스트하는 실험을 진행한다고 가정해보겠습니다. 각 피험자는 신약이나 위약 중 한 가지 처치에 배정됩니다. 하지만 피험자들은 때때로 약 복용을 잊을 수 있으므로 처치에 배정된 모든 사람이 처치 받는 것은 아니죠. 또한 위독한 환자는 자신이 위약을 처방받았다는 사실을 알고 어떻게든 신약을 받으려고 할 수 있습니다. 즉, 처치 배정과 처치 적용treatment intake을 분리하면 결국 네 그룹으로 나뉩니다.

1. **순응자**compiler: 자신에게 배정된 처치 받는 사람
2. **항시 참여자**always-taker:배정과 관계없이 항상 처치 받는 사람
3. **항시 불참자**never-taker: 배정과 관계없이 처치를 한 번도 받지 않은 사람
4. **반항자**defier: 배정된 처치와 반대되는 처치 받는 사람

여기서 문제는 각 그룹에 누가 속해 있는지 모른다는 점입니다.

또한 불응을 DAG 형태로 나타낼 수도 있습니다([그림 11-1] 참조). Z는 처치 배정(이 경우 무작위), T는 처치, Y는 결과, U는 처치 선택과 결과에 교란을 주는 숨겨진 요인입니다. Z는 **도구변수**(IV)로서, 1) 교란 없이 처치에 영향을 주고, 2) 처치를 거치지 않으면 결과에 영향을 미치지 않는 변수입니다.

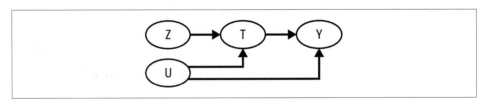

그림 11-1 표준 도구변수에 대한 DAG

순응 그룹compliance group과 처치 배정이 결정적으로 처치 적용의 원인이 되므로, U를 순응 그룹을 유발하는 미지의 요인으로 생각할 수도 있습니다. [그림 11-1]의 DAG에서 볼 수 있듯이, 추가적인 가정이 없다면 U를 통과하는 열린 뒷문 경로 때문에 처치가 Y에 미치는 영향을 식별할 수 없습니다. 곧 다룰 예정이지만, 이 효과를 식별하려면 Z를 현명하게 사용해야 합니다.

일반적인 업계 환경을 구체적인 예시로 들어보겠습니다. 은행이 고객에게 프라임 신용카드를 제공했을 때 어떤 영향을 미치는지 알고 싶어 한다고 가정해보죠. 이 프라임 서비스를 제공하려면 큰 비용이 들기 때문에 은행은 고객에게 소액의 수수료를 부과합니다. 하지만 모든 비용을 충당하기에 충분한 이익을 기대하기 힘듭니다. 하지만 프라임 고객의 구매금액(카드 사용

총액)이 최소 500달러 이상 증가한다면 이 서비스는 그만한 가치가 있다고 볼 수 있죠. 따라서 은행은 프라임 카드가 고객의 구매금액을 얼마나 늘리는지 알고 싶어 합니다.

해당 은행은 10,000명의 고객을 대상으로 프라임 신용카드(prime_eligible) 이용 가능 여부를 무작위로 배정하는 실험을 진행했습니다. 이 과정에서 고객의 절반은 실험군, 나머지 절반은 대조군으로 배정되었습니다. 하지만 은행이 고객에게 카드를 선택하도록 강요할 수는 없으므로 이 실험에는 불응이 존재합니다.

이러한 변수를 [그림 11-1]에 적용해보면, 구매금액은 Y, 프라임 신용카드의 이용 가능 여부는 Z, 프라임 카드 보유 여부는 T가 됩니다. 은행은 고객의 나이, 소득, 신용점수 정보도 가지고 있지만, 지금은 해당 변수를 고려하지 않겠습니다. 또한 프라임 카드가 구매금액(pv)에 미치는 실제 효과인 τ(tau)와 고객이 속한 그룹(categ) 정보도 포함되어 있습니다. 실전에서는 고객이 속한 그룹과 τ는 실제로 사용할 수 없지만, 여기서는 이해를 돕기 위해 예시로 사용됩니다.

```
In [1]: import pandas as pd
        import numpy as np


        df = pd.read_csv("./data/prime_card.csv")


        df.head()
```

	age	income	credit_score	prime_eligible	prime_card	pv	tau	categ
0	37.7	9687.0	822.0	0	0	4913.79	700.0	complier
1	46.0	13731.0	190.0	0	0	5637.66	200.0	never-taker
2	43.1	2839.0	214.0	1	1	2410.45	700.0	complier
3	36.0	1206.0	318.0	1	1	1363.06	700.0	complier
4	39.7	4095.0	430.0	0	0	2189.80	700.0	complier

11.2 잠재적 결과 확장

불응을 더 정확하게 다루고 식별하려면 잠재적 결과 표기법을 확장할 필요가 있습니다. Z는 T의 원인이므로, 이제 **잠재적 처치**potential treatment T_z를 정의할 수 있습니다. 그리고 잠재적 결과는 도구변수 Z에 대한 새로운 반사실 $Y_{z,t}$를 가집니다.

프라임 신용카드 예시에서 Z는 무작위로 배정되기 때문에, Z가 Y에 미치는 영향인 **처치 의도 효과** intent-to-treat effect(ITTE)는 쉽게 식별할 수 있습니다.

$$ITTE = E[Y \mid Z = 1] - E[Y \mid Z = 0] = E\left[Y_{1,t} - Y_{0,t}\right]$$

그리고 처치 의도 효과는 단순선형회귀로 추정할 수 있습니다.

```
In [2]: m = smf.ols("pv~prime_eligible", data=df).fit()
        m.summary().tables[1]
```

	coef	std err	t	P>|t|	[0.025	0.975]
Intercept	2498.3618	24.327	102.701	0.000	2450.677	2546.047
prime_eligible	321.3880	34.321	9.364	0.000	254.113	388.663

ITTE는 처치 배정에 따른 영향을 측정하므로 그 자체로 중요한 지표입니다. 이 예시에서 ITTE 는 프라임 신용카드 제공의 영향을 나타냅니다. 은행에서 이 값은 프라임 신용카드를 사용함으로써 기대할 수 있는 고객당 추가 구매금액(PV)을 나타냅니다. 그러나 ITTE가 처치효과와 같지 않다는 점이 중요합니다. 은행의 주요 목표는 프라임 카드의 혜택이 그 비용을 상회하는지를 결정하는 것이죠. 따라서 은행은 ITTE에만 의존하기보다는 카드 선택에 따른 처치효과를 파악해야 합니다.

이 사례에서 은행은 프라임 카드 제공 대상을 완전히 통제합니다. 그 결과 프라임 카드 사용 자격이 없는 고객들은 카드를 얻을 방법이 없으므로 **단방향** one-sided **불응**이 발생합니다. 그러나 카드를 사용할 수 있는 고객들은 카드 사용여부를 선택할 수 있습니다. 이로 인해 순응 그룹의 수가 네 개에서 두 개로 줄어들며, 항시 참여자는 순응자로, 반항자는 항시 불참자로 분류됩니다.

이제 실험 상황을 이해했으니, 프라임 카드에 대한 효과를 식별하겠습니다. 가장 명확한 방법은 ITTE를 프라임 카드 효과의 대리변수로 사용하는 것이죠. 어쩌면 이 두 값은 크게 다르지 않을 수도 있습니다. 그렇다면 ITTE에 대해서 조금 더 자세히 알아볼까요?

처치를 무작위로 배정하므로, 실험군과 대조군을 비교함으로써 ITTE를 얻을 수 있습니다. 하지만 이 비교를 통해 얻어지는 **ITTE 추정값은 ATE 추정값보다 0에 가깝게 편향될** 수 있습니다 ([그림 11-2] 참조). 실험군의 일부 대상이 실제로 처치 받지 않으므로 두 그룹 간의 차이가 실제보다 줄어들기 때문입니다.

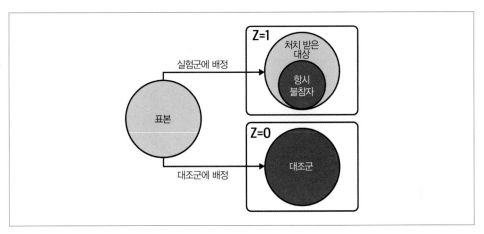

그림 11-2 실험군에 배정된 대상 중 일부가 실제로는 다른 처치를 받으므로 ITTE는 ATE 추정값보다 0으로 편향됩니다.

데이터셋에 추가한 tau를 활용해서 이를 증명해보겠습니다. ATE는 ITTE보다 상당히 크죠.

```
In [3]: df["tau"].mean()

Out[3]: 413.45
```

그럼 실험군과 대조군 간의 단순평균 비교 $E[Y|T = 1] - E[Y|T = 0]$은 어떨까요? 아마도 무작위 배정을 해서 관심 있는 효과 추정값의 좋은 대체값이 될 수 있을 것입니다. 과연 그럴지, 일단 추정해서 다음 결과를 통해 확인해보죠.

```
In [4]: m = smf.ols("pv~prime_card", data=df).fit()
        m.summary().tables[1]
```

	coef	std err	t	P)|t|	[0.025	0.975]
Intercept	2534.4947	19.239	131.740	0.000	2496.783	2572.206
prime_card	588.1388	41.676	14.112	0.000	506.446	669.831

이제 측정된 효과는 실제 효과보다 훨씬 큽니다([그림 11-3] 참조). 이 예시에서는 상향 편향

$E[Y|T=1] > E[Y|T=0]$이 존재하므로, 프라임 카드를 선택한 고객은 프라임 카드에 관계없이 더 많이 지출하기 때문입니다. 즉, 항시 불참자는 순응자보다 Y_0이 낮으므로 처치 받지 않은 그룹의 평균 결과가 낮아집니다.

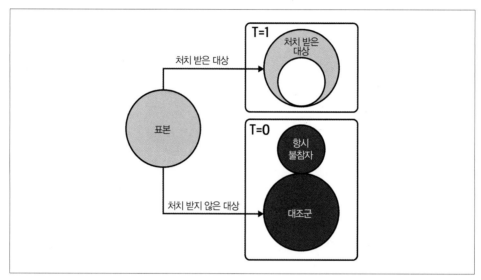

그림 11-3 불응 상태에서는 처치 선택이 무작위가 아니므로, 처치 받은 경우와 받지 않은 경우를 비교해도 ATE를 제대로 식별할 수 없습니다.

현재 1) ATE를 식별할 수 없고, 2) ITTE는 ATE에 대한 편향 추정값인 어려운 상황에 봉착했습니다. 대부분의 인과추론에서처럼, 이 문제를 해결하기 위해서 추가적인 가정이 필요합니다.

11.3 도구변수 식별 가정

가독성을 높이기 위해 [그림11-1]의 DAG를 가져오겠습니다. 보시다시피, 식별에 필요한 몇 가지 가정들은 이미 해당 DAG에 나타나 있습니다.

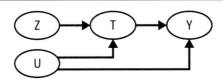

1. 첫 번째 가정은 **독립성**입니다. 즉 Z와 $T(T_z \perp Z \mid X)$ 그리고 Z와 $Y((Y(Z, T_z) \perp Z \mid X)$ 사이에 측정되지 않은 교란 요인이 없다고 가정하며, 도구변수가 마치 무작위로 배정된 것처럼 작용한다고 볼 수 있습니다. 또한 이 가정은 직접 검증할 수 없지만, 실험 설계를 통해 설득력을 높일 수 있습니다. 해당 예시로 돌아와서, 프라임 카드의 사용을 무작위로 배정했기 때문에 이 가정이 충족되었다고 말할 수 있죠.

2. 두 번째 가정은 **배제 제약**exclusion restriction입니다. $Y_{z,t} = Y_t$로 표현하며, 처치 T를 통하지 않고 Z에서 Y로 가는 경로가 없다는 가정입니다. 즉, 도구변수가 처치를 통해서만 결과에 영향을 미칩니다. 이 가정은 더 까다롭습니다. Z가 무작위로 배정되더라도 다른 경로로 결과에 영향을 미칠 수 있기 때문입니다. 예를 들면, 고객들이 자신이 배정된 그룹을 알아냈고 대조군에 속한 고객이 은행에 매우 화가 나서 계좌를 해지하기로 했다고 해봅시다. 이 경우 무작위 배정은 처치와는 별개의 경로를 통해 결과에 영향을 미치는 것이죠.

3. 세 번째 가정은 **연관성**relevance $E[T_1 - T_0] \neq 0$입니다. 이는 Z에서 T로 향하는 화살표가 존재함을 의미합니다. 즉, 도구변수가 처치변수에 영향을 미쳐야 합니다. 다행히도 도구변수가 처치변수에 주는 영향을 추정할 수 있으므로, 이 가정은 검증할 수 있습니다.

4. 네 번째이자 마지막 가정은 DAG에 나타나지 않았습니다. 이는 주로 인과모델에 자주 부여되는 함수 형태 가정인 **단조성**monotonicity입니다. $T_{i1} \geq T_{i0}$(또는 그 반대의 경우). 어려워 보일 수 있지만, 이는 단순히 도구변수가 처치변수를 한 방향으로만 영향을 주는 것을 의미합니다. 즉, 이 가정은 도구변수의 영향을 받은 모든 대상의 처치 받을 확률이 단지 증가하거나 감소하는 것을 의미합니다. 처치 받을 확률이 증가하는 경우 반항자가 없다고 가정하는 것이며, 반대로 감소하는 경우 순응자가 없다고 가정하는 것과 같습니다. 이 예시에서는 대조군의 고객이 프라임 신용카드를 억지로 발급받을 수 없으므로 해당 가정도 타당해 보입니다. 그 결과, 반항자는 항시 불참자로 분류됩니다.

이제 이러한 가정을 어떻게 식별에 활용하는지 살펴보겠습니다. 여기서 목표는 ITTE를 시작점으로 삼고, 이를 바탕으로 ATE를 추정하는 것이죠. 먼저 결과를 잠재적 결과로 확장해보겠습니다. 참고로 처치를 $Y = Y_1 T + Y_0 (1 - T)$와 같이 변환할 수 있음을 기억해주세요.[1]

$$
\begin{aligned}
E[Y \mid Z = 1] - E[Y \mid Z = 0] \ &= E\Big[Y_{1,1} T_1 + Y_{1,0} \big(1 - T_1\big) \mid Z = 1 \Big] \\
&\quad - E\Big[Y_{0,1} T_0 + Y_{0,0} \big(1 - T_0\big) \mid Z = 0 \Big]
\end{aligned}
$$

---

1   옮긴이_ 다음 수식에서 Y의 하단 첨자는 $Y_{z,t}$를, T의 하단 첨자는 T_z를 의미합니다.

이제 배제 제약 덕분에 $Y_{z,t}$의 도구변수 첨자를 제거할 수 있습니다.

$$E\left[Y_1 T_1 + Y_0\left(1 - T_1\right) \mid Z = 1\right] - E\left[Y_1 T_0 + Y_0\left(1 - T_0\right) \mid Z = 0\right]$$

다음으로 독립성 가정을 사용하여 두 기댓값을 묶을 수 있습니다.

$$E\left[Y_1 T_1 + Y_0\left(1 - T_1\right) - Y_1 T_0 - Y_0\left(1 - T_0\right)\right]$$

이 식을 다음과 같이 단순화할 수 있습니다.

$$E\left[\left(Y_1 - Y_0\right)\left(T_1 - T_0\right)\right]$$

다음으로 단조성 가정을 사용하여, 이 기댓값을 가능한 경우인 $T_1 > T_0$와 $T_1 = T_0$로 확장해보겠습니다.

$$
\begin{aligned}
& E\left[\left(Y_1 - Y_0\right)\left(T_1 - T_0\right) \mid T_1 > T_0\right] P\left(T_1 > T_0\right) \\
+ \ & E\left[\left(Y_1 - Y_0\right)\left(T_1 - T_0\right) \mid T_1 = T_0\right] P\left(T_1 = T_0\right)
\end{aligned}
$$

그리고 $T_1 = T_0$라면, $T_1 - T_0$는 0이 되므로 첫 번째 항만 남습니다. $T_1 \neq T_0$면 $T_1 - T_1 = 1$이고, Z는 이진 변수이므로 다음과 같이 표현할 수 있습니다.

$$E[Y \mid Z = 1] - E[Y \mid Z = 0] = E\left[Y_1 - Y_0 \mid T_1 > T_0\right] P\left(T_1 > T_0\right)$$

잠시 앞의 식을 살펴보겠습니다. 먼저, $T_1 > T_0$는 순응자, 즉 도구변수가 처치변수를 0에서 1로 전환하는 모집단입니다. 이 마지막 식에서 도구변수가 결과에 미치는 영향은 **순응자의 처치효과에 순응률**compliance rate**을 곱한 값**임을 나타냅니다. ITTE는 ATE에 0과 1 사이의 비율을 곱하기 때문에 0에 편향된 추정값을 보이는 것이죠. $P(T_1 > T_0)$만 추정할 수 있다면, 이전 추정량을 보정할 수 있습니다.

하지만 잠깐만요! 도구변수가 무작위로 배정되었으므로 처치에 미치는 영향 $E[T_1 - T_0]$을 추정할 수 있습니다. 그리고 단조성 가정에 따라, 순응자이면 $T_1 - T_0 = 1$이고 그렇지 않으면 0이므로, 이 효과의 기댓값은 순응률입니다.

$$E\left[T_1 - T_0\right] = P\left(T_1 > T_0\right)$$

이 내용을 모두 종합하면, **도구변수가 결과에 미치는 영향을 도구변수가 처치에 미치는 영향인 순응률로 조정함으로써 순응자들에 대한 평균 처치효과를 식별할 수 있음**을 의미합니다.

$$E\big[Y_1 - Y_0 \mid T_1 > T_0\big] = \frac{E[Y \mid Z = 1] - E[Y \mid Z = 0]}{E[T \mid Z = 1] - E[T \mid Z = 0]}$$

이렇게 하면 도구변수를 사용하여 불응에서의 효과를 식별할 수 있습니다. 하지만, ATE가 아닌 일반적으로 순응자에 대한 효과인 **국지적 평균 처치효과**$^{local\ average\ treatment\ effect}$(LATE)만을 확인할 수 있다는 것이죠. 안타깝게도 ATE는 식별할 수 없지만, 이는 문제가 되지 않을 수도 있습니다. 신용카드 예시에서 LATE는 프라임 카드를 사용할 수 있을 때, 선택한 사람들에 대한 효과입니다. 이제 은행은 고객당 추가 구매금액(*PV*)의 효과가 프라임 카드의 비용을 상회하는지 알고 싶은데, 이 두 가지 모두 프라임 카드를 선택한 사람들에게만 발생합니다. 이 상황에서는 LATE를 아는 것만으로도 충분합니다. 또한, 은행은 프라임 카드를 선택하지 않을 사람들의 효과에는 신경 쓰지 않습니다.

도구변수 식별에 관한 이론을 살펴보았으므로, 이제 도구변수 실습을 진행해보겠습니다.

11.4 1단계

도구변수 분석의 첫 번째 단계를 **1단계**$^{first\ stage}$ 회귀라고 부르는데, 이는 처치변수를 도구변수에 대해 회귀하는 단계입니다. 이 단계에서 연관성 가정을 확인할 수 있습니다. 만약 도구변수와 관련된 매개변수 추정값이 크고 통계적으로 유의하다면 해당 가정이 유효하다고 믿을 충분한 근거가 되는 것이죠.

```
In [5]: first_stage = smf.ols("prime_card ~ prime_eligible", data=df).fit()
        first_stage.summary().tables[1]
```

	coef	std err	t	P>|t|	[0.025	0.975]
Intercept	6.729e-15	0.005	1.35e-12	1.000	−0.010	0.010
prime_eligible	0.4242	0.007	60.536	0.000	0.410	0.438

이 예시에서 순응률은 약 42%로 추정되며, 통계적으로도 유의합니다(95% 신뢰구간: [0.410, 0.438]). 각 고객이 속한 실제 그룹을 포함했기 때문에 이 수치가 실제 순응률인지도 다음과 같이 확인할 수 있습니다.

```
In [6]: df.groupby("categ").size()/len(df)

Out[6]: categ
        complier      0.4269
        never-taker   0.5731
        dtype: float64
```

11.5 2단계

도구변수의 두 번째 단계는 **2단계** 또는 **축약형**reduced form이라고 합니다. 이 단계에서는 결과를 도구변수에 회귀하여 처치 의도 효과를 추정합니다.

```
In [7]: red_form = smf.ols("pv ~ prime_eligible", data=df).fit()
        red_form.summary().tables[1]
```

	coef	std err	t	P>|t|	[0.025	0.975]
Intercept	2498.3618	24.327	102.701	0.000	2450.677	2546.047
prime_eligible	321.3880	34.321	9.364	0.000	254.113	388.663

1단계와 2단계인 축약형 단계를 진행한 후, 전자의 매개변수 추정값을 후자의 매개변수 추정 값으로 나누어 LATE에 대한 추정값을 얻을 수 있습니다.

```
In [8]: late = (red_form.params["prime_eligible"] /
                first_stage.params["prime_eligible"])
        late

Out[8]: 757.6973795343938
```

보시다시피 이 효과는 ITTE의 두 배 이상입니다. 이는 순응률이 50%보다 낮으므로 예상할 수 있는 결과죠. 또한 순응자들이 평균 효과보다 높은 값을 가지므로 LATE는 ATE보다 큽니다. 실제로 순응자에 대한 효과를 계산해보면 LATE 추정값이 이에 매우 근접함을 알 수 있습니다.

```
In [9]: df.groupby("categ")["tau"].mean()

Out[9]: categ
        complier      700.0
        never-taker   200.0
        Name: tau, dtype: float64
```

그럼에도 여전히 차이가 있습니다. 점추정값$^{point\ estimate}$의 신뢰구간을 활용하지 않으면, 이 값이 맞는지 확인하기 어렵죠. 부트스트랩을 사용하여 확인해볼 수 있지만, 도구변수 추정값의 표준오차를 계산하는 실제 공식을 살펴보는 것이 도움이 될 것입니다. 그러려면 LATE를 추정하는 다른 방법인 2단계 최소제곱법을 살펴보겠습니다.

11.6 2단계 최소제곱법

다음 DAG를 살펴보면, 처치의 원인은 두 가지 변수라는 것을 알 수 있습니다. 첫째, 랜덤 요소인 랜덤화된 도구변수 Z와 둘째, 교란편향이 발생하는 U 변수입니다.

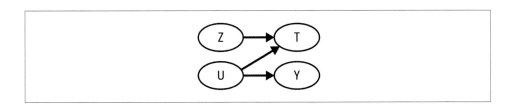

1단계는 처치변수를 도구변수에 회귀하는 단계이며, 이는 본질적으로 경로 $Z \rightarrow T$를 추정하는 것을 의미합니다. 이 단계에서는 더 깊은 의미가 있는데, 1단계에서의 예측값인 $\hat{T}$를 편향되지 않은 처치변수라고 볼 수 있습니다. 그다음, 2단계 축약형에서는 결과를 해당 예측값에 회귀하여 이전과 같은 도구변수 추정값을 얻게 됩니다.

```
In [10]: iv_regr = smf.ols(
             "pv ~ prime_card",
             data=df.assign(prime_card=first_stage.fittedvalues)).fit()

         iv_regr.summary().tables[1]
```

	coef	std err	t	P>|t|	[0,025	0,975]
Intercept	2498.3618	24.327	102.701	0.000	2450.677	2546.047
prime_card	757.6974	80.914	9.364	0.000	599.091	916.304

이 접근법을 2단계 최소제곱법$^{\text{two-stage least squares}}$(2SLS)이라고 합니다. 그렇다면 이 방법이 유용한 이유는 무엇일까요? 첫째, 표준오차를 적절하게 계산할 수 있고, 둘째, 회귀 모델에서 변수를 추가할 때만큼이나 쉽게 더 많은 도구변수와 공변량을 추가할 수 있기 때문입니다. 이 두 가지 이유를 차례로 살펴보겠습니다.

11.7 표준오차

축약형 단계 예측의 잔차는 다음과 같이 정의할 수 있습니다.

$$\hat{e}_{IV} = Y - \hat{\beta}_{IV} T$$

2단계의 .resid 메서드에서 얻을 수 있는 잔차는 $Y - \hat{\beta}_{IV}\hat{T}$ 이므로 동일한 잔차가 **아니라는 점**에 유의하세요. 원하는 잔차는 예측된 처치가 아닌 기존의 처치를 사용합니다.

해당 잔차를 사용하여 도구변수 추정값에 대한 표준오차를 계산할 수 있습니다.

$$SE\left(\hat{\beta}_{IV}\right) = \frac{\sigma\left(\hat{\epsilon}_{IV}\right)}{\hat{\beta}_{z,1st}\sigma(Z)\sqrt{n}}$$

$\sigma(.)$는 표준오차 함수를 나타내며, $\hat{\beta}_{z,1st}$ 는 1단계에서 얻은 예상 순응률입니다.

```
In [11]: Z = df["prime_eligible"]
         T = df["prime_card"]
         n = len(df)

         # iv_regr.resid 와 다름!
         e_iv = df["pv"] - iv_regr.predict(df)
         compliance = np.cov(T, Z)[0, 1]/Z.var()

         se = np.std(e_iv)/(compliance*np.std(Z)*np.sqrt(n))

         print("SE IV:", se)
         print("95% CI:", [late - 2*se, late + 2*se])

Out[11]: SE IV: 80.52861026141942
         95% CI: [596.6401590115549, 918.7546000572327]
```

결과를 다시 확인하려면 파이썬 패키지 linearmodels에서 2SLS 모듈을 사용하면 됩니다. 이 모듈을 사용하면 [T~Z]에서와 같이 1단계를 모델의 공식 안에 넣고, 도구변수 모델을 적합시킬 수 있습니다. 보시다시피, 이 패키지를 사용하면 앞선 계산에서와 동일한 LATE 추정값과 표준오차를 얻을 수 있습니다.

```
In [12]: from linearmodels import IV2SLS

         formula = 'pv ~ 1 + [prime_card ~ prime_eligible]'
         iv_model = IV2SLS.from_formula(formula, df).fit(cov_type="unadjusted")

         iv_model.summary.tables[1]
```

	Parameter	Std. Err.	T-stat	P-value	Lower CI	Upper CI
Intercept	2498.4	24.211	103.19	0.0000	2450.9	2545.8
prime_card	757.70	80.529	9.4090	0.0000	599.86	915.53

방법에 관계없이 순응자의 실제 ATE가 700이라고 하더라도 이 신뢰구간이 상당히 넓음을 알 수 있습니다. 이보다 더 중요한 점은 표준오차 공식이 불응 실험에서 마주하는 어려움에 대해 일정 부분 설명해줄 수 있다는 것이죠. 먼저, 분모에 있는 $\sigma(Z)$를 살펴봅시다. Z는 이항 변수이므로 $\sigma(Z)$의 최댓값은 0.5입니다. 이는 이진 처치의 OLS와 크게 다르지 않습니다(이때 표준

오차는 $\sigma(\hat{e})/(\sigma(T)\sqrt{n}))$). 이는 단순히 처치를 50% : 50%으로 무작위 배정하여 테스트의 검정력을 극대화할 수 있음을 의미합니다.

하지만 이제 분모에 순응률 $\hat{\beta}_{z,1st}$ 이라는 추가 항이 생겼습니다. 당연히 순응률이 100%인 경우 $Z = T$, $\hat{\beta}_{z,1st} = 1$이 되고 OLS 표준오차를 다시 얻게 됩니다. 그러나 불응인 경우 $\hat{\beta}_{z,1st} < 1$이므로 표준오차가 증가합니다. 예를 들어, 순응률이 50%라면 도구변수 표준오차는 OLS 때보다 2배 커집니다. 따라서 순응률이 50%인 실험에 필요한 표본 크기는 순응률이 100%인 경우에 필요한 표본의 4배가 됩니다.

다음 그림은 다양한 예상 순응률을 가정하여 LATE 매개변수 추정값에 대한 신뢰구간 크기를 비교합니다(첫 번째 이미지). 또한 여러 순응률을 고려할 때, 불응이 존재하는 테스트에 얼마나 많은 표본이 더 필요한지도 보여줍니다.

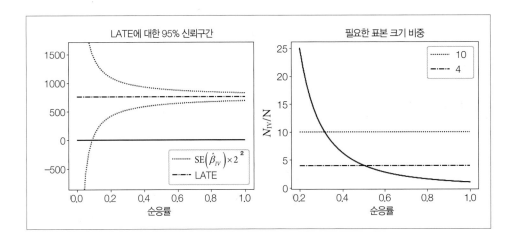

---

2 옮긴이_ 도구변수 추정량의 표준오차 × 2

순응률 50%는 여전히 높습니다. 대부분의 적용 사례에서 프라임 서비스나 제품을 선택하는 고객은 극히 일부에 불과하므로 LATE를 추정하기란 더욱 어렵습니다. 예를 들어, 순응률이 30%로 낮다면 순응에 문제가 없을 때 필요한 표본보다 10배 더 큰 표본이 필요합니다. 그렇게 큰 표본을 수집하는 일은 불가능하지는 않으나 대체로 비현실적이죠. 이러한 문제가 발생한 상황에서 도구변수 표준오차를 낮출 수 있는 몇 가지 방법이 있습니다. 그중 하나는 추가 공변량을 포함하는 방법입니다.

11.8 통제변수와 도구변수 추가

프라임 신용카드 데이터에 처치변수, 도구변수, 결과변수 외에 추가적으로 세 가지 공변량이 있었다는 사실을 기억하시나요? 바로 고객의 소득, 나이, 신용점수였죠. 이제 이 세 공변량과 T, Z, Y의 관계를 설명하는 인과 그래프가 다음과 같다고 가정해봅시다.

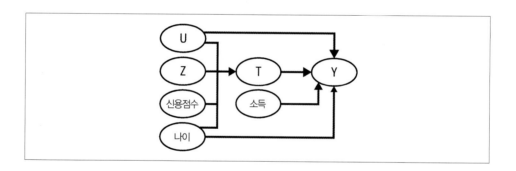

소득은 결과 예측력이 높지만 순응 여부는 예측하지 못하고, 신용점수는 순응 여부는 예측하지만 결과는 예측하지 못합니다. 나이는 이 두 가지 모두에 영향을 미치는 교란 요인입니다. 이러한 변수를 잘 사용한다면, 표준오차를 줄일 수 있습니다.

먼저 신용점수를 살펴보겠습니다. 신용점수는 순응의 원인이지만 결과의 원인은 아닙니다. 즉, 추가 도구변수로 취급할 수 있습니다. DAG에서 볼 수 있듯이, 신용점수는 도구변수 Z처럼 처음 세 가지 도구변수 가정을 만족하며, 추가적으로 단조성만 가정하면 됩니다. 2SLS 모델에 신용점수를 추가 도구변수로 포함하면, LATE 매개변수의 표준오차를 크게 줄일 수 있습니다.

```
In [13]: formula = 'pv ~ 1 + [prime_card ~ prime_eligible + credit_score]'
         iv_model = IV2SLS.from_formula(formula, df).fit()


         iv_model.summary.tables[1]
```

	Parameter	Std. Err.	T-stat	P-value	Lower CI	Upper CI
Intercept	2519.4	21.168	119.02	0.0000	2477.9	2560.9
prime_card	659.04	58.089	11.345	0.0000	545.19	772.90

여기서 주의해야 할 점이 있습니다. 만약 신용점수를 도구변수로 취급하는 대신 조건부로 두고 두 번째 단계에도 추가하면, 오차가 증가합니다. 하지만 4장에서 결과가 아닌 처치의 원인을 조건으로 두면 추정값의 분산이 증가한다는 사실을 배웠습니다. 여기서 더 큰 문제는 도구변수 (Z) 배정 메커니즘을 알지 못하면, 배제 제약이 위배되는지 알기 어렵다는 점입니다. 예를 들어, 신용점수가 결과에 영향을 미치지 않는다고 가정하는 이유는 데이터를 생성 과정을 알며, 이를 신뢰하기 때문입니다. 하지만 현실에서는 이와 같은 도구변수를 찾기는 어렵죠. 대부분은 공변량이 순응과 결과 모두에 영향을 주며, 여기서는 나이가 이에 해당합니다. 따라서 결과를 잘 예측할 통제변수를 포함해서 도구변수 추정값의 분산을 줄여보겠습니다. 이 예시에서 고객 소득은 구매금액을 잘 예측하므로, 해당 변수를 추가 통제변수로 포함하면 표준오차를 상당히 줄일 수 있습니다.

```
In [14]: formula = '''pv ~ 1
         + [prime_card ~ prime_eligible + credit_score]
         + income + age'''

         iv_model = IV2SLS.from_formula(formula, df).fit(cov_type="unadjusted")

         iv_model.summary.tables[1]
```

	Parameter	Std. Err.	T-stat	P-value	Lower CI	Upper CI
Intercept	210.62	37.605	5.6008	0.0000	136.91	284.32
age	9.7444	0.8873	10.982	0.0000	8.0053	11.483
income	0.3998	0.0008	471.04	0.0000	0.3981	0.4014
prime_card	693.12	12.165	56.978	0.0000	669.28	716.96

나이와 같이 결과와 순응에 모두 영향을 미치는 변수들은 표준오차에 대한 영향은 더 복잡해질 것입니다. 회귀분석처럼, 처치에 대한 설명력이 결과보다 높다면 결과적으로 분산이 커질 수 있습니다.

11.8.1 2SLS 직접 구현

항상 도구변수 라이브러리를 사용할 수 있는 것은 아니므로, 직접 2SLS를 구현해볼 것이며, 이는 전혀 복잡하지 않습니다. 여러 개의 도구변수와 추가 공변량이 있는 경우, 다음과 같이 해당 변수를 모델에 포함해보겠습니다.

1. **1단계**: 처치를 도구변수와 추가 공변량에 회귀합니다(T ~ Z + X).
2. **2단계**: 결과를 처치 받은 그룹에 대해 (첫 번째 단계에서 구한) 적합된 값과 추가 공변량에 대해 회귀합니다(Y ~ T_hat + X).

```
In [15]: formula_1st = "prime_card ~ prime_eligible + credit_score + income+age"
         first_stage = smf.ols(formula_1st, data=df).fit()

         iv_model = smf.ols(
             "pv ~ prime_card + income + age",
             data=df.assign(prime_card=first_stage.fittedvalues)).fit()

         iv_model.summary().tables[1]
```

	coef	std err	t	P>|t|	[0.025	0.975]
Intercept	210.6177	40.832	5.158	0.000	130.578	290.657
prime_card	693.1207	13.209	52.474	0.000	667.229	719.013
income	0.3998	0.001	433.806	0.000	0.398	0.402
age	9.7444	0.963	10.114	0.000	7.856	11.633

11.8.2 행렬 구현

이처럼 구현하면 linearmodels를 사용했을 때와 동일한 도구변수 추정값을 얻을 수 있지만 표준오차는 달라집니다. 만약 표준오차를 구하고 싶다면, 2SLS의 행렬을 사용해 구현하는 편이 더 나을 수 있습니다. 이를 위해서 처치 행렬과 도구변수 행렬 모두에 추가 공변량을 두어야 합니다. 그 후, 다음과 같이 도구변수에 대한 매개변수를 추정할 수 있습니다.

$$\hat{X} = Z\left(Z'Z\right)^{-1} Z'X$$

$$\hat{\beta}_{IV} = \left(\hat{X}'\hat{X}\right)^{-1} \hat{X}Y$$

코드 구현 시에는 N 값이 커지는 경우에 주의해야 합니다. $Z(Z'Z)^{-1}Z'$는 거대한 $N \times N$ 행렬이 되는데, 이를 피하려면 먼저 $(Z'Z)^{-1}Z'X$를 계산한 다음, Z를 앞에 곱하면 됩니다.

```
In [16]: Z = df[["prime_eligible", "credit_score", "income", "age"]].values
         X = df[["prime_card", "income", "age"]].values
         Y = df[["pv"]].values

         def add_intercept(x):
             return np.concatenate([np.ones((x.shape[0], 1)), x], axis=1)

         Z_ = add_intercept(Z)
         X_ = add_intercept(X)

         # Z_.dot(...)를 사전에 곱하는 것에 주의
         # NxN 행렬 생성
         X_hat = Z_.dot(np.linalg.inv(Z_.T.dot(Z_)).dot(Z_.T).dot(X_))

         b_iv = np.linalg.inv(X_hat.T.dot(X_hat)).dot(X_hat.T).dot(Y)
         b_iv[1]

Out[16]: array([693.12072518])
```

다시 한번 이전과 똑같은 계수를 갖게 됩니다. 이 계수를 바탕으로 도구변수 잔차와 분산을 계산할 수 있습니다.

$$\widehat{\mathrm{Var}}\left(\hat{\beta}_{IV}\right) = \sigma^2\left(\hat{e}_{iv}\right) diag\left(\left(\hat{X}'\hat{X}\right)^{-1}\right)$$

```
In [17]: e_hat_iv = (Y - X_.dot(b_iv))

         var = e_hat_iv.var()*np.diag(np.linalg.inv(X_hat.T.dot(X_hat)))
```

```
        np.sqrt(var[1])

Out[17]: 12.164694395033125
```

행렬 표기법 때문에 이 분산 공식은 해석하기 조금 어렵지만, 추가 공변량 없이도 이전과 더 유사한 값을 구할 수 있습니다.

$$SE\left(\widehat{\beta_{IV}}\right) \approx \frac{\sigma(\hat{e}_{IV})}{\sigma(\tilde{T})\sqrt{nR_{1st}^2}}$$

여기서 $\tilde{T}$ 는 처치를 추가 공변량(도구변수 제외)에 회귀한 처치의 잔차이며, R_{1st}^2 는 1단계의 R^2입니다.

```
In [18]: t_tilde = smf.ols("prime_card ~ income + age", data=df).fit().resid

         e_hat_iv.std()/(t_tilde.std()*np.sqrt(n*first_stage.rsquared))

Out[18]: 12.156252763192523
```

이 식을 보면, 표본 크기를 늘리는 방법 외에도 표준오차를 줄이는 세 가지 방법이 있음을 알 수 있습니다.

1. 1단계의 R^2 증가시키기. 이는 순응을 잘 예측하는 강력한 도구변수를 찾아서 해결할 수 있습니다. 해당 변수들은 결과에 영향을 미치지 않으면서 배제 제약을 만족해야 합니다.
2. T에 대한 예측력이 높은 변수를 제거하여 $\sigma(\tilde{T})$ 증가시키기
3. 결과의 예측력이 높은 변수를 찾아서 2단계 잔차 줄이기

필자는 이 중 마지막 방법을 선호합니다. 앞서 말했듯이, 실전에서 도구변수를 찾기란 매우 어렵고 $\sigma(\tilde{T})$ 를 줄이기 위해 변수를 제거하는 부분도 한계가 있습니다. 따라서 신뢰할 수 있는 유일한 분산 감소 방법은 결과를 잘 예측하는 변수를 찾는 것이 현실적이라고 생각합니다.

11.9 불연속 설계

회귀 불연속 설계$^{regression\ discontinuity\ design}$(RDD)[3]는 기존의 도구변수 및 불응 설계와 더불어 중요한 방법입니다. 회귀 불연속 설계는 학계에서 널리 사용하지만, 실전에서는 적용이 다소 제한적일 수 있습니다. 회귀 불연속 설계는 처치 배정에 인위적인 불연속성^{discontinuity}을 활용하여 처치효과를 식별합니다. 예를 들어, 정부가 빈곤층 가정에 매월 $200 현지 통화로 지급하는 지원 프로그램을 시행하지만, 소득이 $50 미만인 가정만 혜택을 받을 수 있다고 가정하겠습니다. 이는 $50에서 프로그램 배정에 불연속성을 만들어, 연구자가 임곗값 바로 위와 바로 아래에 있는 가정을 비교하여 프로그램의 효과를 측정할 수 있게 합니다. 물론 두 그룹이 유사하다는 전제하에 가능한 일입니다.

또한, 회귀 불연속 설계는 지원 프로그램 예제 외에도 다양한 상황에 적용할 수 있습니다. 불연속성은 흔히 발생하므로, 회귀 불연속 설계는 연구자에게 매우 매력적인 방법이죠.

예를 들어, 연구자들은 대학 입시의 영향을 이해하기 위해, 입학시험에서 합격 기준선 바로 위아래에서 점수를 받은 학생들을 비교할 수 있습니다. 또한, 여성이 정치에 미치는 영향을 평가할 때, 여성 후보가 소수점 차이로 패배한 도시와 승리한 도시를 비교할 수 있습니다. 이처럼 적용 가능한 사례는 무궁무진합니다.

회귀 불연속 설계는 현업에서 유용할 수 있지만, 그 활용도는 상대적으로 제한적입니다. 예를 들어, 은행이 모든 고객에게 신용카드를 제공하지만, 계좌 잔고가 $5,000 이하인 고객에게는 수수료를 부과한다고 가정해봅시다. 이는 카드 제공 방식에 불연속성을 만들어, 잔액이 임곗값 이상인 고객은 프라임 카드를 선택할 가능성이 더 높고, 임곗값 이하인 고객은 선택 가능성이 더 낮습니다. 따라서, 임곗값을 초과하는 고객과 아닌 고객이 다른 측면에서 비슷하다면 프라임 카드와 일반 카드의 효과를 비교하는 데 회귀 불연속 설계를 활용할 수 있습니다.

앞서 논의했듯이 기업들이 자격(프라임 카드 배정)을 랜덤화하는 실험을 쉽게 진행할 수 있으므로, 필자는 회귀 불연속 설계의 실무 적용 가능성이 낮다[4]고 생각합니다. 그러나 예를 들어 이러한 실험을 진행하는 데 많은 시간이 소요된다고 가정해보죠. 이는 아마도 순응률이 낮아서

---

3 옮긴이_ 불연속 설계가 왜 도구변수 추정에 포함되었는지 함께 생각해보면서 이 절을 학습하는 것을 권장합니다.

4 옮긴이_ 자체 또는 3자 실험 플랫폼이 사내에 도입된 경우 및 실험 기반의 의사결정이 이루어지는 조직에서는 쉽게 A/B 테스트를 할 수 있습니다. 하지만 모든 회사가 이와 같은 환경을 가지고 있지는 않습니다. 실험 및 인과추론 적용의 어려움에 대한 자세한 내용은 이 책의 역자 에필로그를 참조해주세요.

필요한 표본이 너무 크기 때문일 것입니다.

반면, 해당 은행에는 앞서 설명한 불연속 설계에 따른 데이터가 이미 있습니다. 따라서 은행은 해당 데이터를 활용하여 프라임 신용카드의 효과를 판단할 수 있습니다. 은행이 이 목적을 위해 어떻게 불연속성을 사용할 수 있을까요? 기본 아이디어는 임곗값을 넘으면 처치 받을 가능성이 높아지므로, 임곗값을 하나의 도구변수로 이해할 수 있음을 인식하는 것입니다.

다음 그래프는 회귀 불연속 설계[5]와 도구변수의 관계를 보여줍니다. 아래쪽 그래프는 계좌 잔고에 따른 반사실 처치를 보여줍니다. 도구변수는 $5,000를 임곗값으로 하여 잔고가 $5,000 미만일 때 T_0, 그렇지 않으면 T_1을 관측할 수 있습니다. 또한 이 도구변수(계좌 잔고)는 처치 (프라임 카드) 받을 확률을 높이므로, 임곗값을 넘으면 $P(T = 1)$이 급증합니다. 위쪽 그래프는 이러한 처치 확률의 변화가 결과에 미치는 영향을 보여줍니다.

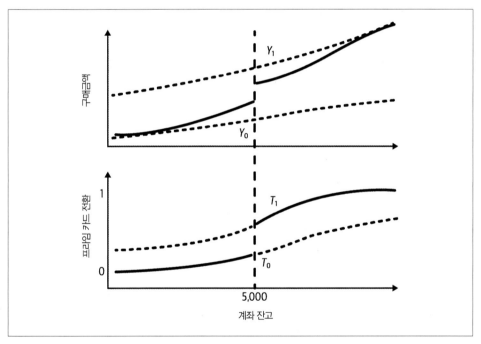

그림 11-4 불연속 설계에서의 잠재적 결과와 잠재적 처치

---

5 옮긴이_ 여기서 설명하는 방법은 경사형(fuzzy) 회귀 불연속 설계라고 부릅니다. 만약, 임곗값 기준으로 처치 확률이 0과 100으로 결정 된다면, 계단형(sharp) 회귀 불연속 설계가 되며 불응이 없는 경우로 이해할 수 있습니다.

임곗값을 초과하더라도 처치 확률이 1보다 작으면 관측한 결과가 실제 잠재적 결과 Y_1보다 작아집니다. 마찬가지로 임곗값 아래에서 관측한 결과는 실제 잠재적 결과 Y_0보다 높습니다. 따라서 임곗값에서의 처치효과가 실제보다 작게 보이며, 도구변수를 사용해서 이를 보정해야 합니다.

11.9.1 불연속 설계 가정

회귀 불연속 설계에는 도구변수 가정 외에도 잠재적 결과 및 잠재적 처치 함수의 평활도에 대한 추가 가정이 필요합니다. 처치 확률이 임곗값 $R = c$에서, 해당 변수의 불연속 함수가 되도록 배정변수^running variable^ R을 정의해보겠습니다. 은행 예제에서 R은 계좌 잔고이고 c는 5,000입니다. 다음과 같은 가정이 필요합니다.

$$\lim_{r \to c^-} E\left[Y_t \mid R = r\right] = \lim_{r \to c^+} E\left[Y_t \mid R = r\right]$$
$$\lim_{r \to c^-} E\left[T_z \mid R = r\right] = \lim_{r \to c^+} E\left[T_z \mid R = r\right]$$

즉, 불연속 지점인 $R = c$에서, 잠재적 결과 Y_t와 잠재적 처치 T_z는 왼쪽 또는 오른쪽에서 접근하든 동일합니다. 이 가정을 바탕으로 회귀 불연속 설계에 대한 LATE 추정량을 유도할 수 있습니다.

$$
\begin{aligned}
LATE &= \frac{\lim_{r \to c^+} E[Y \mid R = r] - \lim_{r \to c^-} E[Y \mid R = r]}{\lim_{r \to c^+} E[T \mid R = r] - \lim_{r \to c^-} E[T \mid R = r]} \\
&= E[Y_1 - Y_0 \mid T_1 > T_0, R = c]
\end{aligned}
$$

중요한 것은 이 추정량이 두 가지 의미에서 국소적^local^이라는 점입니다. 첫째, 임곗값 $R = c$에서만 처치효과를 주기 때문에 국소적이며, 이것이 불연속 설계의 국소성^locality^입니다. 둘째, 순응자의 처치효과만 추정하므로 국소적입니다.

11.9.2 처치 의도 효과

[그림 11-4]의 위쪽 그래프에서는 처치 의도 효과 때문에 임곗값에서 관측된 결과가 급증합니다. 도구변수가 변할 때 결과가 어떻게 바뀌는지를 측정하기 때문입니다. 이제 이 값이 최종 도구변수 추정값의 분자가 되므로 이를 추정하는 방법을 살펴보겠습니다. 먼저 고객의 계좌 잔고, 프라임 카드 선택 여부, 구매금액 정보가 포함된 데이터를 살펴보죠.

```
In [19]: df_dd = pd.read_csv("./data/prime_card_discontinuity.csv")
         df_dd.head()
```

	balance	prime_card	pv	tau	categ
0	12100.0	1	356.472	300.0	always-takers
1	4400.0	1	268.172	300.0	always-takers
2	4600.0	1	668.896	300.0	always-takers
3	3500.0	1	428.094	300.0	always-takers
4	12700.0	1	1619.793	700.0	complier

그러면 배정변수인 잔고를 중심으로 조정하여 임곗값을 0으로 옮겨보겠습니다. 이 경우 불연속 지점이 5,000에 있으므로, 배정변수에서 5,000을 빼주면 됩니다(이 방법은 회귀분석의 매개변수 해석을 더 쉽게 만들어줍니다). 그다음, 임곗값 위에 있는지 여부를 나타내는 더미변수와 상호작용하는 중심이 조정된 배정변수 R을 사용하여 결과변수에 대한 회귀분석을 진행합니다($R > 0$).[6]

$$y_i = \beta_0 + \beta_1 r_i + \beta_2 \mathbf{1}(r_i > 0) + \beta_3 \mathbf{1}(r_i > 0) r_i$$

임곗값을 초과하는 것과 관련된 매개변수 추정값인 $\widehat{\beta_2}$는 처치 의도 효과로 해석할 수 있습니다.

```
In [20]: m = smf.ols(f"pv~balance*I(balance>0)", df_dd.assign(balance=lambda d:
         d["balance"]-5000)).fit()
         m.summary().tables[1]
```

----

6 옮긴이_ 이 회귀 모델은 임곗값 전후의 회귀 기울기를 달리할 수 있습니다. 만약 임곗값 전후의 기울기가 동일해서 불연속 점프만을 포착하고자 한다면, 마지막 항은 필요하지 않습니다.

	coef	std err	t	P>|t|	[0.025	0.975]
Intercept	559.2980	8.395	66.621	0.000	542.843	575.753
I(balance > 5000)[T.True]	261.0699	10.128	25.777	0.000	241.218	280.922
balance	0.0616	0.005	11.892	0.000	0.051	0.072
balance:I(balance > 5000)[T.True]	-0.0187	0.005	-3.488	0.000	-0.029	-0.008

이는 본질적으로 임곗값 위아래 두 개의 회귀선을 추정합니다. 순응 문제가 없다면, 즉 임곗값을 초과하는 모든 대상이 처치 받고 임곗값을 초과하는 모든 사람이 처치 받지 않는다면, 이 접근 방식을 계속 사용할 수 있습니다. 여기서 순응률이 100%라면, ITTE는 ATE가 됩니다.

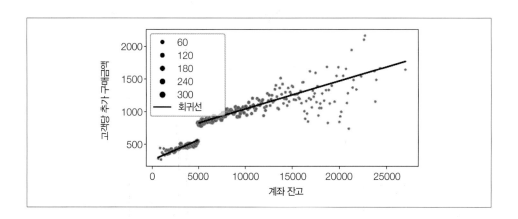

11.9.3 도구변수 추정값

순응률이 100%가 아니므로 ITTE를 순응률로 나누어야 합니다. 불연속 설계에서 이는 임곗값을 넘을 때 처치 확률이 얼마나 변하는지를 의미합니다. 이 값을 추정하려면, 이전 과정을 반복하되 결과변수인 pv를 처치변수인 prime_card로 대체하면 됩니다. 다음은 불연속 설계에서 도구변수 추정값을 계산하는 간단한 함수입니다. 이 함수는 ITTE와 순응률을 추정하여 ITTE를 순응률로 나눕니다.

```
In [21]: def rdd_iv(data, y, t, r, cutoff):
             centered_df = data.assign(**{r: data[r]-cutoff})
```

```
            compliance = smf.ols(f"{t}~{r}*I({r}>0)", centered_df).fit()
            itte = smf.ols(f"{y}~{r}*I({r}>0)", centered_df).fit()


            param = f"I({r} > 0)[T.True]"
            return itte.params[param]/compliance.params[param]


        rdd_iv(df_dd, y="pv", t="prime_card", r="balance", cutoff=5000)

Out[21]: 732.8534752298891
```

이 함수에 데이터를 인수로 전달하면 실제 LATE에 매우 근접한 추정값을 얻을 수 있습니다. 이 데이터셋에는 개별 처치효과인 tau 열과 순응 범주가 포함되므로 실제 ATE와 비교할 수 있음을 기억하세요.

```
In [22]: (df_dd
          .round({"balance":-2}) # 백의 단위로 반올림
          .query("balance==5000 & categ=='complier'")["tau"].mean())

Out[22]: 700.0
```

마지막으로, 해당 추정량의 신뢰구간을 계산하는 공식을 유도할 수도 있지만, 전체 함수를 부트스트랩 과정으로 간단히 묶는 방법이 가장 쉽습니다. 여기서는 상세한 코드를 포함하지 않습니다. 대신, 결과 구간만 확인해보겠습니다.

```
array([655.08214249, 807.83207567])
```

11.9.4 밀도 불연속 테스트

이 장을 마무리하기 전에, 불연속 설계에 대한 식별의 잠재적 문제[7]를 언급하려고 합니다. 대상(고객들)이 배정변수를 조작할 수 있다면, 스스로를 실험군에 포함시킬 수도 있습니다. 프라임

---

7 옮긴이_ 불연속 설계는 그 외에도 2가지 정도의 고려사항이 존재합니다. 1) 대역폭(bandwidth): 배정변수 전후로 어느 정도의 구간을 실험에 사용할 것인지에 대역폭에 따라 결과가 달라집니다. 2) 함수 형태: 이 예시에서는 회귀로 추정했지만, 비선형적인 케이스가 존재할 수도 있으며, 같은 그래프여도 함수 형태 가정에 따라 해석이 달라질 수 있습니다.

신용카드 예시에서, 고객은 프라임 카드를 무료로 받기 위해 자신의 계좌 잔고를 $5,000에 도달할 때까지 늘릴 수 있습니다. 이는 임곗값 바로 위와 바로 아래 사람들을 더는 비교할 수 없게 만들어 평활도 가정을 위배하게 됩니다.

임곗값 주변의 밀도를 그래프로 나타내서 이런 일이 발생하는지를 간단하고 시각적으로 확인할 수 있습니다. 실험 대상들이 스스로를 실험군으로 포함시킨다면, 임곗값에서 밀도가 증가하는(뭉쳐있는) 현상을 예상할 수 있죠. 이러한 현상을 뭉침bunching[8] 또는 집군이라고 합니다. 다행히도, 이 데이터에서는 해당 현상이 나타나지 않는 것으로 보입니다.

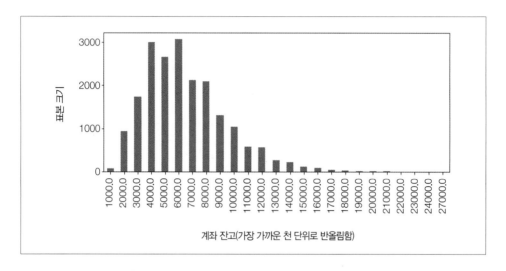

11.10 요약

이 장에서는 사람들이 처치 받지 않기로 선택할 수 있을 때 불응 문제가 발생함을 배웠습니다. 많은 회사들은 고객이 선택할 수 있는 제품이나 서비스를 제공하므로, 불응은 흔한 일입니다. 이러한 상황에서는 회사가 제품의 이용 가능성을 무작위로 배정하더라도 고객의 선택이 제품이나 서비스의 효과를 교란합니다.

------

8   옮긴이_ 실험 대상이 특정 임곗값 주변에서 집중되는 현상을 관측하는 방법입니다. 이 예시에서, 실험 대상은 프라임 카드를 받기 위한 잔고 기준에 가까워지려고 노력할 것이며, 이로 인해 최소 기준 근처에서 계좌 잔고의 뭉침 현상이 발생할 수 있습니다. 이는 인과관계를 직접적으로 추정하기보다는 특정 조건이나 임곗값에 대한 반응을 이해하는 데 주로 사용됩니다.

그리고 다음과 같은 순응 그룹도 배웠습니다.

1. **순응자:** 자신에게 배정된 처치 받는 사람
2. **항시 참여자:** 배정과 관계없이 항상 처치 받는 사람
3. **항시 불참자:** 배정과 관계없이 처치를 한 번도 받지 않은 사람
4. **반항자:** 배정된 처치와 반대되는 처치 받는 사람

불응을 다룰 때 도구변수를 활용하는 방법을 배웠습니다. 즉, 도구변수 Z는 1) 교란 없이 처치에 영향을 주고, 2) 처치를 거치지 않으면 결과에 영향을 미치지 않는 변수입니다.

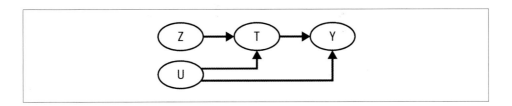

게다가 도구변수가 한 방향으로만 처치를 준다고 가정하면(단조성 가정), 이를 사용하여 순응자에 대한 평균 처치효과를 파악할 수 있습니다.

$$E\left[Y_1 - Y_0 \mid T_1 > T_0\right] = \frac{E[Y \mid Z=1] - E[Y \mid Z=0]}{E[T \mid Z=1] - E[T \mid Z=0]}$$

즉, 처치 의도 효과를 순응률로 정규화하기만 하면 됩니다. 도구변수가 무작위 배정된 경우 이 두 가지는 쉽게 식별할 수 있습니다.

그러나 분산 측면에서 여전히 해결해야 할 부분이 있습니다. 순응률이 낮으면 도구변수 추정값의 분산은 OLS의 분산보다 훨씬 커질 수 있습니다. 특히 순응률이 50%일 경우, 순응 문제가 없는 경우(100% 순응)와 동일한 표준오차를 얻기 위해서는 4배 더 많은 표본이 필요합니다. 분산을 줄이기 위한 몇 가지 방법이 있지만, 가장 좋은 방법은 OLS처럼 결과를 잘 예측하는 변수를 찾는 것입니다.

다음으로 데이터에서 불연속성을 도구변수로 취급할 수도 있음을 배웠습니다. 일반적으로 실무에서 실험을 진행하는 것이 매우 일반적이고 쉬우므로 불연속 설계에 의존할 필요는 없겠지만, 실험을 할 수 없는 상황에서는 이러한 불연속성을 활용하여 LATE를 식별할 수 있습니다.

실제 사례: 출생 분기와 도구변수

앞서 말했듯이, 실전에서 유효한 도구변수를 찾기는 매우 어렵습니다. 하지만 이 논문[9]에서는 출생 분기를 도구변수로 활용하고 있습니다. 미국에서는 마지막 분기에 태어나면 인생에서 더 일찍 학교에 입학하여 학교를 더 오래 다닐 가능성이 높습니다. 출생 분기가 학교 교육을 통하지 않고서는 소득에 영향을 미치지 않고 무작위 배정된 것으로 보인다면 경제학자들은 출생 분기를 도구변수로 사용하여 학교 교육이 소득에 미치는 영향을 식별할 수 있습니다.

경제학자들은 이를 활용해서 교육 기간이 1년 더 늘어날 때마다 평균 8.5%의 임금 상승을 기대할 수 있다고 추정했습니다.

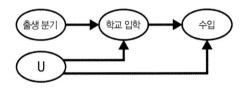

9 Angrist, J.D. and Krueger, A.B., 1991. Does compulsory school attendance affect schooling and earnings?. *Quarterly Journal of Economics*, 106(4), pp.979–1014.

CHAPTER 12

더 배울 내용

처음 반사실에 대해 배운 후, 여러분은 인과추론의 세계를 깊이 탐험했습니다. 이 책은 기본적인 개념부터 시작하여 점차 고급 개념과 다양한 기법들로 이어지는 과정을 담았습니다. 이제 데이터 안에서 인과관계를 추론하는 방법과 상관관계와 인과관계를 구분하는 방법 대한 확실한 이해를 하게 되었을 것입니다.

그리고 인과추론에서 A/B 테스트의 중요성과 이것이 왜 인과추론의 표준으로 여겨지는지 배웠습니다. 또한 인과관계를 식별하는 데 있어 그래프 모델의 효과, 선형회귀분석과 성향 가중치를 활용한 편향 제거 방법에 대해서도 다뤘습니다. 이와 함께, 머신러닝과 인과추론의 접점인 이질적 효과와 이런 도구들을 개인화 의사 결정에 어떻게 적용할 수 있는지에 대해서도 알아보았습니다.

또한 패널데이터셋과 이중차분법, 통제집단합성법과 같은 방법을 사용하여 인과추론 분석에 시간 차원을 활용하는 방법을 배웠습니다. 마지막으로 지역 실험과 스위치백 실험, 도구변수, 불연속 설계와 같이 무작위 배정이 불가능한 경우의 대안적인 실험을 설계하는 법을 배웠습니다.

이 책에서 소개된 지식과 도구를 활용함으로써, 실제 세계의 문제를 해결하고 단순 상관관계가 아닌 인과관계에 기반한 의사 결정을 내릴 수 있습니다. 이 책이 여러분에게 유익하고 즐거운 경험이었길 바라며, 앞으로의 커리어에도 계속 도움이 되기를 희망합니다.

이 책은 입문서이기 때문에, 활발하게 연구되고 있지만 아직 실무에서 널리 사용되지 않는 몇 가지 인과추론 주제들은 다루지 않았습니다. 해당 방법이 유용하지 않다는 뜻은 전혀 아니지만 해당 주제들은 라이브러리로 활용하기 어려워 복잡할 수도 있습니다. 만약, 이에 대해 더 깊이 있게 알고 싶다면, 이번 장에서 소개할 주제들을 탐색해보시길 권장합니다.

12.1 인과관계 발견

이 책에서 인과추론의 첫걸음으로 인과 그래프를 활용했습니다. 그렇다면 인과 그래프를 모를 때, 데이터를 통해 인과 그래프를 학습해야 한다면 어떻게 할까요? 인과관계 발견[causal discovery] 은 주어진 시스템에서 생성된 데이터를 활용해 변수 간의 인과관계를 찾는 연구 분야이며, 데 이터로부터 인과적 지식을 찾아나가는 과정입니다. 이를 자세히 알아보고 싶다면, 디비얀 칼라 이나탄[Diviyan Kalainathan]과 올리비에 구데[Olivier Goudet]의 논문[1]이 좋은 시작점이 될 것입니다.

12.2 순차적 의사결정

8장에서 패널데이터 구조를 다루었지만, 주로 시퀀스 내에서 시차를 두고 처치를 배정하는 상황(시차 도입 설계, 8.7절 참고)에 초점을 맞추었습니다. 이는 처치−교란 요인 피드백(처치와 교란 요인 간에 피드백)이 없다는 것을 의미하는데, 시퀀스의 각 시점마다 처치 배정이 될 때는 이런 피드백이 생길 수 있습니다. 예를 들어, 수술(T)이 병원 퇴원율(Y)에 미치는 영향을 연구 한다고 가정해봅시다. 그러나 이 수술 여부는 환자의 증상에 따라 결정되며, 이 결정은 매일 이 루어집니다. 따라서 환자가 특정 날짜에 처치 받을 확률은 환자가 이전 기간에 대한 처치 여부 와 그 기간 동안의 증상에 따라 결정됩니다.

------

1 Kalainathan, D. & Goudet, O. (2019). Causal Discovery Toolbox: Uncover causal relationships in Python. *arXiv:* *1903.02278.*

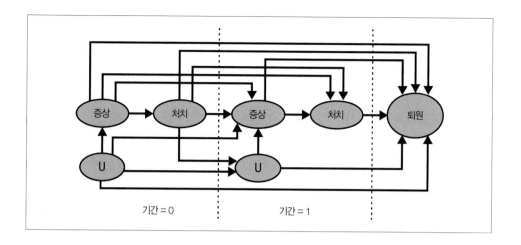

처치 여부를 결정하는 모든 변수들은 관측 가능하지만, 복잡한 시간 구조와 처치–교란 요인 피드백으로 인해, 회귀분석과 같은 기존 방법으로는 처치효과를 추정하는 데 적합하지 않을 수 있죠. 예를 들어, 환자 증상과 같이 교란 요인을 보정하는 것은 $T_0 \rightarrow Symptom_1 \leftarrow U_1 \rightarrow Y$ 와 같은 비인과 경로를 만들어낼 수 있습니다.

순차적 의사 결정을 바탕으로 한 인과추론은 실무에서 다양하게 활용될 수 있지만, 그 복잡성 때문에 이 책에서는 해당 주제를 다루지 않았습니다. 하지만 순차적 의사결정이 필요한 상황을 마주한다면 미구엘 에르난Miguel A. Hernan과 제임스 로빈스James M. Robins의 책 『Causal Inference: What If』(CRC Press, 2020)을 참고하는 것이 좋습니다. 참고로 해당 책의 마지막 부분은 순차적 의사 결정에 관한 내용으로 구성되어 있습니다.

12.3 인과적 강화학습

인과적 강화학습causal reinforcement learning(CRL)은 인과추론과 강화학습의 원리를 결합한 머신러닝의 한 분야입니다. **CRL**의 목표는 처치의 영향을 받는 결과를 최적화하기 위해 처지 배정 과정을 자동화하는 것이죠. 이 목표를 달성하기 위해, 자동화된 의사 결정 시스템은 기존에 효과적이었던 처치를 활용하는 한편, 새로운 처치를 탐색하거나 동일한 처치를 다른 유형의 대상에게 적용하는데 있어 균형을 유지해야 합니다. 하지만 의사 결정 과정에서 관측 가능한 변수를 사용하게 되면, 처치 배정과 관측된 결과 모두에 영향을 주는 교란 요인들로 인한 문제가 발생할 수 있습니다. 그래서 인과적 강화학습의 핵심 과제는 이러한 교란 요인을 고려하여 최적의 처치를 파악하는 것이죠.

인과적 강화학습이 적용될 수 있는 한 가지 예는 앞서 언급된 의료 분야입니다. 이 의료 예시에서는 수술의 영향을 파악하는 대신, 환자의 결과를 최적화하는 방법으로 의사들에게 수술을 추천하는 에이전트를 개발하는 것이 목적입니다. 이 에이전트는 환자의 증상과 진료 기록과 같은 요인을 고려하고, 처치와 관측된 결과 사이의 인과관계를 설명하면서, 각 환자에게 맞춤형 치료를 제안해야 합니다.

인과적 강화학습에 관한 많은 연구는 콘텍스트 밴딧과 밀접하게 연관되어 있습니다. 이 주제에 대해 더 알아보고 싶다면, 수전 애티Susan Athey 등이 쓴 논문[2] 그리고 케이스케 히라노Keisuke Hirano 와 잭 포터Jack Porter의 미국 경제학회의 평생교육 웹캐스트(Modern Sampling Methods)[3]를 추천합니다.

12.4 인과 예측

인과 예측causal forecasting은 변수 간의 인과관계를 고려하여 미래 결과를 예측하는 방법론입니다. 변수 간의 통계적 연관성에만 의존하는 기존의 예측 방법과 달리, 인과 예측 방법은 변수 간 관계를 이끄는 근본적인 인과 매커니즘을 식별하고 모델링하는 데 중점을 둡니다. 이 접근법은 복잡한 시스템에서 기존 통계 모델들이 인과관계를 제대로 잡아내지 못할 때, 인과 예측은 특히 더 정확하고 신뢰할 수 있는 예측을 제공할 수 있습니다.

인과 예측 과정에서는 인과관계 발견이 중요한 부분을 차지합니다. 이 과정에서 핵심은 변수 X 와 Y 사이의 상관관계가 $X \rightarrow Y$의 결과인지, $Y \rightarrow X$의 결과인지, 또는 숨겨진 변수 U에 의해 $Y \leftarrow U \rightarrow X$와 같이 영향을 받는지를 파악하는 것이죠. 그러나 인과 예측에서는 기존 시계열 모델링의 추가적인 복잡성도 다뤄야합니다. 이를테면 비정상성non-stataionary이나 데이터가 독립적이고 동일하게 분포(iid)되지 않는 경우들이 포함되죠. 이 주제에 대해 더 알아보고 싶다면,

---

2 Athey et al. (2022), Contextual Bandits in a Survey Experiment on Charitable Giving: Within-Experiment Outcomes versus Policy Learning. *Papers 2211.12004, arXiv.org.*

3 *https://www.aeaweb.org/conference/cont-ed/2022-webcasts*

제임스 H. 스톡James H. Stock과 마크 W. 왓슨Mark W. Watson이 시계열 계량경제학time-series econometrics 에 관해 다룬 미국 경제학회의 2019 평생 교육 웹캐스트[4]를 참조하세요.

12.5 도메인 적응

인과추론은 실제 일어난 일에서 어떤 일이 일어날 수 있었는지를 이해하는 과정입니다. 이 과정은 사실 분포factual distribution $(Y | T = 1)$에서 반사실 분포counterfactual distribution (Y_1)로의 이동을 포함합니다. 한 분포에 대한 정보를 다른 분포의 데이터를 통해 추론하는 이 문제는 **도메인 적응**domain adaptation으로 알려져 있으며, 인과추론뿐만 아니라 다양한 분야에 응용됩니다. 예를 들어, 금융 서비스 회사가 사기 거래를 탐지하려는 상황을 생각해 볼 수 있습니다. 언뜻 보기에는 과거 거래에 대한 머신러닝 모델을 학습시켜 미래 거래를 분류하는 단순한 예측 작업으로 보일 수 있습니다. 그러나, 회사가 보유한 데이터는 분류해야 하는 데이터와 근본적으로 다릅니다. 특히 회사는 이전의 사기 탐지 시스템을 통해 승인된 거래 데이터만 가지고 있습니다. 만약 이 시스템이 효과적이었다면, 훈련 데이터에서의 사기 발생 확률 $P(fraud)$은 회사 모델이 분류해야 할 미래 거래에서의 $P(fraud)$보다 낮을 것입니다. 즉, 회사는 필터링된 데이터 $Y | filtered$를 가지고 있지만, 필터링 없이 Y를 예측하는 데 효과적인 모델을 만들고자 합니다. 즉, 회사는 이 모델이 필터 역할을 하기를 바라는 것이죠.

이 외에도 도메인 적응에 대한 다른 많은 사례들이 있습니다. 예를 들어, 새로운 국가로 사업을 확장하는 회사는 기존에 다른 국가에서 얻은 데이터를 활용해 새 국가에서 잘 작동하는 예측 모델을 개발하고자 할 수 있습니다. 또는 회사의 과거 데이터가 현재나 미래의 데이터와 다르게 작동함으로써, 시간에 따라 분포가 변하고 있다는 것을 알 수 있습니다. 사실 데이터는 시간에 따라 통계적 특성이 변하는 비정상성을 가지고 있으므로, 대부분의 기업은 어떤 방식으로든 분포 변화를 다뤄야 합니다. 이는 한 분포에서 배운 것을 다른 분포에 적용할 필요가 있음을 의미합니다. 이 문제는 엄밀히 말해 인과추론의 범위 내에 있지는 않지만, 인과추론에서 사용되는 많은 방법이 여기에도 적용될 수 있습니다. 이 주제에 관한 좋은 리뷰 논문[5]이 있습니다.

---

4 https://www.aeaweb.org/conference/cont-ed/2019-webcasts

5 Jie Lu et al.(2019). Learning under Concept Drift: A Review. *IEEE Transactions on Knowledge and Data Engineering*, vol.31(issue: 12).

12.6 요약

이 책이 인과추론에 대한 여러분의 관심을 불러일으켰기를 바랍니다. 인과추론 연구의 매력은 그것이 결코 끝나지 않는다는 데 있죠. 앞으로도 필자는 인과추론에 대한 글을 계속 써나갈 예정이며, 이 과정에 여러분이 함께해주시길 기대합니다. 깃허브, 트위터, 링크드인에서 필자가 주기적으로 올리는 인과추론에 대한 글을 찾아볼 수 있습니다. 이 책은 여기서 마무리되지만, 인과추론에 대한 학습 여정은 이제 시작일 뿐입니다. 앞으로의 여정에서 여러분 모두의 건승을 기원합니다!

실무에 인과추론 적용하기

안녕하세요, 이 책을 번역한 신진수입니다. 에필로그에서는 제가 데이터 분석가로서 경험한 내용을 바탕으로, 이 책에서 다루지 않은 인과추론의 적용에 관한 어려움과 실무적 적용 과정을 소개하려고 합니다. 특히, 11장에 나오는 프라임 카드 사례를 중심으로 인과추론을 실제 업무에서 어떻게 활용하는지 재구성했으며, 그 과정에서 어떤 고민들을 했는지 공유하고자 합니다.

인과추론의 시작: Why

실무에서 "진수 님, 지표가 왜 이렇게 변했는지 알 수 있을까요?"와 같은 질문을 자주 받습니다. 이와 같은 질문들은 단순히 숫자의 변화와 상관관계를 넘어서 '원인'과 '결과'를 살펴보는 데 중점을 둡니다. 이러한 질문에 답하는 것, 그리고 단순한 유저 행동의 변화를 넘어선 원인을 찾아내는 것이야말로 데이터 분석가들에게는 피할 수 없는 숙명입니다.

하지만, 다양한 외부 요인과 방대한 로그 데이터 속에서 원인을 찾는 과정은 결코 쉽지 않습니다. 이때 인과추론은 그러한 복잡한 상황 속에서 제품의 문제를 찾아내고 개선하는 데 큰 도움이 됩니다. 정확한 인과관계를 이해함으로써 우리는 더 나은 결정을 내리고 예상치 못한 결과를 최소화할 수 있습니다.

인과추론 적용을 위한 험난한 여정

원인과 결과를 정확히 파악하는 것은 매우 중요하지만, 인과추론을 적용하는 과정은 종종 어려움을 동반합니다. 이 과정에서 제가 실제로 겪었던 경험을 프라임 카드 사례와 결합하여 이야기하고자 합니다. 이를 통해 인과추론을 실무에 적용하는 과정에서 발생하는 다음과 같은 단계들을 자세히 설명하겠습니다.

① 도메인 지식 습득
② 신뢰 쌓기
③ 실험 설계
④ 실험 진행 및 분석
⑤ 실험을 바탕으로 의사결정 및 피드백

① 도메인 지식 습득

1.4.2절에서 다루듯, 인과추론은 제품의 도메인과 밀접하게 연결되어 있습니다. 데이터 분석가라면 맡은 제품과 시장을 이해해야만 고객과 조직의 관점에서 문제가 무엇인지, 그리고 해당 문제의 크기는 어떠한지 정의할 수 있기 때문입니다. 프라임 카드 예시에서 여러분이 데이터 분석가 또는 과학자라면 카드의 종류와 특징 및 카드 결제 과정에 대해 이해하고 있어야 하죠.

② 신뢰 쌓기

카드 분야를 충분히 이해하고 있다면, 프라임 카드 문제 해결을 위해 기획, 개발, 마케팅 등 여러 부서와의 긴밀한 소통이 필수적입니다. 데이터 기반 의사결정은 초기 라이브 서비스 과정에 내리기 쉽지 않습니다. 하지만, 데이터 사용이 어떻게 각자의 성과에 도움이 되는지를 데이터 분석가가 협업 구성원들에게 지속적으로 설득하고 신뢰를 쌓아간다면 충분히 데이터 기반의 의사결정을 내릴 수 있습니다. 데이터가 흐르는 조직을 구축하고자 한다면, 신뢰 형성을 위해 다음과 같은 단계들이 필요합니다.

- **라이브 대응 및 추출 요청**: 함께 일하는 동료들과 신뢰를 형성하기 위한 첫 단계
- **주기적인 분석 자동화**: 반복되는 업무는 자동화할 수 있도록 대시보드/플랫폼화하는 단계
- **분석 회의체**: 대시보드를 통해 함께 문제를 탐색하고 개선할 목표 지표 함께 논의하는 단계
- **실험 및 선제적 분석**: 데이터를 바탕으로 함께 조직과 유저의 문제를 해결할 수 있는 단계

③ 실험 설계

자, 데이터 및 데이터 조직에 대한 협업부서의 신뢰가 쌓였습니다. 이제 11.1절에서 다뤘던 것처럼, 프라임 카드에 대한 가설을 세우고 협업부서와 함께 실험을 설계해봅시다. 이때 필요한 과정을 다음과 같이 간단히 정리했습니다.

- **검증 가능한 가설 설정**
  - **목표 지표 정의**: 협업 부서간 지표 합의가 필요하며 이 예시에서는 '매출 증진'이 우선순위 지표primary index
  - **가설 설정**: "프라임 카드가 고객 구매금액을 늘리는 데 도움을 줄 수 있을 것이다."
- **실험 대상 및 기간 설정**
  - **실험에 필요한 표본 크기 계산**: 2장에서 배운 검정력과 통계적으로 신뢰할 수 있는 최소 탐지 가능 효과minimum detectable effect(MDE)를 고려해 설정
  - **실험 대상 정의**: 이 예시에서는 10,000명의 고객을 대상으로 프라임 카드 제공 여부를 결정하기 위해 실험군과 대조군을 무작위로 배정
  - **실험 기간 설정**: 실험 기간을 적절히 설정해야만 인과효과를 정확히 추정할 수 있음. 실험 기간이 너무 짧아도 인과효과 추정에 어려움이 존재하며, 계절적 문제가 아닌 프라임 카드로 인한 효과를 파악하기 위한 적절한 기간 설정이 필요
- **통제 가능한 요인 사전 파악**

④ 실험 진행 및 분석

①부터 ③까지의 과정을 거쳐, 이제 이 책에서 배운 인과추론 방법론을 실무에 적용하는 실험을 시작할 수 있습니다. 이 단계에서는 실험 그룹을 기반으로 사전에 설계된 목표 지표를 검증하고 분석하는 작업을 진행합니다.

- **실험 진행**
  - **지표 모니터링**: 실험이 진행되는 동안, 고객 경험에 부정적인 요소(가드레일 지표guardrail index로 확인)가 있는지 및 실험에 영향을 주는 외부 요인이 있는지 모니터링
  - **로그 확인**: 실험 분석에 사용될 데이터가 잘 쌓이고 있는지 확인
- **실험 분석**
  - **불응 문제**: 프라임 카드 제공은 무작위로 배정되었지만, 고객이 스스로 프라임 카드를 선택할 수 있는 불응 문제가 존재하며 이에 따른 적절한 도구변수 선택이 필요
  - **LATE 추정**: 이 과정에서는 11.6절에서 배운 2단계 최소제곱법(2SLS)를 활용해 프라임 카드를 선택한 사람들의 효과를 추정
  - **민감도 분석**: 인과효과의 신뢰성 확보를 위해, 11.7절에서 배운 표준오차를 기반으로 신뢰구간을 계산. 추정값의 분산이 크다면 4.9절에 나온 CUPED 방법을 통해 잡음을 제거할 수 있음
- **실험 결과 리포트 및 대시보드 제공**

⑤ 실험을 바탕으로 의사결정 및 피드백

실험 분석을 마치고 나면, 인과효과에 대해 다음과 같은 비판적 질문을 던질 수 있어야 합니다. 예를 들어 실험이 원활하게 진행되지 않았다면 앞에서 살펴본 ①부터 ④까지의 과정에서 어떤 점이 부족했는지 파악하고 보완하는 것이 중요합니다.

- **도구변수 식별 가정**: 도구변수에 대한 4가지 가정이 잘 지켜졌는가?(11.3절 참고)
- **순응률**: 순응률이 낮아서 예상보다 더 많은 표본이 필요했던 것은 아닌가? 실험에서 양방향 불응이 발생하지 않았는가?(11.2절 참고)

또한, 프라임 카드의 개선 가능성에 대해 다음과 같은 질문을 고려해볼 수 있습니다.

- **개인화**: 프라임 카드가 특히 효과적이었던 고객 그룹은 어떤 그룹인가?(6장 참고)
- **신기 효과**: 프라임 카드 도입 후, 얼마까지 효과가 지속되는가?(9.3절 참고)

성공적인 A/B 테스트 결과가 나온다면, 은행은 프라임 카드 도입을 통한 매출 증대를 기대할 수 있습니다. 그러나 프라임 카드를 도입하는 것은 A/B 테스트 결과뿐만 아니라 고객 경험과 서비스 상황(프라임 카드 유지 비용, 서비스 유지 리소스 등)을 고려하여 신중하게 결정되어야 합니다.

인과추론을 통한 제품 개선의 어려움

앞서 언급한 과정들이 험난했지만, 인과추론을 활용하여 제품을 개선하는 과정은 더욱 복잡합니다. 실무에서 직면하는 어려움은 다양하지만 특히 주요한 문제는 다음 세 가지입니다.

빠르게 변하는 시장

금융 또는 역자가 몸담고 있는 게임 업계에서 볼 수 있듯이, 늘 새로운 경쟁자가 등장하고 새로운 트렌드가 생겨납니다. 이러한 외부 변화는 분석 대상에 직간접적으로 영향을 미치며, 인과효과 추정을 더 어렵게 만듭니다. 이처럼 빠르게 변하는 시장에서는 외적 타당성이 높지 않은 실험 결과를 얻을 가능성이 큽니다.

끊임없는 실험과 학습

이상적으로는 실험을 통해 즉각적으로 좋은 결과를 얻고 싶지만, 실제로는 다수의 A/B 테스트 실패를 통해 중요한 교훈을 얻습니다. 좌절감이 드는 상황에서도, 실패에서 배우고 가설을 빠르게 검증하는 반복 과정이 중요합니다.

조직 및 의사결정 문화

이 과정에서 실패를 수용하고 이를 통한 학습과 성장을 장려하는 조직 문화가 필수적입니다. 이러한 문화를 바탕으로 실패 경험을 나누고 개선 방안을 모색하고 데이터 기반의 의사결정을 하는 과정에서, 우리는 진정한 실험 조직으로서의 성장을 이루고 인과추론을 효과적으로 적용할 수 있지 않을까요?

그럼에도 인과추론이 중요한 이유

앞서 인과추론을 적용하는 과정이 험난하다고 언급했지만, 그것이 너무 부정적으로 비치지 않았으면 합니다. 인과추론은 단순히 학문적 측면뿐만 아니라 개인적으로도 매우 중요합니다. 우리는 삶 속에서 끊임없이 중요한 결정을 내려야 합니다. 1.4.2절에서 배운 인과추론의 근본적인 문제인 반사실로 인해, 우리가 내린 선택의 효과를 정확히 알기는 어렵습니다. 이런 상황 속에서도 여러분이 삶에서 경험한 여러 A/B 테스트는 향후 더 나은 결정을 내리는 데 도움을 줄 수 있습니다. 우리의 삶은 끊임없는 탐색과 순차적 의사결정(12.2절 참고)의 연속이 아닐까요?

더 나아가, 인과추론은 조직의 성장과 발전에도 크게 기여할 수 있습니다. AGI[artificial general intelligence]의 등장과 같은 기술 발전은 우리 앞에 더 복잡한 문제들을 제시할 것입니다. 이러한 상황에서 문제의 본질적인 '인과'를 파악하는 능력은 더욱 중요해지고, 이는 단순한 데이터 분석을 넘어서 조직의 지속 가능한 성장과 혁신을 이끌 핵심 역량이 될 것입니다. 따라서 우리는 인과추론의 원리를 잘 이해하고, 이를 실무에 적극적으로 적용하는 능력을 지속적으로 키워나가야 합니다.

더 어려운 도전과 문제 해결의 여정에 나서는 여러분께 이 책이 좋은 길잡이가 되기를 바랍니다.

INDEX